Nassim Nicholas Taleb

NARREN DES ZUFALLS

Die unterschätzte Rolle des Zufalls in unserem Leben

Aus dem Englischen
von Patricia Künzel

Pantheon

Die Originalausgabe erschien unter dem Titel
»Fooled by Randomness. The Hidden Role of Chance in Life and in the Markets« 2001 bei Texere, New York,
sowie in einer überarbeiteten Fassung 2005 bei Random House,
einem Verlag der Random House, Inc., New York.
produktsicherheit@penguinrandomhouse.de
(Vorstehende Angaben sind zugleich
Pflichtinformationen nach GPSR)

MIX
Papier | Fördert gute Waldnutzung
FSC® C083411
FSC www.fsc.org

Penguin Random House Verlagsgruppe FSC® N001967

5. Auflage

Umschlaggestaltung und -illustration: Büro Jorge Schmidt, München
Druck und Bindung: CPI books, GmbH, Leck
Printed in the EU
ISBN 978-3-570-55390-9

www.pantheon-verlag.de

Gewidmet meiner Mutter Minerva Ghosn Taleb

Inhalt

Danksagungen zur zweiten Auflage

Ausbruch aus der Bibliothek

Dieses Buch half mir, aus meiner geistigen Isolation auszubrechen (nicht im universitären Umfeld zu arbeiten bietet viele Vorteile, zum Beispiel Unabhängigkeit und Vermeidung langweiliger Prozesselemente, doch der Preis dafür ist die Abgeschiedenheit). Durch die erste Auflage lernte ich viele scharfsinnige Denker kennen, mit denen ich Dinnergespräche führen und Briefe austauschen konnte. Ihnen habe ich es zu verdanken, dass ich bei einigen Themen einen zweiten Anlauf wagen konnte. Auch bin ich dank der angeregten Diskussionen mit Menschen, die meine Interessen teilen, meinem Lebenstraum ein Stück näher gekommen und meine, dem Buch dafür etwas zurückgeben zu müssen. Einiges scheint darauf hinzudeuten, dass Gespräche und Korrespondenz mit intelligenten Menschen mehr zur persönlichen Erbauung beitragen als reine Bibliotheksbesuche (menschliche Wärme: eine in unserer Natur liegende Eigenschaft, die uns hilft, Ideen in der Kommunikation und im Austausch mit anderen weiterzuentwickeln). Irgendwie gab es für mich ein Leben vor und nach *Narren des Zufalls*. Zwar gelten die Danksagungen für die erste Auflage mehr als jemals zuvor, doch möchte ich an dieser Stelle weitere Menschen nennen, in deren Schuld ich stehe.

Schrumpfende Welt

Robert Shiller traf ich erstmals persönlich, als wir bei einer Podiumsdiskussion mit gleichzeitigem Frühstück nebeneinander saßen. Irgendwann bemerkte ich, dass ich versehentlich das ganze Obst auf seinem Teller gegessen und seinen Kaffee und sein Wasser getrunken hatte, so dass ihm nur die Muffins und andere weniger unspektakuläre Frühstücksangebote blieben. Er beklagte sich nicht (womöglich fiel es ihm gar nicht auf). Als ich Shiller in meiner ersten Auflage auftreten ließ, kannte ich ihn nicht persönlich, und ich war überrascht, wie zugänglich, bescheiden und charmant dieser Mann ist (infolge irgendeiner Heuristik rechnen wir nicht damit, dass Visionäre auch sympathisch sein können). Später fuhr er mich zu einem Buchladen in New Haven, zeigte mir *Flächenland*, eine wissenschaftliche Parabel aus der Physik, die er im High-School-Alter las, und bat mich, dieses Buch zu behalten, da es sich um die Erstausgabe handle: kurz, persönlich, einem Roman so ähnlich wie möglich. Das behielt ich während der gesamten Überarbeitung dieses Buches stets im Hinterkopf. (Er wollte mich überzeugen, von dieser zweiten Auflage Abstand zu nehmen; ich dagegen flehte ihn an, eine zweite Auflage seines Werks *Irrationaler Überschwang* zu erarbeiten, und sei es nur für mich persönlich. In beiden Punkten setzte ich mich allem Anschein nach durch.) Bücher folgen einer Blasendynamik der in Kapitel 10 beschriebenen Art. Eine weitere Auflage eines bestehenden Werks erreicht also mit weitaus größerer Wahrscheinlichkeit die kritische Masse als ein neues Buch (aufgrund von Netzwerkexternalitäten fahren Religionen und Modeerscheinungen in ihrer zweiten Reinkarnation immer etwas besser als nagelneue Trends). Der Physiker und Crash-Theoretiker Didier Sornette lieferte mir überzeugende Argumente für die Wirksamkeit einer zweiten Auflage; es überrascht uns, dass die von Informationskaskaden lebenden Verlage sich dieses Aspekts nicht bewusst zu sein scheinen.

Während der Überarbeitung dieses Buchs stand ich unter dem stimulierenden Einfluss zweier Dinnergespräche mit Daniel Kahneman in Italien, die mich zum nächsten kritischen Punkt in meinem intellektuellen Streben »trieben«. Mir wurde nämlich bewusst, dass seine Arbeit weitaus tiefgründiger war als die reine Erörterung der rationalen Wahl unter Unsicherheit. Ich bin sicher, dass sein Einfluss auf die Volkswirtschaftslehre (einschließlich der Nobel-Medaille) die Aufmerksamkeit von der Breite und Tiefe und der allgemeinen Zugänglichkeit seiner Entdeckungen abgelenkt hat.[1] Ökonomie ist langweiliges Zeug, aber *seine Werke sind wichtig* – so sagte ich mir immer wieder –, nicht nur, weil er Empiriker ist, sondern auch, weil die Bedeutung seiner Arbeit (und seine Persönlichkeit) im Gegensatz zu der anderer Empfänger des Nobelpreises für Wirtschaftswissenschaften der letzten Zeit stehen. Seine Arbeiten haben weit reichende Implikationen für weitaus würdigere Fragestellungen. Zum einen trugen er und Amos Tversky dazu bei, das seit 23 Jahrhunderten vorherrschende Menschenbild auf den Kopf zu stellen, das wir vom dogmatischen Rationalismus des hellenistischen Zeitalters geerbt haben – mit all den negativen Folgen, die uns inzwischen bekannt sind. Zum anderen beschäftigt sich Kahneman eigentlich mit der Nutzentheorie (in ihren verschiedenen Stufen) sowie mit deren Folgen für so bedeutsame Dinge wie Glück. Das Streben nach dem Begreifen des Glücks ist eine *wahre* Aufgabe. Mehr – sehr viel mehr – dazu später (sprich: in der Fortsetzung dieses Buches).

Ich führte lange Diskussionen mit dem Biologen und Evolutionstheoretiker Terry Burnham – dem Mitautor von *Unsere Gene*, einer unprätentiösen Einführung in die evolutionäre Psychologie. Zufällig stellte sich heraus, dass einer seiner engsten Freunde Jamil Baz war, mein Freund aus Kindertagen, dem ich vor zwanzig Jahren meine ersten introspektiven Thesen zum Zufall vortrug. Peter McBurney führte mich in die Gruppe derer ein, die sich mit künstlicher Intelligenz beschäftigen und Psychologie, kognitive Neurologie, Mathematik, Ökonomie und Logik miteinander zu verquicken scheinen. Wir beide begannen eine ausführliche Korrespondenz zu den verschiedenen Rationalitätstheorien. Michael

1 Der andere große Theoretiker zur Natur des Menschen, David Hume, war bei seinen Zeitgenossen bekannt für seine (inzwischen vergriffenen) populären Geschichtsbücher, nicht für die (damals nicht erhältlichen) Werke, die wir heute als seine Beiträge zur Philosophie betrachten. Sein *Traktat über die menschliche Natur* »fiel als Totgeburt von der Druckerpresse«; wir können uns glücklich schätzen, dass das Manuskript gefunden wurde.

Schrage, einer meiner Rezensenten, ist der Inbegriff des modernen (und somit wissenschaftlichen) Intellektuellen – er versteht es meisterhaft, alles offenbar Wichtige zu lesen. Er bot mir die Sichtweise eines wahren Intellektuellen, ohne die Zwangsjacke akademischen Drucks. Ramaswami Ambarish und Lester Siegel zeigten mir ihre (verdächtig unbemerkten) Arbeiten, in denen sie postulieren, dass Leistungsunterschiede noch schwerer zu erkennen sind, wenn wir bereits bezüglich der reinen Leistung Narren des Zufalls sind. Der Autor Malcolm Gladwell schickte mir einige interessante Auszüge aus der Literatur zu Intuition und Selbsterkenntnis. Der scharfsinnige und brillant anschauliche Wirtschaftswissenschaftler Art De Vany, der auf Nichtlinearitäten und seltene Ereignisse spezialisiert ist, begann seinen einführenden Brief an mich mit dem Klischee »Ich verachte Lehrbücher«. Es ist ermutigend, dass ein so tiefsinniger Denker wie er auch Spaß am Leben haben kann. Der Ökonom William Easterly zeigte mir, dass der Zufall seinen Beitrag zu illusionären Ursachen wirtschaftlicher Entwicklung leistet. Ihm gefiel die Verbindung zwischen der Position eines skeptischen Empirikers und der Abneigung gegen Wissensmonopole durch Institutionen wie Regierungen und Universitäten. Dem Buch habe ich aufschlussreiche Dinnergespräche mit Jack Schwager zu verdanken, der über einige Probleme länger nachgedacht zu haben scheint als alle anderen unserer Zeitgenossen.

Ein Dankeschön an Google

Die nachstehend genannten Menschen unterstützten mich bei diesem Text. Ich hatte das große Glück, in Andreea Munteanu eine kluge und wertvolle Probeleserin gefunden zu haben; sie verbrachte viele Stunden, in denen sie sich ihrer eindrucksvollen Tätigkeit im Bereich der Derivate hätte widmen können, um die Zuverlässigkeit der Verweise in Google zu überprüfen. Ferner kann ich mich glücklich schätzen, dass Gianluca Monaco mein Buch ins Italienische übersetzt hat; er fand Fehler im Text, die mir in hundert Jahren nicht aufgefallen wären (als Kognitionswissenschaftler und Buchübersetzer, der sich dem Studium der Finanzmathematik zugewandt hat, kontaktierte er den Verlag und bot selbst seine Dienste als Übersetzer an). Die Unterstützung des Wissenschaftsphilosophen Avital Pilpel war bei der Erörterung der technischen Wahrscheinlichkeit von unschätzbarem Wert. Elie Ayache, ein weiterer Börsenhändler, Mathematiker und Physiker levantinischer Abstammung, der sich auf Wissenschafts-/Wahrscheinlichkeits-/Marktphilosophie (nicht jedoch auf Neurobiologie) verlagert hat, brachte mich dazu, unzählige Stunden in der Philosophie- und Wissenschaftssektion von Borders Books zu verbringen. Flavia Cymbalista, Sole Marittimi, Nor Riley, Paul Wilmott, Mark Spitznagel, Gur Huberman, Tony Glickman, Winn Martin, Alexander Reisz, Ted Zink und Marco Di Martino kommentierten den Text. Bruce Bellner, ein Leser, schickte mir eine sehr elegante E-Mail mit einer umfangreichen Errata-Liste. Ich danke Cindy, Sarah und Alexander für ihre Unterstützung sowie dafür, dass sie mich daran erinnert haben, dass es noch andere Dinge als Wahrscheinlichkeit und Unsicherheit gibt.

Auch meinem zweiten Zuhause, dem Courant Institute of Mathematical Sciences, bin ich zu Dank verpflichtet, dass es die richtige Atmosphäre für mich geschaffen hat, in der ich meine Interessen verfolgen und Studenten unterrichten kann, aber zugleich meine geistige Unabhängigkeit wahren darf. Mein besonderer Dank gilt hier Jim Gatheral, der es sich zur Gewohnheit machte, mich in einem gemeinsam geleiteten Seminar durch Zwischenrufe aus dem Konzept zu bringen. Auch den Mitgliedern von Empirica (das Wort »Mitarbeiter« ist bei uns verpönt) danke ich dafür, dass sie im Büro ein Klima heftiger und harter, wahrhaft erbarmungsloser intellektueller Debatten geschaffen haben. Sie sorgen dafür, dass wirklich jede Aussage meinerseits auf die eine oder andere Weise auf den Prüfstand gestellt wird.

Schließlich möchte ich nochmals betonen, dass dieses Buch ohne David Wilson und Myles Thompson niemals veröffentlicht worden wäre.

Vorwort

Wissen weniger ernst nehmen

Dieses Buch verbindet die Sicht eines nüchternen Praktikers in Sachen Ungewissheit, der seine gesamte Berufslaufbahn hindurch versucht hat, sich nicht vom Zufall täuschen zu lassen und die mit probabilistischen Ergebnissen verbundenen Emotionen auszutricksen, mit der Perspektive eines Literaturliebhabers mit ausgeprägtem Schönheitssinn, der bereit ist, sich von jeglichem Unsinn bezaubern zu lassen, wenn er nur geschliffen formuliert, raffiniert, originell und geschmackvoll verpackt ist. Ich kann nicht vermeiden, dass der Zufall mich zum Narren macht, doch kann ich seine Täuschungen auf Gebiete beschränken, in denen sie mir ein gewisses Maß an ästhetischer Befriedigung schenken.

Dieses Buch schrieb ich direkt aus dem Bauch heraus; es ist ein persönlicher Essay, der sich in erster Linie mit den Gedanken, Kämpfen und Beobachtungen beschäftigt, die mit der Praxis der Risikoübernahme verbundenen sind – nicht gerade ein Traktat und ganz sicherlich kein wissenschaftlicher Bericht. Es wurde zum Spaß geschrieben und sollte (hauptsächlich) zum und mit Vergnügen gelesen werden. In den letzten zehn Jahren wurde viel über unsere (erlernte oder genetisch verursachte) Wahrnehmungsverzerrung im Umgang mit dem Zufall geschrieben. Für die erste Auflage des Buches galten folgende Regeln: Erstens wollte ich vermeiden, zu diesem Thema irgendetwas zu schreiben, das ich nicht entweder aus eigener Anschauung kannte oder selbst abgeleitet hatte, und zweitens wollte ich mich von allen Theorien fern halten, die ich selbst nicht gut genug verarbeitet hatte, um nur mit minimaler Mühe über das betreffende Thema schreiben zu können. Alles, was sich auch nur im Entferntesten wie Arbeit anfühlte, war tabu. Ich musste Passagen aus dem Text streichen, die aus einem Bibliotheksbesuch zu stammen schienen, einschließlich des wissenschaftlichen Namedroppings. Ich versuchte, kein Zitat zu verwenden, das mir nicht ganz selbstverständlich einfiel oder von einem Autor stammte, dessen Werke ich im Laufe der Jahre immer wieder gründlich gelesen habe (die willkürliche Verwendung geborgten Wissens ist mir ein Gräuel – mehr dazu später). *Aut tace aut loquere meliora silencio* (Sprich nur, wenn deine Worte besser sind als das Schweigen).

Diese Regeln gelten weiterhin. Manchmal muss man im Leben allerdings Kompromisse eingehen: Unter dem Druck von Freunden und Lesern habe ich am Ende dieser Auflage einige wenig störende Anmerkungen hinzugefügt, die sich auf verwandte Literatur beziehen. Außerdem habe ich die meisten Kapitel – allen voran Kapitel 11 – um neues Material ergänzt, wodurch das Buch um mehr als ein Drittel länger wurde.

Den Gewinn aufstocken

Ich wollte dieses Buch organisch wachsen lassen – indem ich, um einen Börsianerausspruch zu verwenden, »den Gewinn aufstockte« – und so meine persönliche Weiterentwicklung in diesem Rahmen zeigen, anstatt diese neuen Thesen zurückzuhalten und in einem völlig anderen Buch zu verarbeiten. Seltsamerweise dachte ich *nach* der Veröffentlichung weitaus mehr über einige Abschnitte dieses Buches nach als zuvor, insbesondere in Bezug auf zwei voneinander unabhängige Bereiche: erstens die Mechanismen in unserem Gehirn, die bewirken, dass wir die Welt für weitaus weniger zufällig halten, als sie eigentlich ist, und zweitens der »Tipping-Point«, das Zünglein an der Waage bzw. die wilde Form der Unsicherheit, die gewaltige Abweichungen verursacht (seltene Ereignisse erklären immer mehr die Welt, in der wir leben, widersprechen aber zugleich unserer Intuition ebenso stark, wie dies bei unseren Vorfahren der Fall war). Die zweite Fassung dieses Buches zeigt, dass mein Schwerpunkt etwas weniger auf der Untersuchung der Unsicherheit liegt (über den Zufall können wir so wenig in Erfahrung bringen). Vielmehr konzentriere ich mich mehr darauf zu erforschen, wie Menschen sich vom Zufall narren lassen.

Ein weiteres Phänomen sind die Veränderungen des Autors durch sein eigenes Buch. Als ich dieses Buch *nach* seiner ersten Zusammenstellung zunehmend zu leben begann, fand ich Glück an den unerwartetsten Orten. Es war, als gäbe es zwei Planeten: denjenigen, auf dem wir tatsächlich leben, und die weitaus deterministischere Welt, in der wir der Überzeugung der Menschen zufolge leben. Das ist ganz einfach: Die Ereignisse der Vergangenheit werden *immer* weniger zufällig erscheinen, als sie tatsächlich waren (das bezeichnet man als *Rückschaufehler* bzw. als *Hindsight Bias*). Wenn Menschen ihre eigene Vergangenheit beschrieben, erkannte ich, dass ein Großteil dessen, was sie sagten, rückblickend angepasste Erklärungen waren, die sie hinterher in ihrer verschobenen Wahrnehmung zusammenzimmerten. Bisweilen wurde dies unerträglich: Ich spürte, wie ich die Vertreter der Sozialwissenschaften (zumal konventionelle Ökonomen) und der Investmentbranche ansah, als handle es sich um Geistesgestörte. In der Realität zu leben kann schmerzhaft sein, insbesondere wenn man aus Aussagen eher etwas über die Menschen erfährt, die sie von sich geben, und die intendierte Botschaft in den Hintergrund rückt: Heute morgen nahm ich in der Zahnarztpraxis die Zeitschrift *Newsweek* in die Hand und las die Ausführungen eines Journalisten zu einer prominenten Figur aus dem Wirtschaftsleben, vor allem deren Gespür für das richtige »Timing«, und erkannte, dass ich im Geiste eine Liste der Wahrnehmungsverzerrungen des Journalisten zusammenstellte, anstatt die Informationen im Artikel selbst zu verarbeiten, den ich unmöglich ernst nehmen konnte. (Warum begreifen denn die meisten Journalisten nicht irgendwann, dass sie weitaus weniger wissen, als sie meinen? Vor einem halben Jahrhundert erforschten Wissenschaftler das Phänomen der »Experten«, die nicht aus ihren früheren Fehlern lernen. Man kann ein Leben lang nichts als falsche Prognosen abgeben und dennoch glauben, beim nächsten Mal richtig zu liegen.)

Unsicherheit und Wahrscheinlichkeit

Meiner Ansicht nach ist das wichtigste Gut, das ich bewahren und pflegen muss, meine tief verwurzelte intellektuelle Unsicherheit. Mein Motto lautet: »*Meine Haupttätigkeit besteht darin, jene zu provozieren, die sich selbst und die Qualität ihres Wissens zu ernst nehmen.*« Diese Unsicherheit anstelle intellektuellen Selbstvertrauens zu pflegen mag als Ziel seltsam anmuten – und leicht umzusetzen ist es auch nicht. Dazu müssen wir unser Denken von der unlängst entstandenen Tradition intellektueller Sicherheiten befreien. Dank der Korrespondenz mit einem Leser konnte ich den französischen Essayisten und berufsmäßigen Introspekteur Montaigne wiederentdecken. Die Konsequenzen des Unterschieds zwischen Montaigne und Descartes faszinierten mich – wie wir vom Weg abgekommen sind, indem wir Descartes' Suche nach Gewissheit folgten. Durch Übernahme seines formalen Denkens anstelle der vagen und informellen (aber kritischen) Urteile à la Montaigne haben wir mit Sicherheit unseren Geist verschlossen. Ein halbes Jahrtausend später dient der äußerst introspektive und unsichere Montaigne als Rollenvorbild für den modernen Denker. Darüber hinaus war er ein außergewöhnlich mutiger Mann: Um skeptisch zu bleiben, bedarf es sicherlich der Tapferkeit, und es erfordert ungeheuerliche Courage, den Blick nach innen zu richten, sich selbst in Frage zu stellen, seine Grenzen anzunehmen – Wissenschaftler finden immer mehr Beweise, dass Mutter Natur uns speziell so geschaffen hat, dass wir uns gerne etwas vormachen.

Es gibt viele intellektuelle Ansätze zur Wahrscheinlichkeit und zum Risiko. Dabei wird »Wahrscheinlichkeit« von den Vertretern der einzelnen Fachrichtungen jeweils unterschiedlich definiert. Dieses Buch verwendet eine hartnäckig qualitative und literarische Auffassung anstelle einer quantitativen und »wissenschaftlichen« Perspektive (was die Warnungen vor Ökonomen und Finanzprofessoren erklärt, da sie felsenfest davon überzeugt sind, dass sie etwas wissen – und noch dazu etwas Nützliches). Hier wird Wahrscheinlichkeit als Ableitung von Humes Problem der Induktion dargestellt (bzw. Aristoteles' Inferenz zum Allgemeinen), nicht etwa als Paradigma der Spieltheorie. Wahrscheinlichkeitslehre ist in diesem Buch vornehmlich ein Zweig des angewandten Skeptizismus, keine technische Disziplin (trotz aller selbstgefälligen mathematischen Abhandlungen zu diesem Thema verdienen die mit der Wahrscheinlichkeitsrechnung verbundenen Probleme selten mehr als eine Fußnote).

Wie kommt das? Wahrscheinlichkeit ist nicht einfach nur eine Berechnung der Chancen, sondern die Akzeptanz der fehlenden Sicherheit unseres Wissens und die *Entwickung von Methoden zum Umgang mit unserer Ignoranz*. Außerhalb der Lehrbücher und Kasinos stellt sich Wahrscheinlichkeit fast *niemals* als mathematisches Problem oder Denksportaufgabe dar. Mutter Natur sagt uns nicht, wie viele Löcher es auf dem Roulettetisch gibt, und sie präsentiert uns Probleme auch nicht in lehrbuchgerechter Form (in der Realität muss man eher das Problem als die Lösung erraten). In diesem Buch steht die Überlegung, dass alternative Ergebnisse stattfinden hätten können, dass sich die Welt anders hätte entwickeln können, im Zentrum des probabilistischen Denkens. Faktisch habe ich meine gesamte Karriere damit verbracht, die *quantitative* Verwendung von Wahrscheinlichkeit anzugreifen. Während für mich Kapitel 13 und 14 (die sich mit Skeptizismus und Stoizismus beschäftigen) die zentralen Thesen dieses Buchs enthalten, konzentrierten sich die meisten Menschen auf die Beispiele für falsche Wahrscheinlichkeitsberechnungen in Kapitel 11 (gewiss mit Abstand das am wenigsten originelle Kapitel in diesem Buch, in dem ich die gesamte Literatur zu Wahrscheinlichkeitsverzerrungen komprimiert habe). Mehr noch: In den Naturwissenschaften mögen wir ein gewisses Verständnis der Wahrscheinlichkeiten haben – besonders in der Physik. In den Sozial-»Wissenschaften« wie der Ökonomie wissen wir dagegen allen Beteuerungen der Experten zum Trotz herzlich wenig darüber.

Ehrenrettung für (einige) Leser

Ich habe versucht, möglichst wenig auf meinen direkten Beruf als mathematisch orientierter Börsenhändler zurückzugreifen. Dass ich an den Finanzmärkten arbeite, dient nur als eine Inspiration und macht dieses Buch keineswegs (wie viele Leser dachten) zu einem Leitfaden für den Zufall an der Börse – ebenso wenig wie die *Ilias* als militärisches Handbuch missverstanden werden sollte.

Nur drei von vierzehn Kapiteln spielen in einem finanziellen Umfeld. Die Börse ist nur ein spezielles Beispiel für Zufallsfallen – allerdings auch bei weitem das interessanteste, da Glück hier eine besonders große Rolle spielt (wäre ich Tierpräparator oder Übersetzer von Schokoladenetiketten, wäre dieses Buch sehr viel kürzer ausgefallen). Darüber hinaus wird Glück im Finanzbereich von niemandem verstanden – obwohl die meisten Akteure *glauben*, sie würden es verstehen, wodurch die Wahrnehmungsverzerrungen noch vergrößert werden. Ich habe versucht, meine Börsenanalogien zur Veranschaulichung zu nutzen, so wie ich das in einem Dinnergespräch tun würde – beispielsweise mit einem intellektuell neugierigen Kardiologen (als Vorbild diente mir hier mein Freund der zweiten Generation, Jacques Merab).

Zur ersten Fassung des Buches erhielt ich viele E-Mails, was der Traum eines Essayisten sein kann, da diese Dialektik ideale Bedingungen für eine Neubearbeitung der zweiten Auflage schafft. Meiner Dankbarkeit verlieh ich Ausdruck, indem ich jede dieser E-Mails (einmal) beantwortete. Einige dieser Antworten habe ich in den verschiedenen Kapiteln in den Text aufgenommen. Da ich häufig als Bilderstürmer betrachtet werde, freute ich mich auf wütende Briefe in der Manier »Wie können Sie es wagen, über Warren Buffett zu urteilen« oder »Sie sind ja nur neidisch auf seinen Erfolg«. Zu meiner Enttäuschung fanden die meisten derartigen Angriffe anonym über amazon.com statt (schlechte Publicity gibt es nicht: Manchen Menschen gelingt es, die Werbetrommel für ein Buch zu rühren, indem sie es mit Beleidigungen überhäufen).

Als Trost für die fehlenden Attacken erhielt ich Briefe von Menschen, die sich durch dieses Buch in ihrer Ehre gerettet fühlten. Die lohnendsten Briefe stammten von jenen, denen das Leben ohne ihre eigene Schuld übel mitgespielt hatte – sie verwendeten dieses Buch, um ihren Ehefrauen klar zu machen, dass sie einfach weniger Glück gehabt hatten als ihr Schwager (und nicht etwa inkompetenter waren). Am meisten berührte mich der Brief eines Mannes aus Virginia, der innerhalb weniger Monate seinen Job, seine Frau und sein Vermögen verlor und zum Gegenstand eines Ermittlungsverfahrens der Furcht einflößenden US-Börsenaufsichtsbehörde SEC wurde – und sich dabei zunehmend besser fühlte, weil er stoisch blieb. Eine Korrespondenz mit einem Leser, der von einem schwarzen Schwan getroffen wurde – dem unerwarteten zufälligen Ereignis mit gravierenden Folgen (hier der Verlust eines Babys) –, ließ mich nachlesen, was in der Literatur zur Anpassung nach schwer wiegenden zufälligen Ereignissen stand (in der nicht zufällig wieder einmal Daniel Kahneman eine herausragende Rolle spielt, der Pionier der Theorien zu irrationalem Verhalten unter Unsicherheit). Ich muss gestehen, dass ich als Börsenhändler niemals wirklich das Gefühl hatte, jemandem einen besonderen Dienst zu erweisen (mich selbst ausgenommen); es war ein erhebendes Gefühl, als Essayist einen *sinnvollen* Beitrag leisten zu können.

Alles oder nichts

Die Botschaft dieses Buches stiftete einige Verwirrungen. So wie unser Gehirn nicht ohne weiteres probabilistische Nuancen erkennt (es stürzt sich auf eine grobe »Alles-oder-nichts«-Vereinfachung), war es schwer zu erklären, dass es hier darum ging, dass alles zufälliger ist, als wir glauben, und die Aussage nicht lautete, dass alles Zufall ist. Ich war mit Kommentaren folgender Art konfrontiert: »Als Skeptiker hält Taleb alles für zufällig und behauptet, erfolgreiche Menschen hätten einfach nur Glück.« Die Narren-des-Zufalls-Symptome traten sogar in einer weithin publizierten Cambridge Union Debate auf, in der mein Argument »Die meisten Börsenasse sind Narren, die Glück haben« zu »Alle Börsenasse sind Narren, die Glück haben« verdreht wurde. (In dieser Debatte zog ich eindeutig den Kürzeren gegenüber dem schier unüberwindlichen Desmond Fitzgerald in einer der unterhaltsamsten Diskussionen meines Lebens – ich war sogar versucht, die Seiten zu wechseln!) Die gleiche irrige Vorstellung, Respektlosigkeit sei mit Arroganz gleichzusetzen (die ich in meiner Botschaft ansprach), führt dazu, dass Skeptizismus fälschlicherweise für Nihilismus gehalten wird.

Lassen Sie mich an dieser Stelle eines ganz deutlich sagen: Natürlich begünstigt das Glück diejenigen, die entsprechend vorbereitet sind! Harte Arbeit, Pünktlichkeit, ein sauberes (vorzugsweise weißes) Hemd, Gebrauch von Deodorant und ähnliche konventionelle Dinge tragen zum Erfolg bei – sie sind sicherlich nötig, reichen aber nicht unbedingt aus, denn sie sind nicht die *Ursache* des Erfolgs. Gleiches gilt für konventionelle Werte wie Beharrlichkeit, Hartnäckigkeit und Durchhaltevermögen: *nötig, unbedingt nötig.* Man muss das Haus verlassen und einen Lottoschein ausfüllen, um zu gewinnen. Bedeutet das aber, dass die Mühe, die man sich mit dem Gang zur Lottoannahmestelle gemacht hat, *ursächlich* für den Gewinn war? Natürlich sind Fähigkeiten von Bedeutung, aber sie zählen in sehr zufallsabhängigen Umfeldern weniger als beispielsweise in der Zahnmedizin.

Nein, ich behaupte nicht, dass die Lehren Ihrer Großmutter zum Wert der Arbeitsmoral verkehrt seien! Da die meisten Erfolge zudem von sehr wenigen »Opportunitätsfenstern« verursacht werden, kann es den Karrieretod bedeuten, wenn man diese Chancen nicht wahrnimmt. Bauen Sie also auf Ihr Glück!

Achten Sie darauf, wie unser Gehirn bisweilen den Kausalpfeil in die entgegengesetzte Richtung dreht. Nehmen wir einmal an, gute Eigenschaften seien die *Ursache* des Erfolges. Auch wenn es uns intuitiv richtig erscheinen mag, impliziert dann die Tatsache, dass jeder intelligente, hart arbeitende, ausdauernde Mensch Erfolg hat, keineswegs, dass jeder erfolgreiche Mensch intelligent, hart arbeitend und ausdauernd ist. (Es ist bemerkenswert, wie ansonsten äußerst intelligente Menschen einem so primitiven logischen Irrtum – *einem Umkehrschluss* – anheim fallen können – ein Aspekt, den ich in dieser Ausgabe als Problem der doppelten Logiksysteme bezeichnen werde.)

Eine Ausprägung der Erfolgsforschung hat ihren Weg in die Ratgebersektionen der Buchläden gefunden: »Hier sind die Eigenschaften der Millionäre, die Sie besitzen müssen, wenn Sie genau wie diese erfolgreichen Menschen sein wollen.« Einer der Autoren des irreführenden Buches *The Millionaire Next Door* (Der Millionär nebenan), das ich in Kapitel 8 anspreche, schrieb den noch unsinnigeren Band *The Millionaire Mind* (So denken Millionäre). Er bemerkt, dass in einer von ihm untersuchten repräsentativen Gruppe von über 1000 Millionären die meisten in ihrer Kindheit sich nicht durch überragende Intelligenz auszeichneten, und folgert daraus, dass es nicht das genetische Erbgut sei, sondern vielmehr harte Arbeit einen reich mache. Daraus kann man naiv folgern, dass Glück keinen Erfolgsbeitrag leistet. Wenn Millionäre ähnliche Eigenschaften besitzen wie die Durchschnittsbevölkerung, würde ich mich dagegen intuitiv der beunruhigenden Interpretation anschließen, dass sie ihren Erfolg teilweise dem Glück zu verdanken haben. Glück ist demokratisch und kann jeden treffen, ungeachtet seiner ursprünglichen Fähigkeiten. Der Autor sieht Abweichungen von der Durchschnittsbevölkerung in einigen wenigen Zügen wie Hartnäckigkeit und harter Arbeit: eine weitere Verwechslung von *Voraussetzung* und Ursache. Die Tatsache, dass alle Millionäre beharrliche, hart arbeitende Menschen waren, macht unermüdliche Schwerstarbeiter noch nicht zu Millionären: Viele erfolglose Unternehmer arbeiteten stets sehr hart. In einem Paradebeispiel für naiven Empirismus suchte der Autor auch nach Eigenschaften, die diese Millionäre gemeinsam hatten, und kam zu dem Schluss, dass sie alle risikofreudig seien. Risiken einzugehen ist gewiss nötig, um große Erfolge zu erzielen – aber auch Voraussetzung für Misserfolge. Hätte der Autor die gleiche Untersuchung bei Bankrotteuren durchgeführt, hätte er sicherlich auch diesen Mitbürgern Risikofreudigkeit bescheinigen können.

Einige Leser (und einige fantasielose Verlage, bevor ich das Glück hatte, Texere zu finden) baten mich, die »Behauptungen im Buch mit Daten zu untermauern« – Grafiken, Schaubilder, Diagramme, Charts, Tabellen, Zahlen, Empfehlungen, Zeitreihen et cetera. Bei diesem Text handelt es sich um eine Reihe logischer Gedankenexperimente, nicht um eine wirtschaftswissenschaftliche Seminararbeit; Logik bedarf keiner empirischen Verifizierung (da haben wir wieder diesen »irrigen Umkehrschluss«: Es ist ein Fehler, Statistiken ohne Logik zu verwenden, wie dies Journalisten und einige Ökonomen tun, doch umgekehrt gilt nicht, dass die Verwendung von Logik ohne Zahlenmaterial ebenfalls verkehrt ist). Wenn ich schreibe, ich würde bezweifeln, dass der Erfolg meines Nachbarn aufgrund der Rolle des Zufalls in seinem Beruf nicht in gewissem Maße mehr oder weniger auch auf Glück zurückzuführen ist, muss ich das nicht »austesten« – das Gedankenexperiment zum russischen Roulette genügt. Ich muss lediglich zeigen, dass es neben der Theorie, er sei ein Genie, auch eine alternative Erklärung gibt. Mein Ansatz besteht darin, eine Gruppe geistig minderbemittelter Menschen zu bilden und zu zeigen, wie eine kleine Minderheit davon sich zu erfolgreichen Geschäftsleuten entwickeln kann

– und genau diejenigen fallen uns auf. Ich behaupte nicht, dass Warren Buffett keine Fähigkeiten besitze, nur dass eine große Gruppe beliebiger Investoren *nahezu unausweichlich durch reines Glück* jemanden mit seiner Erfolgsbilanz hervorbringt.

Die verpassten Bären

Es überraschte mich auch, dass ich trotz der lautstarken Warnungen vor Medienjournalisten in meinem Buch zu Fernseh- und Radiosendungen in Nordamerika und Europa eingeladen wurde (darunter ein urkomischer »*dialogue de sourds*« bei einem Radiosender in Las Vegas, bei dem der Interviewer und ich völlig aneinander vorbeiredeten). Niemand schützte mich vor mir selbst, und ich nahm diese Interviews an. Seltsamerweise benötigt man die Presse, um die Botschaft zu kommunizieren, dass die Presse Gift ist. Meine banalen Statements ließen mich wie einen Betrüger fühlen, doch hatte ich meinen Spaß dabei.

Möglicherweise wurde ich eingeladen, weil die Interviewer der Mainstream-Medien mein Buch entweder nicht gelesen hatten oder die Beleidigungen nicht verstanden (sie »haben nicht die Zeit«, Bücher zu lesen) und die öffentlich-rechtlichen Journalisten es zu gründlich gelesen hatten und sich dadurch gerechtfertigt fühlten. Ich kann mit ein paar Anekdoten aufwarten: Einer berühmten Fernsehsendung wurde mitgeteilt, dass »dieser Taleb glaubt, Aktienanalysten sind nur Zufallspropheten«. Daher waren die Produzenten begierig darauf, mich meine Thesen in der Sendung vortragen zu lassen. Ihre Bedingung lautete aber, dass ich drei Aktienempfehlungen abgeben müsse, um mein »Know-how« zu beweisen. Ich verzichtete auf meinen Besuch in der Sendung und verpasste so die Gelegenheit, ihnen allen einen herrlichen Bären aufzubinden: Ich hätte drei zufällig ausgewählte Aktien beschreiben und wohlklingende Erklärungen auf meine Selektion zuschneiden können.

Bei einer weiteren Fernsehsendung erwähnte ich in meinen Ausführungen zum Zufallscharakter des Aktienmarktes und der Tatsache, dass Ereignisse im Nachhinein immer mit einer passenden Logik verbrämt werden, dass »Menschen glauben, es gäbe eine Story, wo das nicht der Fall ist«. Der Moderator hakte sofort ein:

»Heute morgen wurde eine Story über Cisco berichtet. Können Sie sich dazu äußern?« Hier die beste meiner Anekdoten: Nachdem ich zu einer einstündigen Diskussion in einer Bloomberg-Radiosendung geladen worden war (sie hatten Kapitel 11 nicht gelesen), teilte man mir wenige Minuten vor Beginn mit, ich solle nicht auf die Thesen in diesem Buch zu sprechen kommen, da man mich nicht eingeladen habe, um über den Zufall, sondern über den Börsenhandel zu sprechen (gewiss eine weitere Gelegenheit, allen einen dicken Bären aufzubinden – doch war ich darauf nicht gut genug vorbereitet und verließ daher das Studio vor Beginn der Sendung).

Die meisten Journalisten nehmen die Dinge nicht zu ernst: Schließlich geht es in ihrem Metier um reine Unterhaltung und nicht um Wahrheitssuche, insbesondere wenn sie für Funk und Fernsehen arbeiten. Der Trick dabei ist, sich von jenen fern zu halten, die nicht zu wissen scheinen, dass sie reine Entertainer sind (wie der in Kapitel 2 erwähnte George Will), sondern sich tatsächlich für *Denker* halten.

Ein weiteres Problem war die Interpretation der Botschaft in den Medien: Dieser Nassim meint, dass Märkte zufällig sind und *daher purzeln die Kurse.* Das machte mich unversehens zum Überbringer schlechter Nachrichten. »Schwarze Schwäne«, jene seltenen und unerwarteten Abweichungen, können sowohl positive als auch negative Ereignisse sein.

Der Medienjournalismus ist jedoch weniger standardisiert, als es den Anschein hat; er zieht ein recht ansehnliches Kontingent nachdenklicher Menschen an, die sich erfolgreich über das kommerzielle Plattitüdensystem hinwegsetzen und denen tatsächlich die Botschaft und nicht einfach nur die Aufmerksamkeit der Öffentlichkeit am Herzen liegt. Eine naive Beobachtung aus Gesprächen mit Ojo Anandi (NPR), Robin Lustig (BBC), Robert Sculley (PBS) und Brian Lehrer (WNYC) läuft darauf hinaus, dass öffentlich-rechtliche Journalisten einer ganz anderen intellektuellen Spezies angehören. Übrigens korreliert die Qualität der Diskussion umgekehrt mit dem Luxus der Studios: WNYC, wo ich den Eindruck hatte, dass Brian Lehrer sich am meisten bemühte, meine Thesen nachzuvollziehen, wird aus Büros betrieben, die mit zu den schäbigsten gehören, die mir diesseits von Kasachstan untergekommen sind.

Ein letzter Kommentar zum Stil. Ich beschloss, den Stil dieses Buches ebenso idiosynkratisch zu halten wie in der ersten Auflage. *Homo sum*, im Guten wie im Schlechten. Ich bin fehlbar und sehe keinen Grund, meine kleinen Fehlerchen zu verbergen, wenn sie Teil meiner Persönlichkeit sind – ebenso wenig wie ich eine Perücke aufsetzen würde, wenn ich mich fotografieren lasse, oder mir die Nase von jemand anderem ausborgen möchte, wenn ich mein Gesicht zeige. Nahezu alle Verlagsredakteure, die den Entwurf lasen, empfahlen Veränderungen auf Satzebene (um meinen Stil zu »verbessern«) sowie in der Textstruktur (in der Organisation der Kapitel). Ich habe sie fast alle ignoriert und festgestellt, dass keiner meiner Leser diese Anpassungen für notwendig hielt – faktisch bin ich der Meinung, dass es den Text belebt, wenn darin die Persönlichkeit des Autors (mit allen Unvollkommenheiten) zum Ausdruck kommt. Leidet die Verlagsbranche etwa unter dem klassischen »Expertenproblem« mit entsprechenden Faustregeln, die keine empirische Gültigkeit besitzen? Mehr als 100 000 Leser später beginne ich mir klar zu werden, dass Bücher nicht für Redakteure geschrieben werden.

Nassim Nicholas Taleb

Prolog
Moscheen in den Wolken

In diesem Buch geht es um Glück, das sich als etwas anderes (nämlich als Geschick) tarnt und wahrgenommen wird, sowie auf allgemeinerer Ebene um Zufälligkeiten, die sich nicht als solche zu erkennen geben und für etwas anderes (nämlich für Bestimmung) gehalten werden. Dieses Phänomen manifestiert sich in der Figur des glücklichen Narren: ein Mensch, der von unverhältnismäßig viel Glück profitieren kann, seinen Erfolg aber anderen, meist sehr präzisen Gründen zuschreibt. Diese Verwirrung entsteht in Bereichen, wo man es niemals vermuten würde, selbst in der Wissenschaft, wenngleich nicht auf ebenso pointierte und augenfällige Weise wie im Wirtschaftsleben. Auch in der Politik stößt man häufig auf dieses Phänomen; hier manifestiert es sich in der Gestalt des Staatschefs, der von Arbeitsplätzen spricht, die »er« geschaffen hat, von »seinem« Wirtschaftsaufschwung und der Inflation »seiner Vorgänger«.

Wir sind immer noch ganz eng verwandt mit unseren Vorfahren, die über die Savanne streiften. Bei der Entstehung unserer Überzeugungen spielt der Aberglaube selbst heute noch (oder vielleicht sogar gerade heute) eine wichtige Rolle. So wie sich eines Tages ein Mitglied eines primitiven Stammes an der Nase kratzte, Regen fallen sah und dann eine elaborierte Methode des Nasenkratzens entwickelte, um dringend benötigten Regen herbeizurufen, verbinden wir wirtschaftlichen Wohlstand mit irgendeiner Zinssenkung der US-Notenbank oder den Erfolg eines Unternehmens mit der Berufung eines neuen Chefs, der »das Ruder in die Hand nimmt«. Unsere Buchläden sind voll von Biografien erfolgreicher Männer und Frauen, die ihre eigenen Erklärungen dafür bieten, warum sie im Leben so viel erreicht haben (mit dem Ausdruck

»zur richtigen Zeit am richtigen Ort« können wir die daraus zu ziehenden Schlussfolgerungen jedoch relativieren). Die Verwirrung befällt Menschen verschiedenster Fachrichtungen: Literaturprofessoren schreiben einem rein zufälligen Auftreten von Wortmustern eine tiefere Bedeutung zu, während Volkswirtschaftler stolz auf »Regelmäßigkeiten« und »Anomalien« in rein willkürlichen Daten hinweisen.

Auf die Gefahr hin, voreingenommen zu erscheinen, muss ich sagen, dass Literaturliebhaber vorsätzlich dazu neigen können, Nebengeräusche und Bedeutung miteinander zu verwechseln – also nicht zwischen einem zufällig entstandenen Arrangement und einer bewusst formulierten Botschaft zu unterscheiden. Das richtet jedoch wenig Schaden an. Kaum jemand wird behaupten, dass Kunst ein Werkzeug zur Erforschung der Wahrheit sei; vielmehr gilt sie als ein Versuch, der Realität zu entfliehen beziehungsweise sie erträglicher zu machen. Der Symbolismus ist die Folge unserer Unfähigkeit und der mangelnden Bereitschaft, den Zufall als solchen zu akzeptieren; wir schreiben allen erdenklichen Formen eine Bedeutung zu und sehen menschliche Gestalten in Tintenflecken. »Ich sah Moscheen in den Wolken«, verkündete Arthur Rimbaud, der französische symbolistische Dichter aus dem 19. Jahrhundert. Diese Interpretation führte ihn in ein »poetisches« Abessinien (in Ostafrika), wo er von einem Sklavenhändler (einem libanesischen Christen) brutal misshandelt wurde, sich mit Syphilis ansteckte und durch Wundbrand ein Bein verlor. Angewidert gab er die Dichtkunst im Alter von nur 19 Jahren auf und starb später in völliger Anonymität in einem Marseiller Krankenhaus, noch bevor er seinen 40. Geburtstag erreicht hatte. Aber es war zu spät. Europas Intellektuelle entwickelten eine anscheinend irreversible Vorliebe für den Symbolismus – wir zahlen heute noch den Preis dafür in Form von Psychoanalyse und anderen Modeerscheinungen.

Leider nehmen einige Menschen dieses Spiel zu ernst, da sie ihren Lebensunterhalt damit verdienen, übermäßig viel in manche Dinge hineinzulesen. Mein ganzes Leben lang leide ich schon unter dem Konflikt zwischen meiner Liebe zur Literatur und Dichtkunst und meiner tief verwurzelten Abneigung gegen die meisten Literaturdozenten und »Kritiker«. Der französische Dichter und

Denker Paul Valéry war höchst erstaunt, als er in einem Kommentar zu seinen Gedichten von Bedeutungen erfuhr, die ihm bis dato selbst nicht aufgefallen waren (natürlich wurde er darauf hingewiesen, dass diese Botschaften wohl von seinem Unterbewusstsein ausgesandt worden seien).

Tabelle 1 Die Tabelle der Verwirrungen
in der die wichtigsten, in diesem Buch verwendeten Unterscheidungen vorgestellt werden

	Allgemein
Glück	Fähigkeiten
Zufall	Bestimmung
Wahrscheinlichkeit	Sicherheit
Glaube, Mutmaßung	Wissen, Gewissheit
Theorie	Realität
Anekdote, Koinzidenz	Kausalbeziehung, Gesetz
Prognose	Prophezeiung
	Börsenanlagen
Glücklicher Narr	Geschickter Investor
Survivor Bias	Outperformance gegenüber dem Markt
	Finanzwesen
Volatilität	Ertrag (oder Defizit)
Stochastische Variable	Deterministische Variable
	Physik und Technik
Nebengeräusche	Signal
	Literaturkritik
Nichts (Literaturkritiker scheinen keinen Namen für Dinge zu kennen, die sie nicht verstehen)	Symbol
	Wissenschaftsphilosophie
Erkenntnistheoretische Wahrscheinlichkeit	Physische Wahrscheinlichkeit
Induktion	Deduktion
Synthetische These	Analytische These
	Allgemeine Philosophie
Bedingt	Gewiss
Bedingt	Nötig (im Sinne Kripkes)
Bedingt	Wahr in allen möglichen Welten

Auf allgemeinerer Ebene unterschätzen wir in nahezu allen Fällen die Rolle des Zufalls – ein Aspekt, der nicht unbedingt ein Buch rechtfertigen würde, wäre nicht der Experte selbst der König aller Narren. Es sollte uns zu denken geben, dass die Wissenschaft erst seit kurzem mit Zufälligkeiten umgehen kann (die Zunahme der verfügbaren Informationen wurde nur von einem steigenden Lärmpegel übertroffen). Wahrscheinlichkeitslehre ist in der Mathematik noch eine junge Disziplin, und praktische Anwendung von Wahrscheinlichkeiten ist bislang ein noch fast unerschlossenes Terrain. Darüber hinaus haben wir anscheinend Beweise dafür, dass so genannte »Courage« aus einer Unterschätzung der Rolle des Zufalls in der Welt herrührt und nicht aus einer nobleren Fähigkeit, sich für eine bestimmte Überzeugung aus dem Fenster zu lehnen. Meiner Erfahrung (und der wissenschaftlichen Literatur) zufolge sind »risikofreudige« Wirtschaftssubjekte eher Opfer von Wahnvorstellungen als das Gegenteil (was sie zu übermäßigem Optimismus und übersteigertem Selbstvertrauen bei gleichzeitiger Unterschätzung möglicher negativer Resultate verleitet). Ihre »Risikofreudigkeit« macht sie häufig zu Narren des Zufalls.

Sehen Sie sich die linke und die rechte Spalte in Tabelle 1 an. Die zentrale These dieses Buches lässt sich wohl am besten so zusammenfassen: Es beschäftigt sich mit (oft tragikomischen) Situationen, in denen die linke Spalte fälschlicherweise für die rechte gehalten wurde. Die Untergruppierungen zeigen auch die wichtigsten Themenbereiche, die in diesem Buch erörtert werden.

Der Leser mag sich nun fragen, ob der umgekehrte Fall nicht auch ein gewisses Maß an Aufmerksamkeit verdient, nämlich Situationen, in denen Nichtzufälliges irrtümlichweise für einen Zufall gehalten wird. Sollten wir uns nicht Gedanken über Fälle machen, in denen Muster und Botschaften übersehen wurden? Darauf habe ich zwei Antworten. Erstens bereitet mir die Existenz unentdeckter Muster kein großes Kopfzerbrechen. Wir neigen dazu, lange und komplexe Botschaften in fast alle unregelmäßigen Ausprägungen der Natur hineinzulesen (etwa in Handflächen oder in den Bodensatz türkischer Kaffeetassen). Bewaffnet mit leistungsstarken Heimcomputern und verketteten Prozessoren und unterstützt von Komplexitäts- und »Chaos«-Theorien können Wissenschaftler, Halbgelehrte und Pseudowissenschaftler alle möglichen Omen finden. Zweitens müssen wir die Fehlerkosten in Betracht ziehen: Meiner Ansicht nach ist eine Verwechslung der rechten mit der linken Spalte nicht so teuer wie ein Irrtum in umgekehrter Richtung. Selbst der Volksmund warnt, dass schlechte Informationen schlimmer sind als gar keine.

So interessant diese Themen sein könnten, ihre Erörterung wäre eine schwer lösbare Aufgabe. Es gibt einen Bereich, in dem die gewohnheitsmäßige Verwechslung von Glück und Geschick meiner Meinung nach besonders oft vorkommt und auch besonders auffällig ist: die Börse. Es mag Glück oder Pech sein, aber das ist nun einmal die Welt, in der ich einen Großteil meines Erwachsenenlebens hindurch gearbeitet habe. Diese Welt kenne ich am besten. Darüber hinaus ist das Wirtschaftsleben das beste (und unterhaltsamste) Labor zur Analyse der Unterschiede zwischen diesen Kategorien. Schließlich ist die Wirtschaft die menschliche Unternehmung, bei der die Verwirrungsgefahr am größten ist und ihre Folgen am heimtückischsten sind. Zum Beispiel nehmen wir oft irrtümlicherweise an, eine Strategie sei brillant, ein Unternehmer ein »Visionär« oder ein Börsenhändler begnadet, nur um hinterher erkennen zu müssen, dass 99,9 Prozent der bisherigen Leistung die Folge puren Zufalls waren. Bittet man erfolgreiche Investoren, die Gründe für ihren Erfolg zu schildern, werden sie tiefsinnige und überzeugende Interpretationen ihrer Anlageergebnisse anbieten. Oft ist die Augenwischerei sogar beabsichtigt und verdient die Bezeichung »Scharlatanerie«.

Wenn es einen einzelnen Grund für die Verwechslung der linken mit der rechten Seite unserer Tabelle gibt, so ist dies unsere Unfähigkeit, kritisch zu denken – es macht uns richtiggehend Spaß, Mutmaßungen als Wahrheiten zu verbrämen. Das liegt in unserer Natur. Unser Gehirn ist nicht mit den richtigen Mechanismen zum Umgang mit Wahrscheinlichkeiten ausgestattet. Diese Schwäche tritt sogar – beziehungsweise bisweilen gerade – bei Fachleuten auf.

Der schmerbäuchige Spießbürger Monsieur Prudhomme, der im 19. Jahrhundert in vielen Karikaturen erschien, trug aus zwei Gründen ein langes Schwert bei sich: In erster Linie wollte er die Französische Republik gegen ihre Feinde verteidigen; in zweiter Linie wollte er sie aber auch selbst angreifen, falls sie von ihrem

Kurs abweichen sollte. Auch dieses Buch verfolgt zweierlei Zwecke: Es soll zur Verteidigung der Wissenschaft dienen (als Lichtstrahl, der über zufällige Nebengeräusche hinaus den Weg weist), gleichzeitig aber auch Wissenschaftler attackieren, wenn sie vom richtigen Kurs abweichen (denn die größten Katastrophen sind darauf zurückzuführen, dass einzelne Wissenschaftler das Konzept des Standardfehlers nicht intuitiv verstehen und überhaupt nicht kritisch denken können und sich als ebenso unfähig erwiesen haben, in den Sozialwissenschaften mit Wahrscheinlichkeiten zu arbeiten und diese Unfähigkeit auch nicht akzeptieren können). Im praktischen beruflichen Umgang mit der Ungewissheit sind mir mehr Kurpfuscher untergekommen, die sich als Wissenschaftler ausgaben, als mir lieb ist – insbesondere im Bereich der Wirtschaftswissenschaft. In diesen Reihen findet man auch die größten Narren des Zufalls.

Wir sind hoffnungslos fehlerhaft, zumindest für unser heutiges Umfeld, aber das ist nur für jene Utopisten eine schlechte Nachricht, die an ein idealisiertes Menschenbild glauben. Das heutige Denken stellt zwei polarisierte Menschenbilder einander gegenüber, mit wenigen Zwischentönen. Einerseits sind da der Englisch-Professor am örtlichen College, die Großtante Irma, die stets unverheiratet blieb und reichlich Predigten hält, der Buchautor, der Leitfäden schreibt, wie man in 20 Schritten zum Glück findet und in einer Woche ein besserer Mensch wird. Das bezeichnet man als das utopische Menschenbild im Sinne Rousseaus, Godwins, Condorcets, Thomas Paines oder auch konventioneller normativer Ökonomen (die von uns verlangen, rationale Entscheidungen zu treffen, weil das gut für uns sei). Sie glauben an Vernunft und Rationalität – dass wir auf unserem Weg zu einem besseren Menschen kulturelle Hindernisse überwinden sollten – und meinen, wir könnten unsere Natur beliebig kontrollieren und sie rein per Erlass verwandeln, um unter anderem glücklich und rational zu werden. Im Grunde beinhaltet diese Kategorie auch jene, die Fettleibigkeit zu kurieren suchen, indem sie den Betroffenen sagen, sie sollen gesund leben.

Andererseits gibt es das tragische Menschenbild, das an die Existenz immanenter Begrenzungen und Fehler in unserem Denken und Handeln glaubt und eine Bestätigung dieser Tatsache als

Grundlage allen individuellen und kollektiven Handelns verlangt. In diese Kategorie fallen Karl Popper (Falsifikationismus und Misstrauen gegenüber intellektuellen »Antworten«, praktisch gegenüber jedem, der überzeugt ist, etwas mit Sicherheit zu wissen), Friedrich Hayek und Milton Friedman (Misstrauen gegenüber dem Staat), Adam Smith (Intention des Menschen), Herbert Simon (»Bounded Rationality«), Amos Tversky und Daniel Kahneman (Heuristiken und Voreingenommenheiten) und der Spekulant George Soros – um nur einige zu nennen. Am meisten vernachlässigt und missverstanden wurde der Philosoph Charles Sanders Peirce, der hundert Jahre zu früh geboren wurde (er prägte den Begriff der wissenschaftlichen Fehlbarkeit – »fallabilism« – als Gegensatz zur päpstlichen Unfehlbarkeit). Natürlich gehören auch die Thesen in diesem Buch genau zur tragischen Kategorie: Wir sind fehlerbehaftet, und es ist nicht der Mühe wert, diese Fehler zu korrigieren. Wir sind derart mangelhaft und so schlecht für unsere Umwelt gerüstet, dass wir einfach lernen müssen, um diese Fehler herumzuarbeiten. Davon bin ich überzeugt, nachdem ich fast mein ganzes Berufsleben hindurch in einem heftigen Kampf zwischen meinem Gehirn (kein Narr des Zufalls) und meinen Gefühlen (unverbesserliche Narren des Zufalls) zugebracht habe, wobei der einzige Erfolg darin bestand, dass ich meine Emotionen umging, anstatt sie zu rationalisieren. Vielleicht ist es uns nicht gegeben, uns von unserer Menschlichkeit zu befreien; wir brauchen schlaue Tricks, keine bombastische moralisierende Hilfe. Als Empiriker (eigentlich ein skeptischer Empiriker) verachte ich Moralprediger mehr als alles andere auf dieser Erde: Ich frage mich immer noch, warum sie blind an ineffektive Methoden glauben. Ratschläge zu geben bedeutet, dass unser kognitiver Apparat und nicht unsere emotionale Maschinerie eine sinnvolle Kontrolle über unser Handeln ausübt. Wir werden sehen, wie die moderne Verhaltenstheorie dies als völligen Irrglauben bloßstellt.

Mein Kollege Bob Jaeger (er schlug einen entgegengesetzten Weg zu mir ein und war zunächst Philosophieprofessor und dann Börsenhändler) beschreibt eine aussagekräftigere Sichtweise dieser Dichotomie: Es gibt Menschen, die glauben, es gäbe einfache, klare Antworten, und andere, die Vereinfachung ohne gravierende Verzerrung nicht für möglich halten (sein Held: Wittgenstein, sein

Schurke: Descartes). Mich fasziniert dieser Unterschied, denn ich meine, dass der Generator des Narren-des-Zufalls-Problems, der irrige Glaube an den Determinismus, unter anderem mit einer solchen Dimensionalitätsreduzierung zu tun hat. So sehr man auch an Vereinfachung glauben mag (»Keep it simple stupid«) – die *Simplifizierung* ist gefährlich.

Dieser Autor hasst Bücher, deren Inhalt man sich leicht aus ihrem Inhaltsverzeichnis zusammenreimen kann (kaum einer liest Lehrbücher zum Vergnügen). Eine kleine Andeutung, was jetzt folgen wird, ist aber nichtsdestoweniger sinnvoll. Das Buch besteht aus drei Teilen. Der erste gewährt einen Blick hinter die Kulissen von Solons Warnung, denn sein Ausbruch über seltene Ereignisse wurde zu meinem lebenslangen Motto. Wir werden uns darin mit sichtbaren und unsichtbaren Historien und der schwer fassbaren Eigenschaft seltener Ereignisse (»schwarzer Schwäne«) beschäftigen. Der zweite Teil stellt eine Sammlung von Wahrscheinlichkeitsverzerrungen vor, die mir (zu meinem Leidwesen) in meiner Karriere im Zufallsumfeld begegnet sind und die mich heute noch täuschen können. Der dritte Teil veranschaulicht meinen persönlichen Kampf mit meiner Biologie und rundet dieses Buch mit der Vorstellung einer Hand voll praktischer Tipps (Wachs in meinen Ohren) und philosophischer Hilfsmittel (Stoizismus) ab. Vor der »Aufklärung« und dem Zeitalter der Rationalität gab es in unserer Kultur eine Trickkiste, die uns ermöglichte, mit unserer Fehlbarkeit und Schicksalsschlägen umzugehen. Unsere Vorfahren können uns immer noch mit einigen ihrer Kniffe hilfreich zur Seite stehen.

Teil I
Solons Warnung – Schiefe, Asymmetrie und Induktion

König Krösus von Lydien galt als der reichste Mann seiner Zeit. Bis zum heutigen Tag wird im Deutschen und in den romanischen Sprachen ein Mensch, der im Geld schwimmt, als »Krösus« bezeichnet. Man erzählt sich, dass Krösus Besuch von Solon erhielt, dem griechischen Gesetzgeber, der für seine Würde, Zurückhaltung, Rechtschaffenheit, Bescheidenheit, Enthaltsamkeit, Weisheit, Intelligenz und Tapferkeit bekannt war. Solon zeigte angesichts der Opulenz und Pracht, die seinen Gastgeber umgab, kein bisschen Überraschung und auch nicht die geringste Bewunderung für ihren Besitzer. Krösus ärgerte sich so sehr, dass sein illustrer Besucher alles andere als überwältigt war, dass er versuchte, ihm etwas Anerkennung zu entlocken. Er fragte Solon, ob ihm jemals ein glücklicherer Mensch untergekommen sei als er, Krösus. Solon nannte einen Mann, der ein ehrenwertes Leben geführt hatte und im Kampf gefallen war. Auf weiteres Nachfragen führte er ähnliche Beispiele verstorbener Helden an, bis ihn Krösus voller Zorn rundheraus fragte, ob nicht er selbst der glücklichste Mensch auf Erden sei. Solon erwiderte: »Die Beobachtung der vielfältigen Ungemache, die alle Umstände begleiten, verbietet uns, angesichts unserer gegenwärtigen Annehmlichkeiten träge zu werden oder das Glück eines Mannes zu bewundern, das sich im Zeitverlauf noch ändern kann. Denn unsere unsichere Zukunft mit ihren vielfältigen Möglichkeiten ist noch nicht eingetreten, und wir können nur denjenigen als wahrhaft glücklich bezeichnen, dem die Götter fortgesetztes Glück bis ans Ende seiner Tage gewährt haben.«

Das moderne Äquivalent zu diesem Ausspruch formulierte der amerikanische Baseball-Coach Yogi Berra nicht weniger eloquent –

er scheint Solons Ausspruch aus dem reinen Griechisch Attikas in nicht weniger reines Brooklyn-Englisch übersetzt zu haben, als er sagte: »It ain't over until it's over« beziehungsweise »s'is erst zu Ende, wenn's ganz vorbei ist«. Das Zitat Yogi Berras zeigt nicht nur seine Wortgewandheit in seinem Dialekt, sondern hat auch den Vorteil, authentisch zu sein, während das Treffen zwischen Krösus und Solon zu jenen historischen Tatsachen gehört, bei der die Chronisten ihrer Fantasie freien Lauf ließen, da es vom zeitlichen Ablauf her unmöglich war, dass sich diese beiden Männer am gleichen Ort aufhielten. Teil I geht der Frage nach, inwieweit eine Situation im Laufe der Zeit noch Veränderungen unterworfen sein kann. Wir lassen uns nämlich oft von Situationen täuschen, in denen in erster Linie die Göttin Fortuna – Jupiters erstgeborene Tochter – ihre Finger im Spiel hat. Solon war weise genug, die folgende Tatsache zu verstehen: Was durch Glück gewonnen wurde, kann einem auch vom Zufall wieder genommen werden (und noch dazu schnell und unerwartet). Die andere Seite der Medaille, die ebenfalls Beachtung verdient (und uns faktisch auch stärker beschäftigen wird), lautet: Dinge, bei denen das Glück eine untergeordnete Rolle spielt, sind Zufälligkeiten gegenüber resistenter. Solon verstand auch intuitiv ein Problem, dessen Lösung die Wissenschaft seit drei Jahrhunderten beschäftigt. Es handelt sich um das Problem der Induktion. In diesem Buch nenne ich das den schwarzen Schwan beziehungsweise das seltene Ereignis. Solon erkannte eine weitere, damit im Zusammenhang stehende Schwierigkeit, die ich als das Problem der Schiefe bezeichne: Es spielt keine Rolle, wie oft man erfolgreich ist, wenn ein Scheitern unerträglich teuer wäre. Die Geschichte von König Krösus hat jedoch noch ein Nachspiel. Nachdem dieser Herrscher eine Schlacht gegen den gefürchteten persischen König Cyrus verloren hatte, sollte er gerade bei lebendigem Leib verbrannt werden, als er Solons Namen rief und (in etwa) seufzte: »Solon, Ihr hattet Recht!« (Auch das ist eine Legende.) Cyrus fragte, was dieser seltsame Ausruf zu bedeuten habe, und Krösus erzählte ihm von Solons Warnung. Das beeindruckte Cyrus so sehr, dass er das Leben seines Gegners schonte, denn ihm fielen die möglichen Wendungen seines eigenen Schicksals ein. Damals dachten die Menschen noch gründlich nach.

Kapitel 1
Reich ist nicht gleich clever

Ein Beispiel für die Auswirkungen des Zufalls auf die gesellschaftliche Hackordnung und die Eifersucht, erzählt anhand von zwei Figuren mit gegensätzlichen Einstellungen. Einiges zum verborgenen seltenen Ereignis. Wie schnell sich die Dinge im modernen Leben ändern können, außer vielleicht bei Zahnärzten.

Nero Tulip

Vom Blitz getroffen

Nero Tulip war vom Börsenhandel besessen, nachdem er an einem Frühlingstag beim Besuch der Chicago Mercantile Exchange Zeuge eines seltsamen Schauspiels wurde. Ein rotes Porsche-Kabriolett brauste mit einem Mehrfachen der innerstädtisch zugelassenen Geschwindigkeit heran und blieb abrupt vor dem Eingang der Warenterminbörse stehen, wobei seine Reifen wie Schweine beim Schlachten quietschten. Ein offensichtlich wahnsinnig sportlicher Mann zwischen 30 und 40 mit rot erhitztem Gesicht stieg aus und stürmte die Stufen hinauf, als sei ein Tiger hinter ihm her. Sein Auto ließ er mit laufendem Motor in zweiter Reihe stehen, was hinter ihm ein wütendes Hupkonzert auslöste. Nach einer endlos erscheinenden Minute kam ein gelangweilter junger Mann mit gelbem Jackett (Gelb ist an der Börse in Chicago die für Assistenten reservierte Farbe) die Stufen hinunter, offensichtlich völlig unbeeindruckt von dem entstandenen Verkehrschaos. Er fuhr den Wagen in die unterirdische Parkgarage – völlig teilnahmslos, als gehöre dies zu seinen täglichen Pflichten.

An jenem Tag erlebte Nero Tulip, was die Franzosen *Coup de Foudre* nennen – eine plötzliche (und obsessive) Vernarrtheit, die einen trifft wie ein Blitz aus heiterem Himmel. »Das ist das Richtige für mich!«, rief er begeistert. Er konnte nicht umhin, das Leben eines Börsenhändlers mit den Alternativen zu vergleichen, die sich ihm boten. Eine akademische Karriere beschwor das Bild eines stillen Büros an der Universität mit ruppigen Sekretärinnen herauf; ein Wirtschaftsunternehmen symbolisierte für ihn ein Büro voller Mitarbeiter, die alle mehr oder minder schwer von Begriff waren und sich in ganzen Sätzen auszudrücken versuchten.

Vorübergehende Zurechnungsfähigkeit

Im Gegensatz zu einem *Coup de Foudre* hat sich die durch die Episode in Chicago ausgelöste Vernarrtheit mehr als 15 Jahre später nicht gelegt. Denn Nero schwört Stein und Bein, dass kein anderer legaler Beruf unserer Tage so spannend sei wie der des Börsenhändlers. Obwohl er bislang die Laufbahn der Hochseepiraterie noch nicht ausprobiert hat, ist er heute davon überzeugt, dass er selbst als Seeräuber mehr langweilige Augenblicke erleben würde als im Börsenhandel.

Nero lässt sich am besten als ein Mensch beschreiben, der unbewusst (und plötzlich) hin und her wechselt zwischen dem Benehmen und der Sprechweise eines Kirchenhistorikers und der von Schimpfwörtern durchzogenen Intensität eines Chicagoer Pit-Traders. Er kann Hunderte von Millionen Dollar in eine Transaktion investieren, ohne auch nur mit der Wimper zu zucken oder im Geringsten an seiner Entscheidung zu zweifeln, schwankt aber andererseits häufig zwischen zwei Vorspeisen auf der Speisekarte und ändert seine Meinung so oft, bis er auch den allergeduldigsten Kellner zur Weißglut getrieben hat.

Nero studierte an der Cambridge University antike Literatur und Mathematik. Er schrieb sich für ein Doktorandenstudium in Statistik an der University of Chicago ein, wechselte jedoch nach Belegung der erforderlichen Kurse kurz vor Abschluss seiner Doktorandenforschung in die philosophische Fakultät. Diesen Fachwechsel bezeichnete er als »einen Augenblick vorübergehender Zurechnungsfähigkeit«, was die Bestürzung seines Doktorvaters verstärkte, der ihn vor den Philosophen warnte und prophezeite, dass er wieder in den Schoß der Statistik zurückkehren werde. Nero schloss seine Doktorarbeit in Philosophie ab, verfasste sie aber nicht im von Derrida geprägten kontinentalen Stil unverständlichen Schwadronierens (*unverständlich* für jeden, der kein Insider ist, also Menschen wie mich). Ganz im Gegenteil: Seine Doktorarbeit befasste sich mit der Methodik der statistischen Inferenz in ihrer Anwendung auf die Soziologie. Eigentlich war seine Doktorarbeit nicht von einer Abhandlung in mathematischer Statistik zu unterscheiden – sie war nur etwas tiefsinniger (und doppelt so lang).

Es wird oft gesagt, dass man sich mit der Philosophie keine goldene Nase verdienen kann – aber das war nicht der Grund, warum Nero ihr den Rücken kehrte. Er verabschiedete sich von dieser Disziplin, weil sie ihm nicht unterhaltsam genug war. Zunächst begann sie nutzlos zu erscheinen; er erinnerte sich an die Warnungen seines Statistik-Doktorvaters. Dann fing sie plötzlich an, in Arbeit auszuarten. Als er es schließlich leid war, Traktate über irgendwelche undurchsichtigen Einzelheiten seiner früheren Veröffentlichungen zu verfassen, gab er seine Universitätslaufbahn auf. Akademische Debatten langweilten ihn schier zu Tode, vor allem wenn es um haarspalterische (für Laien nicht erkennbare) Feinheiten ging. Nero brauchte ein bisschen Action. Das Problem war dabei nur, dass er seine akademische Laufbahn ursprünglich eingeschlagen hatte, um dem Stumpfsinn und der maßvollen Unterwerfung des Angestelltendaseins zu entrinnen.

Nachdem er mit angesehen hatte, wie der Börsenhändler wie von einem Tiger gejagt die Treppe hinaufstürmte, suchte sich Nero einen Platz als Trainee an der Chicago Mercantile Exchange, wo die Händler unter lautem Geschrei und wildem Gestikulieren Warentermingeschäfte abschließen. Dort arbeitete er für einen renommierten (aber exzentrischen) Lokalmatador, der ihn in den typischen Chicagoer Stil einführte. Im Gegenzug löste Nero mathematische Gleichungen für seinen Mentor. Die energiegeladene Atmosphäre erwies sich für Nero als stimulierend. Schon bald arbeitete er sich zum freiberuflichen Börsenhändler hoch. Als er es dann satt hatte, sich in der Menge die Beine in den Bauch zu stehen und seine Stimmbänder zu strapazieren, beschloss er, sich »auf der oberen Etage« eine Stelle zu sichern, also an einem Trading Desk. Er zog in den Raum New York um und nahm eine Stelle bei einer Investmentbank an.

Nero spezialisierte sich auf quantitative Finanzprodukte, bei denen er einen frühen Augenblick des Ruhms erlebte, der ihn zu einem bekannten und gefragten Händler machte. Viele New Yorker und Londoner Investmentbanken versuchten, ihn mit großzügigen, garantierten Bonuszahlungen zu locken. Nero pendelte einige Jahre lang zwischen den beiden Städten hin und her, nahm an wichtigen »Meetings« teil und trug teure Anzüge. Aber bald begann er sich wieder in die Anonymität zurückzuziehen, denn das Leben eines Wall-Street-Stars entsprach nicht seinem Wesen. In der Gruppe der »Hot Trader« kann man sich nur mit gewissen organisatorischen Ambitionen und Machthunger halten, und Nero schätzte sich glücklich, dass ihm diese Züge fehlten. Er wollte einfach nur seinen Spaß haben – und seiner Ansicht nach waren Administration und Führungsverantwortung kein Vergnügen.

In Konferenzen langweilt er sich gerne, und er kann nicht gut mit Geschäftsleuten umgehen, insbesondere nicht mit der Spezies, auf deren Stirn »Mittelmaß« geschrieben steht. Nero reagiert allergisch auf das Vokabular geschäftlicher Besprechungen, und zwar nicht nur aus ästhetischen Gründen. Formulierungen wie »Taktiken«, »Jahresüberschuss«, »Wege zum Ziel«, »wir liefern Lösungen für unsere Kunden«, »unsere Mission« und anderen abgedroschenen Phrasen, die in Meetings an der Tagesordnung sind, fehlen genau die Präzision und Färbung, für die er eine Vorliebe hat. Er weiß nicht, ob die Teilnehmer einfach mit leeren Worthülsen die Stille füllen möchten oder ob solche Treffen tatsächlich einem sinnvollen Zweck dienen. Auf jeden Fall will er nicht an solchen Sitzungen teilnehmen. In Neros weitläufigem Bekanntenkreis gibt es auch tatsächlich fast keinen einzigen Wirtschaftsvertreter. Im Gegensatz zu mir (ich kann ungemein kränkend werden, wenn jemand mit plumper Aufgeblasenheit bei mir aneckt) zeichnet sich Nero unter solchen Umständen aber durch eine sanfte Distanziertheit aus.

Also wechselte Nero in den so genannten Eigenhandel. Hier werden Händler als unabhängige Einheiten organisiert – als interne Fonds mit ihrer eigenen Kapitalzuweisung. Man lässt ihnen freie Hand, vorausgesetzt natürlich, ihre Ergebnisse stellen das Topmanagement zufrieden. Der Name »Eigenhandel« rührt daher, dass sie mit dem Eigenkapital des Unternehmens arbeiten.

Zum Jahresende erhalten sie sieben bis zwölf Prozent der erwirtschafteten Gewinne. Eigenhändler genießen alle Vorteile einer selbstständigen Tätigkeit, ohne sich mit den profanen Einzelheiten eines eigenen Unternehmens belasten zu müssen. Sie können ihre Arbeitszeiten selbst bestimmen, nach Lust und Laune reisen und sich allen möglichen persönlichen Interessen widmen. Für einen Intellektuellen wie Nero, der manuelle Arbeit verabscheut und außerplanmäßige Meditationen liebt, ist das ein Paradies. Er ist inzwischen seit zehn Jahren im Eigenhandel tätig und wird von zwei verschiedenen Wertpapierhandelsfirmen beschäftigt.

Modus operandi

Ein paar Worte zu Neros Methoden. Bei seinen Transaktionen ist er so konservativ, wie man in einem solchen Geschäft nur sein kann. In der Vergangenheit hatte er gute und weniger gute Jahre – aber praktisch keine wirklich »schlechten«. Im Laufe der Zeit hat er für sich einen hübschen Notgroschen beiseite gelegt, dank eines Einkommens zwischen 300 000 Dollar und bis zu 2,5 Millionen Dollar. Im Durchschnitt konnte er einen Nettoverdienst von 500 000 Dollar jährlich mit nach Hause nehmen (aus einem Gehalt von durchschnittlich einer Million Dollar); diesen Betrag zahlt er direkt auf sein Sparkonto ein. 1993 hatte er ein schlechtes Jahr, worauf man ihm in seinem Unternehmen das Leben schwer machte. Andere Händler schnitten deutlich besser ab. Folglich wurde ihm erheblich weniger Kapital zur Verfügung gestellt, und es wurde ihm angedeutet, dass er in dieser Organisation nicht mehr erwünscht sei. Also suchte er sich genau den gleichen Job einschließlich eines identisch eingerichteten Büros bei einer anderen Firma, die ihm freundlicher gesonnen war. Im Herbst 1994 setzten die Händler, die um die Auszeichnung für die beste Performance wetteiferten, aufgrund des internationalen Rentenmarktcrashs im Gefolge der willkürlichen Zinserhöhungen der US-Notenbank alle gleichzeitig ihre Investments in den Sand. Inzwischen sind sie alle nicht mehr an der Börse tätig, sondern erfüllen eine Vielzahl anderer Aufgaben. Die Mortalität in diesem Geschäft ist hoch.

Warum ist Nero nicht reicher? Aufgrund seines Ansatzes im Börsenhandel – oder vielleicht wegen seiner Persönlichkeit. Risiken verabscheut er geradezu. Neros Ziel besteht nicht in der Maximierung seiner Gewinne; vielmehr möchte er vermeiden, dass man ihm diese amüsante Geldmaschine namens Börsenhandel wegnimmt. Ein Fiasko würde bedeuten, dass er wieder in die Langeweile des universitären Lebens oder der Welt außerhalb des Börsenhandels zurückkehren muss. Wenn seine Risiken steigen, hält er sich jedes Mal das Bild stiller Korridore an der Hochschule vor Augen – und die langen Vormittage, die er an seinem Schreibtisch mit der Überarbeitung eines Artikels verbrachte, wach gehalten von schlechtem Kaffee. Nein, er will nicht wieder zurück in die ehrwürdige Universitätsbibliothek, wo er sich fast zu Tode langweilte. »Ein langes Leben ist mein Ziel«, pflegt er zu sagen.

Nero hat oft miterlebt, wie Händler mit Pauken und Trompeten untergingen, und will selbst ein solches Desaster vermeiden. Im Fachjargon nennt man so etwas einen »Blow-up«, und dieser Begriff ist ganz präzise definiert: Es bedeutet, dass ein Händler mehr Geld verliert, als man jemals erwartet hätte, so dass er unter Umständen sogar gezwungen wird, seinen Beruf an den Nagel zu hängen (so ähnlich, als würde einem Arzt oder Rechtsanwalt die Zulassung entzogen). Nero zieht sich bei einem im Voraus definierten Verlust sofort aus einer Transaktion zurück. Er verkauft niemals »ungedeckte Optionen« (eine Strategie, die ihn großen potenziellen Verlustrisiken aussetzen würde). Er bringt sich niemals in Situationen, in denen er mehr als beispielsweise 1 000 000 Dollar verlieren kann – auch wenn die Wahrscheinlichkeit eines solchen Ereignisses noch so gering sein mag. Dieser Betrag ist stets variabel; er hängt vom kumulierten Gewinn ab, den er in einem bestimmten Jahr erzielt hat. Wegen seiner Risikoaversion kann er nicht so viel Geld verdienen wie andere Händler an der Wall Street, die oft als »Herren des Universums« bezeichnet werden. Die Firmen, für die er arbeitet, stellen im Allgemeinen Händlern mit einem anderen Ansatz als Nero mehr Geld zur Verfügung – Menschen wie John, den wir gleich noch kennen lernen werden.

Nero macht es nichts aus, kleine Summen zu verlieren. »Ich nehme kleinere Verluste gerne in Kauf«, sagt er. »Ich muss nur sicherstellen, dass meine Gewinne hoch sind.« Unter keinen

Umständen will er Opfer jener seltenen Ereignisse werden wie panikartiger Verkaufswellen oder plötzlicher Börsencrashs, die einen Händler über Nacht ruinieren können. Ganz im Gegenteil: Er will davon profitieren. Wenn er gefragt wird, warum er sich so konsequent von Verlustbringern trennt, antwortet er mit schöner Regelmäßigkeit, er sei »beim größten Hasenfuß von allen« in die Lehre gegangen – dem Chicagoer Händler Stevo, der ihm das Geschäft von der Pike auf beibrachte. Das stimmt nicht; die eigentlichen Gründe für seine Vorsicht sind seine Ausbildung in der Wahrscheinlichkeitslehre und seine angeborene Skepsis.

Es gibt einen weiteren Grund, weshalb Nero nicht so reich ist wie andere in seiner Position. Aufgrund seiner Skepsis legt er sein eigenes Geld ausschließlich in Staatsanleihen an. Daher verpasste er die große Hausse der neunziger Jahre. Als Grund dafür gibt er an, dass sie sich in eine Baisse hätte umkehren und als Falle erweisen können. Nero argwöhnt, dass der Aktienmarkt eine Art Investmentbetrug sein könnte, und kann sich nicht dazu durchringen, eine einzige Aktie zu kaufen. Im Unterschied zu den Menschen um ihn herum, die mit Aktien reich wurden, hatte er hohe liquide Mittel, aber der Wert seines Vermögens kletterte – im Gegensatz zu den Depots anderer – nicht in Schwindel erregende Höhe (der Wert seiner Staatsanleihen hat sich kaum verändert). Er sieht sich als Gegensatz zu einer der Start-up-Firmen aus dem Technologiesektor, die einen deutlich negativen Cashflow auswiesen, aber zum Liebling der Massen wurden. Die Eigentümer dieser Firmen definierten ihren Reichtum über die Bewertung ihrer Aktien und waren somit abhängig von der willkürlichen Auswahl der Börsengewinner. Der Unterschied zu seinen Freunden in der Investmentzunft besteht darin, dass Nero sich nicht auf den »Bullenmarkt« verließ und ein »Bärenmarkt« ihm somit auch keinerlei Angst einjagt. Sein Vermögen ist nicht von der Anlage seiner Ersparnisse abhängig, denn reich werden will er nicht durch Investments, sondern durch den von ihm erarbeiteten Verdienst. Bei seinem Ersparten geht er kein Risiko ein, sondern legt es in den sichersten Wertpapieren an, die er finden kann. US-Staatsanleihen sind sicher; sie werden von der amerikanischen Regierung emittiert, und eine Regierung kann wohl kaum bankrott gehen, da sie zur Begleichung ihrer Verbindlichkeiten ungehindert ihr eigenes Geld drucken kann.

Keine Arbeitsmoral

Nach 14 Jahren im Geschäft kann der heute 39-jährige Nero von sich behaupten, er sei gut etabliert. Sein persönliches Depot enthält mittelfristige US-Staatsanleihen im Wert von mehreren Millionen Dollar – genug, um sich keine Sorgen um die Zukunft machen zu müssen. Was ihm am Eigenhandel am besten gefällt, ist die Tatsache, dass er dafür weitaus weniger Zeit aufwenden muss als für andere hoch bezahlte Berufe. Anders ausgedrückt: Diese Tätigkeit ist wie geschaffen für seine Arbeitsmoral, die rein gar nichts mit den Werten der Mittelklasse gemein hat. Börsenhändler sind gezwungen, scharf nachzudenken; wer einfach nur hart arbeitet, verliert im Allgemeinen seine Fokussierung und seine geistige Dynamik. Darüber hinaus werden die hart arbeitenden Menschen gern zu Spielbällen des Zufalls; Nero zufolge verleitet die Arbeitsmoral die Menschen dazu, sich nur noch auf die Nebengeräusche und nicht mehr auf die Signale zu konzentrieren (in der Bedeutung, die wir in Tabelle 1 gesehen haben).

In seiner Freizeit kann Nero einer Vielzahl persönlicher Interessen nachgehen. Da er Bücher geradezu verschlingt und viel Zeit im Fitnessstudio und in Museen verbringt, kann er sich nicht mit den Arbeitszeiten eines Rechtsanwalts oder eines Arztes anfreunden. Er fand die Zeit, zur statistischen Fakultät zurückzukehren, wo er sein weiterführendes Studium begonnen hatte, und beendete sein Promotionsstudium in der »weniger schwammigen« mathematisch orientierten Wissenschaft, indem er seine Doktorarbeit entsprechend präzisierte. Heute hält Nero einmal im Jahr einen halbsemestrigen Kurs unter dem Titel »Geschichte des probabilistischen Denkens« an der mathematischen Fakultät der New York University. Dieses äußerst originelle Seminar wird von begabten Doktoranden gerne besucht. Nero hat genug gespart, um seinen Lebensstil in Zukunft finanzieren zu können, und hat über Alternativpläne nachgedacht. So könnte er sich etwa zur Ruhe setzen, um populärwissenschaftliche Essays in der wissenschaftlich-literarischen Tradition zu verfassen, die sich mit Themen wie Wahrscheinlichkeit und Indeterminismus beschäftigen – aber nur, wenn irgendein zukünftiges Ereignis dazu führt, dass die Finanzmärkte geschlossen werden. Nero glaubt, dass risikobewusste, harte Arbeit und Disziplin mit einer sehr hohen Wahrscheinlichkeit zu einem komfortablen Leben führen können. Mit allem anderen begibt man sich in die Hände des Zufalls: Man kann (unbewusst) enorme Risiken eingehen, oder das Glück ist einem außerordentlich gewogen. Moderater Erfolg lässt sich durch Fähigkeiten und Fleiß erklären. Stürmischer Erfolg ist auf Varianzen zurückzuführen.

Jeder hat sein Geheimnis

Neros probabilistische Introspektion ist möglicherweise von einem dramatischen Ereignis in seinem Leben verstärkt worden, das er allerdings für sich behält. Ein genauer Beobachter könnte bei Nero ein gewisses Maß verdächtigen Überschwangs feststellen – einen unnatürlichen Elan. Denn sein Leben ist nicht so kristallklar, wie es den Anschein hat. Nero verbirgt ein Geheimnis, das wir zum richtigen Zeitpunkt lüften werden.

John, der High-Yield-Händler

Während der neunziger Jahre wohnte lange Zeit gegenüber von Neros Haus auf der anderen Straßenseite ein gewisser John – in einer erheblich größeren Behausung. John handelte mit Hochzinsanleihen, so genannten »High Yieldern«, verfolgte jedoch einen anderen Tradingansatz als Nero. Kurzes Fachsimpeln mit ihm hätte offenbart, dass er den intellektuellen Tiefgang und geistigen Scharfblick eines Aerobiclehrers besaß (wenn auch nicht dessen Körperbau). Selbst ein Blinder hätte erkennen können, dass John finanziell erheblich besser gestellt war als Nero (oder zumindest glaubte, dies zeigen zu müssen). In seiner Einfahrt parkten zwei deutsche Autos, Spitzenmodelle natürlich (für ihn und für sie), und daneben noch zwei Kabrios (eines davon ein Sammlerstück – ein alter Ferrari). Nero dagegen fährt seit fast zehn Jahren – bis zum heutigen Tag – das gleiche VW-Kabrio.

Die Ehefrauen von John und Nero waren Bekannte, so wie man sich eben vom Fitnessclub her kennt, aber Neros Frau fühlte sich in der Gesellschaft von Johns Gemahlin stets unwohl. Sie hatte den

Eindruck, dass ihre Nachbarin sie nicht nur beeindrucken wollte, sondern auch behandelte, als stünde sie gesellschaftlich eine Stufe unter ihr. Während Nero schon an den Anblick von Händlern gewöhnt war, die zu Reichtum gekommen waren (und zu sehr versuchten, kultiviert zu wirken, indem sie sich zu Weinsammlern oder Opernliebhabern hochstilisierten), hatte seine Frau kaum jemals verklemmte Neureiche getroffen – jene Sorte von Menschen, die den bitteren Geschmack der Armut irgendwann in ihrem Leben kennen gelernt hatten und sich dafür rächen wollen, indem sie ihren Besitz zur Schau stellen. Wie Nero gerne zu sagen pflegt, ist die einzige Schattenseite am Börsenhändlerdasein, dass völlig unvorbereitete Menschen mit Geld überschüttet werden – Menschen, denen man plötzlich beibringt, Vivaldis *Vier Jahreszeiten* wäre »anspruchsvolle Musik«. Seine Frau kam es jedoch hart an, fast täglich mit einer Nachbarin zu tun zu haben, die liebend gerne mit dem neuen Innenarchitekten prahlte, den sie gerade angeheuert hatte. John und seiner Gattin machte es nichts aus, dass bei der Einrichtung ihrer »Bibliothek« ledergebundene Bücher mitgeliefert wurden (ihre Lektüre im Fitnessclub beschränkte sich auf Klatschzeitschriften, aber auf ihren Bücherregalen stand eine Auswahl unberührter Bücher toter amerikanischer Autoren). Johns Frau erzählte auch immer wieder von exotischen Orten mit unaussprechlichen Namen, die sie im Urlaub bereisen wollte, ohne auch nur das Geringste darüber zu wissen – sie hätte nur schwerlich sagen können, zu welchem Kontinent die Seychellen gehörten. Neros Frau ist aber auch nur ein Mensch: Obwohl sie sich immer wieder selbst sagte, dass sie nicht mit Johns Gemahlin tauschen wollte, konnte sie sich doch nicht des Gefühls erwehren, im Leben zu kurz gekommen zu sein. Irgendwie fruchteten Worte und Vernunft angesichts eines überdimensionalen Diamanten, einer bombastischen Villa und einer Kollektion von Sportwagen nichts.

Ein überbezahltes Landei

Nero stand seinen Nachbarn genauso zwiespältig gegenüber. Er dachte ziemlich geringschätzig über John, der für alles stand, was er nicht ist und gar nicht sein will, aber gleichzeitig lastete auf ihm allmählich auch ein gesellschaftlicher Druck. Darüber hinaus hätte auch er gerne diesen außergewöhnlichen Reichtum gekostet. Intellektuelle Verachtung kann persönlichen Neid nicht unterdrücken. Das Haus auf der anderen Straßenseite wurde immer größer, ein Anbau folgte dem anderen – und Neros Unbehagen wuchs in gleichem Maße. Sein persönlicher und intellektueller Erfolg mochte zwar seine kühnsten Träume übertreffen, doch hatte er irgendwie das Gefühl, dass er eine Chance verpasst hatte. In der Hackordnung der Wall Street gehörte er durch den Aufstieg von Typen wie John nicht mehr zu den bedeutenden Händlern – doch während ihm das früher nichts ausgemacht hatte, begann John mit seinem Haus und seinen Autos an ihm zu nagen. Alles wäre in Ordnung gewesen, hätte nicht jeden Morgen dieses alberne protzige Haus auf der anderen Straßenseite Nero an einer oberflächlichen Messlatte gemessen. War da eine animalische Hackordnung im Spiel, in der die Größe von Johns Behausung Nero zum Beta-Männchen machte? Schlimmer noch: John war ungefähr fünf Jahre jünger als sein Nachbar, und trotz einer kürzeren Karriere verdiente er mindestens zehn Mal so viel wie Nero.

Immer wenn sich die beiden begegneten, hatte Nero eindeutig das Gefühl, dass John versuchte, ihn in ein schlechtes Licht zu rücken – mit kaum wahrnehmbaren, aber nichtsdestoweniger wirkungsvollen Gesten der Herablassung. An manchen Tagen ignorierte ihn John völlig. Bei entsprechender Distanz (wenn Nero beispielsweise in der Zeitung über ihn gelesen hätte) wäre die Sache anders gewesen. Aber John war ein Mensch aus Fleisch und Blut und Neros Nachbar. Nero beging den Fehler, ihn anzusprechen, und die Regeln der Hackordnung kamen sofort zum Tragen. Nero versuchte, sein Unbehagen zu mindern, indem er sich Swann ins Gedächtnis rief, die Figur aus Prousts *Auf der Suche nach der verloren Zeit* – ein äußerst kultivierter Kunsthändler und Müßiggänger, der sich in der Gesellschaft von Männern wie seinem Freund, dem damaligen Prinzen von Wales, wohl fühlte, aber im Umgang mit Angehörigen der Mittelklasse immer so handelte, als müsse er etwas beweisen. Der Umgang mit dem aristokratischen und gut etablierten Kreis um die Guermantes fiel Swann leichter als seine Kontakte zu gesellschaftlichen Emporkömmlingen wie den Verdurins, was zweifellos daran lag, dass er in der Gegenwart der ersteren Gruppe sehr viel mehr Selbstvertrauen besaß. Auch Nero hat ein gewisses Ansehen bei renommierten und prominenten Menschen. Er macht regelmäßig lange meditative Spaziergänge in Paris und Venedig mit einem gelehrten Wissenschaftler von Nobelpreisrang (ein Mensch, der niemandem mehr etwas beweisen muss), und dieser Mann sucht aktiv seine Gesellschaft. Ein äußerst berühmter Spekulant und Milliardär ruft Nero regelmäßig an, um ihn um seine Meinung zur Bewertung bestimmer Derivate zu fragen. Aber zugleich war Nero besessen davon, den Respekt irgendeines überbezahlten Provinzlers mit primitivem New-Jersey-Akzent (»Noo-Joyzy«) zu gewinnen. (Ich an seiner Stelle hätte John meine Verachtung durch meine Körpersprache gezeigt, aber Nero ist nun einmal ein freundlicher Mensch.)

John war eindeutig nicht so gebildet, wohlerzogen, körperlich fit oder intelligent wie Nero – aber damit nicht genug, er war nicht einmal genauso clever! Nero hatte in der Trading-Pit der Chicagoer Börse wahrhaft clevere Menschen kennen gelernt, die eine Situation blitzschnell analysieren konnten. Bei John war davon nichts zu spüren. Nero war überzeugt, dass es sich bei seinem Nachbarn um einen Kleingeist mit übermäßig ausgeprägtem Selbstbewusstsein handelte, der viel Geld verdient hatte, weil er niemals seine Schwächen ins Kalkül zog. Zeitweilig konnte Nero seinen Neid aber nicht unterdrücken – er fragte sich, ob dies eine objektive Einschätzung von John war oder ob sie nur daraus resultierte, dass er sich von seinem Nachbarn beleidigt fühlte. Vielleicht war es ja Nero, der nicht zu den besten Händlern zählte. Vielleicht hätte er sich mehr ins Zeug legen oder andere Chancen nutzen sollen, anstatt zu »sinnieren«, Artikel zu schreiben und komplexe wissenschaftliche Arbeiten zu lesen. Vielleicht hätte er im Geschäft mit Hochzinsanleihen aktiv werden sollen, wo er unter oberflächlichen Kollegen wie John brillant gewirkt hätte.

Daher versuchte Nero, seine Eifersucht zu überwinden, indem er die Regeln der Hackordnung erforschte. Wie Psychologen gezeigt haben, verdienen die meisten Menschen lieber 70 000 Dollar, wenn andere um sie herum 60 000 Dollar mit nach Hause nehmen, als 80 000 Dollar, wenn andere 90 000 Dollar verdienen. Mit Wirtschaft hat das nichts zu tun, dachte Nero bei sich, es geht nur um die Hackordnung. Eine solche Analyse konnte ihn aber dennoch nicht davon abhalten, seine Situation aus absoluter anstatt aus relativer Sicht zu analysieren. Wenn es um John ging, so hatte Nero das Gefühl, dass er trotz seiner intellektuellen Bildung auch nur einer dieser Menschen war, die lieber weniger Geld verdienten, vorausgesetzt, andere verdienten noch weniger als sie.

Neros Ansicht nach gab es zumindest ein Indiz dafür, dass John einfach nur Glück gehabt hatte. Mit anderen Worten: Es gab Grund zu der Annahme, dass Nero doch nicht von diesem Palazzo für Einsteiger wegziehen musste, den sich sein Nachbar gebaut hatte. Es bestand Hoffnung, dass John eines Tages auf die Nase fallen würde. Denn John schien sich eines gewaltigen, versteckten Risikos nicht bewusst zu sein, dass er eingegangen war: der Gefahr eines »Blow-ups« – ein Risiko, das er nicht erkennen konnte, weil seine Erfahrungen auf dem Markt zu kurz waren (aber auch, weil er nicht tiefsinnig genug war, um die Geschichte zu studieren). Wie konnte John, dieser grobe Klotz, andernfalls so viel Geld verdienen? Im Geschäft mit Risikopapieren ist es von zentraler Bedeutung, dass man seine »Gewinnchancen« kennt und die Wahrscheinlichkeit seltener (oder zufälliger) Ereignisse berechnet. Was wussten solche Hohlköpfe wie John schon über Gewinnchancen? Händler wie er verwenden zu ihrer Berechnung »quantitative Instrumente« – und Nero hält nicht viel von diesen Methoden. Der High-Yield-Markt ähnelt einem Nickerchen auf einem Eisenbahngleis. Eines Nachmittags wird überraschenderweise ein Zug über einen hinwegbrausen. Man kann monatelang Gewinne einstreichen und dann innerhalb weniger Stunden ein Vielfaches seiner kumulativen Wertsteigerung verlieren. Nero hatte das 1987, 1989, 1992 und 1998 bei den Optionsverkäufern mit angesehen. Eines Tages werden Händler von vierschrötigen Sicherheitsbeamten aus dem Börsensaal geführt und verschwinden dann auf Nimmerwiedersehen. Das große Haus war nur geliehen; John könnte als Luxuslimousinenverkäufer irgendwo in New Jersey enden und sich dort bei den neuen Neureichen anbiedern, die sich in seiner Gegenwart zweifellos sehr wohl fühlen würden. Nero kann ein solches Fiasko nicht passieren. Seine bescheidenere Bleibe mit ihren 4000 Büchern gehört ihm ganz allein. Kein Börsenereignis kann sie ihm nehmen. Jeder seiner Verluste ist begrenzt. Seine Ehre als Händler wird niemals in Gefahr sein.

John hielt Nero seinerseits für einen Verlierer, der noch dazu ein Snob war und viel zu viel Bildung genossen hatte. Nero war seiner Meinung nach in einem reifen Geschäft tätig. John glaubte, dass sein Nachbar schon mit einem Fuß im Grab stand. »Diese Eigenhändler werden bald aussterben«, pflegte er zu sagen. »Die halten sich für klüger als alle anderen, aber in Wirklichkeit sind sie so was von out.«

Ein glühend heißer Sommer

Im September 1998 wurde Neros Ruf endlich rehabilitiert. Eines Morgens, als er sich auf den Weg zur Arbeit machte, sah er John in seinem Vorgarten ganz gegen seine Gewohnheiten eine Zigarette rauchen. Er trug keinen Anzug. Er wirkte demütig; von seiner üblichen Wichtigtuerei war nichts zu spüren. Nero war sofort klar, dass John gefeuert worden war. Allerdings wusste er nicht, dass sein Nachbar fast sein ganzes Vermögen verloren hatte. Genaueres zu Johns Verlusten werden wir in Kapitel 5 erfahren. Nero schämte sich, weil er Schadenfreude empfand, wie sie Menschen angesichts des Unglücks ihrer Rivalen befällt. Aber er konnte sie nicht unterdrücken. Schadenfreude war nicht nur unfein, sondern sollte angeblich auch Unglück bringen (Nero ist ein klein wenig abergläubisch). Aber in diesem Fall war Neros Genugtuung nicht darauf zurückzuführen, dass John wieder in seine Schranken verwiesen worden war, sondern auf die Tatsache, dass Neros Methoden, Überzeugungen und Erfolgsbilanz plötzlich wieder glaubwürdiger geworden waren. Nero war dank seiner Investmentergebnisse für Anleger attraktiv, weil ihm genau so etwas nicht passieren konnte. Eine Wiederholung eines solchen Ereignisses würde sich für ihn ungemein auszahlen. Teilweise rührte Neros Hochstimmung auch daher, dass er stolz darauf war, seine Strategie so lange durchgehalten zu haben – trotz des Drucks, seine Männlichkeit unter Beweis zu stellen. Außerdem würde er nun seinen Tradingstil nicht mehr in Frage stellen, wenn andere reich wurden, weil sie die Natur des Zufalls und die Marktzyklen missverstanden.

Serotonin und Zufall

Können wir den Erfolg eines Menschen allein an seiner Leistung und seinem Privatvermögen messen? Manchmal, aber nicht immer. Wir werden sehen, wie zu jedem beliebigen Zeitpunkt ein großer Teil der Geschäftsleute mit herausragender Erfolgsbilanz nicht besser abschneidet als zufällig geworfene Pfeile. Kurioserweise wird es aufgrund einer bestimmten Verzerrung haufenweise Fälle geben, in denen diejenigen Geschäftsleute mit den geringsten Fähigkeiten am reichsten sind. Allerdings werden sie nicht bedenken, welche Rolle das Glück in ihrer Leistung spielte.

Glückliche Narren vermuten keineswegs, dass ihr Erfolg einfach nur eine Folge puren Glücks ist – sie wissen per definitionem gar nicht, dass sie in diese Kategorie fallen. Sie werden sich verhalten, als stünde ihnen das angehäufte Geld einfach zu. Ihre Erfolgssträhnen liefern ihnen so viel Serotonin (oder eine ähnliche Substanz), dass sie sogar selbst irrtümlicherweise glauben, dass sie die Märkte schlagen können (unser Hormonsystem weiß schließlich nicht, ob unsere Erfolge vom Zufall abhängen oder nicht). Man sieht das an ihrer Haltung: Erfolgreiche Händler gehen aufrecht, mit kräftig ausholenden Schritten, und reden meist mehr als Kollegen, die Verluste einfahren. Wissenschaftler haben herausgefunden, dass der Neurotransmitter Serotonin offenbar einen Großteil unseres menschlichen Verhaltens steuert. Er löst positives Feedback und einen sich selbst verstärkenden Kreislauf aus, doch kann ein externer zufälliger Schlag auch eine umgekehrte Bewegung in Gang setzen, die in einem Teufelskreis mündet. Versuche haben gezeigt, dass Affen, denen man Serotonin spritzt, in der Rangordnung aufsteigen, was wiederum den Serotoninspiegel in ihrem Blut steigen lässt – bis dieser positive Kreislauf durchbrochen und ein Teufelskreis eingeleitet wird (wobei Misserfolge zu einem Abstieg in der Hackordnung führen und ein Verhalten auslösen, das weitere Ansehensverluste nach sich zieht). Ebenso führt eine Verbesserung der persönlichen Leistung (ob sie nun deterministisch entstand oder die Göttin Fortuna ihre Hand im Spiel hatte) zu einem Anstieg des Serotoninspiegels, was dann wiederum zur Verbesserung der Fähigkeiten führt, die gemeinhin *Führungsqualitäten* genannt werden. Die betreffende Person hat »das Glück für sich gepachtet«. Unmerkliche Verhaltensänderungen (etwa die Fähigkeit, gelassen und selbstbewusst zu sprechen) lassen die Person glaubwürdig erscheinen – so als würde sie diesen ganzen Reichtum wirklich verdienen. Dem Zufall wird als potenziellem Einflussfaktor für die Leistung des oder der Betreffenden kein Platz eingeräumt, bis er sich wieder bemerkbar macht und das Ereignis eintritt, das die Abwärtsspirale auslöst.

Ein Wort zu Gefühlsbezeugungen. Fast niemand kann seine Gefühle verbergen. Verhaltenstheoretiker glauben, dass einer der Hauptgründe, warum Menschen Führungspositionen erklimmen, nicht ihre augenscheinlichen Fähigkeiten sind, sondern vielmehr ihr äußerst oberflächlicher Eindruck auf andere über kaum wahrnehmbare körperliche Signale – beispielsweise, was wir heutzutage als »Charisma« bezeichnen. Der biologische Hintergrund dieses Phänomens wurde inzwischen gründlich unter der Überschrift »Sozialemotionen« untersucht. Dagegen würden einige Historiker Erfolg vielleicht mit taktischem Geschick, der richtigen Ausbildung oder anderen theoretischen, im Nachhinein erkannten Gründen »erklären«. Zudem gibt es anscheinend merkwürdige Beweise für eine Verbindung zwischen Führung und psychopathologischen Manifestationen (Soziopathie), die eiskalte, selbstbewusste, unsensible Menschen ermutigt, Anhänger um sich zu scharen.

Schon oft sind mir Menschen begegnet, die geschmacklos genug waren, mich bei einem gesellschaftlichen Anlass zu fragen, ob mein Börsentag Gewinn bringend gewesen sei. Mein Vater hätte sie wohl mundtot gemacht, indem er sagte: »Fragen Sie niemals einen Mann, ob er aus Sparta stammt: Wenn dies der Fall wäre, hätte er eine so wichtige Tatsache bereits mitgeteilt – und wenn nicht, könnten Sie seine Gefühle verletzen.« Auch einen Börsenhändler sollten Sie niemals fragen, ob er einen Gewinn gemacht hat; das können Sie leicht an seinem Gang und seinen Gesten ablesen. Angehörige dieses Berufsstands können ohne Probleme erkennen, ob ein Händler auf der Gewinner- oder Verliererseite steht; Teamleiter wissen instinktiv, welche ihrer Mitarbeiter schlecht abschneiden. Ihr Gesicht wird sie nur selten verraten, da wir Menschen bewusst versuchen, unsere Mimik zu kontrollieren. Aber ihr Gang, die Art und Weise, wie sie das Telefon in die Hand nehmen, und ihr leichtes Zögern werden unweigerlich ihre wahre

Situation aufzeigen. An jenem Morgen, nachdem John gefeuert worden war, hatte er gewiss einen Großteil seines Serotonins verloren – es sei denn, es handelte sich hier um eine andere Substanz, die die Forscher erst im nächsten Jahrzehnt entdecken werden. Ein Taxifahrer aus Chicago erklärte mir, er könne erkennen, ob die Händler, die in der Nähe der Terminbörse Chicago Board of Trade in seinen Wagen steigen, hohe Gewinne einfuhren oder nicht. »Die blasen sich dann so richtig auf«, erklärte er mir. Ich fand es interessant (und auch etwas mysteriös), dass er das so schnell merkte. Später lieferte mir die Evolutionspsychologie dafür eine plausible Erklärung. Ihr zufolge können körperliche Manifestationen des Erfolgs im Leben ebenso wie die dominante Stellung eines Tieres zu Signalzwecken verwendet werden: Die Gewinner ragen buchstäblich aus der Masse heraus, und das ist hilfreich bei der Wahl eines Paarungspartners.

Ihr Zahnarzt ist reich, sehr reich

Wir beschließen dieses Kapitel mit einem kleinen Vorgeschmack auf die folgende Erörterung der Resistenz gegen den Zufall. Denken Sie daran, dass Nero nach dem Standard seiner Zeit als wohlhabend, aber nicht »extrem reich« gelten kann. Gemessen an einem seltsamen Rechenmaßstab, den wir im nächsten Kapitel kennen lernen werden, ist er unermesslich reich im Vergleich zum *Durchschnitt der Lebenswege*, die er hätte einschlagen können – er geht in seiner Händlerkarriere so wenige Risiken ein, dass es nur sehr wenige katastrophale Resultate geben könnte. Weil er nicht so erfolgreich war wie John, konnte er auch nicht so tief stürzen wie sein Nachbar. Daher wäre er nach diesem ungewöhnlichen (und probabilistischen) Maßstab zur Vermögensberechnung wohlhabend. Denken Sie daran, dass Nero sich gegen das seltene Ereignis absichert. Müsste Nero seine berufliche Laufbahn viele Millionen Mal immer wieder und wieder durchlaufen, wären nur ganz wenige der möglichen Realisierungspfade vom Unglück getrübt – aber aufgrund seiner konservativen Einstellung könnte er auch nur in ganz seltenen Fällen vom extremen Glück profitieren. Sein Leben wäre also ähnlich stabil wie das eines Uhrmachers, der auf

Kirchenuhren spezialisiert ist. Natürlich reden wir hier nur von Neros Berufsleben, nicht von seinem (bisweilen sehr bewegten) Privatleben.

Was die *Erwartungen* anbelangt, so ist ein Zahnarzt wohl sehr viel reicher als ein Rockmusiker, der in einem pinkfarbenen Rolls Royce herumkutschiert wird, ein Spekulant, der den Preis impressionistischer Gemälde in die Höhe treibt, oder ein Unternehmer, der Privatjets sammelt. Denn man darf einen Beruf nicht betrachten, ohne zu bedenken, was aus dem Durchschnitt derer wird, die ihn ergreifen; man darf sich nicht auf die Stichprobe der Erfolgreichen beschränken. Wir werden diesen Aspekt noch an späterer Stelle aus dem Blickwinkel des so genannten »Survivor Bias« betrachten, aber hier, in Teil I, konzentrieren wir uns auf die Widerstandsfähigkeit gegen den Zufall.

Sehen wir uns zwei Nachbarn an: John Doe A ist Hausmeister, hat im Lotto gewonnen und ist in eine vornehme Gegend gezogen; John Doe B, sein direkter Nachbar, lebt in bescheideneren Verhältnissen und plombiert seit 35 Jahren täglich acht Stunden seinen Patienten die Zähne. Man kann mit Sicherheit sagen, dass John Doe B wegen der Eintönigkeit seiner Karriere lediglich eine sehr geringe Bandbreite potenzieller Resultate erleben würde, wenn er seine Laufbahn vom Abschluss seines zahnärztlichen Studiums bis zum heutigen Tag mehrere tausend Mal durchlaufen müsste (vorausgesetzt, er ist gut versichert). Im günstigsten Fall würde er in den Zähnen der Reichen von der New Yorker Park Avenue herumbohren; im schlimmsten in denen der Bewohner eines halb verlassenen Wohnwagenparks irgendwo in der Provinz. Wenn wir zudem davon ausgehen, dass John Doe B sein Studium an einer renommierten zahnärztlichen Fakultät absolviert hat, ist die Bandbreite der möglichen Ergebnisse noch enger. Wenn aber John Doe A sein Leben eine Million Mal wiederholen müsste, würde er in fast allen Realisierungspfaden als Hausmeister arbeiten (und ewig Lottoscheine kaufen, ohne jemals zu den Gewinnern zu gehören). Nur ein einziges Mal in einer Million Leben würde er tatsächlich im Lotto gewinnen.

Die Vorstellung, nicht nur die beobachteten, sondern auch die nicht realisierten möglichen Resultate zu berücksichtigen, mag absurd klingen. Die meisten Menschen beziehen den Begriff

»Wahrscheinlichkeit« auf mögliche zukünftige Ereignisse, nicht auf Ereignisse in der beobachteten Vergangenheit. Ein bereits stattgefundenes Ereignis hat für sie eine Wahrscheinlichkeit von 100 Prozent, ist also sicher. Ich habe diesen Punkt mit vielen Menschen diskutiert, die mir rundheraus vorwarfen, Mythos und Realität miteinander zu verwechseln. Aber Mythen, insbesondere solche, die – wie Solons Warnung – weit in die Vergangenheit zurückreichen, können weitaus mächtiger und lehrreicher für uns sein als die nackte Realität.

Kapitel 2
Bizarre Buchführung

Über alternative Historien, eine probabilistische Sichtweise der Welt, intellektuellen Betrug und die Zufallsweisheit eines Franzosen mit festen Badegewohnheiten. Wie Journalisten dazu erzogen werden, zufällige Ereignisreihen nicht zu verstehen. Warum Sie sich vor geborgter Weisheit hüten sollten: fast alle großartigen Ideen zu Zufallsergebnissen widersprechen den konventionellen Weisheiten. Einiges zum Unterschied zwischen Richtigkeit und Verständlichkeit.

Alternative Historien

Ich beginne mit der Plattitüde, dass man eine Leistung in einem beliebigen Gebiet (Krieg, Politik, Medizin, Geldanlage) nicht an ihren Ergebnissen messen kann, sondern nur an den Kosten der Alternativen (das heißt, was passiert wäre, wenn die Geschichte sich anderes entwickelt hätte). Diese anderen Ereignisfolgen werden als *alternative Historien* bezeichnet. Sicherlich kann die Qualität einer Entscheidung nicht nur anhand ihres Resultats beurteilt werden, wenngleich diese Meinung anscheinend nur von gescheiterten Existenzen vertreten wird (die anderen schreiben ihren Erfolg der Qualität ihrer Entscheidung zu). Eine solche Meinung kommt auch in den Kommentaren von Politikern zum Ausdruck, die auf dem Weg aus dem Amt den wenigen ihnen noch zuhörenden Damen und Herren von der Presse zu erklären versuchen, dass sie »ihr Bestes getan haben«. Das darauf üblicherweise folgende mitfühlende »Ja, das wissen wir schon« macht die Niederlage nur noch schmerzlicher. Wie die meisten Plattitüden ist auch diese offensichtliche Erkenntnis nicht leicht in die Praxis umzusetzen.

Russisches Roulette

Das seltsame Konzept der alternativen Historien lässt sich an folgendem Beispiel veranschaulichen: Stellen Sie sich vor, ein exzentrischer (und gelangweilter) Industriemagnat würde Ihnen zehn Millionen Dollar bieten, wenn Sie sich bereit erklären, russisches Roulette zu spielen – also einen Revolver, bei dem in einer der sechs Kammern eine Kugel liegt, an den Kopf zu setzen und abzudrücken. Jede mögliche Realisierung dieses Spiels würde als eine Historie gezählt; in der Summe gibt es also sechs mögliche, jeweils gleich wahrscheinliche Historien. Fünf dieser sechs Historien würden Sie reich machen und eine zu einer Zahl in einer Statistik, nämlich zu einer Person mit einem Nachruf mit peinlicher (aber mit Sicherheit origineller) Todesursache. Das Problem dabei ist, dass in Wirklichkeit nur eine dieser Historien realisiert wird, und dem Gewinner der zehn Millionen Dollar würden einige dümmliche Journalisten Bewunderung und Lob zollen (die gleichen Pressefritzen, die auch die Milliardäre auf der Forbes-500-Liste bedingungslos anhimmeln). Wie nahezu alle Topmanager, die mir während meiner 18-jährigen Karriere an der Wall Street begegnet sind (die Rolle dieser Führungskräfte beschränkt sich meiner Ansicht nach darauf, zufällig gelieferte Resultate zu beurteilen), sieht auch die Öffentlichkeit externe Zeichen des Wohlstands, ohne jemals dessen Quelle (die wir als *Generator* bezeichnen) genauer zu betrachten. Stellen Sie sich vor, der Gewinner des russischen Roulettes würde seiner Familie, seinen Freunden und Nachbarn als Vorbild dienen!

Die übrigen fünf Historien ließen sich zwar nicht beobachten, doch kann ein gescheiter, nachdenklicher Mensch ihre Merkmale leicht erraten. Dazu sind ein gewisses Maß an Aufmerksamkeit und persönlichem Mut erforderlich. Wenn der Roulette spielende Narr weiter sein Schicksal herausfordert, werden ihn außerdem die Historien mit negativem Ausgang in der Regel irgendwann einholen. Würde also beispielsweise ein 25-jähriger Mann einmal im Jahr russisches Roulette spielen, bestünde eine ganz geringe Chance, dass er seinen 50. Geburtstag erlebt. Wenn es aber genügend Spieler gibt, beispielsweise Tausende von 25-jährigen Spielern, können wir damit rechnen, dass es eine Hand voll (sagenhaft reicher) Überlebender geben wird (und einen sehr großen Friedhof). Hier muss ich zugeben, dass das Beispiel russisches Roulette für mich mehr bedeutet als ein intellektuelles Gedankenspiel. Während des Krieges im Libanon verlor ich durch dieses »Spiel« einen Kameraden; wir waren damals noch Teenager. Damit nicht genug. Die Entdeckung meines tieferen Interesses an der Literatur habe ich der Wirkung zu verdanken, die Graham Greenes Bericht über seine Liebäugelei mit diesem Spiel auf mich hatte – dieser prägte sich mir stärker ein als die tatsächlichen Ereignisse, deren Zeuge ich kurz zuvor geworden war. Greene behauptete, er habe einmal versucht, die Langeweile seiner Kindheit dadurch zu lindern, dass er einen Revolver abdrückte. Mich ließ der Gedanke erschauern, dass die Wahrscheinlichkeit, dass ich seine Romane niemals hätte lesen können, dabei mindestens eins zu sechs stand.

Der Leser kann meine ungewöhnliche, alternative Rechenweise nachvollziehen: Zehn Millionen Dollar, die durch russisches Roulette verdient werden, besitzen nicht den gleichen Wert wie zehn Millionen Dollar, die das Ergebnis fleißiger, geschickter zahnärztlicher Heilkunst sind. Es handelt sich zwar um die gleiche Summe, und man kann sich damit die gleichen Dinge kaufen, nur ist die Abhängigkeit vom Zufall in dem einen Fall größer als im anderen. Für einen Buchhalter wären die beiden Beträge zwar identisch, ebenso wie für Ihren Nachbarn. Dennoch kann ich mich tief in meinem Inneren nicht des Gedankens erwehren, dass sie sich in ihrer Qualität unterscheiden. Die Vorstellung dieser alternativen Rechenweise hat interessante intellektuelle Konsequenzen und eignet sich für die Bildung mathematischer Formeln, wie wir im nächsten Kapitel bei der Vorstellung des Monte-Carlo-Generators sehen werden. Beachten Sie dabei aber, dass dieser Einsatz der Mathematik nur der Veranschaulichung dient, auf ein intuitives Verständnis dieses Arguments abzielt, und nicht als fachtechnische Fragestellung missverstanden werden sollte. Mit anderen Worten: Man muss die alternativen Historien nicht tatsächlich berechnen, sondern vielmehr ihre Eigenschaften evaluieren. Die Mathematik ist nicht einfach ein »Zahlenspiel«, sondern eine Denkweise. Wir werden sehen, dass Wahrscheinlichkeiten ein qualitatives Thema sind.

Mögliche Welten

Beachten Sie, dass diese Vorstellung alternativer Historien von verschiedenen geistesgeschichtlichen Fachrichtungen abgedeckt wurde. Ein kurzer Abriss lohnt sich hier, da sie alle auf die gleiche Vorstellung von Risiko und Unsicherheit hinauszulaufen scheinen (Gewissheit ist etwas, das wahrscheinlich in der größten Anzahl unterschiedlicher alternativer Historien eintritt; Unsicherheit betrifft Ereignisse, die in der geringsten Anzahl davon stattfinden sollten).

In der Philosophie gibt es zahlreiche Arbeiten zu diesem Thema, angefangen mit Leibniz' Begriff der »möglichen Welten«. Für Leibniz umfasste der Geist Gottes eine unendliche Anzahl möglicher Welten, aus der er nur eine einzige auswählte. Die anderen sind Welten der Möglichkeiten, und die Welt, in der ich atme und diese Zeilen schreibe, ist nur eine davon, die zufällig realisiert wird. In der Philosophie gibt es auch einen Zweig der Logik, der sich auf die Materie spezialisiert hat: Trifft eine Eigenschaft in *allen möglichen Welten* zu oder gilt sie nur in einer einzigen – mit Konsequenzen für die Sprachphilosophie, die Autoren wie Samuel Kripke als *Mögliche-Welten-Semantik* bezeichen.

In der Physik finden wir die Interpretation vieler Welten in der Quantenmechanik (im Zusammenhang mit den Arbeiten Hugh Everetts aus dem Jahr 1957). Hier wird postuliert, dass sich das Universum an jedem Punkt baumähnlich verzweigt; wir leben heute nur in einer dieser vielen Welten. Im Extremfall heißt dies, dass sich die Welt immer in viele Welten aufteilt, wenn zahlreiche gangbare Möglichkeiten existieren – eine Welt für jede einzelne Möglichkeit. Dies führt zu einer Proliferation paralleler Universen. In einem bin ich Essayist und Börsenhändler, in einem anderen nichts als Staub.

Schließlich noch die Ökonomie: Wirtschaftswissenschaftler haben (vielleicht unwissentlich) einige der Leibniz'schen Thesen in Form der von Kenneth Arrow und Gerard Debreu eingeführten »Naturzustände« untersucht. Diesen analytischen Ansatz zur Erforschung der wirtschaftlichen Unsicherheit nennt man die »Zustandsraummethode«; er ist zufällig auch der Eckpfeiler der neoklassischen Wirtschaftstheorie und der Finanzmathematik.

Eine vereinfachte Version davon wird als Szenarioanalyse bezeichnet – Reihen von »Was-wäre-wenn«-Alternativen, die etwa für Umsatzprognosen einer Düngerfabrik bei verschiedenen Weltbedingungen und Nachfrageniveaus für ihr (stark riechendes) Erzeugnis verwendet werden.

Eine noch üblere Form des Roulettespiels

Die Realität ist noch viel heimtückischer als das russische Roulette. Erstens bringt sie die tödliche Kugel relativ selten ins Spiel, so als würde es sich um einen Revolver handeln, der statt sechs Hunderte, ja sogar Tausende von Kammern besitzt. Nach ein paar Dutzend Versuchen vergisst man die Existenz der Kugel und wiegt sich in einem betäubenden, falschen Gefühl der Sicherheit. In diesem Buch bezeichne ich das als *Problem des schwarzen Schwans,* mit dem wir uns in Kapitel 7 beschäftigen werden, da es mit dem Thema Induktion zu tun hat, das einigen Denkern viel Schlaf geraubt hat. Daneben hat es auch mit einem Problem zu tun, das als *Verunglimpfung der Geschichte* bezeichnet wird: Spieler, Investoren und Entscheidungsträger haben nämlich das Gefühl, dass die Dinge, die anderen widerfahren, ihnen selbst nicht notwendigerweise passieren würden.

Zweitens sieht man in der Realität den Pistolenlauf nicht – im Gegensatz zu einem klar definierten Spiel wie dem russischen Roulette, wo die Risiken für jeden erkennbar sind, der weiß, wie man mit sechs multipliziert und durch sechs teilt. Nur ganz selten ist der Generator mit bloßem Auge sichtbar. Daher kann man unwissentlich russisches Roulette spielen – und dafür einen anderen, »risikoarmen« Namen gebrauchen. Wir sehen den entstehenden Wohlstand, aber niemals den Entstehungsprozess (was der Grund dafür ist, dass viele Menschen die Risiken ignorieren) und auch niemals die Verlierer. Das Spiel scheint furchtbar einfach zu sein, und wir spielen es leichtsinnig. Selbst Wissenschaftler mit ihren ausgefeilten Wahrscheinlichkeitsberechnungen können keine sinnvolle Antwort zu den Chancen geben, weil deren Kenntnis davon abhängt, dass wir besagten Pistolenlauf sehen, von dessen Existenz wir im Allgemeinen nichts wissen.

Schließlich ist da noch ein Undankbarkeitsfaktor, wenn man Menschen vor etwas Abstraktem warnt (definitionsgemäß ist alles nicht Eingetretene abstrakt). Angenommen, Sie wollen ein Geschäft aufbauen, das Anleger vor seltenen Ereignissen schützt, indem es Pakete schnürt, die ihnen ihren Stachel nehmen (was ich gelegentlich getan habe). Nehmen wir weiter an, dass im betreffenden Zeitraum nichts passiert. Einige Anleger werden monieren, dass Sie ihr Geld ausgeben; ein paar werden sogar versuchen, Ihnen ein schlechtes Gewissen einzureden: »Sie haben mein Geld für Versicherungen hinausgeworfen; die Fabrik ist nicht abgebrannt; das war eine unsinnige Ausgabe. Sie sollten Versicherungen nur für Ereignisse abschließen, die eintreten.« Ein Anleger kam zu mir in der festen Erwartung, ich würde mich bei ihm entschuldigen (da täuschte er sich). Aber die Welt ist nicht homogen: Einige (zugegebenermaßen sehr wenige) Anleger werden Sie anrufen, um Ihnen zu danken, dass Sie sie vor nicht eingetretenen Ereignissen geschützt haben.

Gute Beziehungen zu Kollegen

Das Ausmaß der Widerstandsfähigkeit gegen den Zufall im Leben ist ein abstrakter Gedanke, dessen Logik teilweise unserer Intuition widerspricht. Die Verwirrung wird noch größer durch die Tatsache, dass seine Realisierungen nicht zu beobachten sind. Dennoch finde ich immer mehr Gefallen an diesem Gedanken – aus etlichen persönlichen Gründen, auf die ich später noch eingehen werde. Meine Sichtweise ist eindeutig probabilistisch; sie stützt sich auf die Vorstellung dessen, was wahrscheinlich geschehen hätte können, und verlangt eine gewisse geistige Einstellung in Bezug auf die eigenen Beobachtungen. Mit einem Buchhalter eine Diskussion über derartige probabilistische Überlegungen anzufangen, halte ich für wenig empfehlenswert. Für ihn ist eine Zahl nichts weiter als eine Zahl. Wäre er an Wahrscheinlichkeiten interessiert, hätte er sich einen Beruf mit mehr Selbstbeobachtung gesucht – und würde dazu neigen, bei Ihrer Steuererklärung kostspielige Fehler zu machen.

Obwohl wir den Gewehrlauf in der Realität normalerweise nicht sehen können, versuchen einige Menschen dies dennoch. Dazu braucht man eine spezielle Denkweise. Nachdem ich erlebt habe, wie Hunderte von Menschen meinen Beruf (der durch eine extreme Abhängigkeit vom Zufall gekennzeichnet ist) ergriffen haben und dann wieder aufgaben, muss ich einräumen, dass diejenigen, die ein Mindestmaß an wissenschaftlicher Ausbildung genossen haben, in der Regel gerade hier besondere Anstrengungen unternehmen. Für viele ist ein solches Denken zur Selbstverständlichkeit geworden. Das ist nicht unbedingt auf ihre wissenschaftliche Ausbildung *per se* zurückzuführen (man hüte sich vor Ursache-Wirkung-Interpretationen), sondern möglicherweise auf die Tatsache, dass Menschen, die irgendwann in ihrem Leben beschlossen haben, sich der wissenschaftlichen Forschung zu widmen, in der Regel eine tief verwurzelte intellektuelle Neugier und eine natürliche Neigung zur Selbstbeobachtung mitbringen. Besonders tiefsinnig sind diejenigen, die ihre wissenschaftlichen Studien aufgeben mussten, weil sie nicht in der Lage waren, sich auf ein eng definiertes Problem zu konzentrieren (oder in Neros Fall auf die winzigen, geheimnisumwobenen Details und trivialen Auseinandersetzungen). Ohne übermäßige intellektuelle Neugier ist es heutzutage nahezu unmöglich, eine Doktorarbeit zu schreiben – aber ohne den Wunsch nach enger Spezialisierung kann man keine erfolgreiche wissenschaftliche Karriere einschlagen. (Allerdings besteht ein Unterschied zwischen dem Denkansatz eines reinen Mathematikers, welcher nichts so sehr liebt wie Abstraktionen, und der eines Wissenschaftlers, der sich vor Neugier verzehrt. Ein Mathematiker ist fasziniert von dem, was sich in seinem eigenen Kopf abspielt, während Wissenschaftler Dinge erforschen, die außerhalb ihrer Person stattfinden.) Manche konzentrieren sich aber auch zu sehr auf den Zufall. Ich habe sogar Menschen kennen gelernt, die Studiengänge wie beispielsweise Quantenmechanik absolviert hatten und diesen Ansatz im anderen Extrem auf die Spitze trieben, ausschließlich alternative Historien sahen (in der Interpretation vieler Welten) und gar nicht mehr wahrnahmen, was tatsächlich geschah.

Manche Börsenhändler können in Zufallsfragen auch unerwartete Selbsterkenntnis zeigen. Unlängst aß ich mit Lauren Rose in einer Bar in Tribeca zu Abend, einem Händler, der einen frühen Entwurf dieses Buches las. Wir warfen eine Münze, um zu entscheiden, wer das Essen bezahlen sollte. Ich verlor und übernahm die Rechnung. Er wollte sich gerade bedanken, als er plötzlich innehielt und sagte, er habe ja aus probabilistischer Sicht die Hälfte davon bezahlt.

Meiner Ansicht nach lassen sich die Menschen in zwei völlig entgegengesetzte Kategorien unterteilen. Am einen Ende der Skala stehen diejenigen, die das Konzept des Zufalls niemals akzeptieren, am anderen jene, die von der Vorstellung der Zufälligkeit gequält werden. Als ich in den achtziger Jahren an die Wall Street kam, wimmelte es in den Trading Rooms von Menschen mit »betriebswirtschaftlicher Orientierung«. Für sie war Selbstbeobachtung zumeist ein Fremdwort – sie waren platt wie ein Pfannkuchen und ließen sich oft vom Zufall zum Narren machen. Ihre Misserfolgsquote war extrem hoch, insbesondere als die Finanzinstrumente immer komplexer wurden. Irgendwann wurden trickreichere Produkte eingeführt, etwa exotische Optionen, die einen der Intuition zuwiderlaufenden Gewinn brachten und für einen Menschen mit einem derartigen kulturellen Hintergrund nicht mehr verständlich waren. Sie fielen um wie die Fliegen; ich glaube nicht, dass viele der Hunderte von Betriebswirtschaftlern meiner Generation, die in den achtziger Jahren den Weg an die Börse fanden, immer noch diese Form der beruflichen, disziplinierten Risikoübernahme praktizieren.

Rettung durch Aeroflot

In den neunziger Jahren kamen Menschen mit vielfältigerem und interessanterem Hintergrund hinzu, durch die der Trading Room zu einem sehr viel unterhaltsameren Ort wurde. Sie retteten mich vor Unterhaltungen mit den Betriebswirtschaftlern. Viele Naturwissenschaftler, die teilweise sehr erfolgreich auf ihrem Gebiet waren, schlugen eine Laufbahn an der Börse ein, um »Kohle zu machen«. Sie heuerten ihrerseits Menschen an, die ihnen ähnelten. Zwar hatten nur wenige von ihnen promoviert (Absolventen mit Doktorgrad sind faktisch immer noch eine Minderheit), doch veränderten sich schlagartig die Kultur und die Wertvorstellungen, so dass intellektuellem Tiefgang mehr Toleranz entgegengebracht wurde. Die bereits hohe Nachfrage nach Wissenschaftlern an der Wall Street wurde durch die rasche Weiterentwicklung der Finanzinstrumente noch weiter angeheizt. Als Fachgebiet dominierte die Physik, aber man konnte Akademiker mit allen erdenklichen quantitativen Ausbildungen finden. Russische, französische, chinesische und indische Akzente (in dieser Reihenfolge) begannen sowohl in New York als auch in London die Szene zu beherrschen. Man erzählte sich, dass in jedem aus Moskau eintreffenden Flugzeug zumindest in der letzten Reihe lauter russische, mathematisch orientierte Physiker saßen, die sich auf dem Weg zur Wall Street befanden (sie waren nicht ausgekocht genug, um bessere Sitzplätze zu ergattern). Man konnte sehr billige Arbeitskräfte finden, wenn man mit einem (unerlässlichen) Dolmetscher zum New Yorker John-F.-Kennedy-Flughafen fuhr und willkürlich Vorstellungsgespräche mit den Neuankömmlingen führte, die dem Stereotyp entsprachen. Ende der neunziger Jahre konnte man sogar Hochschulabsolventen, die von einem Wissenschaftler von Weltrang ausgebildet worden waren, für fast die Hälfte des Gehalts eines Betriebswirtschaftlers oder MBAs einstellen. Wie heißt es doch so schön: Marketing ist alles, und diese Menschen verstanden sich nicht auf die Kunst, sich selbst zu verkaufen.

Ich hatte ein großes Faible für russische Wissenschaftler; viele von ihnen lassen sich aktiv als Schachtrainer nutzen (auch einen Klavierlehrer fand ich auf diese Weise). Darüber hinaus sind sie bei Vorstellungsgesprächen ungemein hilfreich. Wenn sich Betriebswirtschaftler um Stellen im Wertpapierhandel bewerben, brüsten sie sich häufig in ihren Lebensläufen mit »Fortgeschrittenenkenntnissen« im Schach. Ich erinnere mich an den MBA-Berufsberater in Wharton, der uns wärmstens ans Herz legte, unsere Schachkenntnisse herauszustellen, »weil sich das intelligent und strategisch anhört«. MBAs legen in der Regel ihre oberflächliche Kenntnis der Spielregeln als »Expertise« aus. Wir pflegten den Wahrheitsgehalt ihrer Behauptung, zu den guten Schachspielern zu gehören, (sowie den Charakter der Bewerber) auf die Probe zu stellen, indem wir ein Schachspiel aus der Schublade zogen und dem plötzlich blass werdenden Studenten erklärten: »Juri wird sich mit Ihnen unterhalten.«

Die Versagensquote dieser Wissenschaftler war ein wenig – aber nicht viel – besser als die der Betriebswirtschaftler, ließ sich jedoch auf einen anderen Grund zurückführen: Ihnen fehlte im Durchschnitt (aber nur im Durchschnitt) jegliche praktische Intelligenz. Einige erfolgreiche Wissenschaftler hatten nicht das geringste Urteilsvermögen (und keinerlei Umgangsformen) – doch das galt beileibe nicht für alle. Viele konnten die kompliziertesten Gleichungen mit einem Höchstmaß an Präzision berechnen, waren aber völlig außerstande, ein Problem zu lösen, das den geringsten Bezug zur Realität hatte. Man hatte den Eindruck, sie würden die Theorie, nicht aber den Geist der Mathematik verstehen (wir werden in Kapitel 11 beim Problem der doppelten Logiksysteme mehr über derartiges duales Denken erfahren). Ich bin davon überzeugt, dass X, ein sympathischer Russe aus meinem Bekanntenkreis, zwei verschiedene Gehirne besitzt: eines für die Mathematik und ein zweites, deutlich minderwertigeres, für alles andere (wozu auch die Lösung finanzmathematischer Probleme gehört). Gelegentlich erschien jedoch ein wissenschaftlich gebildeter Schnelldenker auf der Bildfläche, der noch dazu pfiffig war. Ganz gleich, welchen Nutzen diese Völkerwanderung brachte, sie verbesserte auf jeden Fall unsere Schachkenntnisse und führte zu anspruchsvollen Gesprächen während der Mittagspause (wodurch aus den üblichen 60 Minuten deutlich mehr wurden). Stellen Sie sich vor, dass ich mich in den achtziger Jahren mit Kollegen unterhalten musste, die Betriebswirtschaft oder Steuerrecht studiert hatten und zu der heroischen Heldentat fähig waren, über die Richtlinien des Financial Accounting Standards Board (die so genannten »FASB-Standards«) zu diskutieren! Ich muss gestehen, dass ihre Interessen nicht sonderlich ansteckend waren. Interessant an den Physikern ist nicht ihre Fähigkeit, Flüssigkeitsdynamik zu erörtern, sondern dass sie sich von Natur aus für eine breite Palette intellektueller Themen interessieren und anregende Gesprächspartner sind.

Solon besucht *Regine's*

Wie der Leser vielleicht bereits vermutet, habe ich mich mit meinen Ansichten zum Zufall während meiner Karriere an der Wall

Street bei einigen meiner Kollegen nicht gerade beliebt gemacht (von denen viele indirekt – aber nur indirekt – in diesen Kapiteln porträtiert werden). Am stürmischsten waren jedoch die Beziehungen zu einigen Menschen, die das Pech hatten, meine Vorgesetzten zu sein. Denn ich hatte zwei Chefs in meinem Leben, die sich in nahezu allen Charakterzügen voneinander unterschieden.

Der erste, denn ich hier Kenny nennen werde, war die typische Verkörperung eines Familienmenschen aus der Vorstadt. Er war die Art Mensch, die sich am Samstagmorgen als Fußballtrainer profilieren und am Sonntagnachmittag ihren Schwager zum Grillen einladen. Er erweckte den Eindruck, dass man ihm seine Ersparnisse anvertrauen konnte, und stieg tatsächlich trotz seiner mangelnden fachlichen Kompetenz in Finanzderivaten (dem Spezialgebiet seiner Firma) recht schnell in der Organisation auf. Aber er war ein zu sachlicher Mensch, um meine Logik zu verstehen. Einmal warf er mir vor, dass ich mich nicht von den Erfolgen einiger seiner Händler in der Hausse der europäischen Anleihen im Jahr 1993 beeindrucken ließ; ich hielt diese Trader nämlich nur für zufällig treffende Revolverhelden. Ich versuchte vergebens, ihm das Konzept des »Survivor Bias« (mit dem sich Teil II dieses Buches beschäftigen wird) zu erklären. Seine Händler (und auch er selbst) haben inzwischen alle das Wertpapiergeschäft verlassen und »gehen anderen Interessen nach«. Aber er vermittelte den Eindruck, dass er ein ruhiger, besonnener Mensch sei, der seine Meinung offen sagte und sich darauf verstand, anderen in einem Gespräch ihre Befangenheit zu nehmen. Er war redegewandt und dank seines sportlichen Aussehens äußerst vorzeigbar, wählte wohlüberlegte Worte und besaß die extrem seltene Eigenschaft, gut zuhören zu können. Dank seines persönlichen Charmes gewann er das Vertrauen des Vorstandsvorsitzenden – aber mir gelang es nie, meinen mangelnden Respekt zu verbergen, insbesondere da er nicht den geringsten Schimmer hatte, wovon ich sprach. Trotz seines konservativen Aussehens war er eine richtige Zeitbombe, die nur darauf wartete hochzugehen.

Der zweite Chef, den ich hier Jean-Patrice nennen werde, war dagegen ein übellauniger, aufbrausender Franzose, der sich durch eine äußerst aggressive Persönlichkeit auszeichnete. Er verstand es meisterhaft, seinen Untergebenen Unbehagen einzuflößen und sie ständig in Angst und Schrecken zu versetzen – mit Ausnahme der Mitarbeiter, die er wirklich mochte (das waren nicht viele). Zu meiner Ausbildung als Risikoträger leistete er einen wichtigen Beitrag; er war einer der äußerst seltenen Menschen, die den Mut hatten, sich allein auf den Generator zu konzentrieren und die Ergebnisse völlig außer Acht zu lassen. Er repräsentierte die Weisheit Solons. Obwohl man aber eigentlich erwarten würde, dass ein Mensch mit so viel persönlicher Weisheit und einem so guten Verständnis des Zufalls ein langweiliges Leben führen würde, war seines geradezu schillernd. Im Gegensatz zu Kenny, der konservative dunkle Anzüge und weiße Hemden bevorzugte (sein einziges Laster waren etwas protzige Hermès-Krawatten mit Reitermotiv), kleidete sich Jean-Patrice wie ein Pfau: blaue Hemden, karierte Sportjacketts mit knallbunten Seideneinstecktüchern. Fürs Familienleben interessierte er sich nicht die Bohne, und er kam selten vor zwölf Uhr zur Arbeit – obwohl ich mit Fug und Recht behaupten kann, dass er an den unwahrscheinlichsten Orten seinen Geschäften nachging. Er weckte mich häufig noch um drei Uhr morgens mit Anrufen aus *Regine's*, einem exklusiven New Yorker Nachtclub, um irgendein kleines (und irrelevantes) Detail meiner Risikopositionen mit mir zu diskutieren. Obwohl er etwas zur Korpulenz neigte, schienen Frauen ihn unwiderstehlich zu finden; häufig verschwand er mittags und war stundenlang nicht erreichbar. Vielleicht profitierte er ja von der Tatsache, dass er ein Franzose in New York mit festen Badegewohnheiten war. Einmal lud er mich ein, ein dringliches geschäftliches Problem mit ihm zu besprechen. Wie so typisch für ihn, fand ich ihn am helllichten Nachmittag in einem merkwürdigen »Club« in Paris, den kein Namensschild kennzeichnete. Dort saß er vor einem mit Papieren übersäten Tisch, nippte an einem Glas Champagner und ließ sich von zwei freizügig gekleideten jungen Damen gleichzeitig streicheln. Seltsamerweise bezog er die beiden in das Gespräch mit ein, als würden sie an diesem Meeting teilnehmen. Er ließ sogar eine der beiden Damen Anrufe auf seinem unaufhörlich klingelnden Handy entgegenehmen, da er unser Gespräch nicht unterbrechen wollte.

Ich bin immer noch verblüfft über die Besessenheit dieses extravagenten Mannes von Risiken, die er ständig vor seinem geistigen Auge durchspielte – er dachte buchstäblich an alles, was möglicherweise geschehen könnte. Er zwang mich, einen Alternativplan aufzustellen für den Fall, dass ein Flugzeug in unser Bürogebäude stürzte (lange vor den Ereignissen vom September 2001) – und tobte, als ich ihm antwortete, unter solchen Umständen würde mich der finanzielle Zustand seiner Abteilung herzlich wenig interessieren. Er hatte einen schrecklichen Ruf als Frauenheld und war ein unberechenbarer Chef, der einen Mitarbeiter aus einer Laune heraus feuern konnte – und dennoch hörte er mir zu, verstand jedes Wort von dem, was ich sagte, und ermutigte mich, in meinem Studium des Zufalls noch einen Schritt weiter zu gehen. Er brachte mir bei, in jedem Portfolio die unsichtbaren Selbstzerstörungsrisiken zu suchen. Nicht zufällig hatte er einen gewaltigen Respekt vor der Naturwissenschaft und brachte Wissenschaftlern einen geradezu unterwürfigen Respekt entgegen; etwa zehn Jahre nach unserer Zusammenarbeit tauchte er unvermittelt während der Erörterung meiner Dissertation auf und lächelte mir von den hinteren Reihen aus zu. Während Kenny wusste, wie man die Leiter einer Organisation erklimmt und eine hohe Position in der Firma erreicht, bevor er geschasst wurde, hatte Jean-Patrice in seiner Karriere weniger Glück – ein Umstand, der mich reifen Finanzinstituten gegenüber misstrauisch werden ließ.

Für viele selbst erklärte »fundamental orientierte« Menschen kann es bestürzend sein, wenn man sie nach Historien befragt, die nicht eingetreten sind, anstatt nach dem, was tatsächlich passiert ist. Einer nüchternen Person, auf die das Etikett »erfolgreich im Geschäft« passt, werden meine Formulierungen (und vermutlich auch einige meiner Wesenszüge) sonderbar und unverständlich erscheinen. Zu meiner Belustigung fühlen sich viele durch meine Argumentationen gekränkt.

Die Gegensätze zwischen Kenny und Jean-Patrice sind nicht einfach nur ein zufälliges Zusammentreffen, dessen Zeuge ich im Laufe einer längeren Karriere wurde. Hüten Sie sich vor den verschwenderischen Menschen mit »betriebswirtschaftlichem Denken«; auf dem Börsenfriedhof findet man überdurchschnittlich viele, die sich nach eigener Aussage als »rein gewinnorientiert« bezeichnen. Sie spielen sich zwar normalerweise wie die Herren des Universums auf, werden aber plötzlich blass und bescheiden und beginnen unter Hormonmangel zu leiden, wenn sie zur üblichen Verhandlung über den Abfindungsvertrag in die Personalabteilung gebeten werden.

George Will ist kein Solon: über Wahrheiten, die der Intuition widersprechen

Realismus kann gnadenlos sein. Probabilistische Skepsis ist noch schlimmer. Sich mit einer Wahrscheinlichkeitsbrille auf der Nase im Leben zurechtzufinden fällt schwer, da man an allen Ecken und Enden in einer Vielzahl von Situationen Narren des Zufalls zu entdecken beginnt, die hartnäckig auf der von ihnen wahrgenommenen Illusion beharren. Zunächst einmal ist es unmöglich, die Analyse eines Historikers zu lesen, ohne die Schlussfolgerungen in Frage zu stellen: Wir wissen, dass die Vorhaben Hannibals und Hitlers Wahnsinn waren, weil die Römer heute nicht phönizisch sprechen und am New Yorker Times Square keine Hakenkreuze prangen. Was aber ist mit all den anderen Generälen, die genauso wahnwitzig waren, aber am Ende in ihrem Krieg siegten – und folglich auch die Anerkennung der Geschichtschronisten einheimsten? Es fällt schwer, sich Alexander den Großen oder Julius Cäsar als Männer vorzustellen, die nur in ihren sichtbaren Historien siegreich waren, aber in anderen alternativen Geschichtsläufen Niederlagen erlitten hätten. Wenn wir von ihnen gehört haben, dann einfach nur deswegen, weil sie wie tausend andere auch gewaltige Risiken eingingen und zufällig siegten. Sie waren intelligent, mutig und edel (bisweilen) und gehörten zu den kultiviertesten Menschen ihrer Zeit – aber das gilt auch für Tausende andere, die in muffige Fußnoten der Geschichte verbannt wurden. Auch hier leugne ich nicht, dass sie ihre Kriege gewannen – ich wende mich lediglich gegen Behauptungen zur Qualität ihrer Strategien. (Als ich unlängst zum ersten Mal in meinem Erwachsenendasein die *Ilias* wieder las, war mein erster Eindruck, dass der epische Dichter seine Helden nicht nach ihrem Ergebnis beurteilte: Helden gewannen und verloren Schlachten auf eine Art und Weise, die in keinerlei Zusammenhang mit ihrer eigenen Beherztheit stand; ihr Schicksal hing rein von externen Kräften ab, in der Regel von den bewussten Machenschaften Ränke schmiedender

Götter [für die Nepotismus kein Fremdwort war]. Ein Held wird man durch heroische Taten, nicht durch Siege oder Niederlagen. Patrokles gilt nicht wegen seiner Leistungen als Held [er fand bald den Tod], sondern weil er es vorzog zu sterben, anstatt Achilles zuzusehen, wie dieser untätig schmollte. Die epischen Dichter kannten sich eindeutig mit unsichtbaren Historien aus. Auch spätere Dichter und Denker hatten elaboriertere Methoden zum Umgang mit dem Zufall, wie wir später noch im Zusammenhang mit dem Stoizismus sehen werden.)

Wenn ich mir anhöre, was die Medien von sich geben, kann es gelegentlich vorkommen, dass ich aus meinem Sessel aufspringe und meinen Emotionen vor den bewegten Bildern Luft mache. Das liegt größtenteils daran, dass ich das Fernsehen nicht gewohnt bin (ich wuchs ohne Fernseher auf und lernte die Bedienung eines solches Gerätes erst, als ich bereits Ende Zwanzig war). Ein Beispiel für die gefährliche Weigerung, sich alternative Historien anzusehen, liefert das Medieninterview, das der Journalist George Will, ein »Kommentator«, der stets ausgiebig seine eigene Meinung einfließen lässt, mit Professor Robert Shiller führte. Die Öffentlichkeit kennt Shiller als Autor des Bestsellers *Irrationaler Überschwang (Irrational Exuberance)*; Eingeweihte schätzen ihn jedoch wegen seiner außergewöhnlichen (und mit mathematischer Präzision ausgedrückten) Erkenntnisse über die Struktur des Zufalls und der Volatilität an der Börse.

Dieses Interview veranschaulicht die destruktiven Aspekte der Medien, die sich nach unserem stark verzerrten so genannten gesunden Menschenverstand und unseren Vorurteilen richten. Man sagte mir, George Will sei sehr berühmt und angesehen (für einen Journalisten). Er könnte sogar ein Mensch von höchster intellektueller Integrität sein, doch sein Beruf verlangt von ihm nur, für die Masse der Bevölkerung klug und intelligent zu klingen. Shiller dagegen versteht den Zufall wie kaum ein anderer; er ist darin geschult, mit strengen Argumentationen zu antworten, wirkt in der Öffentlichkeit allerdings weniger geistreich, weil sein Thema der Intuition stark widerspricht. Shiller hatte schon seit langem darauf hingewiesen, dass der Aktienmarkt überbewertet sei. George Will unterstellte ihm, dass Menschen Geld verloren hätten, wenn sie in der Vergangenheit auf ihn gehört hätten, da sich die Börsenkurse mehr als verdoppelt hätten, seit er mit seinen Unkenrufen begann. Auf dieses journalistische und gut klingende (aber unsinnige) Argument erwiderte Shiller, dass er darauf keine andere Antwort wisse als die Erklärung, dass man der Tatsache keine ungebührliche Bedeutung beimessen sollte, dass er auf einem einzigen Finanzmarkt Unrecht gehabt habe. Als Wissenschaftler sah sich Shiller nicht als Prophet – oder als einer der Unterhaltungskünstler, die in den Abendnachrichten das Börsengeschehen kommentieren. Yogi Berra hätte sich besser gemacht mit seinem selbstbewussten Kommentar, dass es erst zu Ende ist, wenn's ganz vorbei ist.

Ich verstand nicht, was Shiller, der nicht darin versiert war, seine Thesen in banalen prägnanten Kurzformeln auszudrücken, in einer solchen Fernsehsendung machte. Es wäre sicher töricht, sich einzubilden, dass ein irrationaler Markt nicht noch irrationaler werden kann; Shillers Ansichten zur Rationalität der Börse wurde nicht durch das Argument widerlegt, dass er in der Vergangenheit Unrecht gehabt hatte. Hier konnte ich nicht umhin, George Will als die Verkörperung zahlloser Alpträume meiner Karriere zu sehen: meine Versuche, jemanden daran zu hindern, für zehn Millionen Dollar russisches Roulette zu spielen, und zusehen zu müssen, wie George Will mich in der Öffentlichkeit zu demütigen versuchte, indem er sagte, dass es die betreffende Person ein Vermögen gekostet hätte, wenn sie auf mich gehört hätte. Darüber hinaus kam Wills Kommentar auch nicht aus heiterem Himmel; er hatte in einem Artikel Shillers »schlechte Prophezeiungen« erörtert. Diese Tendenz, Propheten je nach dem Schicksal des Rouletterades entweder in den Himmel zu heben oder zu verteufeln, ist symptomatisch für unser tief sitzendes Unvermögen, mit der komplexen Struktur des Zufalls in unserer modernen Welt umzugehen. Die Verwechslung von Prognosen und Prophezeiungen ist ein Anzeichen dafür, dass man sich vom Zufall zum Narren halten lässt (Prophezeiungen gehören in die rechte Spalte unserer Tabelle; Prognosen dagegen sind ihr Pendant in der linken Spalte).

Demütigende Debatten

Das Konzept der alternativen Historien erscheint rein intuitiv natürlich unsinnig, und genau da fängt der Spaß an. Zunächst können wir Wahrscheinlichkeiten von Natur aus nicht verstehen – eine Tatsache, die wir in diesem Buch gründlichst beleuchten werden. Lassen Sie mich an dieser Stelle nur sagen, dass Gehirnforscher glauben, dass mathematische Wahrheiten unserem Verstand wenig einsichtig erscheinen – insbesondere bei der Analyse zufälliger Resultate. Die meisten Ergebnisse der Wahrscheinlichkeitsrechnung laufen der Intuition völlig zuwider; wir werden viele davon in diesem Buch noch kennen lernen. Warum streiten wir uns dann mit Journalisten, die nur dafür bezahlt werden, dass sie die Masse mit Binsenweisheiten füttern? Ich erinnere mich, dass jedes Mal, wenn mich ein Medienvertreter (vom Schlage George Wills) in öffentlichen Diskussionen über die Börse demütigte und auf den ersten Blick einsichtigere und leichter verständliche Argumente anbot, sich später herausstellte, dass ich Recht hatte. Ich widerspreche nicht der Auffassung, dass Argumentationsketten so weit wie möglich vereinfacht werden sollten; allerdings halten viele Menschen komplexe Thesen, die nicht zu medienfreundlichen Statements vereinfacht werden können, fälschlicherweise für ein Anzeichen geistiger Verwirrung. Betriebswirtschaftlern wird das Konzept der Klarheit und Einfachheit beigebracht – die Fünf-Minuten-Manager-Perspektive. Das Konzept mag für den Geschäftsplan einer Düngerfabrik aufgehen, nicht aber bei hoch komplexen Wahrscheinlichkeitstheorien – und das ist auch der Grund dafür, wieso ich anekdotische Beweise aus meinem Berufsstand dafür liefern kann, dass Betriebswirtschaftler auf Finanzmärkten irgendwann das Schiff auf Grund setzen. Ihnen wurde nämlich beigebracht, Situationen um ein paar Grade mehr zu vereinfachen, als dies erforderlich wäre (meine Leser mit wirtschaftswissenschaftlichem Hintergrund bitte ich, keinen Anstoß an meinen Bemerkungen zu nehmen; ich habe schließlich auch selbst ein MBA-Studium absolviert).

Eine andere Art von Erdbeben

Machen Sie folgendes Experiment: Gehen Sie zum Flughafen und fragen Sie Reisende auf dem Weg zu einem entlegenen Ziel, wie viel sie für eine Versicherung zahlen würden, die beispielsweise eine Million Tugrit (die mongolische Währung) ausbezahlt, falls sie auf ihrer Reise ums Leben kommen. Fragen Sie dann eine andere Stichprobe von Reisenden, wie viel sie für eine Versicherung zahlen würden, die eine solche Summe im Falle ihres Todes durch einen terrorististischen Anschlag (und nur in diesem Fall) bezahlen würde. Wofür würden die Leute Ihrer Meinung nach einen höheren Preis bezahlen? Wahrscheinlich würden sie eher die zweite Police kaufen (obwohl die erste Versicherung den Tod aufgrund eines Terroranschlages mit einschließt). Die Psychologen Daniel Kahneman und Amos Tversky fanden dies bereits vor mehreren Jahrzehnten heraus. Ironischerweise bestand eine der von ihnen befragten Populationen nicht aus Menschen von der Straße, sondern aus professionellen Auguren, die am Jahreskongress eines Berufsverbandes teilnahmen. In einem inzwischen berühmten Experiment fanden sie heraus, dass die meisten Menschen – ob Prognosespezialisten oder Normalsterbliche – eine tödliche Flutwelle (bei der Tausende umkommen) infolge eines Erdbebens in Kalifornien für wahrscheinlicher halten als eine tödliche Flutwelle (mit mehreren tausend Opfern) irgendwo in Nordamerika (wozu zufällig auch Kalifornien gehört). Als Derivatehändler fiel mir auf, dass sich Menschen ungern gegen etwas Abstraktes versichern; ihre Aufmerksamkeit gilt immer den anschaulichen Risiken.

Dies führt uns zu einem noch gefährlicheren Aspekt des Journalismus. Wir haben gesehen, wie der wissenschaftlich abscheuliche George Will und seine Kollegen Argumente so hinbiegen können, dass sie richtig klingen, ohne dies zu sein. Aber verzerrte Darstellungen der Welt in den von Informationslieferanten produzierten Nachrichten haben auch noch allgemeinere Folgen. In Sachen Risiko und Wahrscheinlichkeit bevorzugt unser Gehirn nämlich tendenziell oberflächliche Indizien, die hauptsächlich von den von ihnen hervorgerufenen Emotionen oder ihrer leichten Vorstellbarkeit bestimmt werden. Neben diesem Risikowahrnehmungsproblem ist – schockierenderweise – wissenschaftlich ebenfalls erwiesen, dass sowohl Risikoidentifizierung als auch Risikovermeidung nicht im »denkenden« Teil des Gehirns ausgehandelt werden, sondern größtenteils im emotionalen (die »Risiko-als-Gefühl«-Theorie). Mit keineswegs banalen Konsequenzen: Rationales Denken hat somit nur ganz, ganz wenig mit Risikovermeidung zu tun. Die Rolle des rationalen Denkens scheint sich weitgehend darauf zu beschränken, unser Handeln mit einigen vernünftigen Argumenten zu erklären.

In dieser Hinsicht sind journalistische Beschreibungen sicher nicht einfach eine unrealistische Darstellung der Welt – sie täuschen uns vielmehr am meisten, indem sie über unsere Gefühle unsere Aufmerksamkeit wecken – *durch Sensationalismus der billigsten Sorte.* Nehmen wir beispielsweise die »Bedrohung« durch den Rinderwahnsinn: Nach mehr als zehn Jahren Medienrummel forderte er (den höchsten Schätzungen zufolge) lediglich ein paar hundert Opfer – im Gegensatz zu Autounfällen (mehrere hunderttausend!). Allerdings würde eine journalistische Beschreibung des letzteren Sachverhalts kommerziell nichts einbringen. Dieser Sensationalismus kann Mitleid für die falschen Ursachen erregen: Krebs und Unterernährung leiden hier wohl am meisten unter mangelnder Beachtung. Der Hunger in Afrika und Südostasien weckt keine emotionalen Reaktionen mehr – also verschwindet er buchstäblich von der Bildfläche. Hier ist die mentale Wahrscheinlichkeitskarte in unserem Gehirn so auf Sensationen fixiert, dass man Informationsgewinne erzielen würde, indem man auf die Nachrichten verzichtet. Ein weiteres Beispiel bezieht sich auf die Volatilität der Börse. In den Köpfen der Menschen sind niedrigere Kurse weitaus »volatiler« als steile Aufwärtsbewegungen. Zudem scheint sich die Volatilität nicht aus den tatsächlichen Bewegungen, sondern aus dem Tenor der Medien zu ergeben. Die Marktbewegungen in den 18 Monaten nach dem 11. September 2001 waren weitaus geringer als diejenigen, die wir in den vorausgehenden 18 Monaten erlebten, doch erschienen sie den Anlegern aus irgendeinem Grund äußerst volatil. Die Mediendiskussionen über »terroristische Bedrohungen« bauschten die Auswirkungen dieser Marktbewegungen in den Köpfen der Menschen auf. Das ist einer von vielen Gründe, warum der Journalismus die schlimmste Geißel unseres Zeitalters sein könnte – die Welt wird immer komplexer und unser Denken wird zu zunehmender Vereinfachung erzogen.

Sprichwörter im Überfluss

Hüten Sie sich davor, Richtigkeit und Verständlichkeit eines Arguments miteinander zu verwechseln. Teilweise favorisiert die konventionelle Weisheit Dinge, die sich kurz und bündig auf den Punkt bringen lassen – in vielen Kreisen wird dies als Gesetz betrachtet. Da ich eine französische Grundschule, ein so genanntes lycée primaire, besuchte, musste ich folgenden beliebten Spruch auswendig lernen:

Ce qui se conçoit bien s'énonce clairement.
Et les mots pour le dire viennent aisément.

Was leicht vorstellbar ist, lässt sich einfach ausdrücken,
und die richtigen Worte dafür fallen einem mühelos ein.

Der Leser kann sich sicher vorstellen, wie enttäuscht ich war, als ich mich in meinem Erwachsenendasein der Zufallslehre verschrieb und feststellen musste, dass die poetischsten Sprüche einfach falsch sind. Geborgte Weisheit kann fatale Folgen haben. Ich muss mich sehr anstrengen, mich nicht von wohlklingenden Formulierungen überzeugen zu lassen. In solchen Fällen denke ich an Einsteins Bemerkung, dass der gesunde Menschenverstand nichts anderes sei als eine Sammlung irriger Annahmen, zu denen man im Alter von 18 Jahren gelangt sei. Damit nicht genug: *Was in einem Gespräch oder einem Meeting – oder insbesondere auch in den Medien – intelligent klingt, ist verdächtig.*

Wer sich mit der Wissenschaftsgeschichte beschäftigt, wird bald feststellen, dass fast alle schlauen Ideen, die sich wissenschaftlich beweisen ließen, bei ihrer ersten Entdeckung völlig überspannt klangen. Man versuche, einem Journalisten der *London Times* im Jahre 1905 zu erklären, dass sich die Zeit beim Reisen verlangsamt (selbst das Nobelpreis-Komitee gewährte Einstein niemals einen Preis für seine Erkenntnisse zur besonderen Relativität). Oder probieren Sie, Menschen, die noch nie etwas mit Physik zu tun hatten, zu erklären, dass es Orte in unserem Universum gibt, wo die Zeit nicht existiert. Oder versuchen Sie, Kenny klar zu machen, dass der Star unter seinen Börsenhändlern sich zwar als äußerst erfolgreich »erwiesen« hat, ich aber genügend Beweise vorbringen kann, dass er ein gefährlicher Idiot ist.

Risikomanager

Wirtschaftsunternehmen und Finanzinstitute haben in letzter Zeit die merkwürdige Position eines Risikomanagers geschaffen, der über die Organisation wachen und sicherstellen soll, dass sie nicht zu viel russisches Roulette spielt. Nachdem sie sich mehrfach die Finger verbrannt haben, sehen sie eindeutig genug Anreize dafür, jemanden den Generator analysieren zu lassen – das Rouletterad, das Gewinne und Verluste erzeugt. Obwohl der Wertpapierhandel mehr Spaß macht, fühlten sich viele äußerst kluge Leute aus meinem Bekanntenkreis (darunter auch Jean-Patrice) von diesen Positionen angezogen. Wichtig und attraktiv dabei ist die Tatsache, dass der durchschnittliche Risikomanager mehr verdient als der durchschnittliche Händler (insbesondere, wenn wir berücksichtigen, wie viele Händler aus diesem Berufsstand hinausgeworfen werden: Während die Überlebensquote über zehn Jahre bei einem Börsenhändler im einstelligen Bereich liegt, sind es bei Risikomanagern an die 100 Prozent). »Händler kommen und gehen, Risikomanager bleiben.« Ich erwäge immer wieder, eine solche Position anzunehmen, sowohl aus wirtschaftlichen Gründen (da sie aus probabilistischer Sicht lukrativer ist) als auch weil die Jobangebote intellektuell gehaltvoller sind als reines Kaufen und Verkaufen und einem die Integration von Recherche und Ausführung ermöglichen. Schließlich enthält das Blut eines Risikomanagers geringere Mengen schädlicher Stresshormone. Irgendetwas hat mich jedoch davon abgehalten, abgesehen von den irrationalen Wünschen, die Schmerzen und den Spaß zu erleben, die von den mit der Spekulation verbundenen Emotionen hervorgerufen werden. Die Position eines Risikomanagers mutet merkwürdig an: Wie wir gesehen haben, können wir den Generator der Realität nicht beobachten. Die Macht der Risikomanager, profitable Händler daran zu hindern, Risiken einzugehen, ist begrenzt, da ihnen *im Nachhinein* Menschen wie George Will vorwerfen würden, sie hätten nur hohe Opportunitätskosten für die Aktionäre verursacht. Andererseits müssten die Risikomanager bei einem Fiasko die Verantwortung für die missliche Lage übernehmen. Was kann man unter solchen Umständen tun?

Der Schwerpunkt der Risikomanager verlagert sich also auf rein unternehmenspolitische Spielchen; sie schützen sich durch vage formulierte interne Mitteilungen, die vor der Risikoübernahme warnen, sie aber nicht völlig verurteilen – aus Furcht, ihren Job zu verlieren. Wie ein Arzt, der zwischen zwei Fehlern hin- und hergerissen ist, nämlich falschen positiven Ergebnissen (bei denen er einem Patienten eröffnet, dass er Krebs hat, obwohl das in Wahrheit gar nicht zutrifft) und dem falschen negativen Ergebnis (wenn er einem Patienten sagt, er sei gesund, während er in Wahrheit an Krebs leidet), müssen die Risikomanager ihre Existenz mit der Tatsache vereinbaren, dass in ihrem Geschäft von Haus aus immer eine gewisse Fehlermarge erforderlich ist.

Epiphänomen

Aus Sicht eines Finanzinstituts hat die Existenz eines Risikomanagers weniger mit tatsächlichem Risikoabbau als vielmehr mit dem *Eindruck* der Risikoreduzierung zu tun. Philosophen seit Hume und moderne Psychologen studieren das Konzept des Epiphänomenalismus: Wann entsteht in unserem Gehirn die Illusion einer Kausalbeziehung? Bewegt der Kompass das Boot? Reduziert man Risiken effektiv, indem man sie »beobachtet«, oder vermittelt man sich das Gefühl, seine Pflicht zu tun? Ähnelt man einem Vorstandsvorsitzenden oder ist man einfach nur ein aufmerksamer Pressesprecher? Ist eine solche Illusion der Kontrolle schädlich?

Ich beschließe das Kapitel mit der Vorstellung des zentralen Paradoxons in meiner Laufbahn in der finanziellen Zufälligkeit. Definitionsgemäß schwimme ich gegen den Strom; daher sollte es nicht überraschen, dass mein Stil und meine Methoden weder populär noch leicht verständlich sind. Aber ich stehe vor einem Dilemma: Einerseits arbeite ich mit anderen in der realen Welt, und diese wird nicht nur von plappernden, aber letztendlich unbedeutenden Journalisten bevölkert. Daher wünsche ich mir für die Menschen im Allgemeinen, dass sie Narren des Zufalls bleiben (damit ich gegen sie setzen kann). Zugleich sollte es aber eine Minderheit geben, die so intelligent ist, dass sie meine Methoden begreift und meine Dienste in Anspruch nimmt. Mit anderen Worten: Mir ist damit gedient, wenn die Menschen Narren des Zufalls bleiben – aber nicht alle. Ich hatte das Glück, Donald Sussman kennen zu lernen, der dem Bild eines solchen idealen Partners entspricht; er half mir in der zweiten Phase meiner Karriere, indem er mich von den Qualen des Angestelltendaseins befreite. Mein größtes Risiko besteht darin, erfolgreich zu sein, denn das würde bedeuten, dass mein Geschäft bald nicht mehr existieren wird. Wir sind schon in einer seltsamen Branche tätig!

Kapitel 3
Mathematische Überlegungen zur Geschichte

Die Monte-Carlo-Simulation als Metapher, die das Verständnis einer Folge zufälliger historischer Ereignisse erleichtert. Zufälligkeiten und künstliche Geschichte. Alter bedeutet – fast immer – Schönheit, und Neues und Junges ist gemeinhin mit Vorsicht zu genießen. Warum Ihr Geschichtsprofessor einen Einführungskurs in Stichprobenerhebung besuchen sollte.

Europlayboy-Mathematik

Das Stereotyp eines reinen Mathematikers ist ein bleicher Mann mit zotteligem Bart und schmutzigen, ungeschnittenen Fingernägeln, der sich stumm wie ein Fisch an einem spartanischen, aber unorganisierten Schreibtisch abmüht. Mit dünnen Schultern und dickem Bauch sitzt er völlig in seine Arbeit versunken in einem schäbigen Büro und nimmt seine ungepflegte Umgebung gar nicht wahr. Aufgewachsen ist er in einem kommunistischen Regime, und er spricht Englisch mit hartem, kehligem osteuropäischem Akzent. Beim Essen bleiben Speisereste in seinem Bart hängen. Im Laufe der Zeit geht er mehr und mehr in seinen reinen Theoremen auf und erklimmt immer höhere Abstraktionsebenen. Die amerikanische Öffentlichkeit lernte eine solche Gestalt unlängst in der Person des *Unabombers* kennen, der bärtige, menschenscheue Mathematiker, der in einer Hütte lebte und Gefallen daran fand, Menschen zu ermorden, die sich für moderne Technologien einsetzten. Kein Journalist war in der Lage, das Thema seiner Dissertation mit dem Titel *Komplexe Grenzen* auch nur annähernd zu erklären, da es dafür kein verständliches Äquivalent gibt – eine komplexe Zahl ist eine vollkommen abstrakte, imaginäre

Größe, die die Quadratwurzel von minus eins beinhaltet, ein Objekt, für das es außerhalb der Welt der Mathematik keine Entsprechung gibt.

Der Name »Monte Carlo« beschwört Bilder eines sonnengebräunten kosmopolitischen Mannes vom Typ Europlayboy herauf, der in einer sanften mediterranen Brise ein Kasino betritt. Er ist ein guter Skifahrer und Tennisspieler, schlägt sich aber auch im Schach und im Bridge wacker. Er fährt graue Sportwagen, trägt sauber gebügelte italienische Maßanzüge und spricht bedächtig, wohl artikuliert über banale, aber reale Dinge, über die ein Journalist der Öffentlichkeit in kurzen, knappen Sätzen berichten kann. Im Kasino zählt er kunstfertig die Karten, nutzt seine Gewinnchancen meisterhaft, setzt sein Geld wohldurchdacht ein und rechnet im Geiste seinen optimalen Einsatz präzise aus. Er könnte James Bonds intelligenterer verschwundener Bruder sein.

Unter dem Begriff »Monte-Carlo-Mathematik« stelle ich mir eine gelungene Mischung aus beidem vor: den Realismus des Mannes aus Monte Carlo ohne seine Oberflächlichkeit kombiniert mit der Intuition des Mathematikers ohne dessen Hang zur exzessiven Abstraktion. Denn dieser Zweig der Mathematik ist tatsächlich von ungeheurem praktischem Nutzen: Er ist nicht so trocken, wie man es diesem Fachgebiet gemeinhin nachsagt. Ich wurde danach süchtig in dem Moment, als ich als Börsenhändler anfing. Er prägte mein Denken in den meisten Fragen, die mit dem Zufall zu tun haben. Viele der Beispiele in diesem Buch stammen aus meinem Monte-Carlo-Generator, den ich in diesem Kapitel vorstellen werde. Dennoch ist diese Vorgehensweise in vielerlei Hinsicht eher ein Denkansatz als eine Rechenmethode. Mathematik ist in erster Linie ein Instrument zum Nachdenken, nicht zum Rechnen.

Die Werkzeuge

Das im vorherigen Kapitel erläuterte Konzept der alternativen Historien lässt sich spürbar ausweiten und allen möglichen technischen Verfeinerungen unterziehen. Dies führt uns zu den Werkzeugen, die in meiner Profession verwendet werden, um mit Ungewissheiten herumzuspielen, und die ich hier beschreiben werde.

Monte-Carlo-Methoden bestehen kurz gesagt darin, dass man unter Verwendung der nachstehend erläuterten Konzepte eine künstliche Historie erzeugt.

Betrachten wir als Erstes den so genannten »Sample Path«. Für die unsichtbaren Historien gibt es einen wissenschaftlichen Namen: Man spricht von *alternativen Realisierungspfaden (Sample Path)* – ein Begriff aus dem Bereich der Wahrscheinlichkeitstheorie, der gemeinhin unter der Bezeichnung »Stochastische Prozesse« bekannt ist. Das Bild eines Pfades – im Gegensatz zu einem Ergebnis – impliziert, dass es sich hier nicht einfach um eine Szenarioanalyse betriebswirtschaftlicher Manier handelt, sondern um die Untersuchung von Sequenzen möglicher Ereignisse im Zeitverlauf. Wir wollen nicht einfach nur wissen, wo sich ein Vogel morgen Abend befinden könnte, sondern interessieren uns vielmehr für die verschiedenen Orte, die er bis zu diesem Zeitpunkt unter Umständen besuchen könnte. Uns kümmert nicht, wie viel das Vermögen eines Anlegers in einem Jahr wert sein könnte, sondern welche atemberaubenden Berg- und Talfahrten er während dieser zwölf Monate erleben könnte. Das Wort »Sample Path« betont, dass wir nur eine von vielen möglichen Ausprägungen sehen. Ein Realisierungspfad kann nun aber sowohl deterministisch als auch zufällig sein, und das führt uns zur nächsten Unterscheidung.

Von einem *zufälligen Sample Path*, auch Zufallspfad genannt, spricht man in der Mathematik, wenn man eine solche Sequenz virtueller historischer Ereignisse beschreibt, die alle an einem bestimmten Tag beginnen und an einem anderen enden, denen aber jeweils ein unterschiedlicher Grad der Ungewissheit zugeordnet ist. Allerdings sollte man dabei das Adjektiv »zufällig« nicht mit »gleich wahrscheinlich« verwechseln (also Pfade, denen jeweils die gleiche Wahrscheinlichkeit zugeordnet ist). Einige Ergebnisse sind wahrscheinlicher als andere. Ein Beispiel für einen solchen Zufallspfad könnte die stündlich gemessene Körpertemperatur Ihres als Forscher tätigen Cousins während seiner letzten Typhuserkrankung sein. Es könnte sich um eine Simulation des Kurses Ihrer Lieblingstechnologieaktie handelt, der beispielsweise im Laufe von zwölf Monaten jeweils bei Börsenschluss notiert wird. Beginnend bei 100 Dollar kann er nach einem Hoch von 220 Dollar den Zeitraum mit 20 Dollar beschließen; in einer anderen Sequenz könnte er nach einem Tief von 10 Dollar bis auf 145 Dollar klettern. Ein weiteres Beispiel ist die Entwicklung Ihres Vermögens während eines Abends in der Spielbank. Anfangs haben Sie 1000 Dollar in der Tasche, und Sie notieren den Stand alle 15 Minuten. In einem Sample Path besitzen Sie um Mitternacht 2200 Dollar; in einem anderen bleiben Ihnen kaum noch 20 Dollar fürs Taxi.

Stochastische Prozesse beschreiben die Dynamik von Ereignissen im Zeitverlauf. Stochastik ist ein hochgestochenes, aus dem Griechischen stammendes Fremdwort für Zufallsabhängigkeit. Dieser Zweig der Wahrscheinlichkeitslehre beschäftigt sich mit der Entwicklung aufeinander folgender zufälliger Geschehnisse – man könnte ihn als die Mathematik der Geschichte bezeichnen. Der Schlüssel zu einem Prozess ist sein zeitliches Element.

Was ist ein Monte-Carlo-Generator? Stellen Sie sich vor, Sie könnten ein perfektes Rouletterad auf Ihrem Dachboden bauen, ohne einen Schreiner beauftragen zu müssen. Computerprogramme können für nahezu alle erdenklichen Simulationen geschrieben werden. Sie sind sogar besser (und billiger) als das von Ihrem Schreiner entworfene Rouletterad, da dieses unter Umständen wegen einer Schräge in seiner Konstruktion oder im Fußboden Ihres Speichers eine Zahl gegenüber anderen bevorzugen könnte. Das nennt man Verzerrung oder »Bias«.

Monte-Carlo-Simulationen haben mehr Ähnlichkeit mit einem Spielzeug als alles andere, was mir in meinem Erwachsenenleben bisher untergekommen ist. Man kann Tausende, vielleicht sogar Millionen von Zufallspfaden generieren und besonders häufig auftretende Eigenschaften einiger ihrer Attribute unter die Lupe nehmen. Für solche Analysen ist die Unterstützung durch einen Computer von entscheidender Bedeutung. Der glamouröse Verweis auf Monte Carlo steht als Metapher dafür, dass die zufälligen Ereignisse wie in einem virtuellen Kasino simuliert werden. Man legt Bedingungen fest, von denen man annimmt, dass sie den in der Realität auftretenden Umständen ähneln, und startet eine Reihe von Simulationen um mögliche Ereignisse herum. Ohne mathematische Vorkenntnisse können wir eine Monte-Carlo-Simulation für einen 18-jährigen libanesischen Christen laufen lassen, der für einen bestimmten Geldbetrag immer wieder russisches Roulette spielt, und feststellen, wie viele dieser Versuche ihn zu einem reichen Mann machen und wie lange es im Durchschnitt dauert, bis sein Nachruf geschrieben werden muss. Wir können den Gewehrlauf so abändern, dass er 500 Kammern umfasst (was die Sterbewahrscheinlichkeit verringern würde), und uns die entsprechenden Ergebnisse ansehen.

Monte-Carlo-Simulationsmethoden wurden ursprünglich in der Militärphysik im Labor von Los Alamos bei der Vorbereitung der Atombombe entwickelt. In der Finanzmathematik wurden sie in den achtziger Jahren populär, vor allem durch die Random-Walk-Theorien zur Entwicklung von Wertpapierkursen. Natürlich wird für ein Beispiel wie russisches Roulette kein solcher Apparat benötigt, doch viele Problemstellungen – besonders solche, die realen Situationen ähneln – lassen sich nur anhand eines leistungsstarken Monte-Carlo-Simulators beurteilen.

Monte-Carlo-Mathematik

Faktisch sind Monte-Carlo-Methoden »wahren« Mathematikern ein Gräuel. Sie glauben, dass sie uns der Finesse und Eleganz der Mathematik berauben, und bezeichnen sie als »rohe Gewalt«. Denn wir können einen großen Teil des mathematischen Wissens durch den Monte-Carlo-Simulator (und andere Computerakrobatik) ersetzen. Beispielsweise kann man ohne formelle Kenntnis der Geometrie das rätselhafte, ja beinahe mystische ȍ ausrechnen. Das geht so: Zeichnen Sie einen Kreis in ein Quadrat und »beschießen« Sie dieses Bild dann mit zufallsgenerierten Kugeln (wie in einer Spielhalle). Für jeden einzelnen Punkt der Zeichnung ist dabei die gleiche Trefferwahrscheinlichkeit definiert (im Fachjargon nennt man das »Gleichverteilung«). Der Anteil der Kugeln innerhalb des Kreises geteilt durch die Zahl der Treffer innerhalb und außerhalb des Kreises ergibt ein Vielfaches des sagenumwobenen ȍ mit möglicherweise unendlicher Genauigkeit. Das ist natürlich kein effizienter Einsatz eines Computers, da man ȍ analytisch – das heißt mit einem mathematischen Ansatz – berechnen kann, aber die Methode kann einigen Anwendern das Thema intuitiv näher bringen als viele Zeilen von Gleichungen. Gehirn und Intuition einiger Menschen sind so angelegt, dass sie ein Argument auf diese Weise besser verstehen (ich zähle mich selbst auch zu dieser Kategorie). Der Computer mag ja dem menschlichen Gehirn nicht von Natur aus eingängig sein, aber das gilt in gleichem Maße auch für die Mathematik.

Ich bin kein »geborener« Mathematiker, also nicht jemand, der Mathematik wie seine Muttersprache beherrscht. Bei mir ist da stets ein Anflug eines ausländischen Akzents zu spüren. Denn mich interessieren nicht mathematische Eigenschaften an sich, sondern nur ihre Anwendung, während einem Mathematiker die Verbesserung der Mathematik per se (über Theoreme und Beweise) am Herzen liegt. Ich kann mich nicht auf die Entschlüsselung einer einzigen Gleichung konzentrieren, wenn ich nicht durch ein reales Problem (mit einer kleinen Portion Gier) motiviert werde. Daher stammt ein Großteil meines mathematischen Wissens aus dem Handel mit derivativen Instrumenten. Optionen trieben mich dazu, die Wahrscheinlichkeitslehre zu studieren. Viele zwanghafte Spieler von ansonsten mittelmäßiger Intelligenz entwickeln dank ihrer leidenschaftlichen Gier ein beachtliches Geschick im Kartenzählen.

Eine Parallele lässt sich auch zur Grammatik ziehen: Häufig ist Mathematik langweilige und erkenntnisarme Grammatik. Es gibt Menschen, die sich für Grammatik um ihrer selbst willen interessieren, und andere, die beim Verfassen von Dokumenten grobe grammatikalische Schnitzer vermeiden möchten. Jene von uns, die in diese zweite Kategorie fallen, werden als »Quants« (quantitative Analytiker) bezeichnet, und wie die Physiker sind wir mehr an der Anwendung eines mathematischen Werkzeugs als am Instrument selbst interessiert. Mathematiker ist man von Natur aus; man kann es niemals werden. Gleiches gilt auch für Physiker und Quants. Ob die Mathematik, die ich mir zunutze mache, »elegant« und »klar« ist, spielt für mich keine Rolle, solange ich damit nur zum richtigen Ziel komme. Ich setze so oft wie möglich Monte-Carlo-Generatoren ein. Sie können die Arbeit für mich erledigen. Sie eignen sich auch weitaus besser für pädagogische Zwecke, und daher werde ich sie für die Beispiele in diesem Buch verwenden.

Die Wahrscheinlichkeitslehre ist faktisch ein introspektives Untersuchungsgebiet, da sie sich auf mehr als eine Wissenschaft auswirkt – insbesondere auf die Mutter aller Wissenschaften, nämlich das Wissen schlechthin. Es ist unmöglich, die Qualität des von uns erworbenen Wissens zu beurteilen, ohne eine gewisse Zufälligkeit bei seinem Erwerb zu berücksichtigen und ein Argument von den zufälligen Übereinstimmungen zu befreien, die bei seiner Konstruktion eine Rolle spielen könnten. In der Wissenschaft werden Wahrscheinlichkeiten und Informationen genau gleich behandelt. Buchstäblich jeder große Denker hat sich damit beschäftigt, die meisten davon sogar obsessiv. Für die beiden größten Genies, die ich kenne – Einstein und Keynes –, diente sie jeweils als Ausgangspunkt ihrer geistigen Reise. Einstein schrieb 1905 eine bedeutende Abhandlung, in der er praktisch als Erster eine zufällige Ereignissequenz, nämlich die Entwicklung schwimmender Teilchen in einer stehenden Flüssigkeit, in probabilistischen Begriffen beschrieb. Sein Artikel zur Theorie der Brown'schen Bewegung kann als Basis des Random-Walk-Ansatzes gesehen werden, dessen sich die Finanzmodellbildung bedient. Was Keynes betrifft, so sehen ihn Eingeweihte nicht als den Volkswirtschaftler, den Linke in Tweedanzügen so gerne zitieren, sondern als den Verfasser des richtungweisenden, introspektiven und aussagekräftigen *Treatise on Probability* (Traktat über Wahrscheinlichkeiten). Bevor er sich auf das undurchsichtige Gebiet der Volkswirtschaftslehre vorwagte, war Keynes ein Wahrscheinlichkeitstheoretiker. Er hatte daneben auch andere interessante Merkmale. Unter anderem setzte er beim Handel sein Depot in den Sand, nachdem er zuvor übermäßige Kurssteigerungen erlebt hatte – probabilistische Erkenntnisse schlagen sich eben nicht unbedingt im Verhalten derer nieder, die sie gewinnen.

Wie sich der Leser denken kann, führt der nächste Schritt von dieser probabilistischen Selbstbetrachtung zur Philosophie, insbesondere zu jenem philosophischen Zweig, der sich mit dem Wissen beschäftigt. Er wird Epistemologie, Methodenlehre oder Wissenschaftsphilosophie genannt. Auf dieses Thema werden wir allerdings erst an späterer Stelle eingehen.

Spaß auf meinem Dachboden

Geschichte schreiben

In den frühen neunziger Jahren wurde ich, wie viele meiner Freunde in der quantitativen Finanzwissenschaft, süchtig nach den verschiedenen Monte-Carlo-Generatoren, die ich mir selbst baute. Ich war begeistert von der Idee, Welten zu schaffen, und fühlte wie ein *Demiurg*. Es ist ein überwältigendes Gefühl, virtuelle Historien zu erzeugen und die Streuung zwischen den unterschiedlichen Ergebnissen zu beobachten. Dabei bin ich überzeugt, dass ich mit meiner Berufswahl großes Glück gehabt habe: einer der attraktiven Aspekte meiner Tätigkeit als quantitativer Optionshändler ist die Tatsache, dass ich 95 Prozent des Tages Zeit zum Nachdenken, Lesen und Recherchieren habe (oder zur »Meditation« im Fitnessstudio, auf der Skipiste oder – was wirkungsvoller ist – auf einer Parkbank). Ich habe auch das Privileg, oft von meinem gut ausgestatteten Dachboden aus »arbeiten« zu können.

Die Computerrevolution macht sich für uns nicht in Form von sich selbst perpetuierenden E-Mails oder im Zugang zu Chatrooms bezahlt, sondern durch die plötzliche Verfügbarkeit schneller Prozessoren, die eine Million Zufallspfade pro Minute generieren können. Denken Sie daran, dass ich selbst ein bestenfalls wenig enthusiastischer Gleichungslöser bin und mich nur selten durch besonderes Geschick in dieser Tätigkeit auszeichne – ich war stets besser im Aufstellen als im Lösen von Gleichungen. Plötzlich erlaubte mir mein Generator, die verzwicktesten Gleichungen mit minimalem Aufwand zu lösen. Nur wenige Lösungen lagen außerhalb meiner Reichweite.

Ein Dachboden voller Zorglubs

Mein Monte-Carlo-Generator bescherte mir einige interessante Abenteuer. Während meine Kollegen in Nachrichtenmeldungen, Zentralbankankündigungen, Gewinnvorstellungen, konjunkturelle Prognosen, Sportergebnisse und nicht zuletzt büropolitische Intrigen eintauchten, begann ich mit dem Generator in Gebieten zu spielen, die an meine Heimatbasis in der finanziellen Wahrscheinlichkeitstheorie angrenzten. Eine ganz natürliche Erweiterung für den Amateur ist die Evolutionsbiologie – ihre allgemeingültige Botschaft und universelle Anwendbarkeit ist höchst verlockend. Ich begann Populationen rasch mutierender Tierchen namens Zorglubs unter klimatischen Veränderungen zu simulieren und wurde so Zeuge von höchst unerwarteten Folgen – einige der Ergebnisse fanden Eingang in Kapitel 5. Mein Ziel als reiner Amateur, der nur der Langeweile des Geschäftslebens entfliehen wollte, bestand lediglich darin, ein intuitives Gespür für solche Ereignisreihen zu entwickeln – die Art von Erkenntnissen, die Amateure weit entfernt von der übermäßig detaillierten Raffinesse professioneller Forscher gewinnen. Ich spielte mit der Molekularbiologie herum, generierte zufällig auftretende Krebszellen und beobachtete in ihrer Entwicklung einige überraschende Aspekte. Logischerweise war die Entsprechung zur Erfindung von Zorglub-Populationen die Simulation einer Gruppe von »idiotischen Bullen«, »hitzigen Bären« und »vorsichtigen« Börsenhändlern in unterschiedlichen Marktumfeldern wie Hausse oder Baisse sowie die Untersuchung ihrer kurz- und langfristigen Überlebenschancen. In einer solchen Struktur würden »idiotische Bullen«, die durch eine Rallye zu Reichtum kamen, ihre Erlöse in den Kauf weiterer Wertpapiere stecken und die Kurse weiter in die Höhe treiben, bis sie eines Tages zwangsläufig Prügel bezogen. Baissisten beziehungsweise »Bären« überlebten in einem Kursaufschwung allerdings nur selten lange genug, um sich über fallende Kurse freuen zu können. Meine Modelle zeigten, dass unter dem Strich fast niemand überlebte: Die Bären fielen während einer Hausse wie die Fliegen um, und die Bullen wurden letztendlich geschlachtet, wenn mit dem Ende der Aufwärtsbewegung auch ihre Papiergewinne verschwanden. Aber es gab eine Ausnahme: Einige Optionshändler (ich bezeichnete sie als Optionskäufer) bewiesen bemerkenswertes Standvermögen, und zu dieser Kategorie wollte auch ich gehören. Wie gelang ihnen das Überleben? Sie konnten eine Versicherung gegen einen »Blow-up« kaufen und nachts ruhiger schlafen in der Gewissheit, dass ihre Karriere nicht vom Ergebnis eines einzigen Tages bedroht wurde.

Wenn der Tenor dieses Buches von der Kultur des Darwinismus und der Evolutionstheorie durchdrungen zu sein scheint, so ist dies nicht auf eine irgendwie geartete naturwissenschaftliche Ausbildung zurückzuführen, sondern auf das evolutionäre Denken, das mir meine Monte-Carlo-Simulationen beibrachten.

Ich schätze, dass ich über den Wunsch hinausgewachsen bin, bei jedem neuen Gedanken Zufallspfade zu generieren, doch durch mein jahrelanges Spiel mit Monte-Carlo-Simulatoren kann ich mir ein realisiertes Ergebnis nicht mehr ohne Bezug auf die nicht verwirklichten Pfade vorstellen. Ich bezeichne das als die »Untersummierung von Historien«, in Anlehnung an einen Ausdruck, den der vielseitig interessierte Physiker Richard Feynman prägte, der solche Methoden zur Erklärung der Dynamik subatomarer Teilchen anwandte.

Als ich mit meinem Monte-Carlo-Generator immer wieder neue Historien erzeugte und auslöschte, erinnerte mich das an die experimentellen Romane (die in die Kategorie des so genannten *nouveau roman* fielen) von Autoren wie Alain Robbe-Grillet, die in den sechziger und siebziger Jahren populär waren. In ihnen wurde immer wieder das gleiche Kapitel geschrieben und überarbeitet, und der Schriftsteller veränderte jedes Mal die Handlung, so als handle es sich um einen neuen Sample Path. Auf irgendeine Weise wurde der Autor von der früheren Situation befreit, die er selbst mit erschaffen hatte, und erlaubte sich den Luxus, die Handlung rückwirkend zu verändern.

Verunglimpfung der Geschichte

Lassen Sie mich noch ein paar Worte zur Geschichte aus einer Monte-Carlo-Perspektive hinzufügen: Die Weisheit klassischer Geschichten, wie jene über Solon, spornt mich dazu an, noch mehr Zeit in Gesellschaft der antiken Historiker zu verbringen, selbst wenn ihre Geschichten, wie die Warnung des Solon, durch die Patina der Zeit ausgeschmückt wurden. So etwas geht uns gegen den Strich: Für uns Menschen ist es keineswegs natürlich, aus der Geschichte zu lernen – das zeigen die endlos wiederholten, identischen Mustern folgenden Höhenflüge und Zusammenbrüche auf den modernen Finanzmärkten ganz deutlich. Unter Geschichte verstehe ich hier historische Anekdoten, nicht geschichtliches

Theoretisieren beziehungsweise groß angelegten Historizismus, dessen Ziel darin besteht, Ereignisse anhand von Theorien zu erläutern, die einige Gesetze in der geschichtlichen Evolution zeigen sollen – jenen hegelianischen, pseudowissenschaftlichen Historizismus, der zu Hypothesen wie dem »Ende der Geschichte« führt (pseudowissenschaftlich ist er, weil er Theorien aus vergangenen Geschehnissen ableitet, ohne zu berücksichtigen, dass solche Ereigniskombinationen zufällig entstanden sein könnten, vor allem aber, weil es keine Möglichkeit gibt, die vorgebrachten Behauptungen in einem kontrollierten Experiment zu verifizieren). Geschichte ist für mich lediglich auf der Ebene der von mir gewünschten Sensibilität von Nutzen. Sie beeinflusst mein Denken, indem ich Bezug auf vergangene Ereignisse nehme und Ideen anderer besser übernehmen und optimieren kann. Dadurch kann ich die Denkfehler korrigieren, die meiner Fähigkeit, von anderen zu lernen, im Wege zu stehen scheinen. Den Respekt gegenüber den Älteren möchte ich damit fördern, indem ich die Ehrerbietung betone, die ich Menschen mit grauem Haar instinktiv entgegenbringe, obwohl ich das in meinem Leben als Börsenhändler vermisse, wo Alter und Erfolg nicht miteinander korrelieren. Faktisch lerne ich auf zweierlei Weise aus der Geschichte: aus der Vergangenheit durch die Lektüre alter Texte, aber auch aus der Zukunft – mit Hilfe meines Monte-Carlo-Spielzeugs.

Die Herdplatte ist heiß

Wie oben erwähnt, ist es für uns nicht natürlich, aus der Geschichte zu lernen. Wir haben genügend Anhaltspunkte für die Schlussfolgerung, dass unsere Ausstattung als menschliche Wesen eine Übertragung von Erfahrungen nicht kulturell, sondern durch Auswahl von Gattungsvertretern mit einigen vorteilhaften Zügen begünstigt. Es ist eine Binsenweisheit, dass Kinder nur aus ihren eigenen Fehlern lernen; sie werden eine heiße Herdplatte erst dann nicht mehr anfassen, wenn sie sich selbst die Finger daran verbrannt haben, und keine Warnung anderer kann sie dazu bewegen, auch nur ein Mindestmaß an Vorsicht walten zu lassen. Aber auch Erwachsene leiden unter diesem Zustand. Dieser Aspekt wurde von den Pionieren in der Verhaltensökonomie, Daniel Kahneman und Amos Tversky, hinsichtlich der Wahl riskanter medizinischer Behandlungen untersucht. Ich habe Ähnliches bei mir selbst festgestellt, denn ich bin sehr nachlässig im Bereich Diagnose und Prävention (ich weigere mich nämlich, meine Risiken aus Wahrscheinlichkeiten abzuleiten, die andere errechnet haben, weil ich mir einbilde, irgendwie etwas Besonderes zu sein), aber zugleich sehr aggressiv in der Behandlung medizinischer Zustände (bei Brandverletzungen neige ich zu Überreaktionen). Das zeugt nicht gerade von rationalem Verhalten unter einem von Ungewissheit geprägten Umfeld. Die angeborene Missachtung der Erfahrungen anderer beschränkt sich nicht auf Kinder oder Menschen wie mich; auf übergeordneter Ebene ist sie auch bei Entscheidungsträgern in der Wirtschaft oder Investoren zu beobachten.

Wenn Sie meinen, die reine Lektüre von Geschichtsbüchern würde Sie vor »Fehlern anderer« bewahren, halten Sie sich bitte das folgende Experiment aus dem 19. Jahrhundert vor Augen. In einem weithin bekannten psychologischen Fall behandelte der Schweizer Arzt Claparède eine Amnesiepatientin, deren Leiden sie völlig lebensunfähig machte. Ihr Zustand war so schlimm, dass sie sich nur an ihn erinnern konnte, wenn er sich ihr alle Viertelstunde einmal neu vorstellte. Eines Tages nahm er insgeheim eine Stecknadel in die Hand, bevor er ihre schüttelte. Am nächsten Tag zog sie ihre Hand rasch zurück, als er sie zu begrüßen versuchte, *erkannte ihn dennoch nicht.* Inzwischen gibt es ausführliche Fallbeschreibungen von Amnesiepatienten, die unbewusst bestimmte Dinge lernen, ohne sie in ihrem bewussten Gedächtnis abzuspeichern. Die wissenschaftliche Bezeichnung für die Unterscheidung zwischen dem bewussten und unbewussten Gedächtnis ist »deklarativ« und »nicht-deklarativ«. Ein Großteil der erfahrungsbasierten Risikovermeidung ist Teil dieses zweiten Gedächtnisses. Respekt für die Geschichte konnte ich nur aufbringen, als ich mir vor Augen hielt, dass ich nicht darauf programmiert war, im Lehrbuchformat daraus zu lernen.

Faktisch kann es noch schlimmer kommen: In gewisser Hinsicht lernen wir nicht aus unserer eigenen Geschichte. Einige Forschungszweige haben unsere Unfähigkeit untersucht, aus unseren eigenen Reaktionen auf frühere Erlebnisse zu lernen: Beispielsweise lernen Menschen nicht, dass ihre emotionalen Reaktionen auf (positive oder negative) frühere Ereignisse kurzlebig waren – sie halten ständig an der irrigen Annahme fest, dass der Kauf eines Gegenstandes sie lange – möglicherweise für immer – glücklich machen wird oder ein Rückschlag schweres und lange anhaltendes Leid hervorrufen wird (obwohl sie in der Vergangenheit ähnliche Rückschläge nicht lange beeinträchtigten und die Freude an der neuen Anschaffung bald vorbei war).

Alle meine Kollegen, von denen ich weiß, dass sie die Lehren der Geschichte in den Wind schlugen, erlebten spektakuläre »Blow-ups« – ich habe noch keinen kennen gelernt, dem ein solches Fiasko nicht passiert ist. Der eigentlich interessante Aspekt sind aber die bemerkenswerten Ähnlichkeiten in ihren Ansätzen. Ein Blow-up, das sei hier nochmals betont, unterscheidet sich von einem monetären Verlust; bei einem Blow-up verliert man Geld, wenn man dies gar nicht für möglich hält. Wenn man ein Risiko eingeht und einen Verlust macht, ist das nicht verkehrt, sofern man unterstreicht, dass man tatsächlich Risiken eingeht, anstatt die übernommenen Risiken als gering oder nicht existent zu bezeichnen. Börsenhändler, die einen Blow-up erleben, glauben üblicherweise, sie wüssten genug über die Welt, um die Möglichkeit des Eintretens eines widrigen Ereignisses zurückweisen zu können: Ihr Eingehen solcher Risiken zeugte nicht von Mut, sondern von reiner Ignoranz. Ich erkenne viele Parallelen zwischen jenen, die vom Börsencrash 1987 eiskalt erwischt wurden, jenen, die 1990 bei der Japan-Krise ihr Vermögen in den Sand setzten, jenen, die im Rentenmarktdebakel von 1994 untergingen, jenen, die in der Russlandkrise von 1998 ihr Waterloo erlebten, und jenen, die sich im Jahr 2000 an Technologieaktien die Finger verbrannten. Sie alle behaupteten mehr oder weniger, dass die Zeiten oder ihr Markt anders seien und boten ähnliche, gut konstruierte intellektuelle Argumente (wirtschaftlicher Natur), um ihre Behauptungen zu rechtfertigen; keiner von ihnen war in der Lage, die Erfahrungen anderer zu akzeptieren, die offen und frei zur Verfügung standen. Schließlich gibt es ja in jedem Buchladen Bücher, die sich detailliert mit Börsencrashs beschäftigen. Neben generellen systembezogenen Katastrophen habe ich auch miterlebt, wie Hunderte von Optionshändlern gezwungen waren, ihren Beruf an den Nagel zu hängen, nachdem sie alle Warnungen der Veteranen in den Wind geschlagen und sich auf törichte Weise die Finger verbrannt hatten – ähnlich wie das Kind, das seine Hand auf die Herdplatte legt. Wie ich festgestellt habe, ähnelt dies meiner eigenen Einstellung zur Diagnose und Prävention der vielen Krankheiten, unter denen ich leiden könnte. Jeder Mensch glaubt, dass für ihn selbst ganz andere Maßstäbe gelten, und deswegen reagieren wir auf eine Diagnose so schockiert mit der Frage: »Warum gerade ich?«

Fähigkeiten zur Prognose vergangener Ereignisse

Wir können diesen Punkt aus verschiedenen Blickwinkeln sehen. Fachleute nennen eine Manifestation dieser Verunglimpfung der Geschichte *historischen Determinismus.* Kurz gesagt bedeutet dies, dass wir glauben, erkennen zu können, wenn Geschichte geschrieben wird. Wir meinen, dass beispielsweise 1929 die Menschen sich bewusst waren, dass sie mit dem Börsencrash ein Ereignis von historischer Tragweite erlebten und dass sie bei einer Wiederholung eines solchen Ereignisses die Zeichen der Zeit erkennen würden. Es wird uns vorgegaukelt, dass unser Leben einem Abenteuerfilm ähnelt, so dass wir bereits im Voraus wissen, dass etwas Bedeutendes geschehen wird. Es ist nur schwer vorstellbar, dass Zeitzeugen geschichtlicher Ereignisse nicht wussten, wie bedeutend der betreffende Moment war. Irgendwie schlägt sich aber dieser Respekt, den wir für die Geschichte empfinden, nicht in unserer Behandlung der Gegenwart nieder.

Jean-Patrice aus dem vorherigen Kapitel wurde plötzlich durch einen interessanten Beamtentypen ersetzt, der noch niemals etwas mit Zufallsberufen zu tun gehabt hatte. Er hatte einfach nur die richtigen Staatsdienerschulen besucht, deren Absolventen Berichte schreiben lernen, und hatte irgendeine höherrangige Führungsposition im Institut inne. Wie bei subjektiv eingeschätzten Positionen üblich, versuchte er, seinen Vorgänger in ein schlechtes Licht zu rücken: Jean-Patrice sei schlampig und unprofessionell gewesen. Die erste Großtat des Beamten war eine formale Analyse unserer Transaktionen; er stellte fest, dass wir ein wenig zu viel Handel betrieben und sehr hohe Back-Office-Kosten auffuhren. Er analysierte einen Großteil unserer Devisenhandelsgeschäfte und schrieb dann in seinem Bericht, dass nur ein Prozent dieser Transaktionen signifikante Gewinne abwarf und der Rest Verluste oder kleine Gewinne einbrachte. Ihn schockierte es, dass die Händler nicht mehr Gewinn bringende und weniger verlustträchtige Deals abschlossen. Für ihn lag es auf der Hand, dass wir seine Anweisungen auf der Stelle zu befolgen hatten. Wenn wir die lukrativen Transaktionen einfach verdoppelten, könnten wir für das Institut ganz fantastische Ergebnisse einfahren. Wieso sei uns hoch bezahlten Händlern das nicht eher eingefallen?

Rückblickend erscheint immer alles offensichtlich. Der Beamte war ein sehr intelligenter Mensch, und sein Fehler ist weitaus verbreiteter, als man meint. Er resultiert aus der Art und Weise, wie unser Gehirn mit historischen Informationen umgeht. Die Vergangenheit wird im Nachhinein immer deterministisch wirken, weil nur eine einzige Observation stattfand. Unser Gehirn interpretiert die meisten Ereignisse nicht anhand der vorausgehenden, sondern auf Basis der nachfolgenden Entwicklungen. Stellen Sie sich vor, Sie machen eine Prüfung und kennen die Antworten. Wir wissen zwar, dass sich die Geschichte vorwärts bewegt, doch fällt uns die Erkenntnis schwer, dass wir sie uns rückwärts vorstellen. Warum ist das so? Diesen Punkt werden wir in Kapitel 11 aufgreifen, doch sei an dieser Stelle eine mögliche Erklärung genannt: Unser Denken ist weniger für ein Verständnis der Welt ausgelegt, sondern soll uns rasch aus schwierigen Situationen heraushelfen und unsere Nachkommenschaft sichern. Wäre es für ein Verständnis der Dinge gemacht, dann hätten wir im Gehirn eine Maschine, die frühere Ereignisse wie ein Videorekorder mit richtiger Chronologie abspielt, und das würde uns so sehr verlangsamen, dass wir unseren Alltag nur schwerlich bewältigen könnten. Psychologen bezeichnen diese Überschätzung des Wissens beim Eintritt eines Ereignisses aufgrund späterer Informationen als *Rückschaufehler* (»Hindsight Bias«) bzw. »Ich-wusste-es-die-ganze-Zeit-über«-Effekt.

Nun nannte der Beamte die zu Verlusten führenden Transaktionen »grobe Fehler«, so wie Journalisten Entscheidungen, die einen Kandidaten seine Wahl kosteten, als »Schnitzer« bezeichnen. Ich werde diesen Punkt wiederholen, bis ich heiser bin: Ein Fehler wird nicht von Ereignissen nach dem Entscheidungszeitpunkt bestimmt, sondern anhand der bis dahin verfügbaren Informationen.

Ein übler Effekt dieser Rückschaufehler ist die Tatsache, dass jene, die sich in der *Vorhersage* der Vergangenheit als sehr gut erweisen, von ihrer Fähigkeit überzeugt sind, die Zukunft ebenso gut prognostizieren zu können. Daher lehren uns Ereignisse wie die des 11. September 2001 niemals, dass wir in einer Welt leben, in der wichtige Geschehnisse nicht absehbar sind – selbst der Einsturz der beiden Türme des World Trade Center scheint uns *damals* vorhersehbar gewesen zu sein.

Mein Solon

Es gibt noch einen weiteren Grund, weshalb ich besessen von Solons Warnung bin: Ich stamme aus dem gleichen Landstreifen im östlichen Mittelmeer, in dem sich diese Geschichte zutrug. Meine Vorfahren erlebten innerhalb einer einzigen Generation Phasen extremen Überflusses und Zeiten schlimmster Armut, mit plötzlichen Kehrtwendungen, die Menschen in meinem Umfeld, die sich an stetige und lineare Verbesserungen erinnern, nicht für möglich halten (zumindest nicht zum Zeitpunkt der Drucklegung dieses Buches). Die Menschen um mich herum haben entweder (bislang) wenige Rückschläge in ihrer Familie erlebt (von der Weltwirtschaftskrise einmal abgesehen) oder verfügen generell nicht über genügend Geschichtsbewusstsein, um über Vergangenes nachzudenken. Für Menschen meines Hintergrundes – griechisch-orthodoxe Ostmittelmeeranrainer und Bürger des oströmischen Reiches (durch Invasion) – ist die Erinnerung an jenen traurigen Apriltag vor ungefähr 500 Jahren, als Konstantinopel durch den Einmarsch der Türken an den Rand der Geschichte gedrängt wurde und uns dieses Ereignis zu verlorenen Untertanen eines toten Imperiums machte, zu extrem wohlhabenden Minderheiten in der islamischen Welt (wenngleich mit äußerst prekärem Reichtum), geradezu fest in unserer Seele verankert. Darüber hinaus kann ich mich lebhaft an meinen eigenen würdevollen Großvater erinnern, einen ehemaligen stellvertretenden Premierminister und

Sohn eines stellvertretenden Premierministers (den ich niemals ohne Anzug gesehen habe), wie er in einer farblosen Wohnung in Athen residierte, nachdem sein Anwesen während des libanesischen Bürgerkrieges zerbombt worden war. Da ich die Verwüstungen des Krieges miterlebt habe, halte ich übrigens würdelose Verarmung für weitaus schlimmer als körperliche Gefahr (irgendwie erscheint es mir weitaus erstrebenswerter, in Würde zu sterben, als meine Existenz als Hausmeister zu fristen, und das ist einer der Gründe, warum mir finanzielle Risiken weitaus mehr zuwider sind als körperliche). Ich bin sicher, dass Krösus der Verlust seines Königreiches sehr viel härter ankam als die Gefährdung seines Lebens.

Historisches Denken hat einen wichtigen und keineswegs banalen Aspekt, der womöglich für die Finanzmärkte mehr gilt als alles andere: Im Gegensatz zu vielen »harten« Wissenschaften lässt die Geschichte keine Experimente zu. Irgendwie ist aber die Geschichte insgesamt mächtig genug, um auf mittlere bis lange Sicht rechtzeitig die meisten möglichen Szenarien zu liefern, so dass die Schurken letztendlich dem Untergang geweiht sind. Schlechte Börsengeschäfte holen einen irgenwann ein, heißt es häufig auf den Finanzmärkten. Wahrscheinlichkeitstheoretiker haben dafür eine hochgestochene Bezeichnung: *Ergodizität*. Vereinfacht gesagt umschreibt dieser Begriff, dass (unter bestimmten Bedingungen) sehr lange Realisierungspfade (Sample Paths) letztendlich einander gleichen. Die Eigenschaften eines sehr, sehr langen Realisierungspfades würden den Monte-Carlo-Eigenschaften des Durchschnitts kürzerer Pfade ähneln. Würde der Hausmeister mit dem Lottogewinn aus Kapitel 1 tausend Jahre leben, wird er wohl kaum weitere Ziehungen gewinnen. Wer trotz seiner Fähigkeiten Pech im Leben hat, wird eines Tages Erfolge einheimsen können. Der glückliche Narr, der in seinem Leben von der Göttin Fortuna profitiert hat, würde sich auf längere Sicht langsam dem Zustand eines weniger vom Glück begünstigten Idioten annähern. Jeder regrediert zu seinen langfristigen Eigenschaften.

Destilliertes Denken auf dem PalmPilot

Die neuesten Nachrichten

Journalisten, die mir ein Gräuel sind, betraten dieses Buch in Gestalt von George Will, der sich mit zufälligen Ergebnissen herumschlug. Im nächsten Schritt werde ich zeigen, wie mein Monte-Carlo-Spielzeug mich lehrte, destilliertes Denken zu bevorzugen. Darunter verstehe ich eine Denkweise, die auf den Informationen in unserem Umfeld beruht, aus denen das bedeutungslose, aber ablenkende Beiwerk herausgelöst wurde. Für den Unterschied zwischen Nebengeräuschen und Informationen bietet das Leitmotiv dieses Buches (Nebengeräusche haben mehr mit Zufall zu tun) eine Analogie: den Unterschied zwischen Journalismus und Geschichte. Ein kompetenter Journalist sollte seine Themen wie ein Historiker betrachten und den Wert seiner Informationen herunterspielen, indem er beispielsweise sagt: »Heute ging es mit den Kursen bergauf, aber das besagt nicht viel, da diese Entwicklung größtenteils auf Nebengeräusche zurückzuführen ist.« Würde er den Wert der ihm zur Verfügung stehenden Informationen so trivialisieren, wäre er sicherlich bald seinen Job los. Es ist nicht schwer für Journalisten, sich die Denkweise der Historiker zu Eigen zu machen; leider werden allmählich auch Historiker ihren Journalistenkollegen immer ähnlicher.

Ideen werden mit zunehmendem Alter schöner (eine Erörterung der mathematischen Aspekte dieser Aussage wäre an dieser Stelle noch verfrüht). Die Anwendbarkeit von Solons Warnung auf ein vom Zufall bestimmtes Leben verstärkt im Gegensatz zur genau gegenteiligen Botschaft unserer herrschenden Medienkultur meine Neigung, destillierte Gedanken neuerem Denken gegenüber vorzuziehen, auch wenn Letzteres noch so raffiniert scheint. Dies ist ein weiterer Grund, wieso sich neben meinem Bett die altehrwürdigen Bände stapeln (ich gestehe, dass die einzigen Nachrichten, die ich neben dem *Economist* heutzutage lese, die um ein Vielfaches interessanteren, anspruchsvollen gesellschaftlichen Klatschgeschichten sind, wie man sie in den Magazinen *Tatler, Paris Match* und *Vanity Fair* findet). Ich ziehe nicht nur die Geschliffenheit der antiken Gedanken der Grobheit der frischen Presseprodukte vor, sondern verbringe auch viel Zeit damit, die vorgestellten Gedanken in der Mathematik evolutionärer Argumente und konditionsabhängiger Wahrscheinlichkeiten zu formulieren. Denn wenn eine Idee so lange über so viele Zyklen hinweg überlebt hat, sagt das etwas über ihre relative Qualität aus. Die Nebengeräusche wurden zumindest teilweise herausgefiltert. Aus mathematischer Sicht bedeutet Fortschritt, dass einige neue Informationen besser sind als frühere, nicht etwa dass der Durchschnitt der neuen Informationen das frühere Denken ablöst. Das bedeutet, dass es im Zweifelsfalle besser ist, neue Ideen, Informationen oder Methoden systematisch zu verwerfen. Dies gilt eindeutig und schockierenderweise immer. Warum?

Die Argumentation für »Novitäten« oder den »allerletzten Schrei« lautet wie folgt: Sehen Sie sich die dramatischen Veränderungen an, die uns die Einführung neuer Technologien wie Auto, Flugzeug, Telefon oder Personal Computer gebracht haben. Durchschnittsmenschen (die Schlüsse ohne probabilistischen Ansatz ziehen) würden daraus folgern, dass alle neuen Technologien und Erfindungen unser Leben genauso revolutionieren werden. Aber die Antwort ist nicht so eindeutig: Wir sehen und zählen nämlich nur die Gewinner und ignorieren die Verlierer (das wäre so, als würde man sagen, Schauspieler und Schriftsteller seien reich, und dabei die Tatsache unberücksichtigt lässt, dass sehr viele Schauspieler als Kellner arbeiten – und sich weniger begehrte Autoren in der Regel glücklich schätzen dürfen, wenn sie bei McDonald's Pommes Frites servieren können). Wer sind die Verlierer? Die Samstagszeitung listet Dutzende neuer Patente für Produkte auf, die unser Leben revolutionieren könnten. Die Menschen neigen zu der Schlussfolgerung, dass Erfindungen unterstützt werden müssen und wir das Neue dem Alten vorziehen sollten, nur weil *ein paar* Erfindungen unser Leben völlig verändert haben. Ich bin da ganz anderer Meinung. Die Opportunitätskosten, die einem entstehen, wenn man die »neueste Topneuheit« wie das Flugzeug oder das Auto verpasst, sind verschwindend gering im Vergleich zur Toxizität des Mülls, durch den man sich kämpfen muss, um diese Perlen zu finden (falls sie unser Leben überhaupt besser machen – was ich häufig bezweifle).

Genau die gleiche Argumentation gilt auch für Informationen. Problematisch an Informationen ist nicht, dass sie amüsant und im Allgemeinen nutzlos sind, sondern dass sie einen vergiften können. Wir werden später den zweifelhaften Wert sehr häufiger Nachrichten im Zusammenhang mit einer technischeren Diskussion der Rauschunterdrückung und Beobachtungsfrequenz untersuchen. An dieser Stelle möchte ich darauf hinweisen, dass der Respekt für lange Gereiftes Argumente liefert, warum jemand, der mit Ungewissheit behaftete Entscheidungen treffen soll, gut beraten wäre, jeglichen Kontakt zu den plappernden Journalisten von heute zu meiden und einen möglichst geringen Medienkonsum zu seinem Grundsatz machen sollte. Wenn es in der Masse der »brisanten« Eilnachrichten, mit denen wir bombardiert werden, etwas Besseres als Nebengeräusche geben sollte, wäre das die sprichwörtliche Nadel im Heuhaufen. Die Menschen erkennen nicht, dass Medien dafür bezahlt werden, Aufmerksamkeit zu erregen. Für Journalisten ist Schweigen nur selten Gold.

Bei den seltenen Gelegenheiten, bei denen ich um 6.42 Uhr in den Zug nach New York stieg, sah ich mir voller Verwunderung die Horden deprimierter Business-Pendler an (die alle offenbar lieber woanders gewesen wären), wie sie sich eifrig in das *Wall Street Journal* vertieften, um Nebensächlichkeiten über Unternehmen zu erfahren, die zum Zeitpunkt der Drucklegung vermutlich gar nicht mehr existierten. Tatsächlich ist schwer zu unterscheiden, ob sie deprimiert wirken, weil sie die Zeitung lesen, oder ob vielleicht depressive Menschen dazu neigen, Zeitung zu lesen, oder ob Menschen, die außerhalb ihres genetischen Habitats leben, sowohl Zeitung lesen als auch schläfrig und deprimiert wirken. Während ich jedoch zu Beginn meiner Karriere diese Fokussierung auf reine Nebengeräusche als intellektuellen Affront empfunden hätte, da ich solche Informationen als statistisch zu wenig signifikant für sinnvolle Schlussfolgerungen abgelehnt hätte, empfinde ich sie heute als sehr befriedigend. Inzwischen freue ich mich, wenn ich eine solche Menge aberwitziger Entscheidungsträger sehe, die nach der Zeitungslektüre in ihren Börsenorders zu Überreaktionen neigen. Mit anderen Worten: Heute betrachte ich die Tatsache, dass Menschen dieses Zeug lesen, als Versicherung dafür, dass ich meine Laufbahn im unterhaltsamen Optionshandelsgeschäft fortsetzen kann, indem ich gegen die Narren des Zufalls wette. (Sie brauchen schon ein gehöriges Maß an Selbsterkenntnis, um zu erkennen, dass die vielleicht dreißig Stunden, die Sie im letzten Monat mit der »Analyse« der Nachrichten verbracht haben, sich weder auf Ihre Prognosefähigkeit im letzten Monat noch auf Ihr aktuelles Weltwissen ausgewirkt haben. Dieses Problem ähnelt unserer Schwäche bei der Korrektur früherer Fehler: Wie bei einer Mitgliedschaft im Fitnessclub – nach einem guten Vorsatz für das neue Jahr – glauben die Menschen häufig, dass die nächsten Meldungen ihr Verständnis der Dinge wirklich nachhaltig verbessern werden.)

Wiedersehen mit Shiller

Viele Gedanken zum negativen Wert von Informationen für die Gesellschaft im Allgemeinen stammen von Robert Shiller. Seine Abhandlung aus dem Jahr 1981 war möglicherweise die erste mathematisch formulierte Untersuchung der Art und Weise, wie die Gesellschaft mit Informationen umgeht – und zwar nicht nur an den Finanzmärkten, sondern generell. Shiller machte sich mit seinen Ausführungen zur Volatilität der Märkte 1981 einen Namen. Seine Schlussfolgerung lautete: Wenn ein Aktienkurs der geschätzte Wert einer »Größe« (zum Beispiel der diskontierten Cashflows eines Unternehmens) ist, unterliegen die Börsenkurse gegenüber den physisch greifbaren Ausprägungen dieser »Größe« (als Beispiel nannte er Dividenden) großen Schwankungen. Die Kurse zeigen größere Ausschläge als die Fundamentaldaten, die sie angeblich repräsentieren. Bisweilen erleben sie klare Überreaktionen in Form von übermäßigen Kurssteigerungen (wenn Kurse bei positiven Nachrichten in Schwindel erregende Höhen schnellen oder ohne ersichtlichen Grund steigen). Bei anderen Gelegenheiten fallen sie zu tief. Das Volatilitätsgefälle zwischen Kursen und Informationen hat laut Shiller zur Folge, dass das Konzept der »rationalen Erwartungen« in irgendeiner Hinsicht nicht zutrifft. (Die Kurse spiegeln den langfristigen Wert eines Wertpapiers nicht rational wider, weil sie in jeder Richtung Übertreibungen unterliegen.) Die Märkte mussten sich irren. Shiller erklärte, dass die Märkte nicht so effizient seien, wie die Finanztheorie es uns glauben machen will (auf einem effizienten Markt sollten sich die Preise so an alle verfügbaren Informationen anpassen, dass dies für uns Menschen völlig unvorhersehbar ist und eine Gewinnerzielung unmöglich macht). Diese Schlussfolgerungen ließen bei den religiösen Orden der Hochfinanz den Ruf nach der Vernichtung dieses Ungläubigen laut werden, weil er so ketzerische Reden schwang. Interessanterweise handelt es sich aufgrund eines seltsamen Zufalls um den gleichen Shiller, auf dem George Will im letzten Kapitel herumhackte.

Der größte Kritiker Shillers war Robert C. Merton. Dessen Angriffe stützten sich auf rein methodenbezogene Argumente (Shillers Analyse war sehr grob; beispielsweise wies seine Verwendung von Dividenden anstelle von Gewinnen spürbare Schwächen auf). Merton verteidigte auch die offizielle Position der Finanztheorie, dass Märkte effizient sein mussten und unmöglich Chancen auf einem Silbertablett servieren könnten. Dennoch präsentierte sich genau der gleiche Robert C. Merton später als »Gründer und Geschäftsführer« eines Hedgefonds, der darauf abzielte, Vorteile aus Marktineffizienzen zu ziehen. Abgesehen von der Tatsache, dass Mertons Hedgefonds infolge des *Problems des schwarzen Schwans* ein einigermaßen spektakuläres Fiasko (mit charakteristischem Leugnen) erlebte, setzte seine »Gründung« eines solchen Hedgefonds implizit voraus, dass er Shillers Thesen zur Ineffizienz der Märkte zustimmte. Der Verteidiger des Dogmas der modernen Finanzlehre und der effizienten Märkte legte einen Fonds auf, der Ineffizienzen am Markt auszunutzen versuchte! Das ist so, als würde sich der Papst zum Islam bekehren.

Heute hat sich die Situation keineswegs verbessert. Als ich diese Zeilen schrieb, lieferten die Nachrichtenagenturen alle möglichen »Updates« – Sondermeldungen, die elektronisch und drahtlos übertragen werden können. Das Verhältnis zwischen unausgegorenen und destillierten Informationen steigt und führt zur Übersättigung der Märkte. Die Lehren der Altvorderen müssen uns nicht als Blitzmeldungen mitgeteilt werden.

Das soll nicht bedeuten, dass sich alle Journalisten vom Lieferanten zufälligen Lärms täuschen lassen: In der Branche gibt es unzählige Publizisten, die nachzudenken verstehen. Nur beruht der ins Auge stechende Medienjournalismus auf gedankenlosen Prozessen, die durch lautes Lärmen die Aufmerksamkeit des Publikums erregen kann, und es gibt keinen Mechanismus, mit dessen Hilfe man diese beiden Kategorien unterscheiden kann. Faktisch werden intelligente Journalisten oft bestraft. Wie der in Kapitel 11 angesprochene Rechtsanwalt, der sich nicht für die Wahrheit interessierte, sondern nur für Argumente, die Geschworene beeinflussen konnten, mit deren geistigen Defiziten er bestens vertraut war, konzentrieren sich Journalisten auf Meldungen, die auffallen und sich in entsprechend markigen Sprüchen präsentieren lassen. Meine gelehrten Freunde würden sich wieder einmal wundern, warum ich mich so sehr über die offensichtlichen Eigenschaften der Journalisten ereifere. Das Problem in meinem Berufsstand ist aber nun einmal leider, dass wir bei der Informationsbeschaffung von dieser Zunft abhängig sind.

Gerontokratie

Eine Präferenz für destilliertes Denken impliziert, dass man sich auch eher zu alten Investoren und Händlern hingezogen fühlt, also Anlegern, die dem Marktgeschehen am längsten ausgesetzt waren. Dies steht im Gegensatz zur gängigen Praxis an der Wall Street, den profitabelsten und möglichst auch jüngsten Stars den Vorzug zu geben. Ich habe mit Monte-Carlo-Simulationen heterogener Populationen von Börsenhändlern in einer Vielzahl verschiedener Konstellationen herumgespielt (wobei sich die historischen Gegebenheiten stark ähnelten) und einen klaren Vorteil bei der Auswahl älterer Händler festgestellt, indem ich als Auswahlkriterium ihre kumulative Erfahrung in Jahren anstatt ihres absoluten Erfolges verwendete (unter der Maßgabe, dass sie ohne einen »Blow-up« überlebt hatten). Die Vorstellung vom »Überleben des Stärkeren« – eine ungemein abgedroschene Phrase in den Investmentmedien – wird allem Anschein nach nicht richtig verstanden: Wenn sich die Rahmenbedingungen ändern (wie wir dies in Kapitel 5 sehen werden), ist nicht klar, wer tatsächlich der Stärkste ist. Überleben werden dann nicht notwendigerweise jene, die am stärksten wirken. Seltsamerweise werden die Ältesten überleben, schlicht und einfach, weil ältere Menschen seltenen Ereignissen länger ausgesetzt waren und sich überzeugender dagegen resistent erweisen können. Es war für mich amüsant zu hören, dass in der Partnerwahl ein ähnliches evolutionäres Argument besagt, dass Frauen (im Schnitt) bei sonst gleichen Bedingungen gesunde ältere Männer gesunden jüngeren Männern vorziehen, da die erste Gruppe gewisse Beweise dafür liefert, dass sie mit besseren Genen aufwarten kann. Graue Haare signalisieren eine bessere Überlebensfähigkeit – wenn jemand den Lebensabschnitt erreicht, in dem er ergraut, hat er sich wahrscheinlich den Wechselfällen des Lebens gegenüber als widerstandsfähiger erwiesen. Merkwürdigerweise gelangten Lebensversicherer im Italien der Renaissance zum gleichen Schluss: Sie verlangten von 20-jährigen Männern die gleichen Versicherungsbeiträge wie von 50-jährigen – ein Anzeichen dafür, dass sie bei beiden die gleiche Lebenserwartung annahmen. Sobald ein Mann sich jenseits der Schwelle von 40 Jahren befindet, hat er den Beweis dafür erbracht, dass ihm nur sehr wenige Krankheiten etwas anhaben können. Lassen Sie uns diese Argumente nun auf mathematische Weise formulieren.

Philostratos in Monte Carlo: über den Unterschied zwischen Nebengeräuschen und Informationen

Der Weise hört auf die Bedeutung, der Narr bekommt nur die Nebengeräusche mit. Der moderne griechische Dichter Konstantinos P. Kavafy schrieb 1915 ein Gedicht, in dem er sich von Philostratos' Ausspruch inspirieren ließ: »Denn Götter nehmen Zukunft wahr, Menschen die Gegenwart, Weise aber das Nahende«. Kavafy schrieb:

> *In Stunden der Konzentration wird ihr Gehör aufgeschreckt, erreichen es die geheimnisvollen Geräusche des Nahenden. Und respektvoll lauschen sie. Während draußen, auf der Straße, das Volk nichts hört.*

Ich habe lange und gründlich darüber nachgedacht, wie man den Unterschied zwischen Nebengeräuschen und Sinnträgern mit möglichst wenig Mathematik erklären und dabei zeigen kann, warum der Zeithorizont so wichtig für die Beurteilung eines historischen Ereignisses ist. Der Monte-Carlo-Simulator kann uns ein

Gespür dafür vermitteln. Wir werden mit einem Beispiel aus der Welt der Geldanlage beginnen, da es relativ eingängig ist. Dieses Konzept gilt jedoch auch für alle anderen Anwendungsgebiete.

Nehmen wir an, wir lernen einen Zahnarzt im Ruhestand kennen, der still vergnügt in einer hübschen, sonnigen Stadt lebt. Wir wissen im Voraus, dass er ein ausgezeichneter Anleger ist und von ihm erwartet wird, einen Renditeüberschuss von 15 Prozent gegenüber Staatsanleihen zu verdienen, bei einer Fehlermarge von 10 Prozent jährlich (was wir als Volatilität bezeichnen). Wir erwarten also, dass 68 von 100 möglichen Realisierungspfaden in eine Bandbreite von plus/minus 10 Prozent um den Renditeüberschuss von 15 Prozent liegen werden, also zwischen 5 und 25 Prozent (um es fachlich auszudrücken: bei der Glockenkurve der Normalverteilung weisen 68 Prozent aller beobachteten Werte eine Standardabweichung zwischen minus 1 und plus 1 auf). Es bedeutet auch, dass 95 der 100 Realisierungspfade zwischen minus 5 und 35 Prozent liegen werden.

Wir haben es hier eindeutig mit einer sehr optimistischen Situation zu tun. Der Zahnarzt baut sich auf seinem Speicher einen hübschen kleinen Trading Desk und nimmt sich vor, von dort aus jeden Werktag das Börsengeschehen zu beobachten und dabei entkoffeinierten Cappuccino zu trinken. Er ist von Natur aus ein Abenteurer, so dass er diese Beschäftigung interessanter findet, als die Zähne störrischer alter Damen aus der Park Avenue zu plombieren.

Er abonniert einen Internetdienst, der laufend Kursnotierungen liefert und heute zu einem Bruchteil dessen verfügbar ist, was unser Zahnarzt für seinen Kaffee bezahlt hat. Er gibt seinen Bestand an Wertpapieren in ein Tabellenkalkulationsprogramm ein und kann so in Echtzeit den Wert seines spekulativen Depots überwachen. Wir leben schließlich im Zeitalter der »Connectivity«.

Eine Rendite von 15 Prozent mit einer Volatilität (Unsicherheit) von 10 Prozent jährlich entspricht einer Erfolgswahrscheinlichkeit von 93 Prozent in einem bestimmten Jahr. Bei einem engen Zeithorizont ist die Erfolgswahrscheinlichkeit aber nur 50,02 Prozent pro Sekunde (vgl. Tabelle 2). Über einen so kurzen Zeitraum ist diese Beobachtung nicht aussagekräftig. Dennoch wird der Zahnarzt das nicht einfach so aus dem Bauch heraus wissen. Da er ein emotional veranlagter Mensch ist, empfindet er jeden Verlust als schmerzhaft, wenn er auf dem Bildschirm in Rot angezeigt wird. Bei einer positiven Wertentwicklung verspürt er eine gewisse Freude, die jedoch nicht an den Schmerz heranreicht, den ihm eine negative Performance beschert.

Tabelle 2 Wahrscheinlichkeit der Gewinnerzielung über verschiedene Zeithorizonte

Zeithorizont	Wahrscheinlichkeit
1 Jahr	93 %
1 Quartal	77 %
1 Monat	67 %
1 Tag	54 %
1 Stunde	51,3 %
1 Minute	50,17 %
1 Sekunde	50,02 %

Am Abend wird der Zahnarzt emotional immer völlig ausgelaugt sein. Eine minütliche Prüfung seiner Performance führt dazu, dass er (bei einem Achtstundentag) jeden Tag 241 angenehme und 239 unangenehme Minuten erlebt. Dies entspricht im Jahr 60688 freudigen und 60271 leidvollen Minuten. Bedenken Sie dabei aber, dass der Schmerz in jeder unangenehmen Minute sich schlimmer anfühlt als die Freude in jeder angenehmen Minute. Der Zahnarzt fühlt sich also sehr viel schlechter, wenn er seine Performance häufig prüft.

Nehmen wir nun an, der Zahnarzt sieht sich sein Portfolio nur an, wenn er den Monatsauszug von seiner Brokerfirma erhält. Da 67 Prozent seiner Monate positiv sein werden, erlebt er nur vier Mal im Jahr eine herbe Enttäuschung und darf sich acht Mal freuen. Es handelt sich um den gleichen Zahnarzt, der die gleiche Strategie verfolgt. Nehmen wir weiter an, der Zahnarzt würde nur einmal im Jahr seine Performance prüfen. Dann würde er in den nächsten 20 Jahren seines Leben pro unangenehmer Überraschung 19 angenehme erleben!

Diese skalierende Eigenschaft der Zufälligkeit wird gemeinhin selbst von Profis missverstanden. Ich habe miterlebt, wie sich promovierte Akademiker über die Performance während eines kurzen Zeithorizonts stritten (die gemessen an jedem Standard keinerlei Aussagekraft besaß). Bevor wir noch weiter auf den Journalisten herumhacken, sind noch einige andere Anmerkungen sinnvoll.

Aus einem anderen Blickwinkel ergibt sich folgendes Bild: Wenn wir das Verhältnis zwischen Nebengeräuschen und so genannten »Sinnträgereinheiten« ermitteln (also zwischen der linken und rechten Spalte), das wir hier zum Glück quantitativ untersuchen dürfen, beobachten wir über einen Zeitraum von einem Jahr etwa 0,7 Einheiten Nebengeräusche pro Performanceeinheit. Während eines Monats beträgt der Anteil an Nebengeräuschen etwa 2,32. In einer Stunde kommen auf eine Performanceeinheit 30 Einheiten Nebengeräusche; in einer Sekunde sind es 1796 Einheiten.

Hierzu ein paar Schlussfolgerungen:

1. Über einen kurzen Zeitraum verfolgt man die Schwankungen im Portfolio, nicht die Renditen. Mit anderen Worten: Man sieht wenig mehr als die Streuung oder Varianz. Ich rufe mir immer ins Gedächtnis, dass man im günstigsten Fall eine Mischung aus Varianz und Renditen sieht, aber niemals reine Renditen (aber meinen Emotionen ist es gleichgültig, was ich denke und mir sage).
2. Emotional können wir das nicht verstehen. Der Zahnarzt fuhr besser, als er sich mit Monatsauszügen beschäftigte, statt sein Depot häufiger zu prüfen. Noch besser würde es ihm vermutlich gehen, wenn er sich nur einen jährlichen Auszug schicken ließe (wenn Sie glauben, Ihre Gefühle zügeln zu können, sollten Sie sich vor Augen halten, dass sich manche Menschen auch einbilden, sie könnten ihren Herzschlag und das Wachstum ihrer Haare beeinflussen).
3. Wenn ich einen Anleger sehe, der sein Depot mit Live-Kursen auf seinem Handy oder PalmPilot verfolgt, kann ich mir ein Lächeln nicht verkneifen.

Abschließend möchte ich auch einräumen, dass auch ich selbst nicht gegen derartige emotionale Mängel gefeit bin. Aber ich versuche, diesem Problem aus dem Weg zu gehen, indem ich – von seltenen Ausnahmen abgesehen – dafür sorge, dass ich keinen Zugang zu Informationen habe. Wie bereits erwähnt, lese ich lieber

Gedichte. Wenn ein Ereignis wichtig genug ist, wird es mir schon zu Ohren kommen. Auf diesen Punkt werde ich zu gegebener Zeit nochmals zurückkommen.

Die gleiche Methodik kann als Erklärung dafür dienen, wieso die Nachrichten (mit ihrem kurzen Zeithorizont) voll gespickt mit unsinnigen Nebengeräuschen sind und die Geschichte (mit ihrem langen Zeithorizont) nicht viel davon enthält (obwohl sie viele Auslegungsprobleme aufwirft). Das erklärt auch, warum ich lieber nicht Zeitung lese (von Nachrufen abgesehen), niemals über die Börse plaudere und im Trading Room die Gesellschaft der Mathematiker und Sekretärinnen suche, mich von den Händlern aber tunlichst fern halte. Es erklärt auch, warum es besser ist, montags den *New Yorker* zu lesen als jeden Morgen das *Wall Street Journal* (aus der Perspektive der Häufigkeit, von der enormen intellektuellen Kluft zwischen diesen beiden Publikationen ganz zu schweigen).

Es erklärt aber auch, warum Menschen, die Zufälligkeiten zu genau unter die Lupe nehmen, irgendwann völlig ausgepowert sind – emotional erschöpft von den vielen Enttäuschungen, die sie einstecken mussten. Ganz gleich, was behauptet wird, eine negative Erfahrung kann von einer positiven nicht aufgewogen werden (den Schätzungen mancher Psychologen zufolge wiegen negative Erlebnisse bei einem durchschnittlichen Verlust um das Zweieinhalbfache schwerer als positive), so dass sich immer ein emotionales Defizit ergeben wird.

Nun, da Sie wissen, dass der Hochfrequenzzahnarzt sowohl mehr Stress als auch mehr positiven Gefühlen ausgesetzt ist und sich diese beiden Elemente nicht ausgleichen, sollten Sie berücksichtigen, dass Menschen in weißen Kitteln einige beängstigende Eigenschaften dieser negativen Empfindungen auf das Nervensystem untersucht haben (die übliche, erwartete Folge: Bluthochdruck; die unerwartete Konsequenz: chronischer Stress führt zu Gedächtnisschwund, macht das Gehirn weniger formbar und ruft Hirnschädigungen hervor). Meines Wissens gibt es keine Untersuchungen zu den genauen Eigenschaften des Burn-out-Syndroms bei Börsenhändlern, doch wenn Menschen täglich einem so hohen Maß an Zufall ohne große Kontrollmöglichkeiten ausgesetzt sind, wird dies psychologische Folgen haben (niemand hat die entsprechenden Auswirkungen auf das Krebsrisiko untersucht). Wirtschaftswissenschaftler haben lange nicht verstanden, dass positive und negative »Kicks« sich sowohl in ihrer biologischen Wirkung als auch in ihrer Intensität unterscheiden. Schließlich werden sie von unterschiedlichen Teilen des Gehirns verarbeitet – und bei Entscheidungen nach einem Gewinn schwingt ein ganz anderer Grad der Rationalität mit als nach einem Verlust.

Das bedeutet aber auch, dass Reichtum an sich eine geringere Rolle für unser Wohlbefinden spielt als der Weg, auf dem wir ihn erreichen.

Manche Menschen, die für weise und rational gehalten werden, kritisieren mich, weil ich eventuell wertvolle Informationen in der Tageszeitung »ignoriere« und mich rundheraus weigere, die Details des Lärms zu berücksichtigen, den »kurzfristige Ereignisse« hervorrufen. Einige meiner Chefs haben mir sogar vorgeworfen, auf einem anderen Planeten zu leben.

Mein Problem ist, dass ich nicht rational denken kann und sehr stark dazu neige, in Zufälligkeiten zu ertrinken und mich emotionalen Folterqualen auszusetzen. Ich bin mir bewusst, wie wichtig es für mich ist, auf Parkbänken und in Cafés weit weg von Informationen zu sinnieren, aber ich kann das nur, wenn ich meinen Zugang zu Informationen etwas beschränke. Mein einziger Vorteil im Leben besteht darin, dass ich mir einiger meiner Schwächen bewusst bin. Insbesondere weiß ich, dass ich nicht in der Lage bin, angesichts der Nachrichtenmeldungen meine Emotionen in Zaum zu halten und die Wertentwicklungen meiner Anlagen mit einem kühlen Kopf zu betrachten. Stille ist weitaus besser für mich. Mehr dazu in Teil III.

Kapitel 4
Zufall, Unsinn und wissenschaftliche Intellektuelle

Der Monte-Carlo-Generator wird erweitert, um künstliches Denken zu produzieren, und mit strengen nicht-zufälligen Konstrukten verglichen. Die Wissenschaftskriege greifen auf die Wirtschaft über. Warum der Ästhet in mir sich so gerne vom Zufall zum Narren machen lässt.

Der Zufall und das Verb

Unser Monte-Carlo-Generator kann uns auch in literarischere Gefilde führen. Zunehmend wird zwischen wissenschaftlichen und literarischen Intellektuellen unterschieden. Das Ganze gipfelt in den »Wissenschaftskriegen«, in denen Fraktionen eloquenter Nichtwissenschaftler sich gegen gleichermaßen wortgewaltige Wissenschaftler verschwören. Der Unterschied zwischen diesen beiden Ansätzen lässt sich zurückverfolgen auf das Wien der dreißiger Jahre, wo eine Gruppe von Physikern zu dem Schluss kam, die gewaltigen Fortschritte in den Naturwissenschaften seien bedeutend genug, um Ansprüche auf das Feld anzumelden, dass bekanntermaßen von Geisteswissenschaftlern beansprucht wurde. Ihrer Meinung nach konnte literarisches Denken viel wohlklingenden Unsinn verstecken. Sie wollten das Denken und die Rhetorik voneinander trennen (außer in der Literatur und Dichtkunst, wo diese Verbindung ihren angestammten Platz hatte).

Ihr strenges Regime im intellektuellen Leben führten sie ein, indem sie erklärten, dass eine Aussage nur in eine von zwei Kategorien fallen könne: *deduktiv*, wie »2 + 2 = 4«, also ganz eindeutig das Ergebnis eines präzise definierten axiomatischen Rahmens (in unserem Beispiel die Rechenregeln), oder *induktiv*, also auf irgendeine Weise verifizierbar (etwa durch Erfahrung oder Statistiken), wie »es regnet in Spanien« oder »New Yorker sind in der Regel unhöflich«. Alles andere sei einfach blanker Unsinn (und Musik könnte ein weitaus besserer Ersatz für die Metaphysik sein). Selbstverständlich können induktive Aussagen schwer, ja sogar unmöglich nachzuprüfen sein, wie wir beim Problem des schwarzen Schwans sehen werden – und Empirismus kann schlimmer als jeder andere Nonsens sein, wenn er jemandem Vertrauen einflößt (diesen Punkt zu verdeutlichen wird wohl einige Kapitel in Anspruch nehmen). Allerdings war das ein guter Ausgangspunkt, um den Intellektuellen die Verantwortung dafür zu übertragen, Beweise für ihre Thesen zu erbringen. Dieser Wiener Kreis war Brutstätte der Ideen von Popper, Wittgenstein (in seiner späteren Phase), Carnap und unzähligen anderen. Was immer die Vorzüge ihrer ursprünglichen Thesen sein mochten, ihre Folgen für die Philosophie und die wissenschaftliche Praxis waren auf jeden Fall gewaltig. Teilweise macht sich ihr Einfluss inzwischen auch allmählich im nichtphilosophischen intellektuellen Leben bemerkbar, wenn auch erheblich langsamer.

Eine Möglichkeit, zwischen wissenschaftlichen und literarischen Intellektuellen zu unterscheiden, ist die Überlegung, dass ein wissenschaftlicher Intellektueller in der Regel die Schriften eines anderen erkennt, während sein literarisches Gegenstück keinen Unterschied feststellen kann zwischen Passagen, die ein Wissenschaftler geschrieben hat, und Texten wortgewandter Nichtwissenschaftler. Das zeigt sich noch deutlicher, wenn literarische Intellektuelle sich wissenschaftlicher Schlagwörter wie »Ungewissheitsprinzip«, »Gödels Theorem«, »Paralleluniversum« oder »Relativität« bedienen, entweder völlig aus dem Kontext gerissen oder, wie häufig der Fall, in einer genau gegenteiligen Bedeutung als in ihrer wissenschaftlichen Definition. Zur Veranschaulichung dieser Praxis empfehle ich die Lektüre des urkomischen Buchs *Eleganter Unsinn* von Alan Sokal (als ich diesen Band während eines Flugs las, musste ich so laut und so oft lachen, dass andere Passagiere über mich zu flüstern begannen). Indem man willkürliches Wortgeklingel als wissenschaftliche Referenzen zu Papier bringt, kann man andere literarische Intellektuelle glauben machen, dass ein Text wissenschaftlichen Wert besitzt. Für Wissenschaftler hängt der wissenschaftliche Gehalt ganz eindeutig von stringenten Schlussfolgerungen ab, nicht von zufälliger Bezugnahme auf so grandiose Konzepte wie die allgemeine Relativität oder die Quantenunbestimmtheit. Eine stringente These lässt sich auch ganz allgemeinverständlich formulieren. Wissenschaft ist die rigorose Anwendung einer Methode; sie kann in der einfachsten Prosa erkannt werden. Bei der Lektüre des Buches *Das egoistische Gen* von Richard Dawkins fiel mir beispielsweise auf, dass der Text zwar keine einzige Gleichung enthält, aber den Anschein erweckt, als sei er aus der Sprache der Mathematik übersetzt worden. Dennoch handelt es sich hier um künstlerische Prosa.

Ein umgekehrter Turing-Test

Der Zufall kann in dieser Angelegenheit hilfreiche Dienste leisten. Denn es gibt eine andere, sehr viel unterhaltsamere Methode, um zwischen Schwätzern und Denkern zu unterscheiden. Man kann bisweilen etwas, was fälschlicherweise für einen literarischen Diskurs gehalten werden kann, mit einem Monte-Carlo-Generator nachbilden; es ist jedoch nicht möglich, zufällig einen wissenschaftlichen Diskurs zu konstruieren. Rhetorik ist zufällig konstruierbar, echtes wissenschaftliches Wissen dagegen nicht. Hier kommt der *Turing-Test* zur Prüfung künstlicher Intelligenz zum Einsatz – in seiner Umkehrung. Was ist der Turing-Test? Der brillante britische Mathematiker, Exzentriker und Computerpionier Alan Turing dachte sich folgenden Test aus: Ein Computer gilt dann als intelligent, wenn er (im Durchschnitt) einen Menschen so täuschen kann, dass dieser ihn für einen anderen Menschen hält. Im Umkehrschluss bedeutet dies, dass wir einen Menschen als unintelligent bezeichnen können, wenn wir seine Redeweise von einem Computer, der bekanntermaßen keine Intelligenz besitzt, simulieren lassen und einem anderen Menschen damit vorgaukeln können, diese Phrasen seien von menschlicher Hand geschrieben worden. Ist es möglich, völlig zufällig Texte zu generieren, die weitgehend fälschlicherweise für das Werk Derridas gehalten werden können?

Die Antwort lautet offenbar ja. Neben der Täuschung von Alan Sokal (die in dem vor einigen Absätzen erwähnten, urkomischen

Buch beschrieben wird), dem es gelang, blanken Unsinn in einer bekannten Fachpublikation veröffentlichen zu lassen, gibt es auch Monte-Carlo-Generatoren, die solche Texte strukturieren und ganze Abhandlungen schreiben können. Füttert man sie mit Texten der »Postmoderne«, können sie nach dem Zufallsprinzip in Übereinstimmung mit einer »rekursive Grammatik« genannten Methode Phrasen aneinander reihen und somit grammatikalisch richtige, aber völlig sinnlose Sätze bilden, die wie die Texte von Jacques Derrida, Camille Paglia und ihresgleichen klingen. Aufgrund ihres unscharfen Denkens lassen sich literarische Intellektuelle so vom Zufall an der Nase herumführen.

Im Programm der australischen Monash University spielte ich mit der Dada Engine, einer von Andrew C. Bulha entwickelten Phrasendreschmaschine, bis sie für mich Aufsätze verfasste, die folgende Sätze enthielten:

> *Das Hauptthema von Rushdies Werken ist jedoch nicht Theorie, wie das dialektische Realitätsparadigma behauptet, sondern Prätheorie. Die Prämisse des neosemantischen Diskursparadigmas impliziert, dass die sexuelle Identität ironischerweise Signifikanz besitzt.*
>
> *Viele Narrative zur Rolle des Autors als Beobachter können aufgezeigt werden. Man könnte sagen, dass wir, falls die kulturellen Narrativen sich als gültig erweisen, zwischen dem dialektischen Paradigma des Narrativen und neokonzeptuellem Marxismus wählen müssen. Sartres Analyse der kulturellen Narrative besagt, dass die Gesellschaft paradoxerweise einen objektiven Wert besitzt.*
>
> *Die Prämisse des neodialektischen Expressionsparadigmas deutet somit darauf hin, dass das Bewusstsein zur Stärkung der Hierarchie verwendet werden kann, aber nur, wenn sich die Realität vom Bewusstsein unterscheidet. Ist dies nicht der Fall, können wir annehmen, dass Sprache eine intrinsische Bedeutung hat.*

Manche Reden aus dem wirtschaftlichen Umfeld gehören im Grunde ebenfalls in diese Katagorie, nur sind sie weniger geschliffen formuliert und verwenden ein anderes Vokabular als ihr Pendant in der Literaturwissenschaft. Wir können zufällig eine Rede konstruieren, die den Vorstandsvorsitzenden Ihres Unternehmens imitiert, um zu überprüfen, ob er etwas Bedeutungsvolles sagt oder ob es sich bei seinen Reden nur um leere Worthülsen eines Managers handelt, der seine Position allein dem Glück zu verdanken hat. Gehen Sie folgendermaßen vor: Wählen Sie willkürlich fünf der nachstehenden Floskeln aus und verknüpfen Sie sie miteinander, indem Sie das zur Bildung einer grammatikalisch richtigen Aussage erforderliche Mindestmaß an Bindewörtern einfügen.

Die Interessen unserer Kunden liegen uns am Herzen / die nächsten Schritte / unsere wertvollste Ressource sind unsere Mitarbeiter / Steigerung des Shareholder-Value / unsere Vision / unser Know-how liegt im / wir bieten interaktive Lösungen / wir werden uns auf diesem Markt positionieren / wie wir unsere Kunden besser bedienen können / kurzfristige Einschnitte sichern langfristige Gewinne / langfristig wird sich das auszahlen / wir bauen auf unsere Stärken auf und arbeiten an unseren Schwächen / Mut und Entschlossenheit führen uns zum Ziel / wir setzen auf Innovation und Technologie / zufriedene Mitarbeiter sind produktive Mitarbeiter / Engagement für Spitzenleistungen / strategischer Plan / unsere Arbeitsmoral

Wenn das Ergebnis dieses Versuchs zu sehr einer Rede ähnelt, die Sie unlängst vom Chef Ihrer Firma gehört haben, schlage ich Ihnen vor, sich nach einem neuen Job umzusehen.

Der Vater aller Pseudodenker

Bei der Erörterung künstlicher Geschichte kann man nur schwer der Versuchung widerstehen, den Vater aller Pseudodenker zu erwähnen: Hegel. Er schreibt in einem Jargon, der außerhalb der schicken Pariser *Rive-Gauche*-Cafés oder der geisteswissenschaftlichen Fakultäten mancher besonders stark von der realen Welt abgeschotteten Universitäten keinerlei Sinn macht. Als Beispiel möchte ich folgende Passage des deutschen »Philosophen« zitieren, die Karl Popper entdeckte und verunglimpfte:

Der Klang ist der Wechsel des spezifischen Auseinanderseins der materiellen Teile und des Negiertseins derselben; nur abstrakte und sozusagen nur ideelle Idealität dieses Spezifischen. Aber dieser Wechsel ist hiermit selbst unmittelbar die Negation des materiellen spezifischen Bestehens; dieses ist damit ideale Idealität der spezifischen Schwere und Kohäsionswärme. Die Erhitzung der klingenden Körper, wie der geschlagenen, auch der aneinander geriebenen, ist die Erscheinung von der dem Begriffe nach mit dem Klange entstehenden Wärme.

Selbst ein Monte-Carlo-Generator könnte es in der Zufälligkeit mit dem großen philosophischen Meister nicht aufnehmen (man müsste viele Zufallsläufe starten, um diese Mischung aus *Wärme* und *Klang* hinzubekommen). Menschen nennen so etwas Philosophie und finanzieren es häufig mit Subventionen, die ihrerseits mit Steuergeldern bezahlt werden! Bedenken Sie, dass die hegelianische Denkweise in der Regel mit »wissenschaftlichem« Geschichtsverständnis in Verbindung gebracht wird; sie hat Ergebnisse wie marxistische Regimes und sogar einen Zweig der Philosophie hervorgebracht, der sich »neohegelianisch« nennt. Diese »Denker« sollten einen Einführungskurs in statistischer Stichprobenlehre absolvieren, bevor man sie auf die Menschheit loslässt.

Monte-Carlo-Dichtkunst

Es gibt Fälle, in denen ich mich gerne zum Narren des Zufalls machen lasse. Meine Aversion gegen Unsinn und leere Worthülsen verschwindet, wenn es um Kunst und Poesie geht. Einerseits versuche ich mich offiziell als nüchternen Hyperrealisten zu definieren, der die Rolle des Zufalls aufdecken will, doch andererseits habe ich keinerlei Gewissensbisse, mich allen erdenklichen Formen persönlichen Aberglaubens hinzugeben. Wo ziehe ich die Grenze? Das ist eine Frage der Ästhetik. Manche ästhetische Formen sprechen etwas Biologisches in uns an, ob sie nun das Ergebnis zufälliger Assoziationen oder reiner Halluzinationen sind. Etwas in unseren menschlichen Genen wird von der Verschwommenheit und Vieldeutigkeit der Sprache stark bewegt. Warum sollten wir also dagegen ankämpfen?

Der Poesie- und Sprachliebhaber in mir war anfangs deprimiert, als ich von den Dichterspielen *cadavres exquis* hörte, bei der interessante und poetische Sätze zufällig konstruiert werden. Wenn man genügend Worte zusammenwirft, wird unweigerlich nach den Gesetzen der Kombinatorik eine außergewöhnliche, magisch anmutende Metapher darunter sein. Dennoch lässt sich nicht leugnen, dass einige dieser Gedichte atemberaubend schön sind. Wen kümmert ihr Ursprung, wenn es ihnen gelingt, unsere ästhetischen Sinne anzusprechen?

Hier die Geschichte der *cadavres exquis*: In der Zeit nach dem Ersten Weltkrieg kamen etliche surrealistische Dichter, unter anderem auch der Papst des Surrealismus – André Breton – und Paul Eluard, in Cafés zusammen und probierten folgendes Spiel aus (moderne Literaturkritiker nennen als Grund für diesen Ansatz die niedergeschlagene Stimmung der Nachkriegszeit und das Bedürfnis, der Realität zu entfliehen): Auf einem gefalteten Papier schrieb jeder Teilnehmer einen im Voraus bestimmten Satzteil, ohne zu wissen, was die anderen ausgesucht hatten. Der erste wählte ein Adjektiv, der zweite ein Substantiv, der dritte ein Verb, der vierte ein Adjektiv und der fünfte ein Substantiv. Das erste publizierte Beispiel dieser zufälligen (kollektiven) Aneinanderreihungen war der folgende poetische Satz:

Die erlesenen Kadaver werden den neuen Wein trinken

(*Les cadavres exquis boiront le vin nouveau.*) Beeindruckend? In der ursprünglichen französischen Version klingt es sogar noch poetischer. Auf diese Weise werden recht eindrucksvolle Gedichte verfasst, manchmal auch mit Hilfe eines Computers. Aber die Dichtkunst wurde abgesehen von der Schönheit ihrer Assoziationen niemals wirklich ernst genommen, ob sie nun aus zufälligen Ergüssen eines oder mehrerer verwirrter Gehirne oder aus den elaborierteren Konstruktionen eines bewussten Schöpfers hervorging.

Ganz gleich, ob Dichtung mittels eines Monte-Carlo-Generators geschrieben wurde oder von einem blinden Mann in Kleinasien gesungen wird, die Sprache hat die Macht, uns Vergnügen und Trost zu spenden. Würde man ihre intellektuelle Gültigkeit auf den Prüfstein stellen, indem man sie in einfache logische Argumente übersetzt, würde man sie in unterschiedlichem Maße und bisweilen zu sehr dieser Macht berauben. Nichts ist fader als übersetzte Gedichte. Ein überzeugendes Argument für die Rolle der Sprache ist die Existenz der überlebenden heiligen Sprachen, die von den nüchternen Tests des täglichen Gebrauchs unberührt sind. Die semitischen Religionen – Judentum, Islam und die ersten Christen – verstanden dies. Die Sprache muss fern gehalten werden von der Rationalisierung der täglichen Benutzung, damit sie nicht durch Dialekte korrumpiert wird. Vor vierzig Jahren übersetzte die katholische Kirche ihre Gottesdienste und Liturgien aus dem Lateinischen in die jeweilige Landessprache, und man könnte argumentieren, dass dies zu einem Rückgang im religiösen Glauben führte. Plötzlich unterwarf sich diese Religion einem intellektuellen und wissenschaftlichen Standard, ohne ästhetische Maßstäbe dagegensetzen zu können. Die griechisch-orthodoxe Kirche beging zum Glück den Fehler, bei der Übersetzung einiger Gebete aus dem Kirchengriechischen in die Landessprache semitischen Ursprungs, die von Syrern griechischer Abstammung in der Region Antiocha (Südtürkei und Nordsyrien) gesprochen wurde, klassisches Arabisch zu wählen – eine hundertprozentig tote Sprache. Mein Volk hat daher das Glück, in einer Mischung aus totem Koiné (Kirchengriechisch) und nicht weniger totem Koran-Arabisch beten zu dürfen.

Was hat das mit einem Buch über den Zufall zu tun? Unsere menschliche Natur weckt in uns ein Bedürfnis nach *péché mignon*. Selbst die Ökonomen, die normalerweise abstruse Möglichkeiten finden, der Realität völlig zu entfliehen, begreifen allmählich, dass wir nicht vom berechnenden Buchhalter in uns motiviert werden. In den Einzelheiten unseres Alltags müssen wir nicht rational und wissenschaftlich denken – nur in jenen Situationen, in denen wir uns verletzen könnten und unser Überleben bedroht ist. Das moderne Leben scheint uns einzuladen, genau das Gegenteil zu tun: extrem realistisch und intellektuell zu werden, wenn es um Fragen der Religion und des persönlichen Verhaltens geht, aber so irrational wie möglich zu handeln, wenn vom Zufall regierte Fragen im Spiel sind (etwa bei Portfolio- oder Immobilienanlagen). Ich kenne Kollegen, so genannte »rational denkende«, nüchterne Menschen, die nicht verstehen können, warum ich die Gedichte

Baudelaires und Saint-John Perse oder obskure (und häufig unergründliche) Schriftsteller wie Elias Canetti, J. L. Borges oder Walter Benjamin liebe. Dennoch lassen sie sich dazu hinreißen, »Analysen« eines »Gurus« im Fernsehen anzuhören oder Aktien einer Firma zu kaufen, über die sie rein gar nichts wissen, nur weil ihnen ihr Nachbar, der so dicke Autos fährt, einen Tipp gegeben hat. Der Wiener Kreis erklärte in seiner Kritik an der wortreichen Phrasenphilosophie à la Hegel, dass dies aus wissenschaftlicher Sicht reiner Unsinn und aus künstlerischer Perspektive der Musik unterlegen sei. Ich muss zugeben, dass ich es als weitaus angenehmer empfinde, regelmäßig Baudelaire zu lesen, als den Nachrichtensprechern von CNN oder George Will zuzuhören.

Ein jiddisches Sprichwort sagt: *Wenn ich schon gezwungen bin, Schweinefleisch zu essen, sollte es von bester Qualität sein.* Wenn ich mich vom Zufall zum Narren machen lasse, sollte es sich dabei tunlichst um eine schöne (und harmlose) Art der Täuschung handeln. Auf diesen Punkt werde ich in Teil III nochmals zurückkommen.

Kapitel 5
Überleben der Schwächsten – lässt sich die Evolution vom Zufall täuschen?

Ein Fallbeispiel für zwei seltene Ereignisse. Mehr zu seltenen Ereignissen und zur Evolution. Wie »Darwinismus« und Evolution außerhalb der Biologie missverstanden werden. Das Leben ist nicht kontinuierlich. Wie sich die Evolution vom Zufall an der Nase herumführen lässt. Eine Vorbereitung auf das Problem der Induktion.

Carlos, das Emerging-Market-Genie

Carlos traf ich früher bei unzähligen New Yorker Partys, auf denen er stets makellos gekleidet erschien, sich aber den Damen gegenüber ein wenig schüchtern verhielt. Ich pflegte ihn regelmäßig mit beruflichen Fragen zu bestürmen; er kaufte und verkaufte nämlich Emerging-Market-Bonds. Als freundlicher Gentleman beantworte er meine Fragen höflich, wirkte dabei aber stets angestrengt. Denn obwohl er die englische Sprache fließend beherrschte, schien sie ihm körperliche Anstrengung abzuverlangen, denn er musste seine Kopf- und Nackenmuskeln anspannen (manchen Menschen liegen Fremdsprachen nun einmal nicht im Blut). Was sind Emerging-Market-Bonds? Der Begriff »Emerging Markets« ist ein politisch korrekter Euphemismus für ein nicht besonders hoch entwickeltes Land (als Skeptiker vermittelt mir die wörtliche Übersetzung dieses Begriffs, nämlich »aufstrebende Märkte«, nicht unbedingt linguistische Sicherheit). Diese festverzinslichen Finanzinstrumente werden von den Regierungen dieser Schwellenländer – in erster Linie Russland, Mexiko, Brasilien, Argentinien und die Türkei – emittiert. Geht es diesen Regierungen nicht gut, werden diese Anleihen für wenige Cents gehandelt. In den frühen neunziger Jahren stürmten die Anleger plötzlich auf diese Märkte und weiteten die Grenzen dieser Kategorie immer mehr aus, indem sie zunehmend exotischere Wertpapiere kauften. Alle diese Länder bauten Hotels, in denen amerikanische Kabelnachrichtensender ausgestrahlt wurden, und statteten sie mit Fitnessclubs mit Heimtrainern und Großbildfernsehern aus, um sich so dem globalen Dorf anzuschließen. Sie hatten alle Zugang zu den gleichen Gurus und Finanzentertainern. Banker reisten an und investierten in Emerging-Market-Anleihen, und die betreffenden Länder bauten mit den Erlösen noch schönere Hotels, damit noch mehr Investoren zu Besuch kommen konnten. Irgendwann wurden diese Bonds zur Modeerscheinung und waren plötzlich nicht mehr wenige Cent, sondern viele Dollar wert. Wer sich auch nur ein wenig mit diesen Anleihen auskannte, häufte ein sagenhaftes Vermögen an.

Carlos stammt dem Verlauten nach aus einer aristokratischen lateinamerikanischen Familie, die während der Wirtschaftskrise in den achtziger Jahren verarmte. Allerdings ist mir selten jemand aus einem schwer gezeichneten Land untergekommen, dessen Familie nicht zu irgendeinem Zeitpunkt angeblich eine ganze Provinz ihr Eigen nannte oder beispielsweise den russischen Zaren mit Dominosteinen belieferte. Nach einem brillanten College-Studium ging Carlos nach Harvard, um dort seinen Doktor (Ph.D.) in Volkswirtschaftslehre zu machen. Das war bei lateinamerikanischen Aristokraten damals so Brauch (wohl um ihre Volkswirtschaften vom Übel nicht promovierter Handlanger zu befreien). Carlos war ein guter Student, konnte aber kein vernünftiges Thema für seine Dissertation finden. Auch der Respekt seines Doktorvaters blieb ihm versagt; dieser hielt ihn für fantasielos. Carlos beließ es also bei einem Master's Degree und schlug eine Karriere an der Wall Street ein.

Der frisch gegründete Emerging-Market-Desk einer New Yorker Bank stellte Carlos im Jahr 1992 ein. Er brachte die richtigen Voraussetzungen für den Erfolg mit: Er konnte die Länder, die »Brady-Bonds« ausgaben (auf Dollar lautende Schuldtitel, die von weniger entwickelten Ländern emittiert wurden), auf der Landkarte finden. Er wusste, was das »Bruttoinlandsprodukt« ist. Er wirkte seriös, gescheit und konnte sich trotz seines starken spanischen Akzents gut ausdrücken. Er war die Art von Mensch, die Banken ruhigen Gewissens auf ihre Kunden loslassen konnten. Was für ein Gegensatz zu den anderen Händlern, die so gar keinen Schliff hatten!

Carlos traf zum richtigen Zeitpunkt ein, um den Aufschwung des Marktes mitzuerleben. Als er zur Bank stieß, war der Markt für Emerging-Market-Schuldtitel klein und die Händler waren in unbeliebten Teilen des Trading Floors untergebracht. Dann aber wurde dieser Tätigkeitsbereich zu einem großen, wachsenden Umsatztreiber der Bank.

Carlos war ein typischer Vertreter der Emerging-Market-Trader. Sie sind eine Schar kosmopolitischer Aristokraten aus allen Teilen des Emerging-Market-Universums, die mich an die internationale Kaffeestunde an der Wharton School erinnern. Ich finde es seltsam, dass sich nur selten jemand auf den Markt des Landes spezialisiert, in dem er geboren wurde. In London arbeitende Mexikaner handeln mit russischen Wertpapieren, Iraner und Griechen spezialisieren sich auf brasilianische Bonds, und Argentinier kaufen und verkaufen türkische Anleihen. Anders als die wahren Händler, die ich kenne, sind sie alle in der Regel kosmopolitisch, gut gekleidet und Kunstsammler – aber keine Intellektuellen. Sie wirken zu konformistisch für wahre Händler. Die meisten von ihnen sind zwischen 30 und 40, was daran liegt, dass ihr Markt noch sehr jung ist. Man kann damit rechnen, dass viele von ihnen ein Abonnement für die Metropolitan Opera in New York haben. Ich bin der Meinung, dass wahre Händler sich schlampig kleiden, oft nicht gut aussehen und die intellektuelle Neugier von Menschen besitzen, die sich mehr für Informationen interessieren, über die der Inhalt einer Mülltonne Aufschluss gibt, als für ein Gemälde von Cézanne an der Wand.

Carlos blühte als volkswirtschaftlich versierter Händler auf. Er hatte ein umfangreiches Netz von Freunden in verschiedenen lateinamerikanischen Ländern und wusste ganz genau, was sich dort abspielte. Er kaufte Anleihen, die er für interessant hielt, weil sie entweder gute Zinsen abwarfen oder weil er glaubte, dass sie in der Zukunft gefragt sein würden, so dass ihr Kurs steigen würde. Es wäre vielleicht nicht richtig, ihn als *Händler* zu bezeichnen. Ein Händler kauft und verkauft (manchmal verkauft er auch Papiere, die er nicht besitzt, und kauft sie wieder später zurück in der Hoffnung, bei fallenden Kursen einen Gewinn zu machen; das nennt man »Leerverkäufe«). Carlos kaufte einfach nur – und zwar in großen Mengen. Er war überzeugt, dass er eine gute Risikoprämie für die Anleihen in seinem Bestand erhielt, weil in der Kreditvergabe an diese Länder ein wirtschaftlicher Wert steckte. Seiner Ansicht nach ergaben Leerverkäufe aus wirtschaftlicher Sicht keinen Sinn.

Innerhalb der Bank galt Carlos als das wandelnde Lexikon in Sachen Emerging Markets. Die neuesten Wirtschaftszahlen wusste er auf Anhieb. Er aß häufig mit dem Firmenchef zu Mittag. Seiner Ansicht nach ging es im Wertpapierhandel eigentlich ausschließlich um Ökonomie. Carlos wurde mehrfach befördert, bis in die Position des Chefhändlers am Emerging-Market-Desk der Bank. Ab 1995 erzielte er in der neuen Funktion ungeheure Erfolge und konnte sein Kapitalvolumen kontinuierlich ausweiten (das heißt, die Bank wies seinen Aktivitäten einen immer größeren Anteil ihrer Mittel zu) – und zwar so schnell, dass es ihm nicht einmal gelang, die neuen Risikolimite auszureizen.

Die guten Jahre

Carlos erlebte gute Jahre nicht nur, weil er Emerging-Market-Anleihen kaufte und ihr Wert während dieses Zeitraums stieg. Es lag vor allem daran, dass er bei niedrigen Kursniveaus zukaufte. Er akkumulierte seine Bestände, wenn die Kurse einen momentanen Einbruch erlebten. 1997 wäre ein schlechtes Jahr für ihn gewesen, hätte er nach dem Kurseinbruch im Oktober, der den damaligen falschen Börsencrash begleitete, nicht seine Position aufgestockt. Weil es ihm so gut gelang, diese kleinen Rückschläge zu überwinden, begann er sich unbesiegbar zu fühlen. Er konnte nichts falsch machen. Er glaubte, dass die wirtschaftliche Intuition, die ihn auszeichnete, ihm zu guten Handelsentscheidungen verhalf. Nach einem Kursrückgang prüfte er die Fundamentaldaten, und falls diese immer noch solide waren, kaufte er mehr von den betreffenden Papieren zu und freute sich, wenn sich die Kurse wieder erholten. Ein Blick auf die Entwicklung der Emerging-Market-Bonds zwischen dem Zeitpunkt, als Carlos erstmals auf diesen Märkten aktiv wurde, und seiner letzten Bonuszahlung im Dezember 1997 zeigt eine ansteigende Linie mit gelegentlichen kurzfristigen Dellen wie die Abwertung des mexikanischen Pesos im Jahr 1995, gefolgt von einer Fortsetzung der Rallye. Man kann auch ab und zu eine Schwächephase erkennen, die sich später als »ausgezeichnete Kaufgelegenheit« erwies.

Dann kam der Sommer 1998 und richtete Carlos zugrunde – mit dem letzten Kursrückgang, der nicht wieder in eine Rallye mündete. Seine Bilanz zeigte bis dato nur ein einziges schlechtes Quartal – aber das war abgrundtief schlecht. In den Vorjahren hatte er für seine Bank insgesamt nahezu 80 Millionen Dollar verdient. In einem einzigen Sommer verlor er dann aber 300 Millionen Dollar. Was geschah? Als die Kurse im Juni 1998 zu bröckeln begannen, informierten ihn die ihm wohl gesonnenen Quellen, dass diese Verkaufswelle lediglich auf die »Liquidation« eines Hedgefonds aus New Jersey zurückzuführen sei, den ein ehemaliger Wharton-Professor managte. Dieser Fonds sei auf Hypothekenpapiere spezialisiert und habe soeben Instruktionen erhalten, seinen gesamten Bestand zu liquidieren. Dazu gehörten auch einige russische Anleihen, was in erster Linie darauf zurückzuführen war, dass solche *Renditegeier*, wie die Hedgefonds auch genannt werden, ein »diversifiziertes« Portfolio hoch rentierlicher Wertpapiere aufbauen.

Zukauf zu fallenden Durchschnittskursen

Als die Kurse zu fallen begannen, kaufte Carlos russische Bonds zu einem Durchschnittskurs von ungefähr 52 Dollar zu. Das war seine Spezialität: »averaging down«. Seiner Ansicht nach hatten die Probleme nichts mit Russland zu tun, und ein obskurer Fonds aus New Jersey, den irgend so ein verrückter Professor verwaltete, würde nicht über das Schicksal des europäischen Landes entscheiden. »Lesen Sie es mir von den Lippen ab: Es ist eine Li-qui-dation!«, rief er jenen zu, die seine Käufe in Frage stellten.

Gegen Ende Juni war sein Handelserlös für 1998 von plus 60 auf plus 20 Millionen Dollar gefallen. Das machte ihn wütend. Aber er rechnete sich aus, dass er bei einer Rückkehr des Marktes auf das Niveau vor dem Ausverkauf in New Jersey wieder bei plus 100 Millionen Dollar stehen würde. Das sei so sicher wie das Amen in der Kirche, beteuerte er. Diese Anleihen würden unter gar keinen Umständen unter 48 Dollar fallen. Sein Risiko sei so gering und sein potenzieller Gewinn so hoch.

Dann kam der Juli. Der Markt fiel noch weiter. Die russische Referenzanleihe (die »Benchmark«) stand jetzt bei 43 Dollar. Seine Positionen steckten in der Verlustzone, aber er erhöhte seinen Einsatz. Inzwischen hatte er seit Jahresbeginn einen Verlust von 30 Millionen Dollar eingefahren. Seine Chefs wurden langsam nervös, aber er erklärte ihnen immer wieder, dass Russland schließlich nicht untergehen würde. Er brachte das Klischee vor, dass es zu groß sei, um zusammenzubrechen. Seiner Meinung nach würde ein Rettungspaket so wenig kosten und so vorteilhaft für die Weltwirtschaft sein, dass es keinen Sinn ergeben würde, seine Bestände jetzt zu verkaufen. »Jetzt muss man kaufen, nicht verkaufen«, wiederholte er immer wieder. »Diese Bonds werden in der Nähe ihres potenziellen Ausfallswertes gehandelt.« Mit anderen Worten: Sollte Russland in Zahlungsverzug geraten oder nicht mehr genug Dollar für die Zinszahlungen auf seine Schulden haben, würden sich die Kurse dieser Anleihen kaum verändern. Wie kam er auf diese Idee? Durch Diskussionen mit anderen Händlern und Emerging-Market-Ökonomen (oder Kollegen, die gleichzeitig als Händler und Volkswirte tätig waren). Carlos steckte ungefähr die Hälfte seines Nettovermögens – damals 5 000 000 Dollar – in die russische Benchmarkanleihe. »Mit diesen Gewinnen werde ich mich zur Ruhe setzen«, erklärte er dem Broker, der diese Transaktion für ihn ausführte.

Auf dem Tiefpunkt

Der Markt eilte von einem Negativrekord zum anderen. Anfang August standen die Anleihen knapp über 30 Dollar. Bis Mitte August waren sie auf gut 20 Dollar gefallen. Carlos sah untätig zu. Seiner Ansicht nach waren die Kurse auf dem Bildschirm nicht sonderlich relevant für seine Strategie, »unterbewertete Papiere« zu kaufen.

In seinem Verhalten zeigten sich allmählich erste Anzeichen eines Frontkollers. Carlos wurde nervös und verlor leicht die Fassung. In einem Meeting brüllte er einen Kollegen an: »Stop-Loss-Marken sind nur etwas für Idioten! Ich werde nicht zu hohen Kursen kaufen und zu niedrigen verkaufen!« Während seiner Erfolgssträhne hatte er gelernt, Händler, die nicht im Emerging-Market-Bereich arbeiteten, herablassend zu behandeln und in ihre Schranken zu weisen. »Hätten wir nach unserem schweren Verlust im Oktober 1997 verkauft, hätten wir nicht die fantastischen Ergebnisse für 1997 erreicht«, pflegte er zu sagen. Seinen Vorgesetzten erklärte er: »Diese Anleihen werden auf sehr niedrigem Niveau gehandelt. Wer jetzt in diese Märkte investieren kann, wird sagenhafte Renditen erzielen.« Jeden Morgen diskutierte Carlos eine Stunde lang den Stand der Dinge mit volkswirtschaftlichen Experten auf der ganzen Welt. Sie alle waren sich mehr oder weniger einig: Diese Verkaufswelle war übertrieben.

Carlos' Desk fuhr auch in anderen Emerging Markets Verluste ein. Unter anderem fiel der Wert seiner auf Rubel lautenden Russland-Anleihen. Seine Verluste wurden immer höher, aber er berichtete seinen Vorgesetzten über Gerüchte, dass andere Banken noch weitaus höhere Verluste schrieben – höher als seine eigenen. Er glaubte, sich damit rechtfertigen zu können, dass er »im Branchenvergleich recht gut abschnitt«. Eine solche Situation ist aber ein Anzeichen systemimmanenter Probleme; sie zeigt, dass eine ganze Gruppe von Börsenhändlern sich genau in die gleiche Richtung bewegt. Mit solchen Aussagen – dass auch andere Händler in Schwierigkeiten stecken – belastet man sich selbst. Die Denkweise eines Händlers sollte ihn dazu veranlassen, genau das *Gegenteil* von dem zu machen, was andere tun.

Gegen Ende August wurde die russische Benchmark-Anleihe bei weniger als 10 Dollar gehandelt. Das Nettovermögen von Carlos hatte sich fast halbiert. Er wurde entlassen, ebenso wie sein Chef, der Leiter der Abteilung Wertpapierhandel. Der Vorstandsvorsitzende der Bank wurde in eine »neu geschaffene Position« abgeschoben. Die Vorstände konnten nicht verstehen, wieso die Bank so viel in eine Regierung investiert hatte, die nicht einmal ihre eigenen Angestellten bezahlte, zu denen beunruhigenderweise bewaffnete Soldaten gehörten. Das war einer der vielen kleinen Punkte, die Emerging-Market-Ökonomen auf der ganzen Welt trotz ihres ständigen Gedankenaustauschs nicht berücksichtigt hatten. Der Börsenveteran Marty O'Connell bezeichnet das als »Feuerwachen-Effekt«. Er hat beobachtet, wie Feuerwehrleute, wenn sie lange keine Einsätze fahren müssen und sich zu viel miteinander unterhalten, in vielen Dingen Meinungen teilen, die ein externer, objektiver Beobachter absurd fände (sie alle übernehmen allmählich sehr ähnliche politische Einstellungen). Psychologen haben dafür wohl eine hochgestochene Bezeichnung geprägt, aber mein Freund Marty hat kein Studium in Verhaltenswissenschaften absolviert.

Auch die begriffsstutzigen Vertreter des Internationalen Währungsfonds (IWF) hatten sich von der russischen Regierung einwickeln lassen, die sich auf ihre Kosten bereicherte. Bedenken Sie, dass Volkswirtschaftler daran gemessen werden, wie intelligent sie klingen, nicht an einem wissenschaftlichen Maßstab, der ihre Kenntnis der realen Situation testet. Die Anleihenkurse ließen sich aber nicht täuschen. Sie wussten mehr als die Ökonomen, mehr als Carlos und seine Kollegen in den Emerging-Market-Abteilungen.

Louie, ein erfahrener Händler am Nachbartisch, der sich von diesen reichen Emerging-Market-Tradern einiges gefallen lassen musste, konnte miterleben, wie seine Ehre wiederhergestellt wurde. Der in Brooklyn geborene und aufgewachsene Händler war damals 52 Jahre alt und hatte in mehr als dreißig Jahren jeden Marktzyklus überlebt, den man sich vorstellen kann. Ruhig sah Louie zu, wie ein Mann vom Sicherheitsdienst Carlos wie einen gefangenen Soldaten zu Tür eskortierte. Er murmelte vor sich hin: »Volkswirtschaft ist reiner Quatsch. Marktdynamik ist alles.«

Carlos arbeitet heute nicht mehr an der Börse. Ob ihm die Geschichte (eines schönen Tages) nicht doch Recht geben könnte, hat nichts damit zu tun, dass er ein schlechter Händler ist. Er besitzt alle typischen Eigenschaften eines tiefsinnigen Gentleman und wäre ein idealer Schwiegersohn. Aber er hat auch die meisten Merkmale eines schlechten Börsenhändlers. Oft erweisen sich die reichsten Händler irgendwann auch als die schlechtesten. Ich bezeichne das als *Querschnittsproblem*: Zu jedem beliebigen Zeitpunkt sind die erfolgreichsten Händler jene, die wohl am besten zum jüngsten Zyklus passen. Bei Zahnärzten und Pianisten ist das nicht allzu oft der Fall – weil diese Berufe zufallsresistenter sind.

John, der High-Yield-Händler

Neros Nachbarn John haben wir im ersten Kapitel kennen gelernt. Im Alter von 35 Jahren hatte er sieben Jahre lang – seit seinem Abschluss an der Pace Graduate Business School – an der Wall Street mit hochverzinslichen Unternehmensanleihen gehandelt. Er stieg in Rekordzeit zum Leiter eines Teams von zehn Händlern auf – dank eines Wechsels zwischen zwei ähnlichen Wall-Street-Firmen, der ihm einen großzügigen Gewinnbeteiligungsvertrag einbrachte. Nach dieser Vereinbarung konnten ihm am Ende eines Kalenderjahres 20 Prozent des Jahresgewinns ausbezahlt werden, den er erwirtschaftet hatte. Darüber hinaus durfte er sein eigenes Geld in seine Transaktionen investieren – ein großes Privileg.

John ist kein Mensch, den man auf Anhieb als intelligent bezeichnen würde, aber es wurde allgemein angenommen, dass er einen guten Geschäftssinn besaß. Er wurde als »pragmatisch« und »professionell« eingeschätzt. Er erweckte den Anschein, als sei er ein geborener Geschäftsmann, und sagte niemals etwas, das im Geringsten ungewöhnlich oder unpassend war. Unter nahezu allen Umständen blieb er ruhig und zeigte nur selten irgendwelche Gefühle. Selbst sein gelegentliches Fluchen (wir sprechen hier schließlich von der Wall Street!) passte so gut in den Kontext, dass es fast schon wieder professionell klang.

John kleidete sich tadellos. Das war teilweise auf seine monatlichen Stippvisiten in London zurückzuführen, wo seine Abteilung eine Dependance hatte, die sich um die europäischen High-Yield-Aktivitäten kümmerte. Er trugt maßgeschneiderte dunkle Businessanzüge mit Ferragamo-Krawatten – elegant genug, um den Eindruck zu vermitteln, als sei er das Paradebeispiel eines erfolgreichen Wall-Street-Profis. Jedesmal, wenn Nero ihn traf, fühlte er sich hinterher schäbig gekleidet.

Johns Desk beschäftigte sich primär mit Transaktionen im so genannten »High-Yield-Handel«. Das Ziel dieser Aktivitäten bestand darin, »billige« Anleihen zu kaufen, die eine Rendite von beispielsweise 10 Prozent abwarfen, wenn der Refinanzierungszins seines Instituts bei 5,5 Prozent lag. Unter dem Strich brachte das einen Ertrag von 4,5 Prozent, auch *Zins-Spread* genannt. Das scheint nicht viel zu sein, doch konnte John Fremdmittel aufnehmen und über den Leverage-Faktor den daraus resultierenden Gewinn vervielfachen. Er tat dies in verschiedenen Ländern, lieh sich Geld zum ortsüblichen Zinssatz und investierte diese Mittel in »Risikopapiere«. Der Nennwert solcher Transaktionen in verschiedenen Kontinenten konnte bei John ohne weiteres bis zu drei Milliarden betragen. Gegen sein Zinsrisiko sicherte er sich ab, indem er amerikanische, britische, französische und andere Staatsanleihen kaufte und so seinen Einsatz auf das Gefälle zwischen den beiden Instrumenten beschränkte. Dank dieser Hedging-Strategie fühlte er sich völlig sicher – ihm konnten hässliche internationale Zinsschwankungen nichts anhaben (so glaubte er zumindest).

Der »Quant«, der sich mit Computern und Gleichungen auskannte

John wurde unterstützt von Henry, einem ausländischen »Quant« (quantitativen Analysten), dessen Englisch unverständlich war, der aber dafür dem Verlauten nach in Risikomanagementmethoden mindestens ebenso kompetent wie John im Handel war. Mathematik war nicht Johns Stärke, er verließ sich auf Henry. »Sein Hirn und mein Geschäftssinn«, pflegte er zu sagen. Henry lieferte ihm die Risikoauswertungen für das Gesamtportfolio. Immer wenn John sich Sorgen machte, bat er Henry um weitere, frisch aktualisierte Berichte. Als John ihn engagierte, absolvierte Henry gerade ein Aufbaustudium in Operations Research. Sein Spezialgebiet war Computational Finance. Wie der Name schon impliziert, schien der Schwerpunkt dieses Fachgebiets primär darauf zu liegen, Computerprogramme über Nacht laufen zu lassen. Henrys Gehalt stieg in drei Jahren von 50 000 auf 600 000 Dollar.

Ein Großteil der Gewinne, die John für seinen Arbeitgeber erwirtschaftete, war nicht auf Zinsgefälle zwischen den oben erwähnten Finanzinstrumenten zurückzuführen. Vielmehr stammte er aus den Wertsteigerungen der Papiere, die John hielt, die größtenteils darauf zurückzuführen waren, dass viele andere Händler diese Anleihen ebenfalls kauften, weil sie Johns Trading-Strategie nachahmen wollten (was zu einem Kursanstieg bei den betreffenden Anleihen führte). Das Zinsgefälle näherte sich dem an, was

John für den »Fair Value« hielt. Seiner Ansicht nach verwendete er solide Methoden zur Berechnung des »Fair Value«. Er stützte sich auf eine ganze Abteilung, die ihm bei der Analyse und Identifizierung von interessanten Anleihen mit Wertsteigerungspotenzial half. Für ihn war es normal, immer wieder so hohe Gewinne zu erwirtschaften.

John brachte seinen Arbeitgebern stetige Erträge – oder vielleicht sogar noch mehr. Jedes Jahr verdoppelten sich seine Erfolge im Vergleich zum Vorjahr beinahe. In seinem letzten Jahr schnellte sein Verdienst gewaltig in die Höhe, und das seinen Transaktionen zugewiesene Kapital überstieg seine kühnsten Träume. Er erhielt eine Bonuszahlung von zehn Millionen Dollar (vor Steuern, was zu Steuerzahlungen von insgesamt fast fünf Millionen Dollar führen würde). Johns Privatvermögen lag in seinem 32. Lebensjahr bei einer Million Dollar. Bis zu seinem 35. Geburtstag kletterte es auf 16 Millionen Dollar. Ein Großteil davon stammte aus Bonuszahlungen, doch entfiel ein beträchtlicher Anteil auf die Gewinne, die er mit seinem persönlichen Portfolio erzielte. Von den 16 Millionen investierte er ungefähr 14 Millionen Dollar kontinuierlich in seine Geschäfte. Über Effektenkredite (also Einsatz von Fremdmitteln zur Geldanlage) konnte er so Kapital im Wert von 50 Millionen Dollar in seinen Transaktionen einsetzen; die Bank lieh ihm dabei 36 Millionen Dollar. Ein solcher »Leverage« hatte zur Folge, dass ein kleiner Verlust sich verschlimmerte und ihn in den Ruin trieb.

Es dauerte nur wenige Tage, bis sich die 14 Millionen Dollar in Luft aufgelöst hatten – und John gleichzeitig auch seinen Job verlor. Wie im Falle von Carlos geschah all das im Sommer 1998, als das Kursniveau von High-Yield-Anleihen in den Keller rutschte. Die Märkte traten in eine volatile Phase ein, in der fast alle seine Anlagen sich *gleichzeitig* gegen ihn wandten. Seine Hedging-Geschäfte sicherten ihn nicht mehr ab. Er war wütend auf Henry, weil dieser nicht erkannt hatte, dass solche Ereignisse eintreten können. Vielleicht lag das ja an einem Fehler im Computerprogramm.

Johns Reaktion auf seine ersten Verluste war charakteristisch für ihn: Er ignorierte die Märkte. »Man würde ja verrückt, wenn man auf die Launen des Marktes hören würde«, sagte er. Damit meinte er, dass der »Lärm« – oder die Nebengeräusche – ein technischer Ausschlag seien, auf den höchstwahrscheinlich »Lärm« in entgegengesetzter Richtung folgen würde. Das war im Klartext die Übersetzung dessen, was Henry ihm erklärte. Aber der »Lärm« schwoll immer mehr in die gleiche Richtung an.

Wie in einem biblischen Kreislauf dauerte es sieben Jahre, bis John ein Star war. Als gescheiterte Existenz stand er nach nur sieben Tagen da. Heute wird John wie ein Aussätziger behandelt; er ist arbeitslos und seine Telefonanrufe werden nicht erwidert. Viele seiner Freunde befanden sich in der gleichen Lage. Wie konnte das geschehen? Wie konnte er trotz der ihm zur Verfügung stehenden Informationen, seiner makellosen Erfolgsbilanz (und somit einer in seinen Augen überdurchschnittlichen Intelligenz und Kompetenz) und der Unterstützung raffiniertester Mathematik ein solches Fiasko erleben? Könnte es vielleicht daran liegen, dass er eine zwielichtige Gestalt namens Zufall vergessen hatte?

Es dauerte lange, bis John verstand, was sich da abgespielt hatte. Dazu überschlugen sich die Ereignisse zu sehr, und er selbst war zu geschockt. Der Kursrückgang war nicht sehr groß. Nur hatte er sich so ungeheuer viele Fremdmittel geliehen. Noch mehr entsetzte ihn die Tatsache, dass nach allen Berechnungen die Wahrscheinlichkeit eines solchen Ereignisses bei einmal in 1 000 000 000 000 000 000 000 000 Jahren lag. Henry nannte das ein »Zehn-Sigma-Ereignis«. Dass Henry die Einsätze verdoppelte, schien keine Rolle zu spielen. Die Wahrscheinlichkeit lag dadurch bei zweimal in 1 000 000 000 000 000 000 000 000 Jahren.

Wann wird sich John von seiner Zerreißprobe erholen? Vermutlich nie. Das liegt nicht daran, dass John Verluste erlitt. Gute Händler sind an Verluste gewöhnt. Vielmehr liegt es daran, dass er einen »Blow-up« erlebte: Er verlor mehr als geplant. Sein persönliches Selbstvertrauen war zerrüttet. Aber es gibt noch einen weiteren Grund, warum John sich niemals wieder von diesem Schlag erholen wird. Er war nämlich gar nicht talentiert, sondern nur einer der Menschen, die sich zufällig zur richtigen Zeit am richtigen Ort aufhalten. Er erweckte lediglich den richtigen Eindruck, aber das gilt für viele Menschen.

Nach diesem Vorfall hielt sich John für »ruiniert«. Dennoch beläuft sich sein Privatvermögen immer noch auf fast eine Million Dollar, und mehr als 99,9 Prozent der Erdbewohner würden ihn um diesen Reichtum beneiden. Es besteht jedoch ein Unterschied zwischen dem Wohlstandsniveau, das man auf dem Weg nach unten erreicht, und dem Vermögen, das man sich aufbaut. Von 16 auf eine Million Dollar zu kommen ist nicht so angenehm wie von null auf eine Million. Darüber hinaus schämt sich John; er hat nach wie vor Angst davor, auf der Straße zufällig alten Bekannten zu begegnen.

Besonders unglücklich über das letztendliche Resultat sollte vielleicht sein Arbeitgeber sein. John hat noch ein bisschen Geld retten können – die eine Million Dollar, die er gespart hatte. Er sollte dankbar dafür sein, dass ihn dieser Vorfall nichts gekostet hat, abgesehen von den emotionalen Qualen. Sein Privatvermögen ist nicht auf unter null gesunken. Bei seinem letzten Arbeitgeber verhielt sich das anders. John hatte für verschiedene New Yorker Investmentbanken in sieben Jahren 250 Millionen Dollar erwirtschaftet. Seinem letzten Arbeitgeber aber bescherte er innerhalb weniger Tage einen Verlust von über 600 Millionen Dollar.

Die Gemeinsamkeiten

Ich muss den Leser an dieser Stelle darauf hinweisen, dass sich nicht alle Emerging-Market- und High-Yield-Händler wie Carlos oder John verhalten. Nur die erfolgreichsten unter ihnen – leider – beziehungsweise jene, die während der Hausse von 1992 bis 1998 die größten Erfolge erzielen konnten.

In ihrem Alter haben sowohl John als auch Carlos die Chance, sich wieder eine Karriere aufzubauen. Sie täten gut daran, sie außerhalb ihres derzeitigen Berufs zu suchen. Die Wahrscheinlichkeit ist groß, dass sie nach diesem Vorfall dort nicht überleben werden. Der Grund: Wenn man die Situation mit jedem der beiden erörtert, erkennt man bald, dass beide die Wesensmerkmale akut erfolgreicher Narren des Zufalls aufweisen, die noch dazu im zufälligsten Umfeld von allen agieren. Besorgniserregender ist jedoch die Tatsache, dass ihre Vorgesetzten und Arbeitgeber die gleichen Eigenschaften besaßen. Auch sie sind für immer aus dem Markt ausgeschlossen. Im weiteren Verlauf dieses Buch werden wir sehen, was diese Eigenschaften ausmacht. Wieder gibt es nicht unbedingt eine klare Definition, doch kann man die Symptome erkennen, wenn man sie sieht. Ganz gleich, welche Laufbahn John und Carlos einschlagen werden, sie werden immer Narren des Zufalls bleiben.

Typische Wesensmerkmale von Narren des Zufalls im Börsenumfeld

Die meisten Merkmale haben mit der Verwechslung der rechten und linken Spalte in Tabelle 1 zu tun. Im Folgenden habe ich sie kurz skizziert:

Überschätzung der Treffsicherheit bestimmter Messgrößen, an die sie glaubten, ob sie nun ökonomischer (Carlos) oder statistischer (John) Natur sind. Sie überlegten sich niemals, dass Transaktionen auf Basis wirtschaftlicher Variablen in der Vergangenheit möglicherweise rein zufällig erfolgreich waren – oder schlimmer noch, dass die wirtschaftliche Analyse auf Ereignisse aus der Vergangenheit abgestimmt war, so dass deren Zufallscharakter verborgen blieb. Man bedenke, dass man unter allen möglichen und verfügbaren wirtschaftlichen Theorien eine plausible finden kann, die frühere Entwicklungen ganz oder teilweise erklärt. Carlos betrat den Markt zu einer Zeit, als seine Strategie funktionierte, aber er überprüfte ihre Gültigkeit niemals für Zeiten, in denen der Markt genau das Gegenteil von dem tat, was eine vernünftige wirtschaftliche Analyse nahe gelegt hätte. Es gab Phasen, in denen wirtschaftliche Kennziffern Händler in die Irre führten, und Zeiten, in denen sie ihnen hilfreiche Dienste erwiesen.

Der US-Dollar war in den frühen achtziger Jahren überteuert (andere Währungen waren also unterbewertet). Händler, die auf ihre wirtschaftliche Intuition vertrauten und ausländische Währungen kauften, machten katastrophale Verluste. Später konnte man jedoch genau mit diesem Ansatz reich werden (während die erste Gruppe durch diese Strategie ruiniert wurde). So ist das nun einmal mit dem Zufall! Auch jene, die in den späten achtziger Jahren Leerverkäufe japanischer Aktien tätigten, erlitten das gleiche Schicksal – nur wenige überlebten lange genug, um ihre Verluste durch den Zusammenbruch des japanischen Marktes in den neunziger Jahren auszugleichen. Gegen Ende des letzten Jahrhunderts gab es die so genannten »Makro-Händler«. Sie fielen um wie die

Fliegen; beispielsweise musste der »legendäre« Investor Julian Robertson (der wohl eher einfach Glück gehabt hatte) im Jahr 2000 aufgeben, nachdem er bis dato als Börsenstar gefeiert worden war. Unsere Erörterungen zum Thema »Survivor Bias« werden uns noch weitere Erkenntnisse liefern, doch gibt es mit Sicherheit nichts, was weniger verlässlich ist als die scheinbar präzise Anwendung ökonomischer Analysen auf den Börsenhandel.

Eine Tendenz, mit den eigenen Positionen verheiratet zu sein. Es gibt den Spruch, dass sich schlechte Börsenhändler eher von ihrer Frau scheiden lassen würden, als ihre Positionen zu verkaufen. Hartnäckiges Festhalten an Ideen ist nicht gut für Börsenhändler oder Wissenschaftler – oder generell.

Eine Tendenz, ihre Argumentation zu ändern. Wenn diese Händler Verluste machen, werden sie plötzlich zu »langfristigen Investoren«; überhaupt springen sie zwischen der Händler- und Investorrolle hin und her, um sich an die jüngsten Wendungen ihres Schicksals anzupassen. Der Unterschied zwischen Händlern und Investoren liegt in der Dauer ihres Engagements und seinem entsprechenden Umfang. Langfristiges Investieren kann ein sehr vernünftiger Ansatz sein, sofern er nicht mit kurzfristigen Handelstransaktionen vermischt wird – nur werden viele erst zu langfristigen Anlegern, wenn sie Verluste machen, um so die Verkaufsentscheidung länger hinauszuzögern und weiter den Kopf in den Sand stecken zu können.

Keine klare, im Voraus definierte Strategie, wie sie sich im Falle eines Verlustes verhalten sollten. Sie waren sich einer solchen Möglichkeit einfach nicht bewusst. Beide kauften mehr Anleihen zu, als der Markt deutlich einbrach – aber nicht im Rahmen eines vorab definierten Planes.

Fehlendes kritisches Denken, erkennbar an der mangelnden Anpassung ihrer Einstellung durch Setzen von »Stop-Loss-Marken«. Durchschnittliche Händler verkaufen nicht gern, wenn »noch mehr Wert drinsteckt«. Sie überlegen sich nicht, dass möglicherweise ihre Methode der Wertbestimmung falsch ist, sondern glauben vielmehr, die Börse müsse sich an ihren Wertmaßstab anpassen. Sie können Recht behalten, doch hätten sie unter Umständen die Möglichkeit in Betracht ziehen sollen, dass ihre Methoden fehlerhaft waren – und genau das taten sie nicht. Trotz all seiner Fehler werden wir sehen, dass Soros kaum jemals ein ungünstiges Ergebnis analysiert, ohne den eigenen Analyserahmen auf den Prüfstein zu stellen.

Leugnen. Als die Verluste eintraten, wollten sie nicht so recht wahrhaben, was geschah. Der Kurs auf dem Bildschirm verlor seinen Realitätsbezug gegenüber einem abstrakten »Wert«. Bei diesem Versuch, die Augen vor der Wahrheit zu verschließen, wurde die übliche Ausrede angeboten: »Das ist nur das Ergebnis einer Liquidation, eines Notverkaufs.« Sie ignorierten beharrlich die wahre Botschaft.

Wie konnten Händler, die jeden Fehler begingen, den man sich nur vorstellen kann, so erfolgreich werden? Wegen eines einfachen Grundsatzes, der für zufällige Ereignisse gilt. Er manifestiert sich im »Survivor Bias«. Wir neigen zu dem Glauben, dass Händler erfolgreich waren, *weil* sie gut sind. Dabei stellen wir möglicherweise die Kausalbeziehung auf den Kopf; wir halten sie für gut, nur weil sie Geld verdienen. An der Börse kann man aus purem Zufall Gewinne erzielen.

Sowohl Carlos als auch John gehören zu der Gruppe Menschen, die von einem Marktzyklus profitiert haben. Es lag nicht nur daran, dass sie sich die richtigen Märkte ausgesucht hatten. Sie hatten auch ihren Ansatz so hingebogen, dass er sehr gut zu den Eigenschaften der Rallye passte, die ihre Märkte zu jener Zeit erlebten. Sie kauften bei Kursrückgängen. Das war rückblickend betrachtet zwischen 1992 und dem Sommer 1998 in den Märkten, auf die sich diese Männer spezialisiert hatten, die erstrebenswerteste Eigenschaft. Die meisten Händler, die zufällig während dieses Abschnitts in der Börsengeschichte diesen speziellen Wesenszug besaßen, gaben auf dem Markt den Ton an. Sie erhielten bessere Beurteilungen und ersetzten somit andere, die möglicherweise bessere Händler waren.

Naive Evolutionstheorien

Die Geschichten von Carlos und John veranschaulichen, wie schlechte Händler auf kurze und mittelfristige Sicht guten Händlern gegenüber einen Überlebensvorteil haben. Lassen Sie uns dieses Argument jetzt auf allgemeinerer Ebene anwenden. Wer Darwins Selektionslehre verwirft, ist entweder blind oder ein Narr. Allerdings hat die Einfachheit dieses Konzepts gewisse Gruppen von Amateuren (sowie eine Hand voll professioneller Wissenschaftler) zu dem blinden Glauben an immer währenden und unfehlbaren Darwinismus auf allen Gebieten, einschließlich der Wirtschaft, verleitet.

Der Biologe Jacques Monod beklagte vor einigen Jahrzehnten, dass sich alle für Experten in Sachen Evolution halten (das Gleiche könnte man auch über die Börse sagen). Heute ist das sogar noch schlimmer geworden. Viele Amateure glauben, die Fortpflanzung von Pflanzen und Tieren sei eine Einbahnstraße, die zur Vollkommenheit führt. Diesen Gedanken übertragen sie auch auf das soziale Umfeld und meinen daher, dass Firmen und Organisationen dank des Wettbewerbs (und der Disziplin, die ihnen Quartalsberichte auferlegen) unweigerlich immer besser würden. Die Stärksten werden überleben; die Schwächsten aber aussterben. Was Anleger und Börsenhändler anbelangt, so glauben die Verfechter dieser Lehre, dass man sie nur im Wettbewerb gegeneinander antreten lassen muss und schon werden die Besten blühen und gedeihen, während die Schlechtesten einen neuen Beruf erlernen müssen (beispielsweise Tankstellenpächter oder manchmal auch Zahnarzt).

So einfach liegen die Dinge aber nicht. Lassen wir einmal den grundsätzlichen Missbrauch der darwinistischen Lehre beiseite, der aus der Tatsache resultiert, dass sich Organisationen nicht wie Lebewesen fortpflanzen (Darwins Theorie bezieht sich auf die Eignung zur Fortpflanzung, nicht aufs Überleben). Wie bei allen anderen in diesem Buch erörterten Aspekten ist auch dieses Problem auf den Zufall zurückzuführen. Zoologen haben festgestellt, dass die Einführung des Zufalls in ein System zu sehr überraschenden Ergebnissen führen kann: Was eine Weiterentwicklung zu sein scheint, könnte lediglich eine Verirrung oder möglicherweise ein Rückschritt sein. So nannte beispielsweise Steven Jay Gould (dem vorgeworfen wurde, sich eher auf die Popularisierung von Ideen als auf echte Wissenschaft zu verstehen) eine Vielzahl von Beweisen für »genetischen Lärm« beziehungsweise »negative Mutationen« und zog sich damit den Zorn einiger seiner Kollegen zu (seine Hypothesen gingen ein bisschen zu weit). Es entspann sich eine akademische Debatte, in der sich Gould gegen Wissenschaftler wie Dawkins verteidigen musste, die in Kollegenkreisen als bessere Zufallsmathematiker galten. Bei negativen Mutationen handelt es sich um Merkmale, die überleben, obwohl sie aus Sicht der Fortpflanzungseignung schlechter sind als diejenigen, die sie ersetzen. Allerdings bleiben sie wohl kaum länger als einige Generationen erhalten (aufgrund der so genannten zeitlichen Aggregation).

Noch mehr Überraschungen stehen uns ins Haus, wenn der Zufall seine Gestalt ändert, etwa bei Regimewechseln. Hier handelt es sich um Situationen, in denen alle Attribute eines Systems sich so sehr verändern, dass sie für den Beobachter nicht mehr zu erkennen sind. Darwins Evolutionsgrundsätze gelten für Arten, die sich über sehr lange Zeithorizonte entwickeln, nicht für kurze Zeiträume – die zeitliche Aggregation macht viele Auswirkungen des Zufalls zunichte; langfristig kommen die Dinge, wie man so schön sagt, wieder ins Lot (ich würde sagen, die *Nebengeräusche* heben sich gegenseitig auf).

Plötzliche seltene Ereignisse führen jedoch dazu, dass wir nicht in einer Welt leben, in der die Dinge kontinuierlich zum Besseren »konvergieren«. Überhaupt ist im Leben auch nicht alles *ständig* in Bewegung. Der Glaube an die Kontinuität war bis zum frühen 20. Jahrhundert fest in unserer wissenschaftlichen Kultur verankert. Es wurde behauptet, dass die Natur keine Sprünge mache, und dieser Spruch wurde gerne in wohlklingendem Latein zitiert: *Natura non facit saltus.* Dieser Spruch wird im Allgemeinen dem Botaniker Linnaeus aus dem 18. Jahrhundert zugeschrieben, der offenbar etwas Grundsätzliches missverstanden hatte. Auch Leibniz begründete damit seine Differentialrechnung, da er überzeugt war, dass sich die Dinge kontinuierlich entwickelten, ganz gleich, bei welcher Auflösung wir sie betrachten. Wie so viele treffsicher formulierte, »stimmige« Erklärungen (aus intellektueller Sicht wirkt eine solche Dynamik sehr überzeugend) erwies sich auch diese als völlig verkehrt und wurde von der Quantenmechanik widerlegt. Auf Nanoebene entdeckten wir, dass die einzelnen Partikel (diskontinuierlich) von einem Zustand zum anderen springen und nicht gleiten.

Kann sich die Evolution vom Zufall täuschen lassen?

Wir beschließen dieses Kapitel mit folgendem Gedanken: Wie ich bereits erwähnte, würde ein in Zufallsfragen nicht sonderlich bewanderter Mensch glauben, dass ein Tier optimal an die Umgebungsbedingungen seiner Zeit angepasst ist. Darum geht es aber nicht in der Evolution; vielmehr sind zwar Tiere *im Durchschnitt* für ihre Umgebung geeignet, doch gilt das nicht für jedes einzelne Exemplar und nicht zu jedem Zeitpunkt. So wie ein Tier überlebt haben könnte, weil es in seinem Sample Path einfach Glück hatte, können die »besten« Vertreter eines bestimmten Geschäftszweigs zu einem Zeitpunkt diejenigen sein, die überlebten, weil sie sich außergewöhnlich gut einem bestimmten Realisierungspfad angepasst hatten – einem Pfad, in dem ein seltenes evolutionäres Ereignis einfach noch nicht aufgetreten war. Das Heimtückische daran ist die folgende Tatsache: Je länger Tiere überleben, ohne auf das seltene Ereignis zu stoßen, desto verwundbarer werden sie. Wie wir gesehen haben, wird bei einer Verlängerung der Zeitspanne ins Unendliche dieses Ereignis logischerweise sicher eintreten (Stichwort: *Ergodizität*) – und die Spezies wird aussterben! Denn Evolution bedeutet Eignung für eine bestimmte Zeitreihe, nicht für den Durchschnitt aller möglichen Umgebungen.

Durch eine Hinterlist in der Struktur des Zufalls kann ein profitabler Händler wie John – eine Person, die langfristig ein reiner Verlierer ist und sich entsprechend wenig fürs Überleben eignet – kurzfristig sehr begehrenswert erscheinen und neigt somit dazu, seine Gene fortzupflanzen. Denken Sie an die hormonelle Wirkung auf die Körperhaltung eines Menschen und ihre Signalwirkung für andere potenzielle Partner. Sein Erfolg (beziehungsweise Pseudoerfolg, denn er steht ja auf tönernen Füßen) wird sich deutlich in seinen typischen Merkmalen niederschlagen. Eine unschuldige potenzielle Partnerin wird (vorbehaltlos) annehmen, dass sein genetisches Material überlegen sei – bis zum nächsten seltenen Ereignis. Solon scheint das verstanden zu haben. Versuchen Sie aber mal, dieses Problem einem naiven Wirtschaftsdarwinisten zu erklären – oder Ihrem reichen Nachbarn auf der anderen Straßenseite.

Kapitel 6
Schiefe und Asymmetrie

Wir führen das Konzept der Schiefe ein: warum die Begriffe »Bullen« und »Bären« außerhalb der Zoologie nur begrenzte Aussagekraft besitzen. Ein unartiges Kind zerstört die Struktur des Zufalls. Eine Einführung in das Problem der epistemischen Undurchsichtigkeit. Der vorletzte Schritt vor dem Problem der Induktion.

Der Mittelwert ist nicht der Maßstab

Bei dem Essayisten und Wissenschaftler Steven Jay Gould (den ich eine Zeit lang als mein Rollenvorbild auserkoren hatte) wurde in seinem fünften Lebensjahrzehnt einmal eine tödliche Form von Magenschleimhautkrebs diagnostiziert. Als Erstes eröffnete man ihm in Bezug auf seine Prognose, dass die *mittlere* Überlebensdauer bei dieser Erkrankung bei ungefähr acht Monaten lag – eine Aussage, die seiner Meinung nach der Aufforderung des Propheten Jesaja an König Hesekia ähnelte, er möge sich auf seinen Tod vorbereiten und sein Haus in Ordnung bringen.

Eine medizinische Diagnose – insbesondere eine so gravierende – kann nun aber Menschen zu gründlichen Recherchen motivieren, insbesondere so produktive Autoren wie Gould, die noch etwas mehr Zeit auf unserem Planeten verbringen möchten, um noch ein paar Buchprojekte abschließen zu können. Goulds weitere Nachforschungen ergaben ein ganz anderes Bild als die ihm ursprünglich mitgeteilten Informationen. Vor allem zeigten sie, dass die *erwartete* (also die durchschnittliche) Überlebensdauer sehr viel länger als acht Monate betrug. Ihm fiel auf, dass der *erwartete* und der *mittlere* Wert keineswegs gleich waren. Der Mittelwert sagt mehr oder weniger aus, dass 50 Prozent aller Patienten innerhalb von acht Monaten sterben und 50 Prozent länger als acht Monate überleben. Wer aber überlebte, konnte in der Regel ein Leben wie jeder andere führen – also mit dem Durchschnittswert von vielleicht 73,4 Jahren, der in den Sterblichkeitstabellen der Versicherungen vorhergesagt wird.

Das Bild ist asymmetrisch. Patienten sterben entweder sehr früh oder überleben sehr lange. Bei asymmetrischen Ergebnissen entspricht die *durchschnittliche* Überlebenszeit niemals der *mittleren* Überlebenszeit. Dies veranlasste Gould, der so das Konzept der Schiefe (»skewness«) auf die harte Tour verstand, zu leidenschaftlichen Ausführungen unter der Überschrift »The Median is Not the Message« (Der Mittelwert ist nicht der Maßstab). Darin betonte er, dass der in der medizinischen Forschung verwendete mittlere Wert nichts mit einer Wahrscheinlichkeitsverteilung zu tun habe.

Ich werde Goulds Argumentation vereinfachen, indem ich das *arithmetische Mittel* (auch *Durchschnitt* oder *arithmetischer Mittelwert* genannt) einführe. Dazu verwende ich ein etwas weniger morbides Beispiel, nämlich das Glücksspiel. Zur Verdeutlichung dieses Punktes werde ich sowohl asymmetrische Gewinnchancen als auch asymmetrische Ergebnisse beschreiben. Wenn Gewinnchancen asymmetrisch sind, bedeutet dies, dass die Wahrscheinlichkeiten der einzelnen Ereignisse nicht 50 Prozent sind, sondern dass ein Ereignis eine höhere Eintrittswahrscheinlichkeit hat als das andere. Sind dagegen Ergebnisse asymmetrisch, unterscheiden sie sich in ihren jeweiligen Auszahlungsbeträgen.

Nehmen wir an, ich wette bei einem Spiel, bei dem die Chance, einen Dollar zu gewinnen, bei 999 zu 1000 liegt (Ereignis A) und die Chance, 10 000 Dollar zu verlieren, 1 zu 1000 beträgt (Ereignis B). Das ist in Tabelle 3 dargestellt.

Tabelle 3

Ereignis	Wahrscheinlichkeit	Ergebnis	Erwartung
A	999/1000	$ 1	$ 0,999
B	1/1000	–$ 10000	–$ 10,00
		Summe	–$ 9,001

Meine Erwartung liegt bei einem Verlust von ungefähr 9 Dollar (errechnet durch Multiplizieren der Wahrscheinlichkeiten mit den entsprechenden Ergebnissen). Dabei ist die *Häufigkeit* beziehungsweise *Wahrscheinlichkeit* des Verlustes als solches völlig irrelevant; sie muss an der *Dimension* des Ergebnisses gemessen werden. In diesem Fall ist A weitaus wahrscheinlicher als B. Wenn wir auf Ereignis A setzen, ist unsere Gewinnchance also höher, aber dennoch wäre dies keine gute Strategie.

Dieser Punkt ist relativ weit verbreitet und einfach; ihn versteht jeder, der eine einfache Wette abschließt. Dennoch musste ich mein Leben lang auf den Finanzmärkten mit Menschen streiten, die das anscheinend nicht begreifen können. Ich spreche hier nicht von den Neulingen, sondern von Menschen mit mehrfachen Hochschulabschlüssen (wenngleich zugegebenermaßen in Betriebswirtschaftslehre), denen dieser Unterschied partout nicht eingängig ist.

Wie können sie das nicht einsehen? Wieso verwechseln sie Wahrscheinlichkeit und Erwartung, also Wahrscheinlichkeit einerseits und Wahrscheinlichkeit mal Auszahlungsbetrag andererseits? Dies liegt in erster Linie daran, dass sie in ihrer Ausbildung Beispiele aus symmetrischen Umgebungen kennen gelernt haben, wie Münzenwerfen, bei denen dieser Unterschied keine Rolle spielt. Auch die Glockenkurve der Gauß'schen Normalverteilung, die offenbar allgemein in der Gesellschaft verwendet wird, ist vollkommen symmetrisch. Mehr dazu später.

Eine kleine Zoologie von Bullen und Bären

Die allgemeine Presse überflutet uns mit Konzepten wie *Bullen* und *Bären*, um die Auswirkungen steigender Kurse (die Domäne der Bullen) oder fallender Kurse (das Jagdrevier der Bären) zu umschreiben. Manchmal werden entsprechende Bilder auch auf Personen bezogen. »Johnny ist ein *Bulle*«, oder »Dieser Nassim da hinten, der mir so undurchsichtig erscheint, ist ein typischer *Bär*« sind Sätze, die man manchmal (speziell in Börsenkreisen) hört. Ich muss sagen, dass die vielen Metaphern aus dem Tierreich, die mit Bullen oder Bären gebildet werden, häufig leeres Wortgeplänkel sind, das sich nicht auf eine vom Zufall regierte Welt anwenden lässt – insbesondere wenn diese, wie die unsere, zu asymmetrischen Ergebnissen führt.

Als ich im New Yorker Büro einer großen Investmentgesellschaft arbeitete, musste ich gelegentlich die lästigen wöchentlichen »Diskussionsrunden« über mich ergehen lassen, bei denen sich die meisten Spezialisten im New Yorker Trading Room trafen. Ich will nicht verhehlen, dass ich kein Freund solcher Zusammenkünfte war – und das nicht nur, weil sie mir Zeit stahlen, die ich im Fitnessstudio hätte verbringen können. Zu den Teilnehmern dieser Meetings gehörten zwar Händler, also Menschen, die an ihrer quantifizierbaren Leistung gemessen wurden, doch waren sie hauptsächlich ein Forum für Verkäufer (Menschen, die Kunden bezirzen konnten) sowie für jene Entertainer, die an der Börse »Volkswirte« oder »Strategen« genannt werden. Letztere verkünden Prophezeiungen bezüglich des Schicksals der Finanzmärkte, gehen aber keinerlei Risiken ein, und ihr Erfolg wird an der Qualität ihrer Rhetorik, nicht an tatsächlich nachprüfbaren Fakten gemessen. In diesen Diskussionen sollten die Beteiligten ihre Meinung zur Weltlage vorstellen. Meiner Ansicht nach waren diese Meetings reine intellektuelle Umweltverschmutzung. Alle hatten eine »Story«, eine Theorie und Erkenntnisse, die sie anderen nahe bringen wollten. Ich kann Menschen nicht ausstehen, die ohne vorherige gründliche Bibliotheksrecherche glauben, sie könnten etwas ausnehmend Originelles oder Scharfsinniges zu einem bestimmten Thema beisteuern. (Andererseits bewundere ich Menschen mit wissenschaftlichem Verstand, wie meinen Freund Stan Jonas, die nicht anders können, als sich die Nächte um die Ohren zu schlagen, um alles zu lesen, was sie zu einem Thema auftreiben können, weil sie unbedingt wissen möchten, was andere darüber denken, bevor sie ihre eigene Meinung äußern. Was würden Sie denn von der Diagnose eines Arztes halten, der keine medizinischen Fachpublikationen liest?)

Ich muss gestehen, dass meine optimale Strategie bei diesen Sitzungen (um meine Langeweile und meine allergische Reaktion auf dünkelhafte Plattitüden zu lindern) darin bestand, so viel wie möglich zu reden und dann möglichst zu vermeiden, mir die Anworten anderer anzuhören, indem ich währenddessen im Kopf Gleichungen löste. Das Wort an mich zu reißen half mir, meine Gedanken zu ordnen, und mit ein bisschen Glück würde man mich in der nächsten Woche nicht mehr »einladen« (also nicht mehr zur Teilnahme zwingen).

Einmal wurde ich bei einer dieser Veranstaltungen gebeten, meine Ansichten zum Aktienmarkt zu erläutern. Ich erklärte etwas hochtrabend, dass ich glaubte, die Aktienkurse würden in der kommenden Woche mit hoher Wahrscheinlichkeit steigen. Wie hoch sei diese Wahrscheinlichkeit, fragte man mich. »Etwa 70 Prozent.« Das war eindeutig eine sehr starke Meinung. An dieser Stelle warf jemand ein: »Aber Nassim, du hast doch eben erst damit geprahlt, dass du Short-Positionen für eine große Anzahl von S&P-500-Terminkontrakten eingegangen bist und hast somit auf fallende Kurse gesetzt. Wieso hast du deine Meinung geändert?« »Ich habe meine Meinung nicht geändert! Ich bin sehr überzeugt von meinen Wetten! (Gelächter im Publikum) Tatsächlich würde ich jetzt noch mehr verkaufen als vorher!« Jetzt schienen meine Kollegen völlig verwirrt zu sein. »Bist du ein Bulle oder ein Bär?«, fragte mich der Stratege. Ich antwortete, dass ich die Begriffe »Bulle« und »Bär« abgesehen von ihren rein zoologischen Definitionen nicht verstünde. Wie bei Ereignis A und Ereignis B im vorherigen Beispiel war ich der Meinung, dass steigende Aktienkurse wahrscheinlicher waren (das machte mich zu einem »Bullen«), es aber besser wäre, auf fallende Kurse zu setzen (die Strategie eines »Bären«), weil die Kurse im Falle eines Rückgangs stark einbrechen könnten. Plötzlich verstanden einige der anwesenden Händler meine Argumentation und begannen ähnliche Ansichten zu äußern. Und ich wurde nicht gezwungen, an der nächsten Diskussionsrunde teilzunehmen.

Nehmen wir an, Sie, verehrte Leser, würden meine Meinung teilen, dass in der nächsten Woche die Aktienkurse mit einer Wahrscheinlichkeit von 70 Prozent steigen und mit einer Wahrscheinlichkeit von 30 Prozent fallen werden. Nehmen wir aber weiter an, dass sie im Durchschnitt um ein Prozent steigen, aber um 10 Prozent einbrechen könnten. Was würden Sie tun? Wären Sie in dieser Situation lieber ein *Bulle* oder ein *Bär*?

Tabelle 4

Ereignis	Wahrscheinlichkeit	Ergebnis	Erwartung
Steigende Kurse	70 %	Steigerung um 1 %	0,7
Fallende Kurse	30 %	Rückgang um 10 %	–3,00
		Summe	–2,0

Bullen und *Bären* sind somit also Bezeichnungen, die Menschen benutzen, die entweder nicht mit Ungewissheit arbeiten – wie Fernsehkommentatoren – oder keine Erfahrung im Umgang mit Risiken haben. Leider werden Anleger und Unternehmen aber nicht in Wahrscheinlichkeiten, sondern in Dollar oder Euro bezahlt. Daher spielt es keine Rolle, wie wahrscheinlich das Eintreten eines Ereignisses ist. Vielmehr sollte man sich überlegen, wie viel bei seinem Eintritt verdient wird. Wie häufig der Gewinn erzielt wird, ist irrelevant; es zählt die Höhe des Ergebnisses. Es ist buchhalterisch erwiesen, dass nur wenige Menschen – von Kommentatoren einmal abgesehen – einen Scheck mit nach Hause nehmen, der danach bemessen wird, wie *oft* sie Recht und Unrecht hatten. Der Maßstab ist ihr Gewinn oder Verlust. Was die Kommentatoren anbelangt, so wird ihr Erfolg tatsächlich daran gemessen, wie oft sie richtig oder falsch lagen. In diese Kategorie gehören auch »Chefstrategen« größerer Investmentbanken, die von der Öffentlichkeit im Fernsehen bewundert werden und bestenfalls Entertainer sind. Sie sind berühmt, haben ihre Reden scheinbar gut durchdacht, bewerfen das Publikum mit Zahlen, aber ihre Funktion besteht darin zu unterhalten, denn ihre Vorhersagen könnten nur dann Gültigkeit besitzen, wenn sie in einem statistischen Rahmen überprüft worden wären. Ihr Ruhm ist nicht etwa das Ergebnis eines elaborierten Tests – es zählt nur ihr Präsentationsgeschick.

Ein arroganter 29-jähriger Sohn

Absehen vom Unterhaltungswert, den ich aus diesen seichten Meetings ziehen kann, habe ich vermieden, als Händler eine Meinung zur Marktentwicklung abzugeben. Dies hat gelegentlich zu persönlichen Reibereien mit meinen Freunden und Verwandten geführt. Eines Tages rief mich ein Freund meines Vaters an – einer von der reichen, selbstbewussten Sorte. Er hielt sich gerade in New York auf (und um mir zu zeigen, wo wir in der Hackordnung standen, ließ er in das Gespräch einfließen, dass er mit der Concorde eingeflogen war, und äußerte sich recht abschätzig über die Bequemlichkeit dieses Transportmittels). Er wollte meine Expertenmeinung zur aktuellen Situation auf verschiedenen Finanzmärkten hören. Ich hatte wirklich keine Meinung dazu: Weder hatte ich mir die Mühe gemacht, mir eine zu bilden, noch war ich im Geringsten an der Marktentwicklung interessiert. Der gute Herr bestürmte mich weiter mit Fragen zur konjunkturellen Lage und zu europäischen Zentralbanken. Er stellte mir präzise Fragen, die zweifellos darauf abzielten, meine Meinung mit denen der anderen »Experten« zu vergleichen, die bei einer großen New Yorker Investmentgesellschaft sein Depot verwalteten. Ich machte keinen Hehl daraus, dass ich keine Ahnung hatte, und das schien mir auch nicht Leid zu tun. Finanzmärkte interessierten mich nicht, sagte ich (»ja, sicher bin ich ein Börsenhändler«), und ich würde auch keine Prognosen abgeben, Punkt. Dann erklärte ich ihm einige meiner Thesen zur Struktur des Zufalls und zur Verifizierbarkeit von Marktvorhersagen. Er wollte aber präzisere Informationen darüber hören, wie sich die europäischen Rentenmärkte bis Weihnachten entwickeln würden.

Er gewann den Eindruck, dass ich ihn auf den Arm nehmen wollte – und das zerstörte fast die Beziehung zwischen meinem Vater und seinem reichen, selbstbewussten Freund. Denn der gute Herr rief ihn an und beschwerte sich bitterlich: »Wenn ich einem Rechtsanwalt eine rechtliche Frage stelle, antwortet er mir höflich und präzise. Wenn ich einem Arzt eine medizinische Frage stelle, teilt er mir seine Meinung mit. Kein Fachmann bringt mir jemals mangelnden Respekt entgegen. Ihr unverschämter, eingebildeter 29-jähriger Sohn gebärdet sich wie eine Primadonna und weigert sich, mir zu sagen, in welche Richtung die Börse sich bewegen wird!«

Seltene Ereignisse

Das Geschäft, das ich mein Leben lang an der Börse betrieben habe, lässt sich am besten als »schiefe Wetten« beschreiben. Ich versuche nämlich von seltenen Ereignissen zu profitieren, die sich in der Regel nicht oft wiederholen, aber aus genau diesem Grund bei ihrem Eintreten zu einem hohen Gewinn führen. Meine Absicht ist es, in möglichst unregelmäßigen Abständen Geld zu verdienen, weil ich einfach der Überzeugung bin, dass seltene Ereignisse nicht angemessen bewertet sind. Und je seltener ein Ereignis eintritt, desto weniger spiegelt sein Preis seinen wahren Wert wider. Neben meinem eigenen Empirismus beziehe ich meiner Ansicht nach einen gewissen Vorteil aus der Tatsache, dass Börsenhandel der Intuition zuwiderläuft (und unser emotionales System dafür nicht ausgelegt ist).

Warum wird diesen Ereignissen eine so geringe Wertschätzung zuteil? Der Grund dafür ist eine psychologische Voreingenommenheit: Meine Berufskollegen konzentrieren sich zu sehr darauf, bei ihrer Zugfahrt zur Arbeit den zweiten Teil des *Wall Street Journal* auswendig zu lernen, um die Merkmale zufälliger Ereignisse gebührend zu würdigen. Vielleicht haben sie aber auch zu viele Gurus im Fernsehen gesehen oder zu viel Zeit damit verbracht, ihren PalmPilot upzugraden. Selbst einige erfahrene Börsenveteranen scheinen nicht zu verstehen, dass Häufigkeiten keine Rolle spielen. Die »Börsenlegende« Jim Rogers gab folgenden Kommentar ab:

> *Ich kaufe keine Optionen. Das ist eine der Alternativen, die einen ins Armenhaus bringen. Bei einer Untersuchung im Auftrag der amerikanischen Börsenaufsichtsbehörde wurde festgestellt, dass 90 Prozent aller Optionen mit Verlusten auslaufen. Wenn also 90 Prozent aller Long-Positionen im Optionshandel Verlust bringen, müssen meiner Rechnung nach 90 Prozent aller Short-Positionen Gewinne einfahren. Falls ich jemals Optionen einsetzen würde, um einen Vorteil aus Kursrückgängen zu ziehen, würde ich Kaufoptionen verkaufen.*

Offensichtlich ist die statistische Aussage, dass 90 Prozent aller Optionspositionen Verluste bringen (also die *Häufigkeit*), bedeutungslos, wenn wir nicht berücksichtigen, *wie viel* Geld im Durchschnitt mit den verbleibenden 10 Prozent verdient wird. Wenn man seinen Einsatz im Durchschnitt verfünfzigfachen kann, wenn der Abschlusspreis der Option unter dem Marktkurs liegt (die Option folglich »im Geld« ist, wie man sagt), kann ich guten Gewissens behaupten, dass der Kauf von Optionen nicht ins Armenhaus, sondern in einen Palast führt. Für einen Mann, der nicht zwischen Wahrscheinlichkeit und Erwartung unterscheiden kann, hat es der gute Jim Rogers im Leben weit gebracht (er war seltsamerweise ein Partner von George Soros, einem vielschichtigen Mann, den seltene Ereignisse reich gemacht haben – wir werden später noch mehr über ihn hören).

Ein solches seltenes Ereignis war der Börsencrash von 1987, der meinen Erfolg als Börsenhändler begründete und mir den Luxus erlaubte, allen möglichen wissenschaftlichen Neigungen nachzugehen. Nero mit dem kleineren Haus aus Kapitel 1 will sich dadurch absichern, dass er dem Risiko seltener Ereignisse aus dem Weg geht – ein eher defensiver Ansatz. Ich bin weitaus aggressiver als Nero und gehe einen Schritt weiter: Meine Karriere und mein Geschäft habe ich so organisiert, dass ich von seltenen Ereignissen profitieren kann. Mit anderen Worten: Mein Ziel ist es, durch asymmetrische Wetteinsätze bei seltenen Ereignissen hohe Gewinne einzufahren.

Symmetrie und Wissenschaft

In den meisten Disziplinen spielen solche Asymmetrien keine Rolle. In einem theoretischen Umfeld, wo Kriterien nur erfüllt oder nicht erfüllt sind und die kumulative Wertung nicht zählt, kommt es lediglich auf die Häufigkeit an. In allen anderen Fällen zählt das Ausmaß. Leider werden die in der Wirtschaftslehre verwendeten Techniken häufig aus anderen Fachgebieten importiert – Finanzökonomie ist immer noch eine junge Disziplin (und mit Sicherheit noch keine »Wissenschaft«). Die Vertreter der meisten Gebiete außerhalb des Finanzwesens haben keine Probleme, extreme Werte aus ihren Stichproben zu eliminieren, wenn es zwischen den einzelnen Resultaten keine signifikanten Gewinnunterschiede gibt, wie dies im Allgemeinen im Bildungswesen und in der Medizin der Fall ist. Ein Professor, der den Durchschnitt der Noten seiner Studenten ausrechnet, nimmt den höchsten und den niedrigsten beobachteten Wert – die so genannten *Ausreißer* – aus seiner Kalkulation heraus und berechnet den Durchschnitt der übrigen Noten, ohne dass diese Praxis als unsolide gelten würde. Bei Wettervorhersagen wird gelegentlich ebenso verfahren: Extreme Temperaturen werden nicht berücksichtigt – ein ungewöhnliches Vorkommnis könnte ja das Gesamtergebnis verzerren (obwohl wir sehen werden, dass sich dies als Fehler erweisen könnte, wenn man die zukünftige Entwicklung polarer Eiskappen vorhersagen möchte). Auch auf den Finanzmärkten wurde diese Vorgehensweise übernommen: Selten eintretende Ereignisse werden ignoriert. Dabei wird allerdings verkannt, dass die Folgen eines seltenen Ereignisses eine Firma in den Konkurs führen können.

Viele Wissenschaftler in der physikalischen Welt verhalten sich genauso unvorsichtig und legen Statistiken falsch aus. Ein ungeheuerliches Beispiel ist die Diskussion um die globale Erwärmung. Viele Wissenschaftler erkannten den Treibhauseffekt in der Frühphase nicht, weil sie in ihrer Stichprobe keine Temperaturspitzen berücksichtigten in dem Glauben, dass solche Ausschläge nicht wieder vorkommen würden. Es mag vernünftig sein, bei der Berechnung von Durchschnittstemperaturen für die Urlaubsplanung die Ausreißer beiseite zu lassen. Bei einer Untersuchung der physikalischen Eigenschaften des Wetters ist das aber nicht sinnvoll – insbesondere wenn es einem auf die kumulative Wirkung ankommt. Einige Wissenschaftler verschlossen anfangs die Augen vor der Tatsache, dass diese Spitzenwerte zwar nur selten auftreten, aber unter dem Strich einen unverhältnismäßig großen Beitrag zum Abschmelzen der Polarkappen leisten. Wie im Finanzbereich kann ein zugegebenermaßen seltenes Ereignis, das gravierende Folgen nach sich zieht, nicht einfach ignoriert werden.

Fast jeder ist überdurchschnittlich

Jim Rogers ist nicht der einzige Mensch, der dem bekannten Irrtum erliegt, der durchschnittliche und der mittlere Wert seien ein und dasselbe. Der Gerechtigkeit halber sei erwähnt, dass einige berufsmäßige Denker wie der gefeierte Philosoph Robert Nozick ihre eigenen Versionen der gleichen Fehldeutung begangen haben (abgesehen davon ist Nozick ein bewundernswerter und scharfsinniger Denker; vor seinem vorzeitigen Tod war er der wohl angesehenste amerikanische Philosoph seiner Generation). In seinem Buch *The Nature of Rationality* verlegt er sich, wie Philosophen es gerne tun, auf amateurhafte evolutionäre Argumente und schreibt: »da nicht mehr als 50 Prozent der Menschen überdurchschnittlich vermögend sein können«. Natürlich können mehr als 50 Prozent der Menschen überdurchschnittlich vermögend sein. Schließlich gibt es nur eine sehr geringe Anzahl ganz armer Menschen, und die übrigen gehören der Mittelklasse an. Wenn in einer Gruppe von zehn Personen neun ein Vermögen von 30 000 Dollar besitzen und einer nur 1 000 Dollar, so liegt das durchschnittliche Vermögen dieser Gruppe bei 27 100 Dollar, und neun von zehn sind überdurchschnittlich vermögend.

Abbildung 1 zeigt eine Reihe von Punkten vom Anfangsniveau W0 bis zum Periodenende Wt. Das lässt sich interpretieren als hypothetische oder reale Wertentwicklung Ihrer Lieblingshandelsstrategie, als Erfolgsbilanz eines Investmentmanagers, als Quadratmeterpreis eines Palazzos im Florenz der Renaissance, als Kurs-

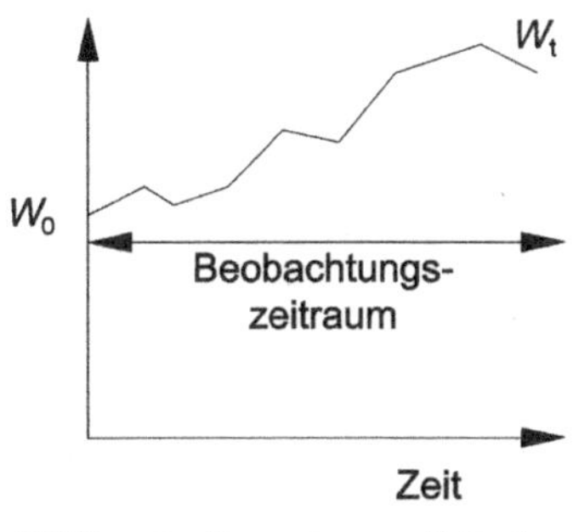

Abbildung 1 Elementares zu Zeitreihen

reihen an der mongolischen Börse oder als Differenz zwischen dem amerikanischen und dem mongolischen Aktienmarkt. Das Bild setzt sich zusammen aus einer bestimmten Anzahl sequenzieller Beobachtungen – W1, W2 etc. –, die so angeordnet sind, dass jeder Punkt auf der rechten Seite *nach* dem Punkt links davor aufgezeichnet wurde.

Würden wir in einer deterministischen Welt leben, das heißt in einer Welt ohne Zufälligkeiten (wie sie in der rechten Spalte von Tabelle 1 beschrieben ist), und wüssten wir sicher, dass dem so ist, hätten wir es leicht. Das Muster der Reihe würde uns präzise Vorhersagen erlauben. Man könnte genau sagen, was morgen, in einem Jahr oder vielleicht sogar in zehn Jahren geschehen wird. Dazu bräuchten wir keine Statistiker; ein zweitklassiger Ingenieur würde schon genügen. Dieser muss nicht einmal ein modernes Universitätsstudium absolviert haben; jemand, der im 19. Jahrhundert von Laplace ausgebildet wurde, könnte diese Gleichungen (so genannte *Differenzial-* oder *Bewegungsgleichungen*) lösen, da wir hier die Dynamik einer Einheit betrachten, deren Position von der Zeit abhängt.

Auch wenn wir in einer Welt lebten, in der Zufälligkeiten kartografiert sind, hätten wir es einfach, da es für solche Berechnungen ein ganzes Fachgebiet namens *Ökonometrie* oder *Zeitreihenanalyse* gibt. Man bräuchte nur einen netten Ökonometriker anzurufen (meiner Erfahrung zufolge sind Ökonometriker in der Regel höflich und freundlich zu Leuten aus der Praxis). Er würde die Daten durch seine Software laufen lassen und eine Diagnose erstellen, die zeigt, ob es sich lohnt, einem Händler mit einer solchen Erfolgsbilanz Kapital zur Verfügung zu stellen oder diese Handelsstrategie zu verfolgen. Sie könnten sogar eine Schulversion seiner Software für weniger als 999 Dollar kaufen und die gleiche Analyse am nächsten verregneten Wochenende selbst durchführen.

Aber wir haben keine Gewissheit, dass die Welt, in der wir leben, gut kartografiert ist. Wir werden sehen, dass die Einschätzungen, die wir aus Merkmalen der Vergangenheit ziehen können, gelegentlich relevant sind. Aber sie können auch bedeutungslos sein, und manchmal führen sie einen sogar in die Irre beziehungsweise genau in die entgegengesetzte Richtung. Bisweilen werden Marktdaten einfach zu einer Falle; sie zeigen das Gegenteil ihrer wahren Natur, einfach um Sie dazu zu bewegen, in ein Wertpapier zu investieren oder Ihr Risiko falsch zu managen. So sind beispielsweise Währungen mit der längsten historischen Stabilität am anfälligsten für einen Einbruch. Das mussten die Anleger zu ihrem Leidwesen im Sommer 1997 erkennen, als sie auf die Sicherheit der festen Wechselkurse der malayischen, indonesischen und thailändischen Währung setzten (bis zu ihren plötzlichen, heftigen und brutalen Abwertungen waren diese Währungen an den US-Dollar gebunden, um Schwankungen zu vermeiden).

Bei der Berücksichtigung von Informationen aus der Vergangenheit für Zukunftsprognosen können wir entweder zu nachlässig oder zu rigoros vorgehen. Als Skeptiker bin ich nicht der Auffassung, dass eine einzige Zeitreihe aus der Vergangenheit Aufschluss über zukünftige Entwickungen gibt; ich brauche dazu sehr viel mehr Daten. Mein Hauptgrund dafür ist das *seltene Ereignis*, aber ich habe noch viele andere Gründe.

Auf den ersten Blick scheinen meine Ausführungen an dieser Stelle möglicherweise im Widerspruch zu früheren Erörterungen zu stehen, in denen ich beklagte, dass viele Menschen nicht genug aus der Geschichte lernen. Das Problem ist, dass wir zu viel in die seichte jüngste Geschichte hineininterpretieren, mit Aussagen wie »so was ist noch nie passiert«, aber nicht aus der Geschichte im Allgemeinen Schlüsse ziehen (Dinge, die in einem Bereich noch nie zuvor geschehen sind, passieren zumeist irgendwann doch). Mit anderen Worten: Die Geschichte lehrt uns, dass Dinge, die niemals zuvor geschehen sind, passieren können. Außerhalb eng definierter Zeitreihen kann sie ein großartiger Lehrmeister sein; je weiter wir unseren Blick schweifen lassen, desto besser sind die Lektionen, die wir lernen können. Anders ausgedrückt lehrt uns die Geschichte, jenen naiven Empirismus zu vermeiden, der sich lediglich darauf konzentriert, Schlüsse aus zufälligen historischen Fakten zu ziehen.

Weit verbreitete Irrtümer zum Thema seltene Ereignisse

Der größte Trugschluss von allen

Aufgrund seiner versteckten Natur kann das seltene Ereignis vielerlei Gestalt annehmen. Es wurde ursprünglich in Mexiko entdeckt, wo die Wirtschaftstheoretiker dafür die Bezeichnung *Peso-Problem* wählten. Ökonometriker wunderten sich über das Verhalten der mexikanischen Wirtschaftskennziffern in den achtziger Jahren. Geldmenge, Zinsen und ähnliche für diese Geschichte relativ irrelevante Messgrößen verhielten sich launisch und widersetzten sich den vielen Versuchen, sie in Modellen abzubilden. Diese Indikatoren schwankten ziellos und ohne Vorwarnung zwischen Perioden der Stabilität und abrupten, kurzen Turbulenzen.

Zur Verallgemeinerung begann ich ein seltenes Ereignis als jedes Verhalten zu definieren, bei dem der Ausdruck »Ruhe vor dem Sturm« angebracht sein könnte. Man wird oft vor dem alten Nachbarn gewarnt, der stets galant und zurückhaltend war und ein mustergültiges Vorbild zu sein schien, bis man sein Bild in der Zeitung sieht, wo er als geistesgestörter Amokläufer gebrandmarkt wird. Bis zu seinem Ausbruch führte er ein untadeliges Leben. Man konnte unmöglich vorhersagen, dass ein so netter Mensch zu derart pathologischem Verhalten fähig war. Als seltenes Ereignis bezeichne ich jede Fehleinschätzung von Risiken, die sich aus einer engen Auslegung von Zeitreihen aus der Vergangenheit ergeben.

Seltene Ereignisse sind immer unerwartet, sonst würden sie ja gar nicht stattfinden. Der folgende Ablauf ist typisch: Sie investieren in einen Hedgefonds mit stabilen Renditen und geringer Volatilität. Dann bekommen Sie eines Tages einen Brief, der mit folgenden Worten beginnt: »Ein unvorhergesehenes und *unerwartetes* Ereignis, das nur selten vorkommt« (meine Hervorhebung). Aber seltene Ereignisse sind immer unerwartet. Im Allgemeinen werden sie von einer Panik hervorgerufen, die ihrerseits das Ergebnis einer Liquidation ist (die Anleger nehmen alle gleichzeitig die Beine in die Hand und stoßen alles, was sie in die Finger bekommen, so schnell wie möglich ab). Würden diese vom Fondsmanager oder Händler erwartet, hätten er und seine gleich gesinnten Kollegen überhaupt nicht in dieses Anlageinstrument investiert, und das seltene Ereignis wäre nicht eingetreten.

Ein seltenes Ereignis beschränkt sich nicht auf ein einzelnes Wertpapier. Es kann ohne weiteres die Wertentwicklung eines ganzen Depots betreffen. Beispielsweise kaufen viele Händler Pfandbriefe und andere Hypothekenwertpapiere und sichern sie durch Hedging-Geschäfte ab, um die Risiken auszugleichen und die Volatilität zu mindern. Dabei hoffen sie, einen Renditeüberschuss gegenüber Staatsanleihen zu erzielen (die als Referenzgrößen für die Mindestrendite einer Anlage verwendet werden). Sie setzen Computerprogramme ein und holen sich fachkundige Unterstützung bei Spezialisten, die in angewandter Mathematik, Astrophysik, Elementarteilchenphysik, Elektrotechnik, Flüssigkeitsdynamik oder manchmal (wenn auch selten) Finanzwesen promoviert haben. Ein solches Portfolio weist über lange Zeiträume stabile Renditen auf. Dann verliert es plötzlich wie durch Zufall (ich betrachte das allerdings nicht als einen Zufall) 40 Prozent seines Wertes, obwohl Sie höchstens mit einem Rückgang von 4 Prozent gerechnet hatten. Sie rufen den Manager an, um Ihrer Wut Luft zu machen, und er erklärt Ihnen, dass dies nicht sein Fehler sei, aber irgendwie hat sich Ihre Beziehung zu ihm abrupt geändert (buchstäblich). Er wird auch darauf hinweisen, dass ähnliche Fonds mit den gleichen Problemen konfrontiert seien.

Wie an früherer Stelle erwähnt, bezeichnen einige Ökonomen das seltene Ereignis als »Peso-Problem«. Dieser Name scheint kein unverdientes Stereotyp zu sein. Die Situation der Währung des südlichen Nachbarn der Vereinigten Staaten hat sich seit den frühen achtziger Jahren nicht verbessert. Lange Perioden der Stabilität locken die Devisenhändler der Banken und Hedgefondsmanager in Scharen in die ruhigen Gewässer des mexikanischen Pesos; sie halten diese Währung gerne, weil sie so hohe Zinsen abwirft. Dann bricht »unerwartet« ein Sturm los; sie machen Verluste für ihre Investoren, verlieren ihre Jobs und suchen sich einen anderen Beruf. Daraufhin bricht eine neue Phase der Stabilität an. Neue Devisenhändler, die sich nicht an das schlimme Ereignis erinnern können, drängen auf den Markt. Sie halten Investments im mexikanischen Peso für attraktiv, und die Geschichte wiederholt sich.

Kurioserweise sind solche seltenen Ereignisse bei den meisten festverzinslichen Wertpapieren zu beobachten. Im Frühjahr 1998 erklärte ich zwei Stunden lang einem damals bedeutenden Hedgefondsmanager das Konzept des Peso-Problems. Ich gab mir große Mühe, ihm zu zeigen, dass dieses Konzept auch für jedes andere Anlageinstrument gilt, das auf einer naiven Interpretation der Volatilität in Zeitreihen aus der Vergangenheit beruhte. Er erwiderte: »Sie haben vollkommen Recht. Wir lassen die Finger vom mexikanischen Peso. Wir investieren nur in den russischen Rubel.« Wenige Monate später erlebte er seinen »Blow-up«. Bis dato hatte der russische Rubel attraktive Zinsen abgeworfen, wodurch Renditegeier jeglicher Couleur angelockt wurden. Jener Manager und andere Inhaber von Rubel-Investments verloren im Sommer 1998 bis zu 97 Prozent ihres investierten Kapitals.

Wie wir in Kapitel 3 gesehen hatten, kann unser Zahnarzt Volatilität nicht leiden, da sie zu einem hohen Auftreten negativer Ausschläge führt. Je mehr er seine Wertentwicklung unter die Lupe nimmt, desto mehr muss er leiden, da bei der höheren Auflösung die Schwankungsbreite größer ist. Daher werden Anleger aus rein emotionalen Gründen Strategien als attraktiv empfinden, die *seltene, aber große* Abweichungen aufweisen. Damit wird der Zufall unter den Teppich gekehrt.

Wir können dieses Problem auch aus einer anderen Perspektive betrachten. Stellen Sie sich einen wissenschaftlichen Forscher vor, der Tag für Tag in seinem Labor von der Welt isoliert Mäuse seziert. Er könnte viele Jahre lang schuften, ohne etwas vorweisen zu können. Seine Lebensgefährtin könnte die Geduld mit diesem Versager verlieren, der jeden Abend bei seiner Rückkehr nach Mäuseurin stinkt. Bis er eines Tages plötzlich einen Durchbruch erzielt. Wenn man sich die Zeitreihe seiner Tätigkeit ansieht, so zeigt sie absolut keinen Gewinn, obwohl ihn jeder Tag im Hinblick auf die *Wahrscheinlichkeit* seinem Endergebnis näher gebracht hat.

Das Gleiche gilt auch für Verlage. Sie können einen Flop nach dem anderen herausbringen, ohne dass ihr Geschäftsmodell im Geringsten zweifelhaft wäre, sofern sie nur einmal in zehn Jahren einen Superbestseller à la Harry Potter publizieren – vorausgesetzt natürlich, sie veröffentlichen qualitativ hochwertige Werke, bei denen eine geringe Wahrscheinlichkeit besteht, dass sie extrem populär werden. Der interessante Wirtschaftswissenschaftler Art De Vany wendet diese Thesen auf zwei Gebiete an: die Filmbranche und seine eigene Gesundheit und Lebensweise. Er errechnete die schiefen Eigenschaften der Amortisation von Kinofilmen und hob sie auf eine andere Ebene: das verstörende Konzept der nicht messbaren Unsicherheit, das wir in Kapitel 10 kennen lernen werden. Interessant ist auch seine Entdeckung, dass uns Mutter Natur für extrem schiefes Training konzipiert hat: Jäger und Sammler erlebten Augenblicke der Untätigkeit, gefolgt von plötzlichem, extremen Energieverbrauch. Im Alter von 65 soll Art dem Verlauten nach die körperliche Kondition eines fast halb so alten Mannes besitzen.

An der Börse gibt es eine Kategorie von Händlern, die *inverse* seltene Ereignisse erleben und für die starke Volatilität eine gute Nachricht ist. Diese Händler machen häufig Verluste, die sich jedoch in Grenzen halten, und selten Gewinne, aber wenn, dann im großen Stil. Ich nenne sie Krisenjäger. Ich bin froh, selbst zu dieser Gruppe zu gehören.

Warum entdecken Statistiker keine seltenen Ereignisse?

Für den Laien kann Statistik recht komplex erscheinen, aber die heute in dieser Hinsicht verwendeten Konzepte sind so einfach, dass meine französischen Mathematikerfreunde sie verächtlich als »cuisine« bezeichnen. Sie basieren auf einer einfachen Annahme: Je mehr Informationen einem zur Verfügung stehen, desto zuverlässiger wird das Ergebnis. Das Problem steckt jedoch in folgender Frage: Um wie viel zuverlässiger? Häufig verwendete statistische Methoden basieren auf der stetigen Steigerung des Konfidenzniveaus in nichtlinearem Verhältnis zur Anzahl der Beobachtungen. Das heißt, dass bei einer Vergrößerung des Stichprobenumfangs um *n* unser Wissen um die Quadratwurzel aus *n* zunimmt. Nehmen wir an, ich ziehe rote und schwarze Kugeln aus einer Urne. Nach 20 Ziehungen ist mein Konfidenzniveau in Bezug auf die relativen Anteile der roten und schwarzen Kugeln nicht doppelt so hoch wie nach zehn Ziehungen, sondern hat sich lediglich um die Quadratwurzel aus zwei erhöht (also um 1,41).

Statistik wird kompliziert und lässt uns im Stich, wenn wir es – wie in der oben erwähnten Urne – mit nichtsymmetrischen Verteilungen zu tun haben. Bei einer sehr geringen Wahrscheinlichkeit, in einer überwiegend mit schwarzen Kugeln gefüllten Urne eine rote zu finden, wird unser Wissen über das *Fehlen* von roten Kugeln sehr langsam zunehmen – langsamer als die erwartete Quadratwurzel von *n*. Andererseits wird unser Wissen über das *Vorhandensein* roter Kugeln sich schlagartig verbessern, sobald wir eine davon finden. Dieses asymmetrische Wissen ist keine Banalität. Sie ist vielmehr das Kernthema dieses Buches – und ein zentrales philosophisches Problem für Menschen wie Hume und Karl Popper (mehr dazu später).

Um die Performance eines Anlegers zu messen, müssen wir also entweder intelligentere, weniger intuitive Verfahren einsetzen oder unsere Einschätzungen auf Situationen beschränken, in denen wir uns unabhängig von der Häufigkeit der betreffenden Ereignisse ein Urteil bilden können.

Ein unartiges Kind tauscht die roten Kugeln aus

Aber es kommt noch schlimmer. In manchen Fällen werden wir bei einer zufälligen Verteilung der roten Kugeln niemals wissen, wie sich der Inhalt unserer Urne zusammensetzt. Das bezeichnet man als *Problem der Stationarität*. Stellen Sie sich eine Urne vor, die unten hohl ist. Während ich daraus Stichproben entnehme, legt unten ohne mein Wissen ein unartiges Kind weitere Kugeln in der einen oder anderen Farbe hinein. Meine Schlussfolgerungen werden unwesentlich. Ich könnte folgern, dass die roten Kugeln 50 Prozent des Inhalts der Urne ausmachen, während dieser böse Schlingel, der meine Folgerungen gehört hat, flugs alle roten Kugeln durch schwarze ersetzt. Somit steht ein Großteil unseres statistisch abgeleiteten Wissens auf unsicherem Boden.

Genau der gleiche Effekt ist auch an der Börse zu beobachten. Wir betrachten die historische Entwicklung als eine homogene Stichprobe und glauben, dass wir unser Wissen über die Zukunft durch Beobachtung der Stichprobe der Vergangenheit spürbar verbessern können. Was geschieht aber, wenn unartige Kinder die

Zusammensetzung der Urne verändern? Mit anderen Worten: Was passiert, wenn sich die Rahmenbedingungen geändert haben?

Ich studiere und praktiziere mehr als mein halbes Leben lang Ökonometrie (seit meinem 19. Lebensjahr), sowohl in der Theorie als auch in meiner Tätigkeit als quantitativer Händler von derivativen Instrumenten. Die »Wissenschaft« der Ökonometrie besteht in der Anwendung statistischer Methoden auf Stichproben, die zu verschiedenen Zeitpunkten entnommen wurden. Wir nennen das *Zeitreihen*. Sie beruht auf der Untersuchung von Zeitreihen, die sich aus wirtschaftlichen Variablen, Daten und anderen Aspekten zusammensetzen. Als ich mit der Ökonometrie anfing und noch fast gar nichts wusste (noch weniger als heute), fragte ich mich, wieso Zeitreihen, in denen Aktivitäten inzwischen verstorbener oder in Ruhestand gegangener Personen aufgezeigt wurden, eine Rolle für Zukunftsprognosen spielen sollten. Ökonometriker, die sehr viel mehr über solche Dinge wussten als ich, überlegten sich das nicht, was darauf hindeutete, dass es sich hier aller Wahrscheinlichkeit nach um eine dumme Frage handelte. Der berühmte Ökonometriker Hashem Pesaran antwortete auf eine ähnliche Frage, man sollte »mehr und bessere Ökonometrie« betreiben. Heute bin ich überzeugt, dass ein Größteil der Ökonometrie möglicherweise nutzlos ist – viele Erkenntnisse der Finanzstatistiker sind vielleicht gar nicht wissenswert. Denn die Summe einer Reihe von Nullen bleibt null, auch wenn man diesen Vorgang eine Milliarde Mal wiederholt. Ebenso führt die Akkumulation von Forschung und Komplexität zu nichts, wenn sie nicht auf einem festen Fundament ruht. Die Untersuchung der europäischen Finanzmärkte in den neunziger Jahren wird für einen Historiker sicherlich sehr aufschlussreich sein, doch welche Schlussfolgerungen können wir heute angesichts der Tatsache ziehen, dass sich die europäischen Institutionen und Märkte so stark verändert haben?

Der Ökonom Robert Lucas versetzte der Ökonometrie einen schweren Schlag, als er argumentierte, dass rational denkende Wesen allein schon aufgrund ihrer Rationalität vorhersehbare Muster aus der Vergangenheit ableiten und sich anpassen würden und folglich historische Informationen für Zukunftsprognosen völlig nutzlos seien (in einer sehr mathematischen Formulierung brachte ihm dieses Argument den Preis der schwedischen Zentralbank zu Ehren Alfred Nobels ein). Wir sind menschliche Wesen und handeln auf der Basis unseres Wissens, in das wir unter anderem Daten aus der Vergangenheit integrieren. Ich kann sein Argument anhand folgender Analogie veranschaulichen: Wenn rationale Händler ein Muster entdecken, bei dem Aktienkurse an Montagen steigen, dann wird ein solches Muster, sobald es erkennbar wird, wohl von Marktteilnehmern ausgeglichen werden, die in Erwartung dieses Ereignisses am Freitag Aktien kaufen. Es hat keinen Zweck, nach Mustern zu suchen, die für alle Marktteilnehmer offensichtlich sind. Sobald sie identifiziert werden, würden sie sich sofort gegenseitig aufheben.

Irgendwie drang die von Lucas geübte Kritik nicht bis zu den »Wissenschaftlern« durch. Sie glaubten zuversichtlich daran, dass die wissenschaftlichen Errungenschaften der industriellen Revolution sich auf die soziale Ebene übertragen ließen. Dies galt vor allem für Bewegungen wie den Marxismus. Mit einer bunten Schar idealistischer Hohlköpfe, die eine maßgeschneiderte Gesellschaft zu errichten versuchten, hielt die Pseudowissenschaft ihren Einzug. Das Paradebeispiel hierfür ist die Planwirtschaft. Ökonomen waren die wahrscheinlichsten Kandidaten für einen solchen Einsatz der Wissenschaft; unter dem Gewicht von Gleichungen kann man Scharlatanerie geschickt verstecken, und niemand kann einen dabei erwischen, da es keinerlei kontrollierte Experimente gibt. Der Geist solcher Methoden, die ihre Kritiker (mich eingeschlossen) als »*Wissenschaftismus*« bezeichnen, blieb auch nach dem Niedergang des Marxismus im Finanzwesen erhalten, da einige Techniker meinten, ihre mathematischen Kenntnisse könnten ihnen helfen, die Märkte zu verstehen. Die Praxis des »Financial Engineering« geht mit einer kräftigen Dosis Pseudowissenschaft einher. Die Anhänger dieser Methoden messen Risiken und verwenden dabei historische Werte als Indikator für die Zukunft. Lassen Sie uns an dieser Stelle nur sagen, dass allein schon die Möglichkeit, dass die Verteilungen nicht stationär sind, das gesamte Konzept wie einen teuren (möglicherweise *sehr kostspieligen*) Fehler erscheinen lassen. Dies führt uns zu einer grundlegenderen Fragestellung, nämlich zum Problem der Induktion, mit dem wir uns im nächsten Kapitel beschäftigen werden.

Kapitel 7
Das Problem der Induktion

Über die Chromodynamik von Schwänen. Wir übertragen Solons Warnung auf philosophisches Terrain. Wie mir Victor Niederhoffer den Empirismus nahe brachte und ich dann die Deduktion hinzufügte. Warum es nicht wissenschaftlich ist, die Wissenschaft ernst zu nehmen. Soros wirbt für Popper. Der Buchladen an der Ecke 21. Straße/Fifth Avenue. Pascals Wette.

Von Bacon bis Hume

Wenden wir uns diesem Problem nun aus der breiter gefassten Warte der Wissenschaftsphilosophie zu. Bei Schlussfolgerungen gibt es eine Schwierigkeit, die oft als das »Problem der Induktion« bezeichnet wird. Dieses Problem quält die Wissenschaft schon seit langem, hatte aber in den Naturwissenschaften nicht so verheerende Auswirkungen wie in den Sozialwissenschaften – besonders in der Wirtschaftswissenschaft und vor allem in der Finanzökonomie. Der Grund: Der Zufall verschärft seine Folgen. Nirgendwo ist das Problem der Induktion relevanter als im Börsenhandel – und nirgendwo wurde es häufiger ignoriert!

Cygnus atratus

In seinem Traktat über die menschliche Natur formulierte der schottische Philosoph David Hume das Problem wie folgt (und wie von John Stuart Mill in dem mittlerweile berühmten *Problem des schwarzen Schwans* paraphrasiert): *Keine noch so häufige Beobachtung weißer Schwäne lässt den Schluss zu, dass alle Schwäne weiß sind, aber die Beobachtung eines einzigen schwarzen Schwans genügt, um diese Aussage zu falsifizieren.*

Hume hatte sich darüber geärgert, dass in der Wissenschaft seiner Tage (im 18. Jahrhundert) bei der Verlagerung von der rein deduktiven Argumentation des Scholastizismus (die keinerlei Gewicht auf die Beobachtung der realen Welt legte) dank Francis Bacon eine Überreaktion in Richtung eines naiven und unstrukturierten Empirismus stattgefunden hatte. Bacon hatte sich dagegen ausgesprochen, »das Spinnennetz des Lernens zu spinnen« – mit wenig praktischen Ergebnissen (Wissenschaft ähnelte der Theologie). Dank Bacon legte die Wissenschaft den Schwerpunkt nun auf empirische Beobachtungen. Das Problem dabei ist, dass uns empirische Beobachtungen ohne eine vernünftige Methode aufs Glatteis führen können. Hume wollte uns vor so erworbenem Wissen warnen und herausstellen, wie notwendig eine gewisse Präzision in der Wissenserfassung und -auslegung ist – was als Epistemologie bezeichnet wird (nach dem griechischen Wort *episteme*, was so viel heißt wie Erkenntnis). Hume ist der erste *Epistemologe* der Moderne (Epistemologie oder Erkenntnistheorie wird in ihrer angewandten Form häufig auch als die Methodenlehre der Wissenschaftsphilosophie bezeichnet). Was ich hier schreibe, ist streng genommen nicht ganz richtig, denn Hume sagte weitaus schlimmere Dinge. Er war ein obsessiver Skeptiker, der nicht glaubte, dass Kausalbeziehungen zwischen zwei Elementen jemals wirklich bewiesen werden konnten. Im Rahmen dieses Buches werden wir seine Ansichten jedoch etwas mäßigen.

Niederhoffer, ein viktorianischer Gentleman

Es sollte erwähnt werden, dass die Finanzwissenschaft ihren Francis Bacon in der Person des Victor Niederhoffer fand. Er war der Erste, der sich dem *Spinnennetz des Lernens* an der University of Chicago und der religiös verfochtenen Theorie der effizienten Märkte widersetzte, als sie in den sechziger Jahren ihre wildesten Blüten trieb. Im Gegensatz zum Scholastizismus der Finanztheoretiker suchte er in Daten nach Anomalien und fand genug davon, um eine erfolgreiche Laufbahn in der Zufallslehre einzuschlagen und ein aufschlussreiches Buch mit dem Titel *The Education of a Speculator* zu schreiben. Seit damals floriert eine ganze Branche solcher Spekulanten, die »statistische Arbitrageure« genannt werden. Die herausragendsten und erfolgreichsten Akteure in diesem Bereich waren ursprünglich bei Niederhoffer in die Lehre gegangen. Während Niederhoffer einen großen publizierten Ausrutscher erlebte, heimsten einige seiner Zöglinge große Erfolge ein, weil sie ihre statistischen Ableitungen präzisierten und mit einer entsprechenden *Methodik* unterlegten. Mit anderen Worten: Niederhoffers Empirismus fehlte einfach nur eine kleine Prise Methodenlehre.

Ich muss zugeben, dass mich Niederhoffer trotz all meiner intellektuellen Meinungsunterschiede gegenüber seiner Lehre durch seinen Empirismus inspirierte und ich ihm einen großen Teil meiner intellektuellen Weiterentwicklung verdanke. 1996 machte ich mit meinen Handelsstrategien einen Sprung nach vorne, weil Victor mich in einem Wutanfall zurechtwies, dass jede überprüfbare Aussage auch tatsächlich *überprüft* werden sollte (das war zwar ganz offensichtlich, aber ich hatte es bis dato noch nicht getan). Ich nahm mir seinen Rat zu Herzen. Überprüfbar ist eine Aussage, wenn sie sich in quantitative Einzelteile zerlegen lässt und statistischen Untersuchungen unterworfen werden kann. Eine oft gehörte Aussage wie

Unfälle passieren häufig in der Nähe des Wohnorts

lässt sich verifizieren, indem man die durchschnittliche Entfernung zwischen dem Unfallort und dem Wohnsitz des Fahrers nimmt (wenn beispielsweise ungefähr 20 Prozent aller Unfälle innerhalb eines Radius von 20 Kilometern passieren). Man muss jedoch bei der Interpretation Vorsicht walten lassen: Eine naive Auslegung des Ergebnisses würde Ihnen sagen, dass Ihre Unfallwahrscheinlichkeit größer ist, wenn Sie in Ihrem Viertel herumfahren, als wenn Sie weit entfernte Orte ansteuern. Das ist ein typisches Beispiel für naiven Empirismus. Der Grund: Unfälle passieren schlicht und einfach deswegen eher in der Nähe des Wohnorts, weil die Leute in der näheren Umgebung ihres Zuhauses mehr fahren (wenn sie sich 20 Prozent ihrer Fahrzeit innerhalb eines Radius von 20 Kilometern um ihre Wohnung herum aufhalten).

Seit jenem Tag habe ich keine einzige überprüfbare Behauptung mehr aufgestellt, ohne sie tatsächlich zu testen – dank des Computers, den ich nur selten für etwas anderes als derartige Berechnungen nutze. Dennoch bestehen zwischen Victor und mir nach wie vor enorme Unterschiede; ich kann Daten nutzen, um eine Behauptung zu entkräften, aber niemals, um sie zu beweisen. Ich kann auf die Geschichte zurückgreifen, um eine Vermutung zu widerlegen, nicht aber, um sie zu bestätigen. Die Aussage

Der Markt geht in einem Dreimonatszeitraum niemals um mehr als 20 Prozent zurück

kann überprüft werden, wäre aber im Falle einer Verifizierung völlig bedeutungslos. Ich kann diese Behauptung quantitativ widerlegen, indem ich Gegenbeispiele finde, aber es ist mir nicht möglich, sie einfach zu akzeptieren, weil in den Daten aus der Vergangenheit der Markt in einem Dreimonatszeitraum niemals um mehr als 20 Prozent zurückgegangen ist.

Lassen Sie uns zum Problem des schwarzen Schwans zurückkehren und folgende Aussagen untersuchen:

Aussage A: Es gibt keine schwarzen Schwäne, weil ich mir 4000 Schwäne angesehen habe und darunter kein schwarzer war.
Aussage B: Nicht alle Schwäne sind weiß.

Aussage A ergibt keinen logischen Sinn, ganz gleich, wie viele weiße Schwäne ich in meinem Leben schon beobachtet habe und in Zukunft beobachten könnte (es sei denn, man räumt mir das Privileg ein, mit Sicherheit alle existierenden Schwäne ansehen zu dürfen). Aussage B kann jedoch getroffen werden, wenn es mir einfach gelingt, einen einzigen schwarzen Schwan in meiner Stichprobe zu finden. Aussage A wurde tatsächlich durch die Entdeckung Australiens falsifiziert, denn dort wurde der *Cygnus atratus* gefunden, eine Schwanenart, deren Gefieder pechschwarz ist! Der Leser wird Anklänge von Popper finden (nachdem wir meinen Halbmentor Victor hinter uns gelassen haben), denn zwischen diesen beiden Aussagen besteht eine starke Asymmetrie. Diese ist auch das zentrale Kernstück meines Umgangs mit dem Zufall in meiner Eigenschaft als Börsenhändler.

Die folgende induktive Aussage veranschaulicht das Problem der Interpretation der Daten aus der Vergangenheit ohne logische *Methode:*

> *Ich habe soeben eine gründliche statistische Untersuchung des Lebens von Präsident Bush durchgeführt. 58 Jahre lang – bei fast 21 000 Beobachtungspunkten – starb er kein einziges Mal. Daher kann ich ihn mit einem hohen Grad an statistischer Signifikanz für unsterblich erklären.*

Obwohl Victor und ich auf so entgegengesetzte Weise handeln, dass viele seiner Transaktionen in meinem Bestand landen, empfinde ich sehr viel Respekt für ihn. Er verdient seinen Lebensunterhalt damit, Optionen zu verkaufen, die »aus dem Geld« sind, während ich sie kaufe (mit dem Verkauf einer Option, die »aus dem Geld ist«, setzt man darauf, dass ein Ereignis *nicht* eintritt; mit meinen Käufen setze ich lediglich darauf, dass es stattfinden *könnte*). Er versucht, ein kontinuierliches Einkommen zu erzielen; ich dagegen ziehe seltene, aber dafür enorme Gewinne vor. Obwohl wir als Börsenhändler diametral entgegengesetzt zu arbeiten scheinen, haben wir viele oberflächliche Gemeinsamkeiten in unseren Wesenszügen. Das sollte an dieser Stelle vielleicht erwähnt werden, weil wir beide unsere persönlichen Eigenschaften zum Bestandteil unserer Handelsstrategie gemacht haben und kaum zwischen dem unterscheiden, was Durchschnittsbürger »Arbeit« und »Freizeit« nennen. Wir sind beide Händler, die versuchen, in der Illusion zu leben, dass sie in einem wissenschaftlichen Labor tätig sind. Beide suchen wir die Gesellschaft von Gelehrten und Wissenschaftlern, nicht von Geschäftsleuten (Gespräche mit erfolgreichen Wissenschaftlern sind ein gutes Training, wenn man Engstirnigkeit im eigenen Denken vermeiden will). Wir versuchen beide, wie die von Büchern umgebenen Gentleman-Gelehrten viktorianischer Prägung zu leben, indem wir vielen der populären Neuerungen des 20. Jahrhunderts zu entrinnen versuchen. Beide pflegen wir unsere persönlichen Eigenheiten, um jede intellektuelle Ähnlichkeit mit der Masse zu vermeiden. Beide widmen wir uns obsessiv und täglich sportlichen Aktivitäten (er liebt jedoch Wettkämpfe, während mir Wettbewerb im Sport zuwider ist). Victors Modell scheint der viktorianische Gentleman zu sein (wie sein Held Francis Galton, ein Tüftler und Vetter von Charles Darwin, der die wahre Inspiration für all jene ist, die angewandte Statistik betreiben), während ich wie ein echter Viktorianer in jeglicher Hinsicht Klassizist bin und der griechisch-römischen Kultur verbunden bleibe, in der ich aufgewachsen bin (meine Helden sind eher literarische Figuren). Beide machen wir einen Bogen um die Medien, das Fernsehen und die Presse, wenngleich Victor bei solchen Restriktionen weitaus rigoroser ist als ich. Beide meiden wir leeres Gerede und Smalltalk wie die Pest (zu viele Nebengeräusche im Sinne der linken Spalte von Tabelle 1). Schließlich ist Niederhoffer Empiriker; ich dagegen bin ein skeptischer Empiriker.

Sir Karls Werbeagent

Als Nächstes möchte ich berichten, wie ich Karl Popper über einen anderen Händler kennen gelernt habe – möglicherweise den einzigen Börsenprofi, den ich jemals wirklich respektiert habe. Ich weiß nicht, ob das auch für andere Menschen gilt, aber obwohl ich ein leidenschaftlicher Leser bin, beeinflusst meine Lektüre kaum jemals mein Verhalten (zumindest nicht dauerhaft). Ein Buch kann einen starken Eindruck hinterlassen, doch verblasst dieser zumeist, wenn er in meinem Kopf durch einen frischeren Eindruck (ein neues Buch) ersetzt wird. Ich muss meine Erfahrungen selbst machen (erinnern Sie sich an den Abschnitt *Die Herdplatte ist heiß* in Kapitel 3). Nur Selbstentdecktes bleibt mir im Gedächtnis haften.

Eine Ausnahme bilden hier die Thesen von Sir Karl, die ich über die Schriften des Börsenhändlers und selbst erklärten Philosophen George Soros entdeckte (oder wiederentdeckte). Soros scheint es als eine seiner Aufgabe im Leben zu sehen, für Karl Popper die Werbetrommel zu rühren. Was ich von George Soros gelernt habe, entspricht möglicherweise nicht ganz dem, was er uns beibringen wollte. Mit seinen Ausführungen zum Thema Wirtschaft und Philosophie stimmte ich nicht überein. Obwohl ich ihn sehr bewundere, teile ich die Meinung berufsmäßiger Denker, dass philosophische Spekulationen nicht zu Soros' Stärken gehören. Dennoch sieht er sich selbst als Philosoph – was ihn in mehr als einer Hinsicht liebenswert macht. In seinem ersten Buch *Die Alchemie der Finanzen* scheint er einerseits Thesen zur wissenschaftlichen Erklärung zu erörtern, indem er komplexe Etiketten wie »deduktiv-nomologisch« einstreut. Das ist immer suspekt, weil es an postmoderne Autoren erinnert, die sich durch komplizierte Referenzen als Philosophen und Wissenschaftler aufspielen. Andererseits versteht er seine Begrifflichkeiten offenbar nicht gut. Beispielsweise führt er ein »Handelsexperiment« durch, wie er es nennt, und impliziert anhand des Erfolgs dieser Transaktion, dass die dahinter stehende Theorie schlüssig war. Das ist grotesk: Ich könnte durch Würfeln meinen religiösen Glauben beweisen und positive Ergebnisse als Beweis für die Richtigkeit meiner Thesen werten. Die Tatsache, dass Soros' spekulatives Portfolio einen Gewinn abwarf, beweist sehr wenig. In einem vom Zufall geprägten Umfeld kann man aus einem einzigen Experiment nicht viel folgern – Kausalkomponenten setzen seine Wiederholbarkeit voraus. Zweitens stellt Soros die Ökonomie pauschal an den Pranger, was durchaus gerechtfertigt sein mag, doch hat er hier seine Hausaufgaben nicht gemacht. So schreibt er etwa der Kategorie, in die er »Volkswirtschaftler« steckt, den Glauben zu, dass sich alles auf ein Gleichgewicht zubewegt. Dies gilt jedoch nur für *einige* neoklassische Ökonomen. Es gibt eine ganze Reihe von Wirtschaftstheorien, die davon ausgehen, dass die Abkehr von einem Preisniveau zu weiteren Abweichungen und kaskadenartigen Feedback-Schleifen führen kann. Dieser Effekt wurde recht gründlich untersucht, etwa in der Spieltheorie (in den Arbeiten von Harsanyi und Nash) oder in der Informationsökonomie (in den Studien von Stiglitz, Akerloff und Spence). Alle Volkswirtschaftler über einen Kamm zu scheren zeugt von einer gewissen Ungerechtigkeit und mangelnder Präzision.

Trotz – oder vielleicht gerade wegen – einiger unsinniger Ausführungen in seinen Schriften, mit denen er sich wahrscheinlich überzeugen wollte, dass er nicht einfach nur ein Händler war, erlag ich dem Charme dieses Ungarn, der sich – wie ich selbst – dafür schämt, ein Händler zu sein und es vorzieht, seine Börsentransaktionen als beiläufiges Anhängsel seines intellektuellen Lebens zu betrachten, selbst wenn seine Essays nicht viel Gelehrsamkeit enthalten. Menschen mit viel Geld beeindruckten mich noch nie (und im Laufe meines Lebens habe ich viele getroffen), und sie geben auch bestimmt kein gutes Vorbild für mich ab. Möglicherweise stellt sich ja sogar die gegenteilige Wirkung ein: Im Allgemeinen finde ich die Reichen abstoßend, was meist auf den Heldenkult zurückzuführen ist, der in der Regel mit jenen getrieben wird, die rasch zu Kapital gekommen sind. Soros war anscheinend der Einzige, der meine Wertvorstellungen teilte. Er wollte ernst genommen werden als mitteleuropäischer Professor, der reich geworden war, weil seine Thesen sich als richtig erwiesen hatten (erst als ihm die Akzeptanz anderer Intellektueller versagt blieb, versuchte er, durch sein Geld eine dominierende Position zu erreichen – ähnlich wie ein Freier, der nach vergeblichem Werben sich Beiwerk wie einen roten Ferrari zulegt, um die Dame seines Herzens für sich zu gewinnen). Außerdem weiß Soros, wie man mit dem Zufall umgehen muss, auch wenn er in seinen Abhandlungen nichts Sinnvolles zu Papier brachte: Mit kritischem, wachem Verstand scheut er sich nicht, seine Meinungen zu ändern, ohne sich groß dafür zu schämen (eine Nebenwirkung davon ist, dass er Menschen urplötzlich fallen lassen kann). Er erzählte jedem, dass er fehlbar sei, war aber genau deswegen so mächtig, weil er dies wusste, während andere weitaus grandiosere Vorstellungen von sich selbst hatten. Er verstand Popper. Man sollte ihn nicht basierend auf seinen Schriften verurteilen: Soros lebte ein Leben im Popper'schen Sinne.

Übrigens war Popper für mich nichts Neues. Als Teenager und im Alter von Anfang 20 hatte ich im Rahmen einer engagierten Bildung in Europa und den Vereinigten Staaten beiläufig von Karl Popper gehört. In der mir damals vorgestellten Form verstand ich seine Thesen jedoch nicht, und ich glaubte auch nicht, dass sie für irgendetwas im Leben Bedeutung hätten (wie die Metaphysik). Ich war damals in dem Alter, in dem man das Gefühl hat, alles lesen zu müssen, und das hinderte mich daran, Pausen zum Nachdenken einzulegen. Aufgrund dieser Eile fiel es mir schwer, in Popper etwas Wissenswertes zu erkennen. Das lag entweder an meiner Konditionierung durch die damals modische intellektuelle Kultur (zu viel Plato, zu viele Marxisten, zu viel Hegel, zu viele pseudowissenschaftliche Intellektuelle), am Bildungssystem (zu viele als Wahrheiten verpackte Mutmaßungen) oder an der Tatsache, dass ich damals zu jung war und zu viel las, um eine Brücke zur Realität schlagen zu können.

Popper fiel dann aus meinem Gedächtnis heraus, ohne in einer einzigen Gehirnzelle eine Spur zu hinterlassen – im Denken eines unerfahrenen Jungen gab es nichts, das ihn hätte halten können. Außerdem begann ich damals mit dem Börsenhandel und trat in eine antiintellektuelle Phase ein; ich musste mir nicht zufälliges Geld verdienen, um meine soeben verlorene Zukunft und den Wohlstand wiederzuerlangen, die sich kurze Zeit zuvor im Libanon-Krieg in Luft aufgelöst hatten (bis dahin war ich von dem Wunsch beseelt gewesen, wie fast alle in meiner Familie in den letzten 200 Jahren ein Leben angenehmen Müßiggangs zu führen). Plötzlich fühlte ich mich finanziell unsicher und befürchtete, mich als Angestellter bei irgendeinem Unternehmen verdingen zu müssen, das mich in einen Firmensklaven mit »Arbeitsethik« verwandeln würde (immer wenn ich den Begriff *Arbeitsethik* höre, verstehe ich darunter *ineffiziente Mittelmäßigkeit*). Ich brauchte die Unterstützung meines Bankkontos, um mir Zeit zum Nachdenken zu kaufen und das Leben genießen zu können. Auf keinen Fall wollte ich sofort zum Philosophen werden und dabei beim ortsansässigen McDonald's meinen Lebensunterhalt verdienen. Die Philosophie wurde für mich etwas, was rhetorisch geschickte Menschen praktizierten, wenn sie viel freie Zeit hatten. Sie war jenen vorbehalten, die in quantitativen Methoden und anderen produktiven Dingen nicht besonders versiert waren. Sie war ein Zeitvertreib, der sich auf die späten Abendstunden beschränken sollte, auf Bars in Uninähe, wenn man schon etwas getrunken und keinen engen Stundenplan hatte – vorausgesetzt, man vergaß diesen Anfall von Schwatzhaftigkeit nach Möglichkeit schon am nächsten Tag wieder. Zu viel Philosophie konnte einen Menschen in Schwierigkeiten bringen, ihn vielleicht sogar in einen marxistischen Ideologen verwandeln. Popper sollte erst wieder auftauchen, nachdem ich mir in meiner Karriere als Börsenhändler einen sicheren Platz erobert hatte.

Örtlichkeiten

Man sagt, Menschen würden sich im Allgemeinen erinnern, um welche Zeit und an welchem Ort sie mit einer überragenden Idee konfrontiert wurden. Der religiöse Dichter und Diplomat Paul

Claudel wusste genau, wo er bei seiner (erneuten) *Bekehrung* zum Katholizismus in der Kathedrale Notre Dame in Paris stand – in der Nähe welcher Säule. Daher kann auch ich mich an die genaue Stelle im Barnes&Noble-Buchladen an der Ecke 21. Straße/Fifth Avenue erinnern, wo ich 1987, von Soros inspiriert, 50 Seiten von Poppers *Die offene Gesellschaft* las und mir anschließend in fieberhafter Eile alle Werke Poppers kaufte, deren ich habhaft werden konnte, als würde ich fürchten, sie könnten bald vergriffen sein. Ich hielt mich in einem spärlich beleuchteten Nebenraum auf, in dem es merklich nach Moder roch. Ich kann mich lebhaft daran erinnern, welche Gedanken mir wie eine Offenbarung durch den Kopf schossen.

Popper entpuppte sich als das genaue Gegenteil von dem Bild, das ich mir ursprünglich von »Philosophen« gemacht hatte; er war der Inbegriff der Sachlichkeit. Zu jenem Zeitpunkt hatte ich bereits einige Jahre lang als Optionshändler gearbeitet und war wütend, dass ich von den akademischen Forschern im Bereich Finanzen so schrecklich übers Ohr gehauen wurde, insbesondere weil ich meinen Lebensunterhalt durch das Scheitern ihrer Modelle verdiente. Ich hatte bereits begonnen, mich im Rahmen meiner Arbeit mit derivativen Instrumenten mit Finanzwissenschaftlern zu unterhalten. Dabei gelang es mir nur schwer, ihnen einige grundsätzliche Merkmale der Finanzmärkte nahe zu bringen (sie glaubten ein wenig zu sehr an ihre eigenen Modelle). Die ganze Zeit über lauerte in meinem Hinterkopf der Gedanke, dass diese Forscher etwas übersehen hatten, aber ich wusste nicht so recht was. Mein Ärger richtete sich weniger gegen das, was sie wussten, als gegen die Art und Weise, wie sie ihr Wissen erwarben.

Poppers Antwort

Popper fand eine wichtige Antwort auf das Problem der Induktion (für mich war es *die* Antwort). Kein anderer Mensch hat die Vorgehensweise der Wissenschaftler mehr beeinflusst als Sir Karl – trotz der Tatsache, dass viele seiner Kollegen, die sich berufsmäßig mit Philosophie beschäftigen, ihn für recht naiv halten (was meiner Ansicht nach nur für ihn spricht). Nach Poppers Auffassung sollte man die Wissenschaft nicht so ernst nehmen, wie sie sich anhört (als er Einstein kennen lernte, sah er in ihm nicht den Halbgott, für den sich dieser selbst hielt). Laut Popper gibt es nur zwei Arten von Theorien:

1. Theorien, von denen bekannt ist, dass sie falsch sind, da man sie überprüft und zu Recht verworfen hat (er nennt sie *falsifiziert*).
2. Theorien, von denen noch nicht bekannt ist, ob sie falsch sind, da sie noch nicht *falsifiziert* wurden, die aber der Gefahr ausgesetzt sind, widerlegt zu werden.

Warum ist eine Theorie niemals *richtig*? Weil wir nie wissen können, ob alle Schwäne weiß sind (Popper griff hier auf Kants Thesen über die Fehler in unserer Wahrnehmungsfähigkeit zurück). Der Prüfmechanismus könnte fehlerhaft sein. Die Aussage, dass es einen schwarzen Schwan gibt, ist dagegen möglich. Eine Theorie kann nicht verifiziert werden. Um noch einmal den amerikanischen Baseballtrainer Yogi Berra zu paraphrasieren: *Daten aus der Vergangenheit haben viel Gutes, aber es ist ihre schlechte Seite, die schlecht ist.* Eine Theorie kann höchstens vorläufig akzeptiert werden. Alles, was nicht in diese beiden Kategorien fällt, ist keine Theorie. Eine Theorie, die keine Umstände aufzeigt, unter denen sie als falsch betrachtet werden könnte, müsste als Scharlatanerie bezeichnet werden – sie wäre nämlich sonst nicht widerlegbar. Warum? Ein Astrologe kann immer einen Grund finden, ein vergangenes Ereignis in sein Schema einzupassen, indem er beispielsweise sagt: »*Mars bildete vermutlich eine Linie, aber keine besonders ausgeprägte.*« (Ebenso ist meiner Ansicht nach ein Händler, für den es kein Argument gibt, das ihn zu einer Meinungsänderung veranlasst, kein wahrer Händler.) Faktisch zeigt die folgende Ironie den Unterschied zwischen Newtons Physik, die Einstein mit seiner Relativität falsifizierte, und der Astrologie: Newtons Physik ist wissenschaftlich, weil sie uns erlaubte, sie zu falsifizieren; wir wissen heute, dass sie nicht richtig ist. Die Astrologie ist nicht wissenschaftlich, weil sie uns keine Konditionen anbietet, unter denen wir sie widerlegen könnten. Astrologie kann wegen der Hilfshypothesen, die ins Spiel kommen, nicht falsifiziert werden. Das ist die

Grundlage der Unterscheidung zwischen Wissenschaft und Unsinn (das so genannte »Demarkationsproblem«).

Praxisrelevanter war für mich die Tatsache, dass Popper viele Probleme mit Statistik und Statistikern hatte. Er weigerte sich, blind die Auffassung zu akzeptieren, dass Wissen immer durch Hinzunahme weiterer Informationen verbessert werden könne – das Fundament der statistischen Inferenz. In manchen Fällen trifft das zu, aber wir wissen nicht in welchen. Viele kluge Köpfe, darunter John Maynard Keynes, kamen selbst zu den gleichen Schlüssen. Sir Karls Kritiker glauben, dass eine vielfache Wiederholung des gleichen Experiments mit positivem Ergebnis dazu führen sollte, dass man sich immer mehr mit dem Gedanken anfreundet, dass »es funktioniert«. Ich verstand Poppers Position besser, nachdem ich zum ersten Mal erlebte, wie ein seltenes Ereignis im Trading Room verheerende Schäden anrichtete. Sir Karl befürchtete, dass eine bestimmte Art von Wissen nicht durch Informationen gesteigert werden könnte – allerdings können wir nicht feststellen, um welche Art es sich handelt. Seine Bedeutung für uns Börsenhändler liegt meiner Ansicht nach in der Tatsache, dass für ihn Wissen und Erkundung weniger mit dem zu tun haben, was wir wissen, sondern mit dem, was wir nicht wissen. Sein berühmtes Zitat:

> *Sie sind Männer mit kühnen Ideen, die ihren eigenen Ideen dennoch äußerst kritisch gegenüberstehen; sie versuchen herauszufinden, ob ihre Ideen richtig sind, indem sie zuerst überprüfen, ob sie nicht vielleicht falsch sind. Sie arbeiten mit kühnen Mutmaßungen und versuchen rigoros, ihre eigenen Hypothesen zu widerlegen.*

»Sie« sind Wissenschaftler, könnten aber auch jedem anderen Beruf angehören.

Indem Popper die Meister relativierte, rebellierte er gegen das Ausufern der Wissenschaft. Auf intellektueller Ebene war Popper geprägt von den dramatischen Verlagerungen in der Philosophie, als Versuche unternommen wurden, anstelle eines verbalen, rhetorischen Ansatzes ein streng wissenschaftliches System einzuführen, wie wir es in der Vorstellung des Wiener Kreises in Kapitel 4 gesehen haben. Die Anhänger dieser Bewegung wurden bisweilen als Logische Positivisten bezeichnet, nach der *Positivismus*-Bewegung, in der Auguste Comte im 19. Jahrhundert in Frankreich eine Vorreiterrolle gespielt hatte. Positivismus war hier als Verwissenschaftlichung aller Dinge definiert (buchstäblich alles, was es unter der Sonne gab). Er übertrug quasi die Industrielle Revolution auf die »Soft Sciences«. Ich möchte hier nicht näher auf den Positivismus eingehen, muss jedoch anmerken, dass Popper ein Gegenmittel dazu bietet. Er hält eine Verifizierung für unmöglich. Im Extremfall erscheinen Poppers Thesen naiv und primitiv – aber sie funktionieren. Man beachte, dass ihn seine Kritiker als *naiven Falsifikationisten* bezeichnen.

Ich bin ein naiver Falsifikationist par excellence. Der Grund: So kann ich überleben. Meinen extremen, obsessiven Popperismus setzte ich folgendermaßen um: Bei allem, was ich tue, spekuliere ich auf Theorien, die eine bestimmte Weltanschauung widerspiegeln, aber mit der Auflage, dass mir kein seltenes Ereignis Schaden zufügen darf. Faktisch möchte ich, dass alle denkbaren seltenen Ereignisse mich unterstützen. Meine Vorstellung von der Wissenschaft weicht von der anderer in meinem Umfeld ab, die sich selbst so gerne als Wissenschaftler bezeichnen. Wissenschaft ist für mich reine Spekulation – eine reine Formulierung von Hypothesen.

Eine offene Gesellschaft

Poppers Falsifizierungsansatz steht in enger Verbindung mit der Vorstellung einer offenen Gesellschaft. In einer offenen Gesellschaft gibt es keine dauerhaften Wahrheiten; sie würden immer das Entstehen von Gegenhypothesen zulassen. Karl Popper stimmte hier mit seinem Freund, dem zurückhaltenden Ökonomen von Hayek, überein. Dieser befürwortete den Kapitalismus als einen Staat, in dem Preise Informationen verbreiten, die im bürokratischen Sozialismus unterdrückt würden. Auch wenn man es nicht meinen möchte, stehen beide Konzepte – Poppers Falsifizierungsansatz und die offene Gesellschaft – in engem Zusammenhang mit einer rigorosen Methode zum Umgang mit dem Zufall in meinem Brotberuf als Börsenhändler. Ein offener Geist ist selbstverständlich notwendig, wenn man es mit dem Zufall zu tun hat. Popper war überzeugt, dass jede Vorstellung einer Utopie von vornherein geschlossen war, weil sie ihre eigene Widerlegung nicht zuließ. Die einfache Vorstellung eines guten Gesellschaftsmodells, die nicht falsifiziert werden darf, ist der Totalitarismus. Von Popper lernte ich neben dem Unterschied zwischen offenen und geschlossenen Gesellschaftssystemen auch, was einen offenen von einem geschlossenen Verstand unterscheidet.

»Nobody is perfect«

Ich muss nun einige ernüchternde Informationen über Popper als Menschen mitteilen. Zeitzeugen seines Privatlebens stellten fest, dass er sein Gedankengut recht wenig praktizierte. Der Philosoph und Oxford-Dozent Brian Magee, der fast dreißig Jahre lang mit Popper befreundet war, beschrieb ihn als weltfremd (außer in seiner Jugend) und eng auf seine Arbeit fokussiert. Während der letzten 50 Jahre seiner langen Karriere (Popper wurde 92 Jahre alt) lebte er fern von der Außenwelt, isoliert von extremen Ablenkungen und Anregungen. Popper »neigte außerdem dazu, anderen gute Ratschläge zu ihrer Karriere oder ihrem Privatleben zu erteilen, obwohl er von beidem wenig Ahnung hatte. Das alles widersprach natürlich vollkommen seinen erklärten (und wirklich ehrlich gemeinten) philosophischen Überzeugungen und Praktiken.«

In seiner Jugend war er nicht viel besser. Die Mitglieder des Wiener Kreises versuchten, ihm aus dem Weg zu gehen – nicht wegen seiner abweichlerischen Thesen, sondern weil er ein gesellschaftlicher Problemfall war. »Er war brillant, aber auf sich selbst fokussiert, unsicher und arrogant, reizbar und selbstgerecht zugleich. Er konnte furchtbar schlecht zuhören und wollte unter allen Umständen seine Meinung durchsetzen. Er hatte keine Ahnung von Gruppendynamik und besaß nicht das geringste Verhandlungsgeschick.«

Ich möchte mich hier nicht in Gemeinplätzen ergehen über den Unterschied zwischen jenen, die Thesen aufstellen, und jenen, die sie praktisch umsetzen, sondern lediglich auf ein interessantes Verhaltensproblem hinweisen: Wir verkünden gerne logische und rationale Ideen, finden aber nicht unbedingt *Gefallen* an ihrer Verwirklichung. So sonderbar es klingen mag, dieser Punkt wurde erst vor kurzem entdeckt (wir werden an späterer Stelle noch sehen, dass wir genetisch nicht für rationales Denken und Handeln gerüstet sind; wir eignen uns nur dazu, unsere Gene in einem bestimmten anspruchslosen Umfeld mit größtmöglicher Wahrscheinlichkeit weiterzugeben). Auch wenn es sich noch so merkwürdig anhört, der obsessiv selbstkritische George Soros scheint in seinem beruflichen Verhalten mehr von Poppers Ideen zu verwirklichen als Popper selbst.

Induktion und Gedächtnis

Das menschliche Gedächtnis ist eine große Maschine, die induktive Schlussfolgerungen zieht. Woran erinnert man sich leichter: an eine Sammlung zufällig zusammengewürfelter Fakten oder an eine Geschichte, die eine Reihe logischer Verknüpfungen enthält? Kausalitäten kann man sich leichter merken. Unser Gehirn müsste in diesem Fall weniger arbeiten, um diese Informationen zu speichern. Der *Umfang* ist geringer. Was genau ist Induktion? Eine Verallgemeinerung aus einer Vielzahl von Einzelheiten. Induktion ist sehr praktisch, weil Allgemeines weitaus weniger Platz im Gedächtnis beansprucht als eine Sammlung von Einzelheiten. Diese Komprimierung führt zu einer Reduzierung der wahrgenommenen Zufälligkeit.

Pascals Wette

Ich beschließe meine Ausführungen mit der Beschreibung meiner eigenen Methode zum Umgang mit dem Problem der Induktion. Der Philosoph Pascal erklärte, dass die optimale Strategie für uns Menschen darin bestehe, an die Existenz Gottes zu glauben. Denn wenn es Gott gibt, wird dieses Verhalten belohnt. Existiert er aber nicht, so hat ein Mensch, der an Gott glaubt, nichts zu verlieren. Entsprechend müssen wir auch die Wissensasymmetrie akzeptieren; es gibt Situationen, in denen der Einsatz von Statistik und Ökonometrie sinnvoll sein kann. Aber ich würde mir nicht wünschen, dass mein Leben davon abhinge.

Analog zu Pascal bringe ich also folgende Argumentation vor: Wenn die Wissenschaft der Statistik mir in irgendeiner Weise nützlich sein kann, werde ich sie einsetzen. Wenn sie eine Gefahr darstellt, wende ich sie nicht an. Ich möchte das Beste aus der Vergangenheit nutzen – aber risikolos. Also setzte ich statistische und induktive Methoden für aggressive Wetten ein, nicht aber zum Management meiner Risiken und Engagements. Überraschenderweise scheinen alle mir bekannten überlebenden Börsenhändler den gleichen Ansatz zu verfolgen. Sie setzen auf Thesen, die auf irgendeiner Beobachtung beruhen (einschließlich der historischen Entwicklung), aber wie Poppers Wissenschaftler stellen sie sicher, dass sich die Kosten eines Irrtums in Grenzen halten (und ihre Wahrscheinlichkeit nicht aus den Daten der Vergangenheit abgeleitet wird). Im Gegensatz zu Carlos und John wissen sie, welche Ereignisse ihre Hypothesen widerlegen würden und berücksichtigen das, bevor sie sich auf eine Trading-Strategie einlassen (denken Sie daran, wie Carlos und John historische Trends als Grundlage ihrer Investments und ihrer Risikomessung verwendeten). Bei Eintritt dieser Ereignisse brechen sie ihre Transaktion ab. Im Börsenjargon nennt man das *Stop-Loss-Marken*: ein im Voraus definierter Austrittspunkt, ein Schutzmechanismus gegen den schwarzen Schwan. Meinen Beobachtungen zufolge wird das nur allzu selten praktiziert.

Solon sei Dank

Schließlich muss ich noch gestehen, dass beim Abschluss meiner Arbeit an Teil I die Tatsache, dass ich über Solons geniale Erkenntnisse schrieb, eine außergewöhnliche Wirkung auf meine Denkweise und mein Privatleben hatte. Was ich in Teil I zu Papier brachte, bestärkte mich noch mehr in meiner Ablehnung der Medien und meiner Distanz zu anderen Vertretern der Wirtschaft, in erster Linie anderen Anlegern und Händlern. Für sie empfand ich zunehmende Verachtung. Ich habe wohl keine Macht über mich selbst, da ich einen tief verwurzelten Wunsch verspüre, mich in Personengruppen und Kulturen einzufügen, und ihnen letztlich ähneln würde. Durch meinen vollständigen Rückzug kann ich mein Schicksal besser steuern. Bei der Lektüre der Klassiker empfinde ich derzeit eine Faszination, wie ich sie seit meiner Kindheit nicht mehr erlebt habe. Jetzt denke ich an den nächsten Schritt: Ich möchte eine informationsärmere, deterministischere frühere Welt wiederbeleben, etwa das 19. Jahrhundert, zugleich aber von einigen technischen Errungenschaften (wie dem Monte-Carlo-Generator), allen medizinischen Durchbrüchen und allen Fortschritten im Hinblick auf die soziale Gerechtigkeit profitieren, die unsere heutige Ära bietet. Dann hätte ich das Beste aus allen Welten. Das nennt man Evolution.

Teil II
Affen an Schreibmaschinen – Survivor Bias und andere Wahrnehmungsverzerrungen

Wenn man eine unendliche Zahl von Affen an (stabil gebaute) Schreibmaschinen setzt und darauf herumhämmern lässt, wird mit Sicherheit einer davon eine buchstabengetreue Version von Homers *Ilias* produzieren. Bei genauerer Betrachtung könnte diese Vorstellung weniger interessant sein, als sie auf den ersten Blick erscheinen mag: Die Wahrscheinlichkeit, dass dies geschieht, ist äußerst gering. Aber lassen Sie uns mit dieser Argumentation einen Schritt weiter gehen. Nachdem wir diesen Helden unter den Affen gefunden haben, würde der Leser dann sein ganzes Erspartes darauf setzen, dass dieser Affe als Nächstes die *Odyssee* tippt?

Interessant an diesem Gedankenexperiment ist der zweite Schritt. Wie relevant sind Leistungen der Vergangenheit (in diesem Fall das Tippen der *Ilias*) für die Prognose zukünftiger Ergebnisse? Gleiches gilt für jede Entscheidung, die auf historischen Entwicklungen beruht, bei der man sich ausschließlich auf die Eigenschaften vergangener Zeitreihen verlässt. Stellen Sie sich vor, dieser Affe würde mit seiner eindrucksvollen Leistung der Vergangenheit vor Ihrer Haustür stehen. Er schrieb doch immerhin Homers *Ilias*.

Generell besteht das größte Problem bei Inferenzen darin, dass diejenigen, deren Beruf es ist, Schlussfolgerungen aus Daten zu ziehen, oft schneller und zuversichtlicher in die Falle tappen als andere Menschen. Je mehr Daten wir zur Verfügung haben, desto größer ist die Wahrscheinlichkeit, dass wir in der Datenflut ertrinken. Denn im Allgemeinen wenden Menschen mit Anfangskenntnissen in den Wahrscheinlichkeitsgesetzen bei ihren Entscheidungen folgendes Prinzip an: Es ist äußerst unwahrscheinlich, dass jemand konsequent gute Leistungen erbringt, ohne etwas richtig zu machen. Daher neigen sie dazu, Erfolgsbilanzen herausragende Bedeutung beizumessen. Sie berufen sich dabei auf die Regel, die die Wahrscheinlichkeit einer derartigen Erfolgssträhne bestimmt, und behaupten, dass eine überdurchschnittliche Leistung in der Vergangenheit die Chance erhöht, dass der oder die Betreffende auch in Zukunft aus der Masse herausragen wird – und zwar deutlich. Aber wie üblich sollte man sich auch hier vor dem geistigen Durchschnittsmenschen hüten: ein kleines bisschen Wahrscheinlichkeitswissen kann zu schlimmeren Ergebnissen führen als völlige Ignoranz.

Es hängt von der Zahl der Affen ab

Ich bestreite nicht, dass bei jemandem, der in der Vergangenheit überdurchschnittliche Leistungen erzielt hat, angenommen werden kann, dass er auch in der Zukunft besser abschneiden wird als der Durchschnitt. Aber diese Vermutung könnte auf sehr schwachen Beinen stehen, so dass sie in der Entscheidungsfindung unter Umständen völlig nutzlos ist. Das liegt daran, dass alles von zwei Faktoren abhängt: vom Anteil des Zufalls an dem betreffenden Berufsstand und der Zahl der Affen im Betrieb.

Ungemein wichtig ist die anfängliche Stichprobengröße. Wenn fünf Affen am Spiel teilnehmen, wäre ich recht beeindruckt, wenn einer davon die *Ilias* schriebe, und würde ihn vielleicht sogar für die Reinkarnation des antiken Dichters halten. Wenn es eine Milliarde hoch einer Millarde Affen sind, wäre ich weniger beeindruckt – faktisch wäre ich überrascht, wenn nicht einer von ihnen rein zufällig ein bekanntes (aber nicht näher spezifiziertes) Werk produzieren würde (etwa Casanovas *Aus meinem Leben*). Von einem Affen könnte man vielleicht sogar erwarten, dass er uns Al Gores *Wege zum Gleichgewicht* beschert, vielleicht ohne die Plattitüden.

Dieses Problem hat in der Wirtschaft noch üblere Auswirkungen als in anderen Lebensbereichen. Das liegt an ihrer ausgeprägten Abhängigkeit vom Zufall (den Unterschied zwischen dem zufallsabhängigen Wirtschaftsleben und dem Handwerk eines Zahnarztes haben wir bereits ausführlich erörtert). Je größer die Zahl der Wirtschaftsakteure, desto wahrscheinlicher ist es, dass einer von ihnen aus purem Zufall fantastische Leistungen erbringt. Ich habe selten jemanden die Affen zählen sehen. Ebenso selten werden die Anleger auf dem Kapitalmarkt gezählt, um anstatt der Erfolgswahrscheinlichkeit bei einer gegebenen Anzahl von Marktteilnehmern während einer bestimmten Börsenperiode die konditionale Wahrscheinlichkeit erfolgreicher Versuche zu berechnen.

Tückische Realität

Die Sache mit den Affen hat noch einen weiteren Haken: Im realen Leben sind die Affen nicht zählbar, geschweige denn sichtbar. Sie sind versteckt, denn wir sehen nur die Gewinner – es ist ganz natürlich, dass diejenigen, die Misserfolge hinnehmen mussten, so gut wie vom Erdboden verschwunden sind. Daher sieht man ausschließlich die Überlebenden, und das vermittelt einen falschen Eindruck von den Gewinnchancen. Wir reagieren nicht auf Wahrscheinlichkeiten, sondern auf ihre Einschätzung durch die Gesellschaft. Wie wir im Falle von Nero Tulip gesehen haben, reagieren sogar Menschen, die Erfahrung mit den Gesetzen der Wahrscheinlichkeit gesammelt haben, nicht unbedingt intelligent auf gesellschaftlichen Druck.

Dieser Abschnitt

Teil I beschrieb Situationen, in denen Menschen das seltene Ereignis nicht verstanden und entweder die Möglichkeit seines Eintritts oder die unheilvollen Konsequenzen eines solchen Vorkommnisses nicht zu akzeptieren schienen. Darüber hinaus skizzierte ich darin meine eigenen Thesen – jene, die allem Anschein nach nicht in der Fachliteratur diskutiert worden sind. Aber ein Buch über den Zufall wäre nicht vollständig ohne eine Darstellung potenzieller Wahrnehmungsverzerrungen, die neben den Verdrehungen auftreten können, die von einem seltenen Ereignis hervorgerufen werden. Teil II erfüllt eine trockenere Aufgabe: Ich werde hier einen Überblick über die Zufallsvoreingenommenheiten geben, die in der mittlerweile umfangreichen Literatur zum Thema erörtert worden sind.

Diese Voreingenommenheiten sind: (a) der Survivor Bias (auch »Affen an Schreibmaschinen« genannt), der aus der Tatsache resultiert, dass wir nur die Gewinner sehen und somit eine verzerrte Einschätzung der Gewinnchancen vornehmen (Kapitel 8, *Zu viele Millionäre nebenan*, und Kapitel 9, *Kaufen und Verkaufen ist leichter als Spiegeleier braten*), (b) die Tatsache, dass in den meisten Fällen Glück der Grund für außergewöhnliche Erfolge ist (Kapitel 10, *Versager ziehen das große Los – über die Nichtlinearität im Leben*), und (c) das biologische Handicap, dass wir nicht in der Lage sind, Wahrscheinlichkeiten zu begreifen (Kapitel 11, *Zufall und unser Gehirn: Wir sind wahrscheinlichkeitsblind*).

Kapitel 8
Zu viele Millionäre nebenan

Drei Beispiele für Survivor Bias. Warum nur sehr wenige Menschen in der Park Avenue wohnen sollten. Der Millionär nebenan trägt sehr abgewetzte Kleider. Zu viele Experten verderben den Brei.

Wie man den Schmerz der Niederlage lindert

Ein kleines Glück

Marc wohnt mit seiner Frau Janet und ihren drei Kindern in der New Yorker Park Avenue. Er verdient um die 500 000 Dollar im Jahr, je nach der konjunkturellen Lage mal etwas mehr, mal etwas weniger. Er glaubt nicht, dass der zuletzt zu beobachtende Wohlstandsschub von Dauer sein wird und hat sich geistig noch nicht an den jüngsten plötzlichen Anstieg seines Einkommens gewöhnt. Marc ist ein rundlicher Mann Ende Vierzig, mit schwammigen Gesichtszügen, die ihn zehn Jahre älter wirken lassen, und führt das scheinbar komfortable (aber hektische) Leben eines New Yorker Stadtanwalts. Aber er gehört zu den ruhigeren Einwohnern Manhattans. Marc ist sicherlich kein Typ, von dem man erwarten würde, dass er um die Häuser zieht oder spät nachts Partys in Tribeca und Soho frequentiert. Er und seine Frau besitzen ein Landhaus mit Rosengarten und sorgen sich, wie viele Menschen ihres Alters, ihrer Mentalität und ihrer Stellung, um ihr materielles Wohlbefinden, ihre Gesundheit und ihren Status (in dieser Reihenfolge). Werktags kommt Marc nicht vor 21:30 Uhr nach Hause, und gelegentlich findet man ihn noch kurz vor Mitternacht in seinem Büro. Am Ende der Woche ist Marc immer derart ausgelaugt, dass er während der dreistündigen Fahrt »ins Haus« einschläft. Einen Großteil seiner Samstage verbringt Marc im Bett, wo er sich langsam wieder von den Strapazen der Woche erholt.

Marc wuchs in einer Kleinstadt im Mittleren Westen als Sohn eines stillen Steuerbuchhalters auf, der mit spitzen gelben Bleistiften hantierte. Er war derart besessen davon, sie immer spitz zu halten, dass er stets einen Bleistiftspitzer in seiner Tasche mit sich herumtrug. Marc zeigte bereits sehr frühzeitig Anzeichen von Intelligenz. Er war ein extrem guter Schüler an der High School, ging nach Harvard ins College und studierte anschließend Jura in Yale. Nicht schlecht, würde man sagen. Später führte ihn seine Karriere zum Unternehmensrecht, wo er begann, große Fälle für eine renommierte New Yorker Kanzlei zu bearbeiten, wobei ihm kaum noch genug Freizeit blieb, um sich die Zähne zu putzen. Das ist keine allzu große Übertreibung, denn er nahm sein Abendessen fast immer im Büro ein, setzte zunehmend Speck an und erarbeitete sich seine Pluspunkte auf der Hierarchieleiter. Später wurde er zum Partner ernannt – innerhalb der obligatorischen sieben Jahre, aber nicht ohne die üblichen menschlichen Kosten. Seine erste Frau (die er im College kennen gelernt hatte) verließ ihn, da sie der ständigen Abwesenheit des Herrn Rechtsanwalts und seiner immer öderen Konversation überdrüssig war – aber ironischerweise zog sie später bei einem anderen New Yorker Rechtsanwalt ein und heiratete diesen schließlich auch. Mit ihm führte sie vermutlich ebenso langweilige Gespräche, doch machte er sie glücklicher.

Zu viel Arbeit

Marcs Körper wurde immer aufgedunsener, und er musste trotz gelegentlicher Blitzdiäten in regelmäßigen Abständen seine Maßanzüge zum Schneider bringen. Nachdem er die Depression überwunden hatte, die der Weggang seiner Frau in ihm ausgelöst hatte, begann er mit seiner Anwaltsgehilfin Janet auszugehen und heiratete sie bald darauf. Sie bekamen in kurzen Abständen drei Kinder, kauften ihre Wohnung an der Park Avenue und das Landhaus.

Janets unmittelbarer Bekanntenkreis besteht aus den anderen Eltern der Privatschule, die ihre Kinder besuchen, und den anderen Wohnungseigentümern in ihrem Haus. Aus materieller Sicht stehen Marc und Janet am unteren Ende dieser Gruppe; vielleicht bilden sie sogar das Schlusslicht. Sie waren die Ärmsten in diesen Kreisen, weil in ihrem Haus außergewöhnlich erfolgreiche Topmanger, Börsenhändler und Unternehmer wohnen. An der Privatschule, die ihre Kinder besuchen, gibt es eine zweite derartige Gruppe: die Sprösslinge von Übernahmehaien und deren Vorzeigefrauen – und vielleicht noch eine dritte, wenn man den Altersunterschied und die modelähnlich gestylte Erscheinung der anderen Mütter bedenkt. Im Vergleich dazu sieht Marcs Frau Janet wie ein Hausmütterchen aus, das in ihrem Landhaus einen Rosengarten pflegt.

Du bist ein Versager

Marcs Strategie, in Manhattan zu wohnen, mag rational sein, da seine anstrengenden Arbeitszeiten ihm ein Pendeln unmöglich machen würden. Für seine Frau Janet dagegen bedeutet das eine ungeheuere Strapaze. Warum? Weil sie relativ erfolglos sind – im Vergleich zu ihren Nachbarn in der Park Avenue. Etwa einmal im Monat hat Janet eine Krise, weil sie die Belastung und Demütigungen nicht mehr erträgt, die sie erlebt, wenn sie sich beim Abholen der Kinder an der Schule von einer anderen Mutter oder im Lift ihres Wohnhauses, wo sie in der kleinsten Wohnungskategorie (Typ G) leben, brüskiert fühlt. Warum ist ihr Mann nicht so erfolgreich wie die anderen um sie herum? Ist er denn nicht intelligent und arbeitet er nicht hart genug? Hatte er bei seinem Hochschuleignungstest nicht eine Wertung von 1600 erreicht (während die durchschnittliche Wertung bei circa 1000 liegt)? Wer ist dieser Ronald Dingsda, dessen Frau Janet kein einziges Mal auch nur zunickt und der Hunderte von Millionen verdient, wo doch ihr Mann in Harvard und Yale studiert hat und einen ungemein hohen Intelligenzquotienten, aber kaum nennenswerte Ersparnisse vorweisen kann?

Wir werden uns nicht zu sehr mit dem Tschechow'schen Dilemma im Eheleben von Marc und Janet auseinander setzen, aber ihr Fall veranschaulicht eine sehr häufige emotionale Auswirkung des Survivor Bias. Janet hat das Gefühl, dass ihr Mann im Vergleich zu anderen ein Versager ist, aber bei der Berechnung der Wahrscheinlichkeiten unterläuft ihr dabei ein grober Fehler – sie verwendet bei der Bestimmung der Rangfolge die falsche Verteilung. Im Vergleich zur amerikanischen Bevölkerung insgesamt ist Marc extrem erfolgreich – es geht ihm besser als 99,5 Prozent seiner Landsleute. Auch im Vergleich zu seinen High-School-Freunden schneidet er ausnehmend gut ab – wovon er sich mit eigenen Augen hätte überzeugen können, wenn er die Zeit gehabt hätte, die regelmäßigen Klassentreffen zu besuchen. Er würde in dieser Gruppe nämlich an der Spitze liegen. Er übertrifft 90 Prozent seiner Kommilitonen aus seiner College-Zeit in Harvard (in finanzieller Hinsicht natürlich). Er ist erfolgreicher als 60 Prozent seiner Mitstudenten an der Yale Law School. Aber im Vergleich zu den Nachbarn in dem Haus an der Park Avenue steht er an letzter Stelle! Der Grund: Er hat sich zwischen Menschen niedergelassen, die ungeheuer erfolgreich sind und in einer Gegend wohnen, wo es nur Sieger gibt. Mit anderen Worten: Diejenigen, die schlechter abschneiden, tauchen in der Stichprobe nicht auf, so dass es den Anschein hat, als habe er überhaupt nichts erreicht. Wenn man an der Park Avenue wohnt, trifft man keine gescheiterten Existenzen, sondern nur Siegertypen. Da wir von Natur aus dafür geschaffen sind, in kleinen Gemeinschaften zu leben, fällt es uns schwer, unsere Situation außerhalb der eng gezogenen geografischen Grenzen unseres Lebensraumes zu beurteilen. Bei Marc und Janet führt dies zu beträchtlichen emotionalen Qualen: Hier sehen wir eine Frau, die einen äußerst erfolgreichen Mann geheiratet hat, aber nichts anderes sehen kann als sein relatives Versagen, denn sie kann ihn gefühlsmäßig nicht mit einer Stichprobe vergleichen, die seine Leistung im richtigen Licht erscheinen lassen würde.

Abgesehen von der verzerrten Wahrnehmung der eigenen Leistung entsteht ein sozialer Tretmühleneffekt: Man wird reich, zieht in eine wohlhabende Nachbarschaft, und dadurch wird man wieder arm. Hinzu kommt noch die psychologische Tretmühlenwirkung: Man gewöhnt sich an den Reichtum und fällt auf ein festes Niveau der Zufriedenheit zurück. Dieses Problem, nämlich dass Wohlstand (ab einem gewissen Punkt) manche Menschen niemals wirklich zufrieden stellt, wurde zum Gegenstand fachlicher Diskussionen über das Glück.

Ein rational denkender Mensch würde zu Janet sagen: »Lesen Sie dieses Buch mit dem Titel *Narren des Zufalls* von irgend so einem mathematisch orientierten Börsenhändler über die Verzerrungen, die der Zufall im Leben hervorruft. Es würde Ihnen helfen, Ihre Situation nüchtern aus statistischem Blickwinkel zu betrachten, und dann würden Sie sich auch besser fühlen.« Als Autor würde ich gerne ein Allheilmittel für 29,90 Euro bieten, kann aber wohl höchstens darauf hoffen, Janet vielleicht eine Stunde lang Trost zu spenden. Ihr kann unter Umständen nur eine drastischere Maßnahme Erleichterung verschaffen. Wie ich schon mehrfach betonte, ist rationales Denken oder ein Abschütteln sozialer Beleidigungen der menschlichen Rasse nicht angeboren – zumindest nicht bei unserer derzeitigen biologischen Ausstattung. Vernünftige Beweisführung bietet keinen Trost – als Börsenhändler kenne ich mich mit fruchtlosen Versuchen aus, gegen den Strich zu argumentieren. Ich würde Janet raten, sich eine Wohnung in irgendeinem Arbeiterviertel zu suchen, wo sie sich von ihren Nachbarn weniger gedemütigt fühlen und in der Hackordnung über ihre Erfolgswahrscheinlichkeit hinaus aufsteigen würde. Dann könnte sie sich die Verzerrung in der entgegengesetzten Richtung zunutze machen. Wenn Janet Wert auf Status legt, würde ich ihr sogar empfehlen, in einen der großen Wohnblocks zu ziehen.

Doppelter Survivor Bias

Noch mehr Experten

Vor kurzem las ich den amerikanischen Bestseller *The Millionaire Next Door* (Der Millionär nebenan), ein sehr irreführendes (aber beinahe vergnügliches) Werk zweier so genannter »Experten«, dessen Autoren versuchen, Eigenschaften herauszuarbeiten, die reiche Leute auszeichnen. Sie untersuchten eine Gruppe heute sehr wohlhabender Personen und stellten fest, dass kaum einer davon ein verschwenderisches Leben führt. Sie nennen diese Menschen »Akkumulierer«, die zum Konsumverzicht bereit seien, um ein Vermögen anzusammeln. Der Charme dieses Buches liegt größtenteils darin, dass diese Menschen – im Gegensatz zur landläufigen Meinung – nicht besonders reich aussehen; es kostet eindeutig Geld, wohlhabend auszusehen und sich wie ein Reicher zu verhalten, ganz zu schweigen von dem Zeitaufwand, der zum Geldausgeben nötig ist. Ein Leben im Luxus zu führen ist zeitaufwändig: Man muss modische Kleidung kaufen, zum Connaisseur von Bordeaux-Wein werden und teure Restaurants besuchen. All diese Aktivitäten können viel Zeit in Anspruch nehmen und die Betreffenden von ihrer eigentlichen Hauptbeschäftigung ablenken, nämlich nominalen Wohlstand anzuhäufen (auf dem Papier). Das Fazit des Buches lautete, dass die Wohlhabendsten unter den Leuten anzutreffen sind, von denen man es am wenigsten annehmen würde. Andererseits würden jene, die sich Mühe geben, reich zu handeln und auszusehen, ihr Vermögen solchen Belastungen aussetzen, dass sie in ihrem Wertpapierdepot einen beträchtlichen, nicht wieder gutzumachenden Schaden anrichten.

Ich werde nicht näher darauf eingehen, dass ich es nicht für besonders *heldenhaft* halte, Geld anzuhäufen, insbesondere wenn die Betreffenden dumm genug sind, nicht einmal zu versuchen, einen greifbaren Vorteil aus ihrem Reichtum zu ziehen (einmal abgesehen von dem Vergnügen, regelmäßig ihre Erbsen zu zählen). Ich verspüre keinen ausgeprägten Wunsch, einen Großteil meiner persönlichen Gewohnheiten, intellektuellen Vergnügungen oder privaten Standards aufzugeben, um ein Milliardär wie Warren Buffett zu werden, und ich sehe auch keinen Sinn darin, diesen Status dadurch zu erreichen, dass ich spartanisch (ja sogar geizig) lebe und in einem bescheidenen kleinen Häuschen wohne. Warum jemand Lob gezollt werden sollte, weil er trotz immensen Reichtums sehr sparsam lebt, ist mir nicht ganz einsichtig; wenn Askese das Ziel ist, sollte er Mönch oder Sozialarbeiter werden – wir dürfen nicht vergessen, dass der Versuch, reich zu werden, von purem Eigennutz und nicht von einer sozialen Gesinnung zeugt. Das Schöne am Kapitalismus ist die Tatsache, dass die Gesellschaft sich statt der Wohltätigkeit die Habgier der Menschen zunutze macht. Dennoch ist es nicht nötig, diese Gier auch noch als moralische (oder intellektuelle) Leistung zu rühmen (wie der Leser unschwer erkennen kann, beeindrucken mich Menschen mit Geld nicht, abgesehen von ganz wenigen Ausnahmen wie George Soros). Reich zu werden ist nicht unmittelbar mit einer moralischen Großtat gleichzusetzen, aber das ist nicht der gravierendste Fehler des oben erwähnten Buches.

Wie wir gesehen haben, sind die Helden in *The Millionaire Next Door* die Akkumulierer – Menschen, die Ausgaben aufschieben, um ihr Geld anzulegen. Eine solche Strategie könnte durchaus aufgehen; ausgegebenes Geld bringt nichts ein (außer dem Vergnügen der Person, der es ausgibt). Aber der in diesem Buch versprochene Nutzen erscheint grob übertrieben. Bei genauerer Betrachtung zeigt sich, dass die Thesen der Autoren auf einer Stichprobe beruhen, bei der eine doppelte Portion Survivor Bias zum Tragen kommt. Mit anderen Worten: Ihre Thesen haben zwei Fehler, die sich gegenseitig verstärken.

Sichtbare Gewinner

Die erste Verzerrung ergibt sich aus der Tatsache, dass die für die Stichprobe ausgewählten reichen Leute in diesem Buch zu den glücklichen Affen an Schreibmaschinen gehören. Die Autoren unternahmen keinen Versuch, in ihren Statistiken der Tatsache Rechnung zu tragen, dass sie sich nur mit Gewinnern beschäftigten. Mit keiner Silbe erwähnten sie die »Akkumulierer«, die sich auf die Anhäufung der falschen Dinge konzentrierten (die Mitglieder meiner Familie sind darin Experten; diejenigen von ihnen, die ihrer Sammlerleidenschaft frönten, deckten sich mit Währungen ein, die kurze Zeit später abgewertet wurden, oder kauften Aktien von Unternehmen, die bald darauf in Konkurs gingen). An keiner Stelle weisen die Verfasser darauf hin, dass manche Menschen einfach nur das Glück hatten, in Gewinner zu investieren; diese Personen würden zweifellos den Weg in ihr Buch finden. Diese Wahrnehmungsverschiebung kann man ausgleichen, indem man das Vermögen des durchschnittlichen Millionärs um einen bestimmten Betrag, sagen wir einmal um 50 Prozent, niedriger ansetzt mit der Begründung, dass der Survivor Bias dazu führt, dass das durchschnittliche Vermögen der betrachteten Millionäre um diese Summe nach oben verzerrt wird (so berücksichtigt man die Auswirkungen der Verlierer auf die Gesamtpopulation). Ein solcher Schritt würde sicherlich auch die Schlussfolgerungen relativieren.

Die Bullen sind los

Was den zweiten, gravierenderen Fehler anbelangt, so habe ich bereits das Problem der Induktion angesprochen. Das Buch beruht auf einer ungewöhnlichen Episode in der Geschichte; wenn man der Hypothese dieser Autoren Glauben schenkt, so impliziert sie auch die

Erwartung, dass die derzeit zu erzielenden Renditen auf Vermögenswerte sich nachhaltig fortsetzen lassen (der gleiche Glaube, der auch vor dem großen Börsencrash 1929 herrschte). Denken Sie daran, dass die Aktienkurse (bei Drucklegung der englischen Ausgabe dieses Buches) immer noch die größte Hausse in der Geschichte erlebten und in den letzten zwei Jahrzehnten eine geradezu astronomische kumulative Wertentwicklung verzeichnet hatten. Im Durchschnitt hat sich der Wert eines in Aktien investierten Dollars seit 1982 verdoppelt – und das bezieht sich nur auf den Durchschnitt der Aktien. Die Stichprobe könnte Menschen enthalten, die ihr Geld in Aktien mit überdurchschnittlicher Wertentwicklung investiert haben. Fast alle betrachteten Personen sind durch die Inflation der Aktienkurse reich geworden, also durch die jüngste sprunghafte Wertsteigerung der Finanzanlagen und -vermögenswerte, die 1982 begann. Ein Anleger, der sich in einer weniger sonnigen Börsenzeit der gleichen Strategie verschreibt, hätte gewiss eine andere Geschichte zu erzählen. Stellen Sie sich vor, das Buch wäre 1982 geschrieben worden, nach dem langen Niedergang des inflationsbereinigten Wertes von Dividendenpapieren, oder 1935, als die Menschen das Interesse am Aktienmarkt verloren hatten.

Bedenken Sie auch, dass amerikanische Aktien nicht das einzige Anlageinstrument sind. Denken Sie an das Schicksal derer, die ihr Geld nicht in teures Spielzeug oder Skiurlaube steckten, sondern stattdessen auf libanesische Lira lautende Staatsanleihen kauften (wie mein Großvater) oder sich von Michael Milken Junkbonds aufschwatzen ließen (wie viele meiner Kollegen in den achtziger Jahren). Gehen Sie zurück in der Geschichte und stellen Sie sich vor, ein Akkumulierer hätte vom russischen Zarenreich emittierte festverzinsliche Wertpapiere mit der Unterschrift Zar Nikolaus II. gekauft und dann versucht, sein Vermögen dadurch zu mehren, dass er diese Anleihen bei der sowjetischen Regierung einzulösen versuchte. Oder er hätte in den dreißiger Jahren argentinische Immobilien gekauft (wie mein Urgroßvater es tat).

Der Fehler, den Survivor Bias zu verkennen, wird immer wieder begangen – sogar (oder vielleicht gerade) von Fachleuten. Der Grund: Wir sind darauf geschult, die Informationen vor unserer Nase zu nutzen und alles zu ignorieren, was wir nicht sehen. Zum Zeitpunkt der Drucklegung dieser Auflage hatten sich Pensionsfonds und Versicherungsgesellschaften in den USA und Europa irgendwie von dem Argument überzeugen lassen, dass »Aktien langfristig *immer* 9 Prozent abwerfen« und belegten es mit entsprechenden Statistiken. Die Zahlen stimmen, beziehen sich aber auf die Vergangenheit. Ich würde argumentieren, dass ich unter den 40 000 verfügbaren Wertpapieren eines finden kann, das jedes Jahr auf jeden Fall um das Doppelte zulegt. Sollten wir etwa die Sozialversicherungsgelder in dieses Papier investieren?

Lassen Sie mich an dieser Stelle kurz zusammenfassen: Ich habe gezeigt, dass wir dazu neigen, einen einzigen aller möglichen zufälligen Realisierungspfade für den repräsentativsten zu halten und dabei zu vergessen, dass es auch noch andere gibt. Kurzum: Der Survivor Bias impliziert, dass die *Realisierung mit dem besten Leistungsniveau auch am deutlichsten sichtbar ist.* Das liegt daran, dass die Verlierer gar nicht mehr auf unserem Radarschirm erscheinen.

Die Meinung eines Gurus

In der Investmentfondsbranche wimmelt es nur so von Gurus. Da dieses Gebiet eindeutig stark vom Zufall bestimmt ist, wird der Guru in eine Falle geraten, insbesondere wenn er nicht ausreichend in der Kunst der Inferenz geschult ist. Als die englische Ausgabe dieses Buches in Druck ging, gab es einen solchen Guru, der es sich bedauerlicherweise zur Gewohnheit gemacht hatte, Bücher zu diesem Thema zu schreiben. Zusammen mit einem Kollegen berechnete er den Erfolg einer »Robin-Hood-Investmentstrategie«, bei der in diejenigen Fondsmanager investiert wird, die innerhalb einer bestimmten Gruppe den geringsten Erfolg vorweisen können. Diese Strategie läuft darauf hinaus, dass man Geld aus Gewinnern abzieht und es stattdessen in Verlierer umschichtet. Dies widerspricht der landläufigen Meinung, dass man in die Fonds mit der besten Performance investieren und Geld aus den Produkten abziehen sollte, deren Wertentwicklung hinter der anderer Fondsprodukte hinterherhinkt. Auf dem Papier (ohne praktische Umsetzung, so ähnlich wie beim Monopoly-Spiel) führte diese Strategie zu deutlich höheren Renditen als der Versuch, sich an die Fondsmanager mit der besten Performance zu halten. Aus diesem hypothetischen Beispiel folgerten die Autoren, dass man nicht auf die besten Fondsmanager setzen sollte, wie man es rein instinktiv tun würde, sondern sein Geld den schlechtesten Vertretern dieser Zunft geben sollte. Zumindest schien dies die Schlussfolgerung zu sein, die sie darzustellen versuchten.

Ihre Analyse enthält einen schwer wiegenden Fehler, der jedem Studenten im höheren Semester bei der ersten Lektüre ihres Buches hätte auffallen müssen. In ihrer Stichprobe befanden sich nur *Überlebende*. Sie hatten einfach vergessen, alle Manager zu berücksichtigen, die ihr Geschäft aufgeben mussten. Ihre Stichprobe beschränkte sich auf die Investmentprofis, die während der Simulation Fonds verwalteten und dies *auch heute noch tun*. Zugegeben, sie enthielt Fondsmanager, die schlechte Ergebnisse einfuhren, doch handelte es sich dabei ausschließlich um solche, die sich später wieder erholten, ohne das Handtuch werfen zu müssen. Es liegt auf der Hand, dass (rückblickend betrachtet) Investments bei Fondsmanagern, die irgendwann einmal schlecht abschnitten, sich dann aber wieder erholten, zu einer positiven Rendite führen! Wären ihre Leistungen dauerhaft schlecht gewesen, hätten sie aufgeben müssen und wären somit auch nicht in die Stichprobe aufgenommen worden.

Wie kann man die Simulation richtig durchführen? Man nimmt eine Stichprobe von Managern, die vor vielleicht fünf Jahren Fonds verwalteten, und spielt deren Entwicklung bis zum heutigen Zeitpunkt durch. Die Eigenschaften der Fondsmanager, die aus der Population ausscheiden, weisen natürlich eine Verzerrung in Richtung Versagen auf; nur wenige erfolgreiche Menschen in einem so lukrativen Geschäft hängen ihren Job an den Nagel, weil sie zu große Erfolge eingeheimst haben. Bevor wir uns einer fachlicheren Darstellung dieser Themen zuwenden, sei das häufig idealisierte Schlagwort »Optimismus« erwähnt. Optimismus gilt als Indiz für zukünftige Erfolge. Ein Indiz für den Erfolg? Ebenso kann er als Hinweis auf künftige Misserfolge verstanden werden. Zweifellos gehen Optimisten mehr Risiken ein, weil sie übermäßig siegessicher sind; die Gewinner erscheinen in der Liste der Reichen und Berühmten, die Verlierer fallen aus den Analysen heraus. Traurigerweise.

Kapitel 9
Kaufen und Verkaufen ist leichter als Spiegeleier braten

Einige technische Ergänzungen zum Survivor Bias. Die Verteilung von »glücklichen Fügungen« im Leben. Glück bringt einen weiter als Kompetenz (aber man kann dabei erwischt werden). Das Geburtstagsparadox. Noch mehr Scharlatane (und noch mehr Journalisten). Wie fleißige Forscher aus Daten fast alles herauslesen können. Einiges über Hunde, die nicht bellen.

Heute Nachmittag habe ich einen Termin beim Zahnarzt (der größtenteils darauf hinauslaufen wird, dass der gute Herr Doktor aus mir herauszukitzeln versucht, was ich von brasilianischen Anleihen halte). Ich kann mit einer gewissen Sicherheit sagen, dass er etwas von Zähnen versteht, insbesondere wenn ich seine Praxis mit Zahnschmerzen betrete und diese in irgendeiner Form gelindert wurden, wenn ich wieder nach Hause gehe. Es wäre schwierig für jemanden, der buchstäblich nichts von Zähnen versteht, mir diese Linderung zu verschaffen, es sei denn, er hat an dem betreffenden Tag ein besonders glückliches Händchen – oder hatte in seinem Leben das Glück, ein Zahnarzt geworden zu sein, ohne etwas über Zähne zu wissen. Wenn ich mir das Diplom ansehe, das an der Wand seiner Praxis hängt, erscheint mir die Wahrscheinlichkeit, dass er rein zufällig Prüfungsfragen wiederholt richtig beantwortete und vor dem Hochschulabschluss mehrere tausend Löcher zufrieden stellend plombierte, bemerkenswert gering.

Am Abend gehe ich in die Carnegie Hall. Ich kann wenig über die Pianistin sagen; selbst ihren mir nicht vertrauten, fremdländisch klingenden Namen habe ich vergessen. Ich weiß nur, dass sie an irgendeinem Konservatorium in Moskau studiert hat. Aber ich kann damit rechnen, dass sie dem Klavier Musik entlocken wird. Nur selten stellt sich heraus, dass jemand, der in der Vergangenheit gut genug Klavier gespielt hat, um in die Carnegie Hall eingeladen zu werden, einfach nur Glück gehabt hat. Die Erwartung, dort am Klavier eine Hochstaplerin zu erleben, die einfach wild in die Tasten haut und lediglich Missklänge produziert, ist für mich gering genug, dass ich sie völlig ausschließen kann.

Letzten Samstag war ich in London. Samstage in London haben eine magische Qualität; die Stadt ist geschäftig, aber ohne den mechanischen Fleiß eines Werktages oder die melancholische Resignation eines Sonntags. Ohne Armbanduhr und Pläne fand ich mich vor meinen Lieblingsstatuen von Canova im Victoria and Albert Museum wieder. Meine berufliche Neigung legte mir sofort die Frage nahe, ob der Zufall bei der Entstehung dieser in Marmor gemeißelten Figuren eine große Rolle gespielt hat. Diese Körper sind realistische Nachbildungen menschlicher Gestalten, aber harmonischer und ausgewogener als alles, was Mutter Natur meiner Erfahrung nach bisher aus eigener Kraft hervorgebracht hatte (Ovids *materiam superabat opus* fällt einem ein). Kann diese Schönheit ein reiner Zufallstreffer sein?

Ich kann fast die gleiche Aussage über jeden machen, der in der physisch greifbaren Welt oder in einem Feld tätig ist, in dem der Zufall nur eine geringe Rolle spielt. Im Wirtschaftsleben ist das allerdings stets problematischer. Ich bin beunruhigt, weil ich morgen bedauerlicherweise einen Termin mit einem Fondsmanager habe, der sich bei der Suche nach Investoren meine Unterstützung und die meiner Freunde wünscht. Er hat, wie er sagt, einen »guten Track Record«. Ich kann daraus lediglich ableiten, dass er gelernt hat zu verkaufen und zu kaufen. Und Spiegeleier braten ist schwerer als das. Nun ja, die Tatsache, dass er in der Vergangenheit Geld verdiente, mag relevant sein, ist aber auch nicht von herausragender Bedeutung. Das soll nicht heißen, dass dem immer so ist; es gibt Fälle, in denen man einer Erfolgsbilanz trauen kann, aber leider gibt es davon nicht allzu viele. Wie der Leser mittlerweile weiß, kann dieser Fondsmanager während seiner Präsentation mit kritischen Zwischenfragen meinerseits rechnen, insbesondere wenn er nicht das Mindestmaß an Bescheidenheit und Selbstzweifel zeigt, das ich von einem Zufallspraktiker erwarten würde. Ich werde ihn vermutlich mit Fragen bombardieren, auf deren Beantwortung er womöglich nicht vorbereitet ist, da ihn seine früheren Ergebnisse geblendet haben. Ich werde ihm höchstwahrscheinlich erklären, dass Machiavelli mindestens 50 Prozent im Leben dem Glück zuschrieb (und den Rest der Gerissenheit und Kühnheit) – und das war vor dem Entstehen der modernen Finanzmärkte.

In diesem Kapitel werde ich einige bekannte Eigenschaften von Performance-Aufzeichnungen und historischen Zeitreihen zeigen, die unserer Intuition widersprechen. Das hier vorgestellte Konzept ist in verschiedenen Varianten unter Bezeichnungen wie *Survivor Bias, Data Mining, Data Snooping, Überanpassung* oder *Regression zum Mittelwert* weithin bekannt. Im Grunde handelt es sich hier um Fälle, in denen die Leistung vom Beobachter aufgrund einer Fehleinschätzung der Bedeutung des Zufalls übertrieben dargestellt wird. Das hat mit Sicherheit recht beunruhigende Konsequenzen. Dieses Konzept gilt auch für allgemeinere Situationen, in denen der Zufall eine Rolle spielt, wie bei der Wahl einer medizinischen Behandlung oder der Auslegung zeitgleich stattfindender Ereignisse.

Wenn ich versucht sein sollte, einen möglichen zukünftigen Beitrag der Finanzforschung zur Wissenschaft im Allgemeinen zu nennen, würde ich die Analyse von Data Mining und das Studium des Survivor Bias anführen. Diese beiden Konzepte wurden im Finanzwesen verfeinert, lassen sich aber auf alle anderen Bereiche wissenschaftlicher Untersuchungen anwenden. Warum bietet der Finanzbereich eine so reiche Ausbeute? Weil es sich hier um eines der wenigen Forschungsgebiete handelt, in denen uns viele Informationen (nämlich zahllose Kursreihen) zur Verfügung stehen, wir aber im Gegensatz zu anderen Disziplinen, wie der Physik, keine Experimente durchführen können. Diese Abhängigkeit von historischen Daten ist auch der Grund für die größten Mängel der Finanzwissenschaft.

Täuschende Zahlen

Placebo-Investoren

Ich werde häufig mit Fragen wie dieser konfrontiert: »Für wen halten Sie sich eigentlich, dass Sie es wagen, mir zu sagen, dass ich mein ganzes Leben hindurch vielleicht einfach nur Glück hatte?« Nun, niemand glaubt im Grunde, dass sein Erfolg auf pures Glück zurückzuführen ist. Mein Ansatz ist folgender: Mit unserem Monte-Carlo-Generator können wir völlig zufällige Situationen erzeugen. Wir können damit das genaue Gegenteil von konventionellen Methoden erreichen: Anstatt bei Menschen aus Fleisch und Blut nach bestimmten Eigenschaften zu suchen, können wir künstliche Gestalten mit genau bekannten Attributen schaffen. So können wir Situationen hervorrufen, die von reinem, unverfälschtem Glück abhängen, ohne den Einfluss von Geschick oder welche andere Bezeichnung für »Nicht-Glück« wir in Tabelle 1 gewählt haben mögen. Mit anderen Worten: Wir können künstliche Niemande herstellen, die wir auslachen können; sie werden *bewusst* all ihrer potenziellen Fähigkeit beraubt (genau wie ein Placebo-Medikament).

In Kapitel 5 haben wir gesehen, wie Menschen mit der Hilfe von Eigenschaften überleben können, die eine Zeit lang der aktuellen Zufallsstruktur entsprechen. An dieser Stelle nehmen wir einen weitaus einfacheren Fall: *Wir kennen hier die Zufallsstruktur.* Bei der ersten Übung dieser Art handelt es sich um eine Weiterentwicklung des alten Spruchs: »Selbst eine kaputte Uhr geht zweimal am Tag richtig.« Wir werden noch einen Schritt weiter gehen, um zu zeigen, dass Statistik ein zweischneidiges Schwert ist. Lassen Sie uns mit unserem an früherer Stelle vorgestellten Monte-Carlo-Generator eine Population von 10 000 fiktiven Investmentmanagern simulieren (den Generator braucht man dazu zwar nicht unbedingt, denn wir könnten auch eine Münze werfen oder reine Algebra betreiben, aber mit dem Monte-Carlo-Generator ist das viel anschaulicher – und macht mehr Spaß). Nehmen wir an, jeder von ihnen spielt ein vollkommen gerechtes Spiel: Jeder kann mit einer Wahrscheinlichkeit von jeweils 50 Prozent zum Jahresende 10 000 Dollar Gewinn oder Verlust machen. Führen wir nun noch eine weitere Einschränkung ein: Sobald ein Manager ein einziges schlechtes Jahr erlebt, wird er für immer und ewig aus der Stichprobe ausgeschlossen. Das bedeutet das Aus für ihn. Damit wandeln wir auf den Spuren der Börsenlegende George Soros; er soll seinen versammelten Managern erklärt haben: »Die Hälfte von euch wird nächstes Jahr nicht mehr dabei sein« (in seinem Englisch mit osteuropäischem Akzent). Wie George Soros setzen auch wir extrem hohe Standards; wir suchen nur nach Managern mit makelloser Erfolgsbilanz. Für schlechte Performance haben wir keine Geduld.

Der Monte-Carlo-Generator wirft eine Münze: Bei *Kopf* macht der betreffende Manager im Jahresverlauf einen Gewinn von 10 000 Dollar; bei *Zahl* verliert er 10 000 Dollar. Wir starten das Spiel für das erste Jahr. Zum Jahresende erwarten wir, dass 5000 Manager einen Gewinn von 10 000 Dollar und die anderen 5000 einen Verlust in gleicher Höhe verbuchen. Jetzt lassen wir das Spiel ein zweites Jahr laufen. Wieder können wir erwarten, dass 2500 Manager in zwei Jahren in Folge den erforderlichen Gewinn erzielen. Im dritten Jahr sind es 1250, im vierten 625 und im fünften 313. In einem fairen Spiel haben wir jetzt also 313 Manager, die in fünf aufeinander folgenden Jahren Gewinne verbucht haben. Nur weil ihnen das Glück hold war.

Wenn wir derweil einen dieser erfolgreichen Börsenhändler in die reale Welt hineinwerfen, würden wir äußerst interessante und hilfreiche Kommentare zu seinem bemerkenswerten Stil, seinem scharfsinnigen Denken und den Einflussfaktoren hören, die ihm zum Erfolg verholfen haben. Einige Analysten würden seine Leistung auf spezifische Kindheitserlebnisse zurückführen. Sein Biograf würde sich darüber auslassen, welch wunderbaren Vorbilder seine Eltern gewesen seien; in der Mitte des Buches fänden wir Schwarzweißaufnahmen eines großen Geistes in den prägenden Jahren. Wenn er dann im nächsten Jahr keine überdurchschnittliche Wertentwicklung mehr erzielt (bedenken Sie, dass die Wahrscheinlichkeit, dass er ein gutes Jahr erlebt, bei 50 Prozent geblieben ist), würden die Schuldzuweisungen beginnen, würden ihm schwindende Arbeitsmoral oder ein verschwenderischer Lebenswandel vorgeworfen. Es würde etwas gefunden, was er vor seiner Erfolgsphase tat und jetzt nicht mehr tut, und sein Misserfolg würde diesem Faktor zugeschrieben. In Wirklichkeit hat ihn aber einfach nur das Glück verlassen.

Niemand muss kompetent sein

Gehen wir in unserer Argumentation noch einen Schritt weiter, damit die Sache interessanter wird. Wir bilden eine Gruppe, die ausschließlich aus inkompetenten Managern besteht. Dabei definieren wir einen inkompententen Manager als jemanden, bei dem die *erwartete Rendite* negativ ist, bei dem also alles gegen einen Erfolg spricht. Dann geben wir dem Monte-Carlo-Generator den Befehl, aus einer Urne zu ziehen. Darin befinden sich 100 Kugeln, 45 schwarze und 55 rote. Für jede gezogene Kugel wird eine neue in der gleichen Farbe in die Urne gelegt, so dass das Verhältnis zwischen roten und schwarzen Kugeln gleich bleibt. Wenn wir eine schwarze Kugel ziehen, macht der Manager einen Gewinn von 10 000 Dollar. Ziehen wir eine rote, muss er einen Verlust von 10 000 Dollar abschreiben. Das bedeutet, dass für diesen Manager mit einer Wahrscheinlichkeit von 45 Prozent ein Gewinn von 10 000 Dollar und mit einer Wahrscheinlichkeit von 55 Prozent ein Verlust von 10 000 Dollar erwartet wird. Im Durchschnitt verliert der Manager in jeder Runde 1000 Dollar – aber nur *im Durchschnitt.*

Am Ende des ersten Jahres erwarten wir nach wie vor, dass 4500 Manager (45 Prozent) einen Gewinn erzielen. Nach dem zweiten Jahr sind es 45 Prozent dieser Zahl, also 2025. Nach dem dritten 911, nach dem vierten 410 und nach dem fünften 184. Lassen Sie uns den überlebenden Managern Namen geben und sie in Business-Anzüge stecken. Natürlich stehen sie für weniger als zwei Prozent der ursprünglichen Gruppe. Aber sie werden Aufmerksamkeit erregen. Niemand wird die anderen 98 Prozent erwähnen. Welche Schlussfolgerungen können wir daraus ziehen?

Der erste der Intuition zuwiderlaufende Gesichtspunkt ist die Tatsache, dass in einer Gruppe, die ausschließlich aus schlechten Managern besteht, eine geringe Anzahl fantastische Erfolgsbilanzen aufweisen wird. Faktisch bedeutet dies, dass es bei einem Manager, der unangemeldet vor Ihrer Tür steht, praktisch nicht möglich ist festzustellen, ob er gut oder schlecht ist. Die Ergebnisse würden sich nicht nennenswert ändern, selbst wenn die Gruppe ausschließlich aus Managern bestünde, von denen langfristig ein Verlust erwartet wird. Warum? Aufgrund der Volatilitäten werden einige von ihnen Gewinne erzielen. Wie wir an diesem Beispiel sehen können, unterstützen solche Schwankungen sogar schlechte Investmententscheidungen.

Der zweite Aspekt, den wir intuitiv anders sehen würden, lautet, dass die *Erwartung der maximalen Erfolgsbilanzen*, mit denen wir zu tun haben, eher von der Größe der ursprünglichen Stichprobe abhängt als von der individuellen Erfolgschance des einzelnen Managers. Mit anderen Worten: Die Zahl der Manager mit großartigen Erfolgsbilanzen in einem bestimmten Markt hängt zu einem weitaus größeren Teil von der Anzahl derer ab, die einen Beruf in der Investmentbranche ergreifen (anstatt beispielsweise Zahnmedizin zu studieren), als von ihrer Fähigkeit, Gewinne zu produzieren. Daneben spielt auch die Volatilität eine Rolle. Warum verwende ich hier das Konzept der maximalen Erwartungen? Weil mich die durchschnittlichen Erfolgsbilanzen überhaupt nicht interessieren. Ich werde immer nur die *besten*, aber beileibe nicht alle Manager sehen. Das bedeutet, dass wir 2006 mehr »herausragende Manager« sehen würden als 1998, vorausgesetzt, die Gruppe der Berufsanfänger war 2001 größer als 1993 – was mit Sicherheit der Fall war.

Regression zum Mittelwert

Die »heiße Hand im Basketball« ist ein weiteres Beispiel für die verschobene Wahrnehmung zufälliger Ereignisreihen: In einer großen Stichprobe von Basketballspielern ist es sehr wahrscheinlich, dass einer von ihnen eine ungeheuer lange Glückssträhne erlebt. Faktisch ist es höchst unwahrscheinlich, dass nicht irgendeinem Spieler das Glück ungewöhnlich lange hold ist. Dies ist ein Beispiel für den Mechanismus, der als Regression zum Mittelwert bezeichnet wird. Ich kann ihn folgendermaßen erklären:

Werfen Sie eine Münze viele Male, wobei Kopf oder Zahl jedes Mal mit einer Wahrscheinlichkeit von 50 Prozent erscheint, und füllen Sie seitenweise Papier mit den Ergebnissen. Wenn die Münzwurfreihe lange genug ist, können Sie acht Mal Kopf oder acht Mal Zahl hintereinander erhalten – oder vielleicht sogar zehn Mal nacheinander. Dennoch wissen Sie, dass trotz dieser Gewinne die bedingte Wahrscheinlichkeit, Kopf oder Zahl zu werfen, immer noch 50 Prozent bleibt. Nehmen wir an, bei den Kopf- und Zahlergebnissen handle es sich um Wetteinsätze in Geldform, die einer Person zufließen. Die Abweichung von der Norm, wie sie von übermäßigen Kopf- bzw. Zahlwürfen symbolisiert wird, ist in diesem Falle allein dem Glück beziehungsweise der Varianz zuzuschreiben, nicht den Fähigkeiten des hypothetischen Spielers (da jedes der beiden Ergebnisse mit gleicher Wahrscheinlichkeit eintreten kann).

Je größer im realen Leben die Abweichung von der Norm ist, desto größer ist auch die Wahrscheinlichkeit, dass sie anstatt auf Geschick auf Glück zurückzuführen ist: Selbst wenn die Wahrscheinlichkeit, Kopf zu werfen, bei 55 Prozent liegt, sind zehn Gewinne in Folge dennoch sehr unwahrscheinlich. Dies lässt sich leicht verifizieren anhand der Geschichten über sehr prominente Börsenhändler, die rasch in Vergessenheit gerieten – wie die Helden, die ich in den Trading Rooms beobachtete. Ebenso gilt dies auch für die Körpergröße von Menschen oder Hunden. Um bei letzterem Beispiel zu bleiben: Angenommen, zwei durchschnittlich große Hundeeltern produzieren einen Wurf großer Welpen. Wenn die größten Hunde aus diesem Wurf zu sehr vom Mittelwert abweichen, werden sie tendenziell Nachkommen haben, die kleiner sind als sie selbst, und umgekehrt. Dieser »Rückfall« großer Ausreißer wurde historisch beobachtet und als Regression zum Mittelwert erklärt. Je größer die Abweichung, desto bedeutsamer ist ihre Wirkung.

Aber seien Sie auch hier wieder gewarnt: Nicht alle Abweichungen sind auf diesen Effekt zurückzuführen – nur ein unverhältnismäßig großer Anteil davon.

Ergodizität

Wenn ich mich fachlicher ausdrücken möchte, muss ich sagen, dass die Menschen glauben, sie könnten die Eigenschaften einer

Verteilung aus einer betrachteten Stichprobe ableiten. Geht es aber um Aspekte, die vom Höchstwert abhängen, spielt eine völlig andere Verteilung eine Rolle, nämlich die der besten Leistungsträger. Wir bezeichnen den Unterschied zwischen dem Durchschnitt einer solchen Verteilung und der unkonditionalen Verteilung von Gewinnern und Verlierern als *Survivor Bias* – in diesem Fall handelt es sich um die Tatsache, dass etwa drei Prozent der ursprünglichen, an früherer Stelle beschriebenen Gruppe fünf Jahre in Folge einen Gewinn erzielen. Darüber hinaus veranschaulicht dieses Beispiel das Wesen der *Ergodizität*, nämlich dass die Zeit die ärgerlichen Auswirkungen des Zufalls ausgleichen wird. Trotz der Gewinne, die diese Manager in den letzten fünf Jahren einfuhren, erwarten wir, dass sie auch in Zukunft zu jedem beliebigen zukünftigen Zeitpunkt die Gewinnschwelle erreichen. Es wird ihnen aber nicht besser ergehen als der ursprünglichen Gruppe, die zu einem früheren Zeitpunkt scheiterte. Auf lange Sicht gleicht sich alles aus.

Als ich vor einigen Jahren einem gewissen A., einem dieser »Herren des Universums«, erklärte, dass Erfolgsbilanzen weniger aussagekräftig seien, als er meinte, fand er diese Bemerkung so beleidigend, dass er vor Wut sein Feuerzeug nach mir warf. Dieser Vorfall lehrte mich einiges. Vergessen Sie nicht, dass niemand die Zufälligkeit seines eigenen Erfolges akzeptiert. Nur Misserfolge sind auf reines Pech zurückzuführen. Das Ego dieses Herren wurde gebauchpinselt, als er in die Leitung einer Abteilung mit »großartigen Händlern« aufstieg, die damals vorübergehend auf dem Markt ein Vermögen verdienten und dies der Solidität ihres Geschäfts, ihrem Urteilsvermögen oder ihrer Intelligenz zuschrieben. Später erlebten sie im harten New Yorker Winter von 1994 ein Fiasko (während des Rentenmarktzusammenbruchs, der auf Alan Greenspans überraschende Zinserhöhung folgte). Interessant an der Sache ist, dass einige Jahre später meines Wissens kaum einer von ihnen noch im Börsenhandel tätig ist (Ergodizität).

Denken Sie daran, dass der *Survivor Bias* von der Größe der ursprünglichen Gruppe abhängt. Die Aussage, dass jemand in der Vergangenheit Gewinne erzielte, ist für sich genommen weder aussagekräftig noch relevant. Wir müssen wissen, wie groß die Gruppe war, aus der er hervorging. Anders ausgedrückt: Wenn wir keine

Informationen darüber haben, wie viele Manager es versuchten und scheiterten, sind wir nicht in der Lage, die Gültigkeit einer Erfolgsbilanz zu beurteilen. Wenn sich die ursprüngliche Gruppe aus zehn Managern zusammensetzte, würde ich dem Besten die Hälfte meiner Ersparnisse anvertrauen, ohne mit der Wimper zu zucken. Bestünde aber die ursprüngliche Gruppe aus 10 000 Managern, würde ich keinen Pfifferling auf die Ergebnisse geben. Letzteres ist in der Regel der Fall; heutzutage betrachten so viele Menschen die Finanzmärkte als attraktiv. Zahlreiche Hochschulabsolventen schlagen erst die Laufbahn eines Börsenhändlers ein, scheitern dort und studieren dann Zahnmedizin.

Wenn sich diese fiktiven Manager wie im Märchen plötzlich in reale Menschen verwandeln würden, könnte dann einer von ihnen der Mann sein, mit dem ich morgen um 11.45 Uhr einen Termin habe? Warum habe ich dieses Treffen auf 11.45 Uhr gelegt? Weil ich ihn nach seiner Tradingstrategie befragen möchte. Ich muss wissen, wie dieser Manager handelt. Wenn mein Gegenüber dann zu viel Gewicht auf seine Erfolgsbilanz legt, kann ich so tun, als hätte ich eine dringende Verabredung zum Mittagessen.

Das Leben ist voller Zufälle

Als Nächstes werden wir uns ansehen, wie sich unsere verzerrte Wahrnehmung von Zufallsverteilungen im wahren Leben auswirkt.

Der geheimnisvolle Brief

Nehmen wir an, Sie erhalten am 2. Januar einen anonymen Brief, in dem Ihnen mitgeteilt wird, dass die Aktienkurse im Laufe des Monats steigen werden. Diese Information stellt sich als richtig heraus, aber Sie ignorieren sie wegen des bekannten Januar-Effekts (historische Daten zeigen, dass Aktien im Januar steigen). Dann prophezeit Ihnen am 1. Februar ein weiterer Brief, dass die Kurse fallen werden. Wieder erweist sich das als richtig. Am 1. März erhalten Sie einen weiteren Brief – wieder das Gleiche. Bis zum

Juli sind Sie fasziniert von der Prognosekompetenz des anonymen Briefeschreibers, der Sie jetzt bittet, Geld in einen speziellen Offshore-Fonds zu investieren. Sie legen alle Ihre Ersparnisse in diesem Fonds an. Zwei Monate später ist Ihr Geld weg. Sie weinen sich bei Ihrem Nachbarn aus, und er erzählt Ihnen, dass er sich daran erinnern kann, ebenfalls zwei dieser geheimnisvollen Briefe erhalten zu haben. Danach flatterten ihm aber keine solchen Vorhersagen mehr ins Haus. Er weiß aber noch, dass die erste Prognose richtig und die zweite falsch war.

Was geschah? Sie sind auf folgenden Trick hereingefallen: Der Schwindler wählt 10 000 Namen aus einem Telefonbuch aus. Er schickt an die Hälfte der Stichprobe einen optimistischen Brief und an die andere Hälfte einen pessimistischen. Im nächsten Monat wählt er die Namen der Personen aus, denen er den Brief mit einer im Nachhinein richtigen Prognose schickte, also 5000 Namen. Im nächsten Monat macht er das Gleiche mit den verbleibenden 2500 Namen, bis sich die Liste auf 500 Personen reduziert hat. Davon werden 200 zu seinen Opfern. Eine Investition von einigen tausend Dollar in Briefmarken verwandelt sich in Gelder in Höhe von mehreren Millionen.

Ein unterbrochenes Tennismatch

Häufig werden Zuschauer, die sich im Fernsehen ein Tennismatch ansehen, mit Werbung für Investmentfonds belästigt, die (bis zu dieser Minute) über einen bestimmten Zeitraum eine im Vergleich zu anderen Fondsprodukten überdurchschnittliche Performance aufwiesen. Wenn man es sich genau überlegt, muss man sich aber fragen, warum jemand überhaupt Werbung machen würde, wenn sein Fonds nicht zufällig den Markt schlägt? Die Wahrscheinlichkeit ist groß, dass diese Investmentmöglichkeit auf sich aufmerksam machen will, wenn ihr Erfolg allein auf den Zufall zurückzuführen ist. Dieses Phänomen bezeichnen Ökonomen und Versicherungsexperten als »Negativselektion«. Wegen dieser Selektionsverzerrung müssen bei der Beurteilung einer Anlagemöglichkeit, die Ihnen angeboten wird, strengere Standards angelegt werden als bei den Anlagen, die Sie aktiv suchen. Wenn ich beispielsweise eine Gruppe von 10 000 Managern aktiv anspreche, liegt die Wahrscheinlichkeit, einen falschen Überlebenden zu finden, bei zwei Prozent. Bleibe ich aber zu Hause und warte, bis es bei mir klingelt, liegt die Wahrscheinlichkeit, dass ein falscher Überlebender vor meiner Haustür für sich wirbt, fast bei 100 Prozent.

Umgekehrte Überlebende

Bislang haben wir uns mit falschen Überlebenden beschäftigt – die gleiche Logik gilt aber auch für talentierte Menschen, für die zwar die Chancen sehr gut standen, die aber dennoch letztendlich auf dem Friedhof landeten. Dieser Effekt ist das genaue Gegenteil des Survivor Bias. Schließlich genügen in der Investmentbranche bereits zwei schlechte Jahre, um eine Karriere im Risikoumfeld zu beenden. Selbst bei großer Erfolgswahrscheinlichkeit ist ein solches Ergebnis durchaus möglich. Was tun Menschen, um zu überleben? Sie versuchen ihre Überlebenswahrscheinlichkeit zu erhöhen, indem sie auf schwarze Schwäne setzen (wie John und Carlos). Damit fahren sie die meiste Zeit über gut, gehen aber zugleich das Risiko eines völligen Fiaskos ein.

Das Geburtstagsparadox

Am eingängigsten lässt sich das Data-Mining-Problem einem statistischen Laien anhand des so genannten »Geburtstagsparadox« veranschaulichen, obwohl es sich hier streng genommen nicht um ein Paradoxon, sondern einfach nur um eine Kuriosität in unserer Wahrnehmung handelt. Bei einer Zufallsbekanntschaft liegt die Wahrscheinlichkeit, dass Sie beide am gleichen Tag Geburtstag haben, bei 1 zu 365,25. Die Wahrscheinlichkeit, dass dieser identische Geburtstag auch ins gleiche Jahr fällt, ist weitaus geringer. Wenn Sie also am gleichen Tag Geburtstag hätten, wäre das ein zufälliges Ereignis, über das Sie sich beim Abendessen unterhalten würden. Nehmen wir jetzt an, es befinden sich 23 Personen in einem Raum. Wie groß ist die Wahrscheinlichkeit, dass zwei von ihnen am gleichen Tag Geburtstag haben? Ungefähr 50 Prozent. Denn wenn wir nicht näher spezifizieren, welche zwei Personen am gleichen Tag ihren Geburtstag feiern sollen, erfüllt jedes Paar die Bedingungen.

Die Welt ist ein Dorf!

Eine ähnlich falsche Vorstellung von Wahrscheinlichkeiten leiten wir aus zufälligen Begegnungen mit Verwandten oder Freunden an höchst unerwarteten Orten ab. Bei einer solchen Gelegenheiten rufen wir oft überrascht: »Die Welt ist ein Dorf!« Aber derartige Zusammentreffen sind keineswegs unwahrscheinlich – und die Welt ist sehr viel größer, als wir meinen. Wir rechnen nur in Wahrheit nicht aus, wie groß die Wahrscheinlichkeit ist, eine bestimmte Person zu einer bestimmten Zeit an einem bestimmten Ort zu treffen. Vielmehr testen wir das einfach für jede Begegnung mit jeder Person, die wir jemals in der Vergangenheit kennen gelernt haben, und für jeden Ort, den wir während des betreffenden Zeitraums besuchen. Letzteres ist viel wahrscheinlicher – vielleicht mehrere tausend Mal so wahrscheinlich wie der zuerst beschriebene Fall.

Wenn ein Statistiker sich Daten ansieht, um eine gegebene Beziehung zu überprüfen – etwa um eine Korrelation zwischen dem Eintritt eines bestimmten Ereignisses wie einer politischen Ankündigung und der Volatilität des Aktienmarktes aufzuzeigen –, können die Ergebnisse mit größerer Wahrscheinlichkeit ernst genommen werden. Wenn man aber die Daten durch den Computer jagt und einfach nach *irgendeiner* Beziehung sucht, wird mit Sicherheit eine falsche Kausalität dargestellt – zum Beispiel eine Verknüpfung zwischen dem Wohl und Wehe der Börse und der Länge von Damenröcken. Und wie die zufällige Übereinstimmung der Geburtstage wird dies die Menschen in Erstaunen versetzen.

Data Mining, Statistik und Scharlatanerie

Wie groß ist die Wahrscheinlichkeit, dass Sie zwei Mal im Lotto gewinnen? Eins zu 17 Billionen. Dennoch passierte genau dies Evelyn Adams aus New Jersey, die sich – wie der Leser wohl vermuten würde – als vom Schicksal besonders begünstigt fühlen sollte. Mit der oben entwickelten Methode schätzten die Forscher Percy Diaconis und Frederick Mosteller aber, dass die Wahrscheinlichkeit, dass irgendjemand irgendwo auf vollkommen unspezifizierte Weise ein solcher Glückspilz wird, bei 30 zu 1 liegt!

Manche Menschen dehnen ihr Data Mining auf die Theologie aus – schließlich lasen die Mittelmeervölker der Antike mächtige Botschaften in den Eingeweiden von Vögeln. Eine interessante Ausweitung des Data Mining auf die biblische Auslegung liefert Michael Drosnin in *Der Bibel-Code*. Unterstützt von der Arbeit eines »Mathematikers« half Drosnin, ein ehemaliger Journalist (der scheinbar keinerlei statistische Ausbildung genossen hat), das Attentat auf den ehemaligen israelischen Premierminister Yitzhak Rabin durch Entschlüsselung eines Codes in der Bibel »vorherzusagen«. Er informierte Rabin, der ihn offenbar nicht allzu ernst nahm. *Der Bibel-Code* identifiziert in der Bibel statistische Unregelmäßigkeiten, mit deren Hilfe einige Ereignisse dieser Art vorhergesagt wurden. Es versteht sich von selbst, dass dieses Buch viele Abnehmer fand – so viele, dass in einem Fortsetzungsband rückblickend weitere solche Ereignisse prognostiziert wurden.

Der gleiche Mechanismus liegt Verschwörungstheorien zugrunde. Wie *Der Bibel-Code* können sie vollkommen logisch erscheinen und ansonsten intelligente Menschen von ihrer Gültigkeit überzeugen. Ich kann eine Verschwörungstheorie entwickeln, indem ich Hunderte von Gemälden eines Künstlers oder einer Gruppe von Künstlern herunterlade und eine Konstante in all diesen Bildern finde (eines von Hunderttausenden verschiedenen Merkmalen). Dann würde ich mir eine Verschwörungstheorie über eine Geheimbotschaft ausdenken, die alle diese Maler kannten. Offenbar wählte der Autor des Bestsellers *Da Vinci Code* (deutsche Übersetzung: *Sakrileg*) diesen Ansatz.

Das beste Buch, das ich jemals gelesen habe!

Am liebsten halte ich mich in Buchläden auf, wo ich ziellos von einem Buch zum anderen schlendere und eine Entscheidung zu treffen versuche, ob ich die Zeit aufwenden soll, dieses Werk zu lesen. Meine Bücherkäufe erfolgen häufig spontan auf der Basis oberflächlicher, aber aufschlussreicher Hinweise. In vielen Fällen beruht meine Entscheidung auf nichts anderem als dem Bucheinband. Auf Einbänden findet man oft lobende Worte einer berühmten oder unbekannten Person oder Auszüge aus einer Buchrezension. Eine positive Einschätzung einer berühmten und angesehenen Person würde mich überzeugen, ein Buch zu kaufen.

Was ist das Problem? Ich neige dazu, eine Buchkritik, die der Beurteilung der Qualität eines Buches dienen soll, mit den *besten* Buchkritiken zu verwechseln. Auch hier macht sich wieder der Survivor Bias bemerkbar. Ich setze die Verteilung des Höchstwertes einer Variablen fälschlicherweise mit der Verteilung der Variablen selbst gleich. Der Verlag würde auf dem Einband niemals etwas anderes abdrucken als Zitate, in denen das Buch in den höchsten Tönen gelobt wird. Manche Autoren gehen noch einen Schritt weiter und wählen aus einer lauen oder sogar negativen Buchrezension Formulierungen aus, die das Buch zu loben scheinen. Ein solches Beispiel lieferte ein gewisser Paul Wilmott (ein englischer Finanzmathematiker, der sich durch außergewöhliche Genialität und Respektlosigkeit auszeichnet), dem das Kunststück gelang zu verkünden, dass ich ihm seine »erste schlechte Rezension« geliefert hätte, aber dennoch Auszüge daraus als Lob auf dem Einband zu verwenden (wir wurden später Freunde, was mir ermöglichte, ihm für mein Buch unterstützende Worte zu entlocken).

Zum ersten Mal tappte ich in diese Falle der verzerrten Wahrnehmung, als ich als 16-Jähriger *Manhattan Transfer* kaufte, ein Buch des amerikanischen Schriftstellers John Dos Passos. Mich hatten die lobenden Worte des französischen Schriftstellers und »Philosophen« Jean-Paul Sartre auf dem Einband überzeugt, in denen dieser Dos Passos sinngemäß als einen der größten Schriftsteller unserer Zeit bezeichnete. Dieser einfache Ausruf, mit dem Sartre vermutlich in betrunkenem Zustand oder einem Moment extremer Begeisterung herausplatzte, machte Dos Passos zur

Pflichtlektüre in europäischen Intellektuellenkreisen, da Sartres Bemerkung irrtümlicherweise für die Konsensmeinung über die Qualität der Werke von Dos Passos gehalten wurde, während sie in Wahrheit die beste Aussage war. (Trotz dieses Interesses an seinen Werken ist Dos Passos inzwischen wieder in Vergessenheit geraten.)

Backtesting

Ein Programmierer half mir, einen *Backtester* zu bauen. Dabei handelt es sich um ein Softwareprogramm, das ich mit einer Datenbank historischer Kurse verbinden kann und das mir dann erlaubt, für jede Handelsregel durchschnittlicher Komplexität deren hypothetische historische Wertentwicklung zu überprüfen. Ich kann einfach eine mechanische Handelsregel anwenden, etwa beim Kauf von NASDAQ-Aktien, wenn ihr Schlusskurs mehr als 1,83 Prozent über ihrem Durchschnitt in der Vorwoche liegt, und sofort einen Eindruck von ihrer bisherigen Wertentwicklung bekommen. Auf dem Bildschirm erscheinen die hypothetischen Erfolgsbilanzen, die mit der Anwendung dieser Handelsregel verbunden sind. Wenn mir die Ergebnisse nicht zusagen, kann ich den Prozentsatz senken, beispielsweise auf 1,2 Prozent. Die Regel kann ich auch komplexer gestalten. Ich spiele so lange herum, bis ich auf etwas stoße, das gut funktioniert.

Was mache ich? Meine Aufgabe besteht wiederum genau darin, in einem möglicherweise funktionierenden Regelsatz Überlebende zu finden. Ich passe die Regel an die Daten an. Das nennt man *Data Snooping*. Je mehr ich herumprobiere, desto größer wird die Wahrscheinlichkeit, dass ich durch pures Glück auf eine Regel stoße, die sich auf die Vergangenheitsdaten anwenden lässt. Eine zufällige Reihe wird immer feststellbare Muster aufweisen. Ich bin überzeugt, dass es in der westlichen Welt ein marktgängiges Wertpapier gibt, das zu 100 Prozent mit den Temperaturschwankungen im mongolischen Ulan Bator korreliert.

In der technischen Analyse gibt es noch schlimmere Auswüchse. Ein herausragender, vor kurzem veröffentlichter Artikel von Sullivan, Timmerman und White geht noch weiter und zieht in Erwägung, dass die heute erfolgreich angewandten Regeln das Ergebnis eines Survivor Bias sein könnten.

Angenommen, Investoren haben im Laufe der Zeit mit technischen Handelsregeln aus einem sehr breiten Universum experimentiert – im Prinzip Tausende von Parametrisierungen einer Vielzahl von Regelarten. Über einen längeren Zeitraum wird den Regeln, die historisch zufällig zu guten Resultaten führten, mehr Aufmerksamkeit geschenkt. Die Investmentprofis betrachten sie als »ernsthafte Kandidaten«, während erfolglose Handelsregeln höchstwahrscheinlich in Vergessenheit geraten. ... Wenn im Zeitverlauf genügend Handelsregeln in Betracht gezogen werden, führen einige Regeln zweifellos selbst bei einer sehr großen Stichprobe rein zufällig zu überlegener Performance, auch wenn sie im Grunde keine echte Vorhersagekraft in Bezug auf den Kapitalertrag besitzen. Natürlich kann eine Inferenz, die ausschließlich auf der Untergruppe überlebender Handelsregeln beruht, in diesem Zusammenhang irreführend sein, da sie nicht den ganzen Satz der anfänglichen Handelsregeln berücksichtigt, von denen die meisten wahrscheinlich unterdurchschnittliche Performance gebracht hätten.

Ich muss einige Exzesse im Backtesting anprangern, die ich in meiner eigenen Laufbahn aus nächster Nähe beobachten konnte. Es gibt derzeit auf dem Markt ein ausgezeichnetes Produkt, das nur zu diesem Zweck entwickelt wurde: Die Omega TradeStation™ wird von Zehntausenden von Börsenhändlern verwendet. Sie beinhaltet sogar ihre eigene Computersprache. Geplagt von Schlaflosigkeit durchforsten mit Computern ausgestattete Daytrader nachts Daten, um einige ihrer Eigenschaften herauszuarbeiten. Indem sie ihre Affen an Schreibmaschinen setzen, ohne genau zu spezifizieren, welches Buch sie denn schreiben sollen, stoßen sie tatsächlich irgendwo auf hypothetisches Gold. Viele von ihnen glauben blind daran.

Einer meiner Kollegen, der ausgezeichnete Hochschulabschlüsse vorweisen konnte, begann so sehr an eine solche virtuelle Welt zu glauben, dass er jeglichen Sinn für die Realität verlor. Ob der letzte Rest gesunden Menschenverstands, den er noch besaß, rasch unter der Masse der Simulationen verschwand oder ob er sich mit einem Funken Verstand auf ein solches Vorhaben gar nicht eingelassen hätte, kann ich nicht beurteilen. Auf jeden Fall musste ich zusehen, wie seine möglicherweise vorhandene natürliche Skepsis unter dem Gewicht der Daten begraben wurde – denn er war äußerst skeptisch, nur eben in den falschen Gebieten. Ach, Hume!

Eine noch bestürzendere Manifestation

Historisch betrachtet arbeitet die Medizin nach dem Prinzip »Versuch und Irrtum« – mit anderen Worten statistisch. Wir wissen inzwischen, dass es völlig zufällige Verbindungen zwischen Symptomen und Behandlungen geben kann und dass einige Medikamente sich in medizinischen Studien aus rein zufälligen Gründen als wirksam erweisen. Ich kann nicht behaupten, dass ich medizinisches Fachwissen besitze, aber ich habe in den letzten fünf Jahren regelmäßig einen Teil der medizinischen Fachliteratur gelesen – lange genug, um mir wegen der Standards Sorgen zu machen, wie wir im nächsten Kapitel sehen werden. Medizinische Forscher sind selten Statistiker, und Statistiker werden kaum jemals in der medizinischen Forschung tätig. Viele medizinische Forscher sind sich dieser Data-Mining-Voreingenommenheit nicht im Mindesten bewusst. Diese Verzerrung ihrer Wahrnehmung mag zwar nur eine geringe Rolle spielen, aber sie ist mit Sicherheit präsent. Eine vor kurzem veröffentlichte Studie bringt Zigarettenrauchen mit einer *Reduzierung* des Brustkrebsrisikos in Verbindung und widerspricht damit allen vorherigen Untersuchungen. Die Logik würde einem nahe legen, dass dieses Ergebnis verdächtig sein könnte und vielleicht auf einen reinen Zufall zurückzuführen ist.

Die Berichtssaison: täuschende Ergebnisse

Finanzanalysten werden gemeinhin geschult, Bilanzierungstricks zu enthüllen, die Unternehmen einsetzen, um ihre Ergebnisse zu verschleiern. Bisweilen sind sie den Unternehmen in diesem Spiel überlegen. Aber sie sind weder für die Berücksichtigung des Zufalls noch für den Umgang mit Zufälligkeiten ausgebildet (und sie besitzen auch nicht genügend Selbsterkenntnis, um die

Grenzen ihrer Methoden zu erkennen – Aktienanalysten haben eine schlechtere Erfolgsbilanz und zugleich eine höhere Meinung von ihren früheren Leistungen als Meteorologen). Wenn eine Firma einmal ihren Gewinn steigert, weckt das nicht sofort ihre Aufmerksamkeit. Beim zweiten Mal taucht ihr Name allmählich auf Computermonitoren auf. Beim dritten Mal werden einige Analysten das Unternehmen zum Kauf empfehlen.

Wie im Falle der Erfolgsbilanz unserer Investmentmanager sehen wir uns hier eine Gruppe von 10 000 Unternehmen an, von denen angenommen wird, dass sie im Durchschnitt eine Rendite erzielen, die kaum dem risikofreien Zins (also der Rendite von Staatsanleihen) entspricht. Sie sind in allen erdenklichen Geschäftsfeldern aktiv, die starken Schwankungen unterworfen sind. Am Ende des ersten Jahres haben wir 5000 »Stars«, die höhere Gewinne ausweisen können (unter der Annahme, dass keine Inflation herrscht), und 5000 »Flops«. Nach drei Jahren sind es 1250 Stars. Der Investmentausschuss einer Bank empfiehlt diese Ihrem Broker zum Kauf (»Strong Buy« im Börsenjargon). Dieser hinterlässt auf Ihrer Mailbox eine Nachricht, dass er einen heißen Tipp für Sie hat, den Sie sich unbedingt sofort ansehen sollten. Sie erhalten per E-Mail eine lange Liste von Namen. Davon wählen Sie ein oder zwei Titel aus. Währenddessen kauft der Portfoliomanager Ihres Altervorsorgefonds die ganze Liste.

Wir können diese Argumentation auf die Auswahl verschiedener Anlagekategorien anwenden – so als würde es sich dabei um die Manager aus dem oben beschriebenen Beispiel handeln. Nehmen wir an, Sie befänden sich im Jahr 1900 und könnten aus Hunderten von Anlagemöglichkeiten auswählen. Sie können dabei die Aktienmärkte in Argentinien, im russischen Zarenreich, in Großbritannien, im Deutschen Kaiserreich und in vielen anderen Ländern in Betracht ziehen. Ein rational denkender Mensch hätte nicht nur in einen Emerging Market wie den der Vereinigten Staaten investiert, sondern auch in Russland und Argentinien. Der weitere Verlauf ist bekannt: Während viele Aktienmärkte, darunter auch der britische und amerikanische, sich extrem positiv entwickelten, stand ein Anleger, der Papiere aus dem russischen Zarenreich gekauft hatte, mit wenig mehr als einer Tapete mittlerer Qualität da. Auf die Länder, die gut abschnitten, entfällt kein großer

Anteil der ursprünglichen Gruppe; nach dem Zufallsprinzip war zu erwarten, dass einige wenige Anlageklassen eine ausnehmend gute Wertentwicklung zeigen. Ich frage mich, ob so genannte »Experten«, die so törichte (und selbstsüchtige) Aussagen wie »Die Kurse steigen bezogen auf 20 Jahre immer« von sich geben, sich dieses Problems bewusst sind.

Komparatives Glück

Ein weitaus akuteres Problem betrifft überdurchschnittliche Wertentwicklung (Outperformance) in Leistungsvergleichen zwischen zwei und mehr Personen oder Gesellschaften. Wir sind gewiss Narren des Zufalls bei einzelnen Zeitreihen. Umso mehr gilt dies aber bei Vergleichen, etwa zwischen zwei Personen oder einer Person und einer Referenzgröße beziehungsweise Benchmark. Der Grund: *Beide* sind zufällig. Lassen Sie uns dies anhand eines einfachen Gedankenexperiments durchspielen. Zwei Menschen, etwa ein Mann und sein Schwager, gehen durchs Leben. Nehmen wir an, die Chance, dass sie Glück oder Pech haben, ist bei beiden gleich. Die möglichen Ergebnisse: Glück-Glück (kein Unterschied zwischen den beiden), Pech-Pech (wieder kein Unterschied), Glück-Pech (ein großer Unterschied zwischen ihnen), Pech-Glück (ebenfalls eine gewaltige Kluft).

Unlängst nahm ich erstmals an einer Investmentmanagerkonferenz teil, bei der ich mir den Vortrag eines äußerst langweiligen Referenten anhörte, der Börsenhändler miteinander verglich. Dieser Mann wählte berufsmäßig Fondsmanager aus und bündelte sie für Investoren – er stellte also so genannte »Dachfonds« zusammen. Ich saß im Publikum, als er Zahlen auf die Leinwand warf. Meine erste Offenbarung war, dass ich den Sprecher plötzlich erkannte: Es handelte sich um einen ehemaligen Kollegen, den der Zahn der Zeit körperlich verändert hatte. Früher war er spritzig, energiegeladen und freundlich; jetzt dagegen träge, beleibt und über die Maßen erfolgsverwöhnt (als ich ihn kannte, war er nicht reich – können Menschen auf Geld unterschiedlich reagieren? Nehmen sich manche ernst und andere nicht?) Die zweite Offenbarung war, dass ich zwar bereits vermutet hatte, dass dieser Mann ein Narr des Zufalls war – doch das Ausmaß seiner Tollheit musste weitaus größer sein, als man sich vorstellen konnte, besonders angesichts des Survivor Bias. Eine überschlägige Berechnung zeigte, dass mindestens 97 Prozent seiner Aussagen in die Kategorie »Nebengeräusche« fielen. Dass er Performancedaten *verglich*, machte die Sache umso schlimmer.

Heilmittel gegen Krebs

Wenn ich von einer Reise nach Asien oder Europa nach Hause zurückkehre, stehe ich aufgrund meines Jetlags oft zu sehr früher Stunde auf. Gelegentlich, wenn auch selten, schalte ich dann den Fernseher ein und suche nach Börsennachrichten. Was mir bei diesen frühmorgendlichen Streifzügen auffällt, ist die Fülle von Behauptungen, die Anbieter alternativer Arzneimittel in Bezug auf die Heilkräfte ihrer Produkte aufstellen. Sie sind zweifellos auf die niedrigen Werbetarife um diese Zeit zurückzuführen. Um ihre Behauptungen zu untermauern, stellen diese Firmen überzeugende Aussagen von Personen vor, die durch ihre Methoden geheilt wurden. Beispielsweise sah ich einmal einen ehemaligen Kehlkopfkrebspatienten, der erklärte, wie ihn eine Kombination von Vitaminen rettete, die für den äußerst günstigen Preis von 14,95 Dollar feilgeboten wurden – aller Wahrscheinlichkeit nach meinte er das ehrlich (obwohl er natürlich für seinen Bericht eine Gegenleistung erhält, möglicherweise Belieferung mit dieser Medizin auf Lebenszeit). Trotz unserer Fortschritte glauben wir Menschen immer noch an Verbindungen zwischen Krankheiten und Heilung, die auf Informationen dieser Art beruhen, und keine wissenschaftlichen Beweise können uns mehr überzeugen als die aufrichtige, emotionale Aussage eines Betroffenen. Solche Testimonials stammen nicht immer nur von Otto Normalverbrauchern; Aussagen von Nobelpreisträgern (in der falschen Disziplin) tun es auch. Linus Pauling, dem in Chemie ein Nobelpreis verliehen wurde, soll dem Verlauten nach an die medizinischen Eigenschaften von Vitamin C geglaubt haben und selbst eine hohe Tagesdosis zu sich genommen haben. Dank seines Einflusses leistete er einen Beitrag zur allgemeinen Überzeugung, dass Vitamin C heilende Eigenschaften besitzt. Viele Medizinstudenten, denen der Nachweis von Paulings Behauptungen nicht gelang, stießen auf taube Ohren, da es schwer war, die Aussagen eines Nobelpreisträgers zu widerlegen, selbst wenn dieser eigentlich nicht zur Erörterung medizinischer Fragen qualifiziert war.

Viele dieser Behauptungen sind harmlos, abgesehen vom Profit, den Scharlatane damit machen – aber viele Krebspatienten haben möglicherweise wissenschaftlich erforschte Therapien zugunsten dieser Methoden aufgegeben und starben, weil sie orthodoxere Behandlungsansätze ignorierten (wieder werden die nichtwissenschaftlichen Methoden unter dem Oberbegriff der »alternativen Medizin« – also nicht nachgewiesene Therapien – zusammengefasst, und die Mediziner haben Schwierigkeiten, die Presse davon zu überzeugen, dass es nur eine Medizin gibt und dass die alternative Medizin keine echte Medizin ist). Der Leser mag sich fragen, wieso ich behaupte, dass der Verwender dieser Produkte es ehrlich meinen könnte, ohne damit sagen zu wollen, dass er von der illusionären Behandlung geheilt wurde. Der Grund dafür wird bisweilen »Spontanheilung« genannt: Bei einer sehr geringen Anzahl von Krebspatienten werden aus Gründen, über die man nur spekulieren kann, die Krebszellen vernichtet, so dass sie »auf wundersame Weise« genesen. Veränderungen im Immunsystem des Patienten führten zur Vernichtung aller Krebszellen im Körper. Diese Menschen wären auch geheilt worden, wenn sie ein Glas Quellwasser aus Vermont getrunken oder getrocknetes Rindfleisch gekaut hätten, anstatt diese hübsch verpackten bunten Pillen zu schlucken. Außerdem sind diese Spontanheilungen möglicherweise gar nicht so spontan; unter dem Strich könnten sie auf eine Ursache zurückzuführen sein, für deren Entdeckung unsere Methoden nicht ausgeklügelt genug sind.

Der verstorbene Astronom Carl Sagan, ein hingebungsvoller Verfechter wissenschaftlichen Denkens und obsessiver Feind aller nichtwissenschaftlichen Theorien, untersuchte Patienten, die nach einem Besuch in Lourdes in Frankreich einfach durch Berührung mit dem heiligen Wasser vom Krebs geheilt waren. Interessanterweise ergaben seine Nachforschungen, dass unter den Krebspatienten, die diesen Ort besuchten, der Anteil der Spontanheilungen eher geringer war als bei einer statistischen Berechnung. Er lag unter dem Durchschnitt derer, die nicht nach Lourdes fuhren!

Sollte ein Statistiker daraus nun den Schluss ziehen, dass sich die Überlebenswahrscheinlichkeit eines Krebspatienten nach einem Besuch in Lourdes verschlechtert?

Professor Pearson geht nach Monte Carlo (buchstäblich): Zufall sieht nicht zufällig aus!

Zu Beginn des 20. Jahrhunderts, als wir erstmals mit der Entwicklung von Verfahren für den Umgang mit zufälligen Resultaten begannen, wurden einige Methoden zur Entdeckung von Anomalien erarbeitet. Professor Karl Pearson (der Vater von Egon Pearson, dem Autor des berühmten Lehrbuchs Neyman-Pearson, das allen Studenten, die in den USA einen Einführungskurs in Statistik besucht haben, vertraut ist) dachte sich den ersten »Nichtzufallstest« aus (in Wirklichkeit handelte es sich um eine Abweichung von der Normalität, was im Grunde auf das Gleiche hinausläuft). Im Juli 1902 untersuchte er Millionen von Durchgängen eines so genannten »Monte Carlos« (ein alter Name für ein Rouletterad). Dabei stellte er fest, dass diese Rouletterunden statistisch signifikant (mit einem Fehler von weniger als eins zu einer Milliarde) nicht rein zufällig waren. Was? Die Bewegung eines Rouletterades ist nicht zufällig? Professor Pearson war über seine Entdeckung höchst erstaunt. Aber dieses Ergebnis sagt für sich genommen nichts aus; wir wissen, dass es keine rein zufällige Ziehung gibt, denn ihre Resultate hängen von der Qualität der verwendeten Gerätschaften ab. Wenn man nur genug auf die Kleinigkeiten achtet, könnte man irgendwo die nicht zufälligen Aspekte finden (etwa eine Unwucht im Rad selbst oder eine nicht vollkommen runde Roulettekugel). Statistikphilosophen bezeichnen das als *Problem des Referenzfalles.* Damit wollen sie zum Ausdruck bringen, dass reine Zufälligkeit nur in der Theorie, nicht aber in der Praxis erreicht werden kann. Zudem würde ein Investmentmanager fragen, ob diese Nichtzufälligkeit zu sinnvollen, Gewinn bringenden Regeln führen kann. Wenn ich einen Dollar in 10 000 Runden einsetzen muss und erwarte, für meine Bemühungen einen Gewinn von einem Dollar zu erhalten, wäre ich weitaus besser bedient, wenn ich mich bei einer Gebäudereinigungsfirma um eine Teilzeitstelle als Hausmeister bewerbe.

Aber das Ergebnis enthält ein weiteres Element, das wir mit Misstrauen betrachten sollten. Von praktischerer Bedeutung ist in diesem Zusammenhang das folgende schwer wiegende Problem nicht zufälliger Aspekte. Selbst die Gründerväter der statischen Lehre vergaßen, dass eine zufällige Reihe von Durchläufen kein Muster bilden muss, um zufällig auszusehen. Faktisch sind Daten ohne jedes Muster höchst suspekt und scheinen künstlich erzeugt worden zu sein. Ein einzelner Zufallslauf zeigt bestimmt irgendein Muster – wenn man gründlich genug danach sucht. Bedenken Sie, dass Professor Pearson als einer der ersten Wissenschaftler Interesse für die Entwicklung künstlicher Zufallsdatengeneratoren zeigte – also Tabellen, die man als Input für verschiedene wissenschaftliche und technische Simulationen verwenden konnte (die Vorläufer unseres Monte-Carlo-Generators). Das Problem dabei ist, dass man in diesen Tabellen keinerlei Regelmäßigkeiten beobachten wollte. Echter Zufall sieht jedoch nicht zufällig aus!

Ich möchte diesen Punkt weiter mit der Untersuchung eines als Krebscluster bekannten Phänomens veranschaulichen. Nehmen wir an, ein Quadrat wird mit 16 zufälligen Pfeilen beworfen, wobei die Wahrscheinlichkeit, getroffen zu werden, für jede Stelle in diesem Quadrat gleich ist. Wenn wir jetzt dieses Quadrat in 16 kleinere Quadrate unterteilen, wird erwartet, dass jedes dieser kleineren Vierecke im Durchschnitt einen Pfeil enthält – aber nur im Durchschnitt. Es besteht eine sehr geringe Wahrscheinlichkeit, dass die 16 Pfeile sich genau auf die 16 verschiedenen Quadrate verteilen. In der Regel wird in diesem Gitter in einigen Vierecken mehr als ein Pfeil zu finden sein und in anderen gar keiner. Der Fall, dass sich in diesem Gitter kein (Krebs-)Cluster zeigt, wäre außergewöhnlich selten. Nun übertragen wir unser Gitter mit den Pfeilen auf die Landkarte einer Region. Einige Zeitungen werden behaupten, dass in einem dieser Gebiete (in dem mehr als die durchschnittliche Anzahl von Pfeilen zu finden ist) Krebs erregende Strahlungen auftreten, was Rechtsanwälte auf den Plan ruft, den Patienten ihre Dienste anzubieten.

Der Hund, der nicht bellte: über Voreingenommenheiten in wissenschaftlichen Erkenntnissen

Ebenso lässt sich argumentieren, dass die Wissenschaft unter einem heimtückischen Survivor Bias leidet. Ähnlich wie im Journalismus werden über Forschungsarbeiten, die nicht zu Resultaten führen, keine Artikel gedruckt. Das mag vernünftig erscheinen, da Zeitungen nicht in reißerischen Schlagzeilen berichten, dass eigentlich nichts Neues geschieht (wenngleich die Bibel klug genug war, auf ein *chadash tacht hashemesh* – »nichts Neues unter der Sonne« – hinzuweisen, um so mitzuteilen, dass alles einfach seinen gewohnten Gang ging). Das Problem besteht hier darin, dass Erkenntnisse, die zeigen, dass ein Phänomen nicht auftritt, mit Erkenntnismangel verwechselt werden. Es kann eine sensationelle Mitteilung sein, dass *nichts geschehen* ist. Wie Sherlock Holmes in einem seiner Fälle berichtete, war das Merkwürdige, dass der Hund nicht bellte. Besorgniserregender ist aber die Tatsache, dass viele wissenschaftliche Resultate nicht in Publikationen besprochen wurden, weil sie statistisch nicht signifikant waren – dennoch hätten sie Informationen geliefert.

Kein Fazit

Mir wird häufig die Frage gestellt: Wann ist etwas eindeutig nicht dem Glück zuzuschreiben? Es gibt Zufallsberufe, in denen Leistung nur wenig mit Glück zu tun hat, so wie es Kasinos gelingt, den Zufall zu zähmen. Im Finanzsektor? Vielleicht. Nicht alle Börsenhändler spekulieren: Es gibt das Segment der so genannten »Market Maker«, die ihre Erträge aus Transaktionen beziehen – wie Wettbüroinhaber oder sogar Ladenbesitzer. Wenn sie spekulieren, ist ihre Abhängigkeit von den Risiken dieser Spekulationen im Vergleich zu ihrem Gesamtgeschäftsvolumen zu gering. Sie kaufen zu einem Kurs und verkaufen an die Allgemeinheit zu einem günstigeren Kurs und führen dabei eine große Anzahl von Transaktionen durch. Diese Erträge schützen sie in gewisser Weise vor dem Zufall. In diese Kategorie fallen Parketthändler an den Börsen, Bankhändler, die »gegen den Orderflow traden«, und Geldwechsler in den arabischen Marktvierteln beziehungsweise Souks der Levante. Die hier benötigten Fähigkeiten sind manchmal schwer zu finden: schnelles Denken, Wachsamkeit, ein hohes Maß an Energie, die Fähigkeit, anhand der Stimme des Verkäufers seinen Nervositätsgrad abzuschätzen. Wer diese Eigenschaften besitzt, kann in diesen Bereichen lange Karriere machen (vielleicht ein Jahrzehnt lang). Diese Händler werden niemals Riesengewinne einfahren, weil die Kundenanzahl ihre Erträge begrenzt, doch probabilistisch wird es ihnen sehr gut gehen. Sie sind sozusagen die Zahnärzte dieses Berufsstandes.

Abgesehen von diesem sehr spezialisierten buchmacherähnlichen Beruf weiß ich, um ehrlich zu sein, keine Antwort auf diese Frage. Ich kann sagen, dass es so aussieht, als habe Person A glücklichen Zufällen weniger zu verdanken als Person B, aber das Vertrauen in dieses Wissen kann so gering sein, dass es bedeutungslos wird. Da bleibe ich lieber ein Skeptiker! Meine Meinung wird oft missverstanden. Ich habe niemals behauptet, dass alle Reichen Idioten seien und jeder erfolglose Mensch einfach nur Pech gehabt hat. Nur ist es besser, sich eines Urteils zu enthalten, sofern einem nicht sehr viel mehr zusätzliche Informationen zur Verfügung stehen. Das ist sicherer.

Kapitel 10
Versager ziehen das große Los – über die Nichtlinearität im Leben

Die nichtlineare Gemeinheit des Lebens. Ein Umzug nach Bel Air und die Übernahme der Laster der Reichen und Berühmten. Warum Bill Gates von Microsoft nicht unbedingt der Beste in seiner Branche ist (aber sagen Sie ihm das bitte nicht). Was passiert, wenn man Esel hungern lässt.

Als Nächstes werde ich die Binsenweisheit »Das Leben ist ungerecht« genauer unter die Lupe nehmen, aber aus einem neuen Blickwinkel. Meine Variante lautet: Das Leben ist auf *nichtlineare* Weise ungerecht. In diesem Kapitel geht es darum, wie ein geringer Vorteil sich im Leben in einen überproportional großen Nutzen verwandeln kann oder – die hinterhältigere Variante – wie ein nicht existenter Vorteil zu einer Goldgrube werden kann, bloß weil der Zufall ein wenig nachhilft.

Der Sandhaufen-Effekt

Lassen Sie uns als Erstes »Nichtlinearität« definieren. Es gibt viele Möglichkeiten, dieses Konzept darzustellen, aber zu den beliebtesten in der Wissenschaft gehört der so genannte »Sandhaufen-Effekt«, den ich folgendermaßen veranschaulichen kann: Ich sitze gerade am Strand an der Copacabana in Rio de Janeiro und versuche, nichts Anstrengendes zu tun, bin weit weg von allem, was ich lesen oder schreiben kann (was mir natürlich nicht gelingt, denn ich schreibe ja im Geiste diese Zeilen). Ich spiele mit Plastiksandspielzeug, das ich mir von einem Kind ausgeborgt habe und versuche, damit ein Gebäude zu errichten – ein bescheidener, aber hartnäckiger Versuch, den Turm von Babel nachzubilden.

Immer wieder füge ich oben Sand hinzu und mache so das gesamte Bauwerk langsam höher und höher. Meine babylonischen Verwandten bildeten sich ein, sie könnten auf diese Weise den Himmel erreichen. Ich habe bescheidenere Pläne – ich will testen, wie hoch ich bauen kann, bevor das ganze Gebilde in sich zusammenstürzt. Ich füge noch mehr Sand hinzu, überlege mir, wie das Gebäude letzten Endes zusammenbrechen wird. Ein Kind, das nicht gewohnt ist, Erwachsene Sandburgen bauen zu sehen, beobachtet mich fasziniert.

Irgendwann stürzt meine Burg – zum großen Vergnügen des mir zusehenden Kindes – unweigerlich in sich zusammen und wird wieder eins mit dem übrigen Sand am Strand. Man könnte sagen, dass das letzte Sandkorn für die Zerstörung des gesamten Gebäudes verantwortlich ist. Hier werden wir Zeuge eines nichtlinearen Effekts, der daraus resultiert, dass eine lineare Kraft auf einen Gegenstand wirkt. Ein sehr kleiner zusätzlicher Input, in diesem Fall ein Sandkorn, löst ein unverhältnismäßig starkes Ereignis aus, nämlich den Einsturz meines angehenden Turms von Babel. Redewendungen wie »der Tropfen, der das Fass zum Überlaufen brachte« belegen, dass der Volksmund viele solcher Phänomene kennt.

Für diese nichtlineare Dynamik gibt es auch einen Namen, der sie als eigenes Sachgebiet kennzeichnet: Chaostheorie. Diese Bezeichnung ist irreführend, denn mit Chaos hat sie nichts zu tun. Die Chaostheorie beschäftigt sich primär mit Funktionen, bei denen ein sehr geringer Input zu einer unverhältnismäßigen Reaktion führen kann. So könnten etwa Bevölkerungsmodelle in Abhängigkeit von winzigen Unterschieden in den betreffenden Populationen zum Ausgangszeitpunkt zu einem Pfad explosiven Wachstums oder zum Aussterben einer Spezies führen. Eine weitere beliebte wissenschaftliche Analogie ist das Wetter, wo gezeigt wurde, wie das Flattern eines Schmetterlingsflügels in Indien einen Wirbelsturm in New York auslösen kann. Aber auch die Antike kann hier ihr Scherflein beitragen: Pascal (der Pascal, dessen Wette wir in Kapitel 7 erörterten) behauptete, der Lauf der Welt wäre völlig anders gewesen, wenn Kleopatras Nase nur ein klein wenig kürzer ausgefallen wäre. Kleopatra sei eine attraktive Frau gewesen, deren Gesicht von einer schmalen, außergewöhnlich langen Nase dominiert wurde, wegen der sich sowohl Julius Cäsar als auch sein Nachfolger Marcus Antonius in sie verliebten (an dieser Stelle kann der intellektuelle Snob in mir nicht der Versuchung widerstehen, eine andere Meinung zu vertreten als die der Allgemeinheit; Plutarch behauptete, diese ärgerliche Vernarrtheit der Macher ihrer Ära sei Kleopatras Redegewandtheit zu verdanken, nicht ihrem guten Aussehen, und ich glaube, dass er damit wirklich Recht hat).

Bühne frei für den Zufall

Interessanter kann die Sache werden, wenn der Zufall die Bühne betritt. Stellen Sie sich einen Raum voller Schauspieler vor, die alle auf ein Vorsprechen warten. Natürlich werden nur ganz wenige von ihnen eine Rolle bekommen, und sie sind diejenigen, die in den Augen der Öffentlichkeit gemeinhin als Vertreter ihrer Zunft gesehen werden, wie wir dies in den Ausführungen zum Survivor Bias gesehen haben. Die Gewinner ziehen dann nach Bel Air, fühlen sich bemüßigt, eine Grundausbildung im Konsum von Luxusgütern zu absolvieren, und zeigen Anzeichen von Drogenmissbrauch – vielleicht wegen ihrer ausschweifenden und unregelmäßigen Lebensweise. Auch das Schicksal der anderen Schauspieler (der großen Mehrheit) können wir uns vorstellen: Sie werden ihr Leben lang in der Starbucks-Filiale ihrer Gegend Milch für Caffe Latte aufschäumen und zwischen Vorsprechterminen gegen ihre biologische Uhr ankämpfen.

Man könnte argumentieren, dass ein Schauspieler, der eine Hauptrolle bekommt, die ihm zu Ruhm und teuren Swimmingpools verhilft, besondere Fähigkeiten mitbringt, die anderen fehlen: ungewöhnlichen Charme oder eine spezielle körperliche Eigenschaft, die sich perfekt für eine solche Laufbahn eignet. Ich bin da anderer Meinung. Der Gewinner mag zwar in gewissem Maße schauspielerische Fähigkeiten besitzen, doch gilt das auch für alle anderen, denn sonst wären sie gar nicht in diesem Wartezimmer gelandet.

Ein interessantes Phänomen des Ruhms ist die Tatsache, dass er seiner eigenen Dynamik folgt. Ein Schauspieler wird in einigen

Teilen der Öffentlichkeit bekannt, weil ihn andere Teile der Öffentlichkeit kennen. Die Dynamik eines solchen Ruhms folgt einer sich drehenden Spirale, die bei diesem Vorsprechen ihren Anfang genommen haben könnte, da die Wahl möglicherweise wegen eines albernen Details auf die betreffende Person fiel, das zur Laune des Prüfers an jenem Tag passte. Hätte sich dieser Prüfer nicht am Vortag in eine Frau mit ähnlich klingendem Nachnamen verliebt, hätte der auserkorene Schauspieler aus dieser speziellen *Historie* in einer stattdessen realisierten *Historie* Caffe Latte servieren müssen.

Tippen lernen

Forscher führen häufig das Beispiel der QWERTZ-Tastatur an, um die heimtückische Dynamik der Gewinner und Verlierer in einer Volkswirtschaft zu beschreiben und zu veranschaulichen, wie häufig im Endeffekt eine Alternative gewählt wird, die das gar nicht verdient. Die Anordnung der Buchstaben auf einer Schreibmaschine ist ein Beispiel für den Erfolg einer Methode, die im Grunde besonders ungeeignet ist. Denn auf den von uns verwendeten Tastaturen sind die Buchstaben in suboptimaler Weise angeordnet. Faktisch ist die Anordnung so schlecht, dass sie uns langsamer tippen lässt, anstatt uns die Arbeit zu erleichtern. Damit sollte ursprünglich ein Verklemmen der Farbbänder verhindert werden, denn Schreibmaschinen wurden ja zunächst nicht für ein elektronisches Zeitalter konzipiert. Als wir begannen, bessere Schreibmaschinen und computerisierte Textautomaten zu bauen, wurden mehrere Versuche unternommen, Computertastaturen zu rationalisieren. Alle waren erfolglos. Die Menschen hatten auf QWERTZ-Tastaturen tippen gelernt und hingen zu sehr an ihren Gewohnheiten, um sie zu ändern. Wie der spiralförmige Aufstieg eines Schauspielers zum Ruhm folgen die Leute dem Beispiel anderer. Daher wäre es sinnlos oder schlechterdings unmöglich, dem Prozess eine rationale Dynamik aufzuzwingen. So etwas wird *pfadabhängiges Ergebnis* genannt und ließ viele mathematische Versuche, Verhaltensmodelle zu erstellen, scheitern.

Es ist offensichtlich, dass das Informationszeitalter, das zu einer Homogenisierung unserer Geschmäcker führte, uns diese Ungerechtigkeit noch deutlicher spüren lässt: Wer gewinnt, bekommt fast alle Kunden. Ein besonders auffälliges Beispiel für einen solchen spektakulären Glückstreffer liefert uns die Softwarefirma Microsoft und ihr launischer Gründer Bill Gates. Es lässt sich zwar kaum leugnen, dass Gates ein Mann mit hohem persönlichen Standard, Arbeitsmoral und überdurchschnittlicher Intelligenz ist. Aber ist er tatsächlich der *Beste*? *Verdient* er seinen Erfolg? Gewiss nicht. Die meisten Menschen haben (wie ich) seine Software deswegen gekauft, weil andere sie besaßen – ein reiner Zirkeleffekt (Ökonomen bezeichnen so etwas auch als »Netzwerkexternalität«). Niemand hat jemals behauptet, dass es sich hier um das beste Softwareprodukt von allen handelt. Die meisten von Gates' Rivalen sind obsessiv eifersüchtig auf seinen Erfolg. Die Tatsache, dass es ihm gelang, so große Erfolge einzuheimsen, während viele von ihnen ums Überleben ihrer Firmen kämpfen, treibt sie schier in den Wahnsinn.

Solche Thesen widersprechen klassischen ökonomischen Modellen, in denen die Resultate entweder auf einen präzisen Grund zurückzuführen sind (Unsicherheitsfaktoren werden nicht berücksichtigt) oder die Guten gewinnen (die Guten sind jene, die bessere Fähigkeit besitzen oder in irgendeiner Hinsicht technisch überlegen sind). Wirtschaftswissenschaftler haben pfadabhängige Effekte erst sehr spät erkannt und versuchten dann, bergeweise Bücher zu einem Thema zu veröffentlichen, das ansonsten banal und offensichtlich gewesen wäre. So schrieb beispielsweise der Ökonom Brian Arthur, der sich am Santa Fe Institute mit Nichtlinearität beschäftigte, dass zufällige Ereignisse in Verbindung mit positivem Feedback und nicht etwa technologische Überlegenheit zu wirtschaftlicher Dominanz führten – irgendein abstrus definierter Vorsprung in einem bestimmten Fachgebiet spielte also keine Rolle. Während der Zufall in den frühen ökonomischen Modellen außen vor blieb, zeigte Arthur, wie »unerwartete Aufträge, Zufallsbegegnungen mit Rechtsanwälten oder Launen von Führungskräften einen Einfluss darauf haben, wer anfangs Umsätze erzielt und welches Unternehmen auf lange Sicht den Markt beherrscht«.

Mathematik innerhalb und außerhalb der realen Welt

Eine mathematische Annäherung an dieses Problem ist sinnvoll. Während in konventionellen Modellen (wie Browns bekanntem »Random Walk«, der in der Finanztheorie verwendet wird) die Erfolgswahrscheinlichkeit sich nicht mit jeder einzelnen Modellphase ändert, sondern nur das angesammelte Vermögen, schlägt Arthur Modelle wie den Polya-Prozess vor, der mathematisch nur sehr schwer in den Griff zu bekommen ist, aber mit Hilfe eines Monte-Carlo-Simulators leicht verstanden werden kann. Der Polya-Prozess lässt sich folgendermaßen beschreiben: Nehmen wir an, eine Urne enthält anfangs die gleiche Anzahl an schwarzen und roten Kugeln. Sie müssen vor jedem Zug raten, welche Farbe Sie ziehen werden. Allerdings ist das Spiel manipuliert. Im Gegensatz zur herkömmlichen Urne hängt die Wahrscheinlichkeit, die richtige Farbe zu raten, vom Erfolg in der Vergangenheit ab, da Sie je nach Ihren früheren Leistungen besser oder schlechter im Raten werden. Daher erhöht sich die Gewinnwahrscheinlichkeit, wenn Sie in der Vergangenheit richtig geraten haben, und sie nimmt ab, wenn Sie in früheren Versuchen daneben lagen. Wenn man einen solchen Prozess simuliert, zeigt sich eine ungeheuere Varianz der Ergebnisse, mit erstaunlichen Erfolgen und einer großen Zahl von Misserfolgen (was wir als Schiefe bezeichnen).

Vergleichen Sie nun diesen Prozess mit häufiger verwendeten Modellen, nämlich einer Urne, bei denen der Spieler die Farbe rät und die Kugel ersetzt wird. Nehmen wir an, Sie gewinnen im Roulette. Würde dies die Wahrscheinlichkeit eines weiteren Gewinns erhöhen? Nein. In einem Polya-Prozess ist das jedoch der Fall. Warum ist das mathematisch so schwer in den Griff zu bekommen? Hier ist das Konzept der Unabhängigkeit (das besagt, dass der nächste Zug nicht von früheren Ergebnissen abhängt) verletzt. Unabhängigkeit ist eine Anforderung, die in der (bekannten) Wahrscheinlichkeitsmathematik gestellt wird.

Was ist bei der Entwicklung der Ökonomie als Wissenschaft schief gelaufen? Ganz einfach: Eine Gruppe hoch intelligenter Menschen fühlte sich verpflichtet, auf die Mathematik zu setzen, um von sich behaupten zu können, dass sie sich äußerst disziplinierten Regeln unterwarfen und ihr Fachbereich eine Wissenschaft war. Einige Theoretiker, die es sehr eilig hatten, führten in dieser Disziplin mathematische Modellbildungsverfahren ein (die Schuldigen waren Leon Walras, Gerard Debreu und Paul Samuelson), ohne sich zu überlegen, dass entweder die von ihnen verwendeten mathematischen Ansätze zu restriktiv für die hier zu lösenden Probleme waren oder dass die Präzision der mathematischen Fachsprache Ökonomen zu dem Glauben verleiten könnte, dass sie Lösungen gefunden hatten, während dies in Wirklichkeit nicht der Fall war. (Erinnern Sie sich an Popper und die Kosten, die entstehen, wenn man die Wissenschaft zu ernst nimmt?) Tatsächlich funktionierte die Mathematik, mit der sie arbeiteten, in der realen Welt nicht. Das könnte daran liegen, dass wir weiter reichende Prozesse benötigen. Die Begründer dieser ökonomischen Lehre weigerten sich jedoch, die Tatsache zu akzeptieren, dass sie vermutlich ohne Mathematik besser bedient waren.

Die Anhänger der so genannten *Komplexitätstheorie* eilten den Theoretikern zu Hilfe. Die Arbeiten von Wissenschaftlern, die sich auf nichtlineare quantitative Methoden spezialisierten, erregten großes Aufsehen, und ihr Mekka war das Santa Fe Institute in der Nähe von Santa Fe im US-Bundesstaat New Mexico. Diese Wissenschaftler unterzogen sich gewiss großen Mühen und lieferten wunderbare Lösungen in den Naturwissenschaften und bessere Modelle für die Sozialwissenschaften (obwohl sie noch nichts völlig Zufriedenstellendes hervorgebracht haben). Wenn ihnen letzten Endes kein Erfolg beschieden sein sollte, so liegt das einfach daran, dass die Mathematik in der realen Welt nur sekundäre Hilfestellung bieten kann. Ein weiterer Vorteil unserer Monte-Carlo-Simulationen ist die Tatsache, dass wir dort Ergebnisse erhalten, wo uns die Mathematiker im Stich lassen und uns nicht helfen können. Indem wir die Gleichungen hinter uns lassen, befreien wir uns aus der Falle der unterlegenen Mathematik. Wie ich in Kapitel 3 sagte, ist die Mathematik kaum mehr als eine Denk- und Betrachtungsweise in unserer vom Zufall bestimmten Welt.

Die Wissenschaft der Netze

Untersuchungen zur Dynamik von Netzen schießen in letzter Zeit wie Pilze aus dem Boden. Populär gemacht hat sie Malcolm Gladwells Buch *Der Tipping-Point,* in dem er einige Aspekte des Verhaltens von Variablen aufzeigt, beispielsweise wie sich Epidemien nach Erreichen eines bestimmten kritischen Niveaus rasend schnell ausbreiten (etwa die Turnschuhmode bei Kids aus der Innenstadt oder die Verbreitung religiöser Ideen. Beim Buchabsatz ist ein ähnliches Phänomen zu beobachten; er explodiert, wenn ein bestimmtes Niveau an Mundpropaganda überschritten wird.) Warum breiten sich manche Ideologien oder Religionen wie Lauffeuer aus, während andere rasch von der Bildfläche verschwinden? Wie werden Modetrends zum Hit? Wie breiten sich Viren aus? Sobald man die konventionellen Zufallsmodelle verlässt (die Glockenkurven des kartografierten Zufalls), kann etwas Akutes geschehen. Warum erhält der Internet-Server von Google so viele Hits, verglichen mit der Website des amerikanischen Verbandes von Chemieingenieuren im Ruhestand? Mit der zunehmenden Anzahl der Verbindungen in einem Netz steigt auch die Wahrscheinlichkeit, dass jemand seinen Weg dorthin findet. Dadurch erhöht sich dann wieder die Zahl der Verbindungen – insbesondere wenn es keine nennenswerten Kapizitätsbegrenzungen gibt.

Unser Gehirn

Unser Gehirn ist nicht für Nichtlinearitäten geschaffen. Die Menschen glauben, dass bei einer kausalen Beziehung zwischen zwei Variablen ein stetiger Input in eine Variable bei der anderen *immer* zu einem Ergebnis führen sollte. Unser Gefühlsapparat ist für lineare Ursache-Wirkung-Beziehungen ausgelegt. Wenn man sich beispielweise jeden Tag mit einem Thema befasst, lernt man im Verhältnis zu der dafür eingesetzten Zeit hinzu. Wenn man das Gefühl hat, keine Fortschritte zu machen, fühlt man sich demoralisiert. Die Realität gewährt uns aber nur selten das Privileg einer befriedigenden linearen, positiven und progressiven Entwicklung: Man kann sich ein Jahr lang mit einer Materie beschäftigen und nichts hinzulernen, und wenn man sich bis dahin nicht hat entmutigen lassen und aufgegeben hat, kommt einem plötzlich von einem Augenblick zum anderen eine Erleuchtung. Mein Partner Mark Spitznagel fasst das so zusammen: Stellen Sie sich vor, Sie üben lange Zeit jeden Tag Klavier und beherrschen kaum den *Floh-Walzer*, doch auf einmal können Sie Rachmaninow spielen. Aufgrund dieser Nichtlinearität können Menschen die Wesensmerkmale seltener Ereignisse nicht verstehen. Dies bringt auf den Punkt, warum einige Wege zum Erfolg nicht zufällig sind, aber nur sehr, sehr wenige Menschen die geistige Ausdauer besitzen, sie zu verfolgen. Wer diesen zusätzlichen Aufwand nicht scheut, wird belohnt. In meinem Beruf hält man vielleicht ein Wertpapier, das von niedrigeren Kursen profitiert, aber bis zum Erreichen eines kritischen Punktes überhaupt nicht reagiert. Die meisten Menschen geben auf, bevor sie den Lohn einheimsen könnten.

Buridans Esel oder die gute Seite des Zufalls

Nichtlinearität bei zufälligen Ergebnissen wird bisweilen als Instrument genutzt, um einen Ausweg aus einer Sackgasse zu finden. Nehmen wir das Problem des »nichtlinearen Anstoßes«. Stellen Sie sich vor, ein ebenso hungriger wie durstiger Esel wird so positioniert, dass er genau gleich weit von einem Futter- und einem Wassertrog entfernt ist. In diesem Szenario würde er sowohl verhungern als auch verdursten, da er nicht entscheiden könnte, ob er zuerst zum Futter oder zum Wasser gehen soll. Lassen wir aber den Zufall eine Rolle spielen, so kann ein zufälliger Schubs, den man dem Esel gibt, ihn einem der beiden Tröge – gleich welchem – näher bringen, so dass er sich gleichzeitig weiter vom anderen entfernt. Das würde ihm sofort aus seiner Sackgasse heraushelfen. Unser glücklicher Esel würde entweder erst seinen Hunger und dann seinen Durst stillen oder umgekehrt.

Der Leser hat zweifellos schon eine Version von Buridans Esel gespielt, indem er eine »Münze warf«, um sich in seinem Leben aus einer kleineren Pattsituation zu befreien, in der er sich im Entscheidungsprozess vom Zufall helfen ließ. Soll doch die Göttin Fortuna die Entscheidung fällen; wir unterwerfen ihr uns dann gerne.

Ich selbst setze Buridans Esel (unter seinem mathematischen Namen) häufig ein, wenn mein Computer zwischen zwei Möglichkeiten festfriert (um es fachlich auszudrücken: »Randomisierungen« werden häufig bei Optimierungsproblemen eingesetzt, bei denen man eine Funktion stören muss).

Beachten Sie, dass Buridans Esel nach dem Philosophen Jean Buridan aus dem 14. Jahrhundert benannt ist. Buridan starb eines interessanten Todes (er wurde in einem verschnürten Sack in die Seine geworfen und ertrank). Seine Zeitgenossen waren nicht in der Lage, die Bedeutung der Randomisierung zu verstehen und hielten diese Geschichte für reine Augenwischerei. Buridan war seiner Zeit eindeutig voraus.

Ein Unglück (oder Glück) kommt selten allein

Während ich diese Zeilen schreibe, erkenne ich plötzlich, dass die Bipolarität der Welt mich sehr hart trifft. Entweder man erreicht ungeahnte Erfolge, indem man praktisch die gesamten liquiden Mittel anzieht, oder man erhält keinen einzigen Cent. Ebenso verhält es sich auch mit Büchern. Entweder reißen sich alle darum, sie zu verlegen, oder niemand zeigt Interesse daran, einen zurückzurufen (in letzterem Fall streiche ich den betreffenden Namen diszipliniert aus meinem Adressbuch). Ich erkenne auch, dass hinter jedem Erfolg nichtlineare Effekte stehen: Mit einer Hand voll begeisterter Anhänger sind Sie besser bedient als mit Scharen von Menschen, die Ihre Arbeit schätzen – es ist besser, von einem Dutzend geliebt als von Hunderten gemocht zu werden. Das gilt für den Verkauf von Büchern, die Verbreitung von Ideen und den Erfolg generell und widerspricht der konventionellen Logik. Das Informationszeitalter verschlimmert diesen Effekt. Aufgrund meines tief empfundenen und antiquierten mediterranen Gefühls für *metrion* (Maßhaltigkeit) beschert mir das ein unbehagliches, ja sogar flaues Gefühl in der Magengegend. Übermäßiger Erfolg ist ein Feind (denken Sie daran, welche Strafen den Reichen und Berühmten auferlegt werden), und übermäßiger Misserfolg ist demoralisierend. Mir wäre es lieber, mir blieben beide Alternativen erspart.

Kapitel 11
Zufall und unser Gehirn: Wir sind wahrscheinlichkeitsblind

Die Schwierigkeit, sich den Urlaub als lineare Kombination aus Paris und den Bahamas vorzustellen. Nero Tulip wird vielleicht nie wieder in den Alpen Ski fahren. Warum Sie Bürokraten nicht zu viele Fragen stellen sollten. Ein Gehirn Made in Brooklyn. Wir brauchen Napoleon. Wissenschaftler verneigen sich vor dem schwedischen König. Noch mehr zum Thema journalistische Umweltverschmutzung. Warum Sie jetzt eigentlich schon tot sein könnten.

Paris oder die Bahamas?

Sie können für Ihren nächsten Kurzurlaub im März eine von zwei Alternativen wählen. Zum einen können Sie nach Paris fliegen, zum anderen in die Karibik fahren. Ihnen ist jede der beiden Optionen recht, so dass Ihr Lebensgefährte oder Ihr Partner die letztendliche Entscheidung treffen wird. Wenn Sie an diese beiden Möglichkeiten denken, sehen Sie vor Ihrem geistigen Auge zwei deutliche, klar voneinander getrennte Bilder. Im ersten sehen Sie sich im Musée d'Orsay vor einem Gemälde von Pissaro stehen, das einen wolkenverhangenen Himmel zeigt – den typischen grauen Pariser Winterhimmel. Unter Ihrem Arm klemmt ein Schirm. Im zweiten Bild liegen Sie auf einem Handtuch mit einem Stapel Bücher Ihrer Lieblingsautoren neben sich (Tom Clancy und Amianus Marcellinus), und ein äußerst beflissener Ober serviert Ihnen einen Bananendaiquiri. Sie wissen, dass sich diese beiden Zustände gegenseitig ausschließen (man kann sich nicht an zwei Orten gleichzeitig aufhalten), aber alle Ihre Möglichkeiten ausschöpfen (die Wahrscheinlichkeit, dass Sie eine davon erleben werden, beträgt 100 Prozent). Sie sind beide gleich wahrscheinlich, wobei Ihrer Ansicht nach jeder von Ihnen eine Wahrscheinlichkeit von 50 Prozent zugewiesen wird.

Es bereitet Ihnen großes Vergnügen, an Ihren Urlaub zu denken; das motiviert Sie und macht die tägliche Fahrt zur Arbeit erträglicher. Bei rationalem Verhalten in einem unsicheren Umfeld müssten Sie sich aber zu 50 Prozent am einen Urlaubsort und zu 50 Prozent am anderen visualisieren. Das nennt man in der Mathematik eine *lineare Kombination* der beiden Zustände. Kann Ihr Gehirn das bewerkstelligen? Wie wünschenswert wäre es, Ihre Füße ins karibische Meer zu tauchen und auf Ihrem Kopf den Pariser Regen zu spüren? Unser Gehirn kann jeweils nur einen einzigen Zustand vernünftig verarbeiten – es sei denn, Sie leiden unter einer schweren pathologischen Persönlichkeitsspaltung. Versuchen Sie jetzt, sich eine Kombination im Verhältnis 85 zu 15 Prozent vorzustellen. Gelingt Ihnen das?

Stellen Sie sich vor, Sie haben mit einem Kollegen um einen Betrag von 1000 Dollar gewettet, der Ihrer Meinung nach völlig gerecht ist. Morgen Abend werden Sie entweder 0 oder 2000 Dollar in der Tasche haben, mit einer Wahrscheinlichkeit von jeweils 50 Prozent. Rein mathematisch betrachtet ist der faire Wert einer Wette die lineare Kombination der Zustände, in diesem Fall der *mathematische Erwartungswert* genannt, also die Wahrscheinlichkeiten der jeweiligen Auszahlungen multipliziert mit dem eingesetzten Dollarbetrag (50 Prozent multipliziert mit null und 50 Prozent multipliziert mit 2000 Dollar ergibt 1000 Dollar). Können Sie sich *vorstellen* (also visualisieren, nicht mathematisch berechnen), dass der Wert 1000 Dollar ist? Wir können uns nur jeweils einen einzigen Zustand ausmalen, also entweder 0 oder 2000 Dollar. Ohne externe Hilfe werden wir höchstwahrscheinlich irrationale Einsätze vornehmen, da einer der beiden Zustände in diesem Bild stärker hervortreten würde – die Angst, mit nichts dazustehen, oder die Freude über zusätzliche 1000 Dollar.

Einige architektonische Überlegungen

Die Zeit ist gekommen, Neros Geheimnis zu lüften. Es war ein schwarzer Schwan. Damals war er 35 Jahre alt. Obwohl Gebäude in

New York aus der Zeit vor dem Zweiten Weltkrieg von außen hübsch anzusehen sein können, bildet ihre Architektur auf der Rückseite einen krassen Gegensatz dazu, denn sie wirken sehr nüchtern. Das Fenster im Untersuchungszimmer des Arztes gab den Blick frei auf den Hinterhof einer solchen Seitenstraße an der Upper East Side, und Nero wird sich immer daran erinnern, wie fade jener Hinterhof im Vergleich zur Vorderfassade war, selbst wenn er noch weitere fünfzig Jahre lebt. Der Anblick des hässlichen rosafarbenen Hinterhofs durch die mit Blei umrahmten Fensterscheiben und das Arztdiplom an der Wand, das er ein Dutzend Male las, während er auf den Arzt wartete (eine halbe Ewigkeit, denn Nero befürchtete, dass etwas nicht in Ordnung war), wird ihm stets im Gedächtnis bleiben. Dann wurde ihm (mit ernster Stimme) Folgendes eröffnet: »Ich muss Ihnen etwas ... Ich habe den Laborbericht erhalten ... Es ist ... Es ist nicht so schlimm, wie es sich anhört ... Es ist ... Es ist Krebs.« Diese Eröffnung traf Neros Körper wie ein elektrischer Schlag, der durch sein Rückgrat in die Knie hinablief. Nero versuchte, »Wie bitte?« zu rufen, aber er brachte keinen Ton über die Lippen. Angst jagte ihm weniger die Diagnose selbst als der Anblick des Arztes ein. Irgendwie erreichten die Informationen seinen Körper vor seinem Geist. In den Augen seines Doktors konnte er zu viel Furcht erkennen, und Nero vermutete sofort, dass die Sache weitaus schlimmer war, als ihm mitgeteilt wurde (was auch der Fall war).

Am Abend nach der Diagnose saß Nero völlig durchnässt in der medizinischen Bibliothek, nachdem er stundenlang durch den Regen gelaufen war, ohne es zu merken. Um ihn herum bildete sich eine Pfütze. (Eine Bibliothekarin schrie ihn an, aber er konnte sich nicht darauf konzentrieren, was sie sagte, und so zuckte sie nur mit den Achseln und ging wieder weg.) Später las er diesen Satz: »Die versicherungsmathematisch bereinigte Überlebensrate nach fünf Jahren beträgt 72 Prozent.« Das bedeutete, dass 72 von 100 Patienten es schafften. Der Körper muss zwischen drei bis fünf Jahre ohne klinische Symptome der Erkrankung geblieben sein, bis der Patient für geheilt erklärt wird (in seinem Alter waren es eher drei). Da war er tief in seinem Inneren ganz sicher, dass er es schaffen würde.

Der Leser mag jetzt fragen, was der mathematische Unterschied zwischen einer Sterbewahrscheinlichkeit von 28 Prozent und einer Überlebenswahrscheinlichkeit von 72 Prozent ist. Es gibt natürlich keinen, aber wir sind nicht für die Mathematik geboren. In Neros Kopf stand eine Sterbewahrscheinlichkeit von 28 Prozent für das Bild seines Leichnams und den Gedanken an die belastenden Einzelheiten seiner Beerdigung. Wenn er an die Überlebenswahrscheinlichkeit von 72 Prozent dachte, fühlte er sich sofort besser; im Geiste schmiedete er schon Pläne für den geheilten Nero, der in den Alpen Ski fahren ging. Während seines ganzen Martyriums stellte sich Nero niemals zu 72 Prozent lebendig und zu 28 Prozent tot vor. So wie Nero nicht in komplizierten Nuancen »denken« kann, meinen Verbraucher, ein zu 75 Prozent fettfreier Hamburger sei etwas anderes als einer mit 25 Prozent Fettgehalt. Ebenso verhält es sich mit der statistischen Signifikanz. Selbst Spezialisten ziehen zu schnelle Schlussfolgerungen durch Annahme oder Verwerfen von Sachverhalten. Denken Sie an den Zahnarzt, dessen emotionales Wohlbefinden von der jüngsten Wertentwicklung seines Depots abhing. Der Grund: Wie wir sehen werden, erfordert regelbestimmtes Verhalten keine Nuancen. Entweder bringt man seinen Nachbarn um oder nicht. Wenn man handelt, sind gefühlsmäßige Zwischenstufen (die etwa dazu führen, dass man ihn nur halbtot schlägt) entweder sinnlos oder geradezu gefährlich. Der Gefühlsapparat, der uns zum Handeln treibt, ist blind für solche Nuancen – es ist nicht effizient, Dinge zu verstehen. Im weiteren Verlauf dieses Kapitels werden wir einige Manifestationen dieser Blindheit skizzieren, verbunden mit einem kurzen Kommentar zur Forschung auf diesem Gebiet (nur soweit sie mit den Themen in diesem Buch zu tun hat).

Hüten Sie sich vor philosophischen Bürokraten

Lange Zeit verwendeten wir bei der Betrachtung unserer eigenen Spezies die falsche Produktspezifikation. Wir Menschen glaubten, wir seien mit einem wunderbaren Denk- und Verstehensapparat ausgestattet. Unsere Fabrikbaupläne beinhalten jedoch ein fehlendes Bewusstsein der tatsächlichen Spezifikation (warum die Sache verkomplizieren?). Problematisch am Denken ist, dass es einen zu Illusionen verleitet. Und Denken kann eine solche Energieverschwendung sein! Wer braucht das?

Nehmen Sie an, Sie stehen vor einem Regierungsbeamten in einem zutiefst sozialistischen Land, in dem respektable Leute ihren Lebensunterhalt als Bürokraten verdienen. Sie wollen Papiere von ihm abgestempelt haben, damit Sie die leckeren Schokoladenpralinen des Landes nach New Jersey exportieren können, wo die örtliche Bevölkerung Ihrer Ansicht nach ganz versessen auf diese Süßigkeiten sein könnte. Welche Funktion übt dieser Mann Ihrer Meinung nach aus? Glauben Sie, die dem Geschäft zugrunde liegende wirtschaftliche Theorie interessiert ihn auch nur einen Deut? Seine Aufgabe besteht lediglich darin zu prüfen, ob Sie die vielleicht zwölf Unterschriften aus den richtigen Abteilungen haben – richtig/falsch –, dann stempelt er Ihr Papier ab und lässt Sie gehen. Allgemeine Überlegungen zum Wirtschaftswachstum oder zur Handelsbilanz sind für ihn nicht von Interesse. Faktisch haben Sie Glück, dass er keine Zeit auf die Erörterung dieser Fragen verwendet: Stellen Sie sich vor, wie lange die ganze Prozedur dauern würde, wenn er Handelsbilanzgleichungen lösen müsste. Er hat lediglich seinen Regelwert, und in seiner 40- bis 45-jährigen Laufbahn wird er einfach nur Dokumente abstempeln, sich ein wenig rüde gebärden und nach Hause gehen, um nicht pasteurisiertes Bier zu trinken und Fußballspiele anzuschauen. Würden Sie ihm Paul Krugmans Buch zur internationalen Ökonomie geben, würde er es entweder auf dem Schwarzmarkt verkaufen oder seinem Neffen schenken.

Also haben Regeln ihren Wert. Wir befolgen sie nicht, weil sie die besten sind, sondern weil sie nützlich sind und Zeit und Mühe sparen. Wenn jemand beim Anblick eines Tigers Theorien aufstellen würde, ob es sich um einen echten oder einen ausgestopften Tiger handelt und welche Gefahr er darstellt oder nicht, würde er schließlich im Magen des Tieres landen. Andere, die bei der geringsten Mutmaßung ohne auch nur einen Moment nachzudenken die Beine in die Hand genommen haben, würden entweder dem Tiger entrinnen oder zumindest schneller laufen als ihr Vetter, den der Tiger dann an ihrer Stelle fraß.

Satisficing

Faktisch könnte unser Gehirn ohne solche Abkürzungen nicht funktionieren. Als Erster stellte dies Herbert Simon fest, eine interessante Figur der intellektuellen Geschichte. Angefangen hatte er als Politologe (allerdings war er ein formaler Denker, kein Vertreter der literarischen Gattung, die in der Zeitschrift *Foreign Affairs* über Afghanistan schreibt). Er spielte eine Vorreiterrolle auf dem Gebiet der künstlichen Intelligenz, lehrte Informatik und Psychologie, betrieb Forschungen in Kognitionswissenschaft, Philosophie und angewandter Mathematik und erhielt den Preis für Wirtschaftswissenschaften im Gedenken an Alfred Nobel, der 1968 von der schwedischen Zentralbank eingeführt wurde. Seine These lautete, dass uns die Optimierung jedes einzelnen Schrittes im Leben unendliche Mengen an Zeit und Energie kosten würde. Daher muss in uns ein Näherungsprozess ablaufen, der irgendwann einen Riegel vorschiebt. Seine Eingebungen bezog er eindeutig aus der Informatik – er verbrachte seine gesamte Berufslaufbahn an der Carnegie-Mellon University in Pittsburgh, die als Zentrum für Informatik gilt. »Satisficing« lautet der von ihm kreiierte Begriff (eine Kreuzung aus den Wörtern *satisfy* und *suffice*, zufrieden stellen und genügen): Man hört bei einer quasi-befriedigenden Lösung auf. Andernfalls würde selbst die geringste Schlussfolgerung oder die kleinste Handlung eine Ewigkeit dauern. Rational sind wir daher schon, aber nur in eingeschränktem Maße (»Bounded Rationality«). Simon zufolge ist unser Gehirn eine große Optimierungsmaschine mit eingebauten Regeln, irgendwo einen Schlussstrich zu ziehen.

Ganz stimmt das vielleicht nicht. Es ist womöglich nicht einfach eine grobe Annäherung. Für zwei (ursprünglich) israelische Erforscher der menschlichen Natur ist unser Verhalten ein ganz anderer Prozess als die von Simon vorgestellte Optimierungsmaschine. Die beiden setzten sich in Jerusalem zusammen, um in einem Selbsterkenntnisprozess die Eigenschaften ihres eigenen Denkens zu analysieren. Diese verglichen sie dann mit rationalen Modellen und bemerkten *qualitative* Unterschiede. Jedes Mal, wenn beide den gleichen Denkfehler zu begehen schienen, führten sie empirische Studien an Probanden (zumeist Studenten) durch und gelangten zu völlig überraschenden Ergebnissen hinsichtlich der Beziehung zwischen Denken und Rationalität. Mit ihrer Entdeckung werden wir uns als Nächstes beschäftigen.

Fehlerhaft, nicht einfach unvollkommen

Kahneman und Tversky

Wer hat das wirtschaftwissenschaftliche Denken in den letzten zwei Jahrhunderten am meisten beeinflusst? Nein, es ist weder John Maynard Keynes noch Alfred Marshall, noch Paul Samuelson und sicherlich nicht Milton Friedman. Es sind nicht einmal zwei Ökonomen, sondern die beiden israelischen Psychologen Daniel Kahneman und Amos Tversky, deren Spezialität darin bestand, Bereiche zu identifizieren, in denen Menschen nicht rational und probabilistisch denken und sich unter Unsicherheit nicht optimal verhalten. Merkwürdigerweise untersuchten die Wirtschaftswissenschaftler lange Zeit die Unsicherheit, ohne viel herauszufinden – wenn überhaupt, ließen sie sich von der Annahme täuschen, sie wüssten etwas. Abgesehen von einigen scharfsinnigen Köpfen wie Keynes, Knight und Shackle war den Ökonomen ja nicht einmal klar, dass sie von der Unsicherheit keinen Schimmer hatten – die Risikodiskussionen ihrer Idole belegen, *dass sie nicht wussten, wie viel sie nicht wussten*. Psychologen dagegen betrachteten das Problem und kamen zu soliden Ergebnissen. Im Gegensatz zu Ökonomen führten sie aber Experimente durch – echte kontrollierte und wiederholbare Experimente, die im Bedarfsfall morgen im mongolischen Ulan Bator durchgeführt werden könnten. Diesen Luxus können sich herkömmliche Wirtschaftswissenschaftler nicht leisten, weil sie die Vergangenheit beobachten und weitschweifige mathematische Kommentare abgeben und sich dann hinterher mit ihren Kollegen darüber zanken müssen.

Kahneman und Tversky gingen in eine völlig andere Richtung als Simon und begannen Regeln im Menschen zu identifizieren, die ihn nicht rational machten – doch ging das über die Abkürzung hinaus. Für sie waren diese Heuristiken genannten Regeln nicht simple Vereinfachungen rationaler Modelle, sondern entsprachen einer anderen Methodik und Kategorie. Sie bezeichneten diese

Regeln als »schnelle und schmutzige« Heuristiken. »Schmutzig« sind sie aufgrund ihrer Nebenwirkungen: die Verzerrungen, die ich größtenteils an anderer Stelle in diesem Buch beschrieben habe (etwa die Unfähigkeit, Abstraktes als Risiko zu sehen). Damit begründeten sie eine empirische Forschungsrichtung, die im Bemühen um eine Kategorisierung als »Heuristiken & Bias«-Tradition bezeichnet wurde. Besonders beeindruckend sind ihr Empirismus und die experimentellen Aspekte der verwendeten Methoden.

Im Gefolge der Ergebnisse von Kahneman und Tversky entstand eine ganze Fachrichtung, die Behavioral Finance beziehungsweise Verhaltensökonomie genannt wird. Sie steht in offenem Gegensatz zur orthodoxen neoklassischen Ökonomie, wie sie an Wirtschaftsfakultäten unter normativen Bezeichnungen wie effiziente Märkte, rationale Erwartungen und Ähnlichem gelehrt wird. Es lohnt sich, an dieser Stelle innezuhalten und den Unterschied zwischen normativen und positiven Wissenschaften zu erläutern. Eine normative Wissenschaft (eindeutig ein Oxymoron) bietet eine präskriptive Lehre; sie untersucht, wie die Dinge sein *sollten*. Manche Ökonomen (die Anhänger der Religion der effizienten Märkte) glauben, dass Menschen rational denken und handeln, weil dies in ihrem besten Interesse liegt (es ist mathematisch »optimal«). Das Gegenteil ist eine positive Wissenschaft, die auf dem tatsächlich beobachteten Verhalten der Menschen beruht. Trotz des Neides, mit dem Wirtschaftswissenschaftler Physikern begegnen, ist die Physik eine inhärent positive Wissenschaft, während die Ökonomie, insbesondere die Mikro- und Finanzökonomie, in erster Linie normativ arbeitet. Normative Ökonomie ist wie Religion ohne die ästhetischen Aspekte.

Dabei impliziert der experimentelle Aspekt der Forschungen, dass Daniel Kahneman und der experimentelle, pferdeschwänzige Ökonom Vernon Smith sich als erste wahre Wissenschaftler vor dem schwedischen König verneigten und den Preis für Wirtschaftswissenschaften in Empfang nahmen – was der Nobelakademie Glaubwürdigkeit verleihen sollte, zumal wenn man – wie viele dies tun – Daniel Kahneman weitaus ernster nimmt als einen Haufen streng dreinblickender (und zutiefst menschlicher und somit fehlbarer) Schweden. Ein weiteres Indiz spricht für die wissenschaftliche Stabilität dieser Forschung: Sie ist auch für Nichtpsychologen sehr gut lesbar – ganz im Gegensatz zu Artikeln aus der konventionellen Ökonomie und Finanzlehre, die selbst fachlich versierte Experten nur mit Mühe lesen können (da die Diskussionen mit Fachjargon gespickt und mathematisch überfrachtet sind, um die Illusion zu wecken, es handle sich hier um eine Wissenschaft). Ein motivierter Leser kann in vier Bänden eine konzentrierte Sammlung der wichtigsten Heuristiken und Voreingenommenheiten finden.

Ökonomen waren damals nicht an diesen Geschichten über die Irrationalität interessiert: Wie gesagt, stellte der *homo oeconomicus* ein normatives Konzept dar. Das Argument Simons, dass wir insbesondere bei genügend hohem Einsatz nicht vollkommen rational sind und das Leben Annäherungen impliziert, nahmen sie ihm ohne weiteres ab, doch waren sie nicht bereit zu akzeptieren, dass Menschen nicht unvollkommen, sondern vielmehr fehlerhaft sind. Aber daran ist nicht zu rütteln. Kahneman und Tversky zeigten, dass auch bei Anreizen diese Voreingenommenheiten nicht verschwinden, was bedeutet, dass sie nicht notwendigerweise Kosten sparend sind. Sie stellten eine andere Form der Logik dar, bei der das probabilistische Denken schwach war.

Wo ist Napoleon, wenn wir ihn brauchen?

Wenn unser Gehirn nach unterschiedlichen, separaten Regeln arbeitet, sind diese nicht unbedingt miteinander vereinbar. *Lokal* mögen sie ihre Aufgabe erfüllen, aber *global* ist das nicht unbedingt der Fall. Stellen Sie sich vor, diese Grundsätze seien in einer Art Regelwerk gespeichert. Ihre Reaktion hängt davon ab, auf welcher Seite dieses Bandes Sie sich zu einem bestimmten Zeitpunkt befinden. Lassen Sie mich dies anhand eines weiteren Beispiels aus dem Sozialismus veranschaulichen.

Nach dem Zusammenbruch der Sowjetunion mussten im späteren Russland tätige westliche Geschäftsleute zu ihrem Ärgernis (oder Amüsement) feststellen, dass es im Rechtssystem des Landes gegensätzliche und widersprüchliche Gesetze gab. Es hing einfach davon ab, welches Kapitel man aufschlug. Ich weiß nicht, ob die Russen sich damit einfach einen Scherz erlauben wollten (schließlich hatten sie lange, humorlose Jahre der Unterdrückung durchlitten), aber diese Konfusion führte zu Situationen, in denen man ein Gesetz verletzen musste, um ein anderes einzuhalten. Ich muss gestehen, dass Gespräche mit Rechtsanwälten recht fade sind; eine Unterhaltung mit einem langweiligen Juristen, der gebrochen Englisch spricht und dessen Atem nach Wodka riecht, kann recht bemühend sein – also gibt man auf. Dieses Spaghettirechtssystem entstand durch die stückchenweise Entwicklung der Regeln: Man fügte hier und dort ein Gesetz hinzu, und die Situation war zu kompliziert, weil es kein zentrales System gab, das jedes Mal konsultiert wurde, um die Vereinbarkeit der einzelnen Bestandteile sicherzustellen. Napoleon stand in Frankreich vor einer ähnlichen Situation und schaffte sie aus der Welt, indem er eigenmächtig einen hierarchischen Rechtskodex erließ, der umfassende logische Folgerichtigkeit zwingend vorschrieb. Das Problem mit uns Menschen ist weniger, dass bisher kein Napoleon auf der Bildfläche erschienen ist, der die alte Struktur wegsprengt und unser Gehirn dann neu konstruiert, sondern dass unser Verstand komplizierter ist als ein Rechtssystem und weitaus höheren Effizienzanforderungen genügen muss.

Unser Gehirn reagiert nämlich unterschiedlich auf die gleiche Situation, je nachdem, welches Kapitel wir aufschlagen. In Ermangelung eines zentralen Verarbeitungssystems treffen wir Entscheidungen, die miteinander in Konflikt stehen können. Sie mögen vielleicht Äpfel lieber als Orangen, Orangen lieber als Birnen, aber Birnen lieber als Äpfel – es kommt darauf an, wie Ihnen die Alternativen präsentiert werden. Zurückzuführen sind solche Voreingenommenheiten auf die Tatsache, dass unser Gehirn nicht sofort alles behalten und verarbeiten kann, was wir wissen. Ein zentrales Merkmal einer Heuristik ist ihre Logikblindheit.

»Ich bin so gut wie mein letzter Deal« und andere Heuristiken

Börsenbezeichnung	Gelehrte Bezeichnung	Beschreibung
»Ich bin so gut wie mein letzter Deal«	Prospect Theory	Betrachtung von Unterschieden, nicht absoluten Größen, und Zurücksetzen auf einen spezifischen Bezugspunkt
»Soundbite-Effekt« »Ängste ausblenden«	Affektheuristik; Risiko-als-Gefühl-Theorie	Menschen reagieren auf konkrete und sichtbare Risiken, nicht auf abstrakte
»Es war so offensichtlich« bzw. Montagmorgen-Quarterback	Rückschaufehler (Hindsight Bias)	Rückblickend erscheint vieles vorhersehbarer
»Sie hatten Unrecht«	Glaube an das Gesetz der kleinen Zahlen	Induktive Trugschlüsse; voreilige allgemeine Schlüsse
Brooklyn-Cleverness vs. MIT-Intelligenz	Doppelte Logiksysteme	Das arbeitende Gehirn entspricht nicht ganz dem logischen
»So weit wird es *nie* kommen«	Übersteigertes Selbstvertrauen	Risikoübernahme aus Unterschätzung der Erfolgswahrscheinlichkeit

In der Fachliteratur existieren viele verschiedene Kataloge dieser Heuristiken (die sich oft auch überschneiden); an dieser Stelle geht es nicht um ihre Auflistung, sondern eher darum, die hinter ihrer Bildung stehenden Intuitionen offen zu legen. Lange Zeit wussten wir Börsenhändler nicht das Geringste über die Verhaltensforschung und erlebten Situationen, in denen mit seltsamer Regelmäßigkeit ein Keil zwischen die simple probabilistische Logik und die Wahrnehmung der Menschen getrieben wurde. Wir fanden dafür Namen wie »Ich-bin-so-gut-wie-mein-letzter-Deal-Effekt«, »Soundbite-Effekt«, »Montagmorgen-Quarterback«-Heuristik und »Im-Nachhinein-ist-es-so-offensichtlich«-Effekt. Festzustellen, dass es diese Phänomene in der Heuristikliteratur als »Ankerheuristik«, »Affektheuristik« und »Rückschaufehler« gibt, rettete zwar einerseits den Stolz der Börsenhändler, war zugleich aber auch enttäuschend (es gab uns das Gefühl, der Börsenhandel sei die wahre experimentelle wissenschaftliche Forschung). Eine Brücke zwischen den beiden Welten schlägt Tabelle 1.

Beginnen möchte ich mit der Heuristik »Ich bin so gut wie mein letzter Deal« (»Verlust der Perspektive«). Dabei wird der Zähler auf null zurückgesetzt und an einem neuen Tag oder Monat ganz von vorne angefangen – ob dies Ihr Buchhalter oder Ihr Verstand macht. Das ist die signifikanteste Verzerrung mit besonders weit reichenden Folgen. Um den Gesamtzusammenhang sehen zu können, hat man nicht sein ganzes Wissen jederzeit im Kopf präsent – also kramt man unsystematisch die Bruchstücke hervor, die man zu einem bestimmten Zeitpunkt braucht. Dadurch werden diese Wissensbrocken in den lokalen Kontext gesetzt. Man hat also einen willkürlichen Bezugspunkt und reagiert auf Unterschiede von diesem Punkt aus. Vergessen wird dabei, dass man diese Unterschiede lediglich aus dieser lokalen Perspektive und nicht aus absoluter Sicht betrachtet.

Eine bekannte Börsenmaxime lautet: »Das Leben ist inkrementai.« Meinen Recherchen zufolge geht sie zurück auf den erfahrenen Optionshändler Bill Johnson. Als Anleger würden Sie Ihre Leistung wie der Zahnarzt aus Kapitel 3 in bestimmten festen Intervallen prüfen. Was schauen Sie sich an: Ihre monatliche, tägliche, bisherige oder stündliche Leistung? Sie können einen guten Monat und einen schlechten Tag erleben. Welcher Zeitraum sollte mehr Gewicht haben?

Wenn Sie ein Wagnis eingehen, sagen Sie dann: »Nach diesem Einsatz wird mein Nettovermögen bei 99 000 Dollar oder 101 500 Dollar stehen« oder eher »Ich kann 1000 verlieren oder 1500 Dollar gewinnen«? Ihre Einstellung zu den Risiken und Belohnungen einer Wette unterscheidet sich, je nachdem ob Sie Ihr Nettovermögen oder dessen Veränderungen betrachten. In der Realität werden Sie in Situationen geraten, in denen Sie ausschließlich die *Veränderungen* betrachten. Da Verluste mehr und *anders* schmerzen als Gewinne, ist die kumulative Leistung, also Ihr Gesamtvermögen, für Sie weniger relevant als seine jüngste Veränderung.

Diese Abhängigkeit vom lokalen anstelle des globalen Status (in Verbindung mit der Tatsache, dass man Verluste stärker empfindet

als statistische Denksportaufgabe vortragen, würde er mich auslachen und sagen: »Doktor Talevski, haben Sie Ihren Doktortitel in einem Glückskeks gefunden?« Warum ist das so?

Wir haben es hier eindeutig mit zwei Problemen zu tun. Erstens verwendete dieser Quant für seine Schlussfolgerung nicht sein statistisches, sondern ein anderes Gehirn. Zweitens beging er den Fehler, die Bedeutung kleiner Stichproben zu überschätzen (in diesem Fall eine einzige Beobachtung – der schlimmste Inferenzfehler, den man überhaupt begehen kann). Mathematiker machen außerhalb ihres theoretischen Fachgebiets ungeheuerliche mathematische Fehler. Bei einer Stichprobe mathematischer Psychologen, von denen einige statistische Lehrbücher verfasst hatten, wunderten sich Tversky und Kahneman sehr über die Fehler, die ihren Probanden unterliefen: »Die Befragten vertrauten dem Ergebnis kleiner Stichproben zu sehr, und ihr statistisches Urteilsvermögen reagierte nicht sonderlich sensibel auf die Stichprobengröße.« Verwunderlich daran ist, dass sie es nicht nur besser hätten wissen *müssen*, sondern »es tatsächlich besser wussten«. Und dennoch ...

An dieser Stelle möchte ich noch einige weitere Heuristiken anführen. 1) Die *Verfügbarkeitsheuristik*: Wir sahen sie in Kapitel 3 – ein Erdbeben in Kalifornien wird für »wahrscheinlicher« gehalten als eine Katastrophe im ganzen Land beziehungsweise Tod infolge eines Terroranschlages wird als »wahrscheinlicher« wahrgenommen als Tod aus allen erdenklichen Ursachen (einschließlich Terrorismus). Sie entspricht der Praktik, die Häufigkeit eines Ereignisses an der Leichtigkeit zu messen, mit der man sich an derartige Vorkommnisse erinnern kann. 2) Die *Repräsentativitätsheuristik*: Die Wahrscheinlichkeit der Zugehörigkeit einer Person zu einer bestimmten sozialen Gruppe wird daran gemessen, wie groß die Ähnlichkeiten zwischen dieser Person und dem Stereotyp der betreffenden Gruppe sind. Eine in der Frauenbewegung aktive Philosophiestudentin wird eher für eine feministische Bankangestellte als einfach nur für eine Bankangestellte gehalten. Dieses so genannte »Linda-Problem« (nach dem Namen der Feministin) hat zu vielen akademischen Ergüssen geführt (einige Teilnehmer an der »Rationalitätsdebatte« glauben, Kahneman und Tversky würden höchst normative Forderungen an uns Menschen stellen). 3) Die *Simulationsheuristik*: Die Leichtigkeit, mit der ein Ereignis im Kopf rückgängig gemacht werden kann, indem man das Alternativszenario durchspielt. Sie entspricht dem kontrafaktischen Denken: Stellen Sie sich vor, was passieren hätte können, wenn Sie den Zug nicht verpasst hätten. 4) In Kapitel 3 haben wir die *Affektheuristik* gesehen: Die von Ereignissen hervorgerufen Emotionen bestimmen, für wie wahrscheinlich man die betreffenden Vorkommnisse hält.

Doppelte Logiksysteme

Spätere Untersuchungen brachten das Problem so auf den Punkt: Wir arbeiten mit zwei möglichen Logiksystemen. Heuristiken gehören zum einen, Rationalität zum anderen. Denken Sie an den Kollegen aus Kapitel 2, der in der Theorie ein anderes Gehirn als im praktischen Leben benutzte. Haben Sie sich nicht gefragt, warum ein Mensch, bei dem man ausgezeichnete Physikkenntnisse voraussetzt, die grundlegenden Regeln dieses Fachgebiets nicht auf seinen Fahrstil anwenden kann? Forscher untergliedern die Aktivitäten unseres Gehirns in polarisierte Teile und nennen sie System 1 und System 2.

System 1 ist mühelos, automatisch, assoziativ, schnell, parallel verarbeitend, intransparent (d. h. wir sind uns nicht bewusst, dass wir es verwenden), emotional, konkret, spezifisch, sozial und personalisiert.

System 2 ist mühevoll, kontrolliert, deduktiv, langsam, seriell selbstkritisch, neutral, abstrakt, festgelegt, unsozial und entpersonalisiert.

Ich war stets der Meinung, dass berufsmäßige Optionshändler und Market Maker als Wahrscheinlichkeitspraktiker eine natürliche probabilistische Maschine aufbauen, die weitaus besser entwickelt ist als in der übrigen Bevölkerung – einschließlich der Wahrscheinlichkeitstheoretiker. Eine Bestätigung dieser Überzeugung fand ich in den Thesen der Heuristiken & Bias-Forscher, die eine Beeinflussung von System 1 durch Erfahrung und Integration von Elementen aus System 2 für möglich halten. Lernt man beispielsweise Schach spielen, so verwendet man System 2. Nach einiger Zeit wird das Spiel intuitiv und man kann die relative Stärke eines Gegners mit einem kurzen Blick auf das Schachbrett einschätzen.

Als Nächstes werde ich die Sichtweise der evolutionären Psychologie vorstellen.

Warum wir nicht beim ersten Rendezvous heiraten

Ein weiterer Forschungszweig, die evolutionäre Psychologie, entwickelte einen völlig anderen Ansatz für das gleiche Problem. Er arbeitet parallel und führt zu erbitterten, aber nicht allzu beunruhigenden akademischen Debatten. Diese evolutionären Psychologen stimmen mit der Kahneman-Tversky-Schule dahingehend überein, dass probabilistische Logik uns Menschen schwer fällt. Allerdings sehen sie den Grund dafür in der Art und Weise, wie uns die Dinge in unserem gegenwärtigen Umfeld präsentiert werden. Für sie sind wir für ein bestimmtes Wahrscheinlichkeitsdenken optimiert, jedoch in einem anderen als dem heute vorherrschenden Umfeld. Die Aussage des wissenschaftlichen Intellektuellen Steven Pinker, des öffentlichen Sprechers dieser Schule, bringt es auf den Punkt: »Unsere Gehirne sind für Zweckdienlichkeit, nicht für Wahrheit gemacht.« Die Vertreter dieser Denkrichtung sind sich einig, dass unsere Gehirne nicht dafür geschaffen sind, Dinge zu verstehen, halten sie aber nicht für voreingenommen beziehungsweise nur deswegen für voreingenommen, weil wir sie nicht in ihrem wahren Lebensraum nutzen.

Seltsamerweise boten die damaligen Ökonomen den Forschern der Kahneman-Tversky-Tradition keinen glaubwürdigen Widerstand (die allgemeine Glaubwürdigkeit konventioneller Ökonomen war stets so gering, dass fast niemand in der Wissenschaft und Praxis ihnen Beachtung schenkte). Den Fehdehandschuh warfen ihnen vielmehr die Soziobiologen hin – und im Zentrum der Meinungsverschiedenheit stand deren Überzeugung, dass die Evolutionstheorie das Rückgrat für unser Verständnis der menschlichen Natur darstellen sollte. Dies führte zwar zu einem heftigen wissenschaftlichen Disput, doch muss ich feststellen, dass beide Seiten im Hinblick auf dieses Buch in einem wesentlichen Punkt übereinstimmen: Erstens *denken* wir bei Entscheidungen nicht, sondern verwenden Heuristiken, und zweitens machen wir schwere Wahrscheinlichkeitsfehler in der heutigen Welt – *ganz gleich, welcher Grund tatsächlich dafür verantwortlich ist.* Diese Kluft zieht sich selbst durch die neue Wirtschaftslehre: Ein wissenschaftlicher Zweig der Ökonomie ist aus der Kahneman-Tversky-Tradition entstanden (Verhaltensökonomie), ein anderer dagegen aus der Evolutionspsychologie, verkörpert durch den Ansatz der Höhlenmenschenökonomie, den Forscher wie der Wirtschaftswissenschaftler und Biologe Terry Burnham, Ko-Autor des äußerst lesenswerten Buchs *Unsere Gene*, verfolgen.

Unser natürlicher Lebensraum

Ich werde mich nicht so tief in laienhafte Evolutionstheorien vorwagen, dass ich die Gründe dafür zu erforschen versuche (außerdem habe ich das Gefühl, dass ich wirklich ein Amateur auf diesem Gebiet bin, trotz der vielen Stunden, die ich in Bibliotheken verbracht habe). Das Umfeld, für das unser genetisches Erbgut einst gemacht wurde, entspricht eindeutig nicht unserer heutigen Lebensweise. Ich habe nicht allzu viele meiner Kollegen darüber aufgeklärt, dass ihre Entscheidungsfindungsprozesse noch Überbleibsel der Gewohnheiten von Höhlenmenschen erkennen lassen – aber wenn sich die Finanzmärkte plötzlich bewegen, erlebe ich den gleichen Adrenalinstoß, als würde ein Leopard neben meinen Trading Desks lauern. Einige meiner Kollegen, die bei Verlusten Telefonhörer zerbrechen, könnten in ihrer psychologischen Konstitution unserem Vorfahren nicht näher stehen.

Für diejenigen, die häufig griechische und lateinische Klassiker zur Hand nehmen, mag dies eine Binsenweisheit sein, doch wir sind stets überrascht, wenn Menschen, die mehrere Dutzend Jahrhunderte vor uns gelebt haben, ähnliche Sichtweisen und Gefühle zeigen wie wir. Als Kind verwunderte es mich bei Museumsbesuchen, dass die antiken griechischen Statuen Männer zeigen, die in ihrem Aussehen nicht von uns zu unterscheiden waren (sieht man einmal davon ab, dass sie harmonischer und aristokratischer wirkten). Ich irrte mich gründlich, als ich 2200 Jahre für eine lange Zeit hielt. Proust schrieb häufig darüber, dass es viele Menschen sehr wunderte, dass Homers Helden ähnliche Gefühle empfanden wie wir heute. Aber aus genetischer Sicht hatten die homerischen Helden, die vor 30 Jahrhunderten lebten, höchstwahrscheinlich die gleiche Blaupause wie der rundliche Mann mittleren Alters, der seine Lebensmitteleinkäufe über den Parkplatz schleppt. Mehr noch: In Wirklichkeit sind wir sogar identisch mit den Menschen, die vor circa 80 Jahrhunderten die erste unserer »Zivilisationen« aufbauten, in jenem Landstreifen zwischen dem Südosten Syriens und dem Südwesten Mesopotamiens.

Was ist unser natürlicher Lebensraum? Darunter verstehe ich das Umfeld, in dem wir uns am meisten vermehrt haben und die größte Anzahl von Generationen verbrachten. Die Anthropologen sind sich einig, dass wir seit 130 000 Jahren eine separate Spezies sind, von denen wir den Großteil in der afrikanischen Savanne verbrachten. Aber so weit müssen wir gar nicht in der Geschichte zurückgehen, um diesen Punkt zu verstehen. Stellen Sie sich das Leben in einer frühen städtischen Siedlung vor – in Mittel-Stadt an der Fruchtbaren Biegung, vor nur 3000 Jahren. Aus genetischer Sicht fällt das sicherlich in die Moderne. Informationen können nur auf physischem Wege weitergegeben werden; man kann nicht schnell reisen, so dass die Kunde von fernen Orten die Siedlung nur in kompakten Schüben erreicht. Reisen ist ein Ärgernis, bei dem man allen möglichen Gefahren für Leib und Leben ausgesetzt ist. Sie bleiben also in einem engen Umkreis Ihres Geburtsortes, wenn nicht gerade eine Hungersnot oder eine Invasion eines unzivilisierten Stammes Sie samt Ihren Anverwandten aus Ihrer schönen Stadt vertreibt. Im Laufe Ihres Lebens lernen Sie nur eine geringe Anzahl von Menschen kennen. Sollte ein Verbrechen begangen werden, können Schuldbeweise in der kleinen Gruppe der möglichen Verdächtigen leicht gefunden werden. Falls man Sie irrtümlich wegen eines Verbrechens verurteilen will, verteidigen Sie sich mit einfachen Argumenten und Beweisen wie »Ich war nicht am Tatort – zu dieser Zeit betete ich im Tempel des Baal und wurde in der Abenddämmerung vom Hohen Priester gesehen« und fügen hinzu, dass Obedshemesh, der Sohn des Sahar, wohl eher der Schuldige sei, da ihm das Verbrechen einen größeren Vorteil verschaffe. Ihr Leben wäre einfach; und das hat zur Folge, dass auch Ihr *Wahrscheinlichkeitsraum* gering ist.

Wie ich bereits erwähnte, liegt das eigentliche Problem darin, dass in einem solchen natürlichen Lebensraum nicht viele Informationen verfügbar sind. Eine effiziente Berechnung von Wahrscheinlichkeiten war bis vor kurzem nicht nötig. Das ist auch der Grund, weshalb wir erst im Gefolge der Literaturentwicklung im Bereich der Glücksspiele den Aufstieg der Wahrscheinlichkeitslehre erlebten. Häufig wird die Meinung vertreten, der religiöse Hintergrund des ersten und zweiten Jahrtausends habe die Entwicklung von Instrumenten verhindert, die auf fehlenden Determinismus hindeuten, und die Wahrscheinlichkeitsforschung verzögert. Diese These ist höchst zweifelhaft. Soll das heißen, dass wir keine Wahrscheinlichkeiten berechnet haben, weil wir das einfach nicht *wagten*? Sicherlich lag es eher daran, dass dies für uns nicht *erforderlich* war. Unsere heutigen Probleme sind weitgehend darauf zurückzuführen, dass wir uns sehr viel schneller über unseren Lebensraum hinaus entwickelt haben als unsere Gene. Schlimmer noch: Unsere Gene haben sich überhaupt nicht verändert.

Schnell und sparsam

Die Evolutionstheoretiker sind sich einig, dass die Gehirnarbeit davon abhängt, wie und in welchem Rahmen das Thema präsentiert wird – und die Resultate können widersprüchlich sein. Wir entdecken Schummler und lösen logische Probleme jeweils mit unterschiedlichen Teilen unseres Gehirns. Menschen können inkohärente Entscheidungen treffen, weil das Gehirn kleine Teilaufgaben abarbeitet. Die Heuristiken, die von den Psychologen als »schnell und schmutzig« bezeichnet wurden, sind für die Evolutionspsychologen »schnell und sparsam«. Mehr noch: Einige Denker wie der Kognitionswissenschaftler Gerd Gigerenzer scheinen sich obsessiv auf der anderen Seite der Skala von Kahneman und Tversky zu positionieren. Die Arbeiten, die er und seine Kollegen bei der ABC Group (Adaptive Behavior & Cognition) durchführen, sollten zeigen, dass wir rational sind und die Evolution eine, wie er es nennt, »ökologische Rationalität« hervorbringt. Diese Wissenschaftler glauben, dass uns probabilistisches Verhalten nicht nur in Situationen wie Partnerwahl (wie viele Vertreter des anderen

Geschlechts muss man kennen lernen, bevor man den Auslöser drückt?) oder Auswahl aus einer Speisekarte angeboren ist, sondern auch in der Aktienselektion. Wenn Wertpapiere uns richtig präsentiert werden, handeln wir ihrer Meinung nach auch angemessen.

Faktisch räumt auch Gigerenzer ein, dass wir Wahrscheinlichkeit nicht verstehen (zu abstrakt), sagt aber, wir würden recht gut auf Häufigkeiten reagieren (weniger abstrakt). Seiner Auffassung zufolge verschwinden einige Probleme, die uns normalerweise zu Fehlern verleiten würden, wenn sie uns in Prozentsätzen beschrieben werden.

Nach Meinung dieser Forscher mögen wir uns unser Gehirn zwar als zentrales Verarbeitungssystem mit hierarchischen Merkmalen vorstellen, doch weist es eher Parallelen zu einem Schweizer Armeemesser (mit seinen kleinen Spezialwerkzeugen) auf. Der Grund: Der Rahmen der Psychologen beruht auf der Unterscheidung zwischen domänenspezifischen und domänenallgemeinen Anpassungen. Eine domänenspezifische Anspassung dient der Lösung einer ganz präzisen Aufgabe (während domänenallgemeine Anpassungen globale Fragen beantworten sollten). Das ist zwar leicht verständlich und für physiologische Anpassungen nachvollziehbar (so hilft etwa der lange Hals einer Giraffe, ihre Nahrung zu erreichen, und die Färbung eines Tieres dient als Tarnung), doch fällt es Menschen schwer zu akzeptieren, dass dies für unser Denken ebenso zutrifft.

Unser Gehirn arbeitet in »Modulen«. Ein interessanter Aspekt der Modularität ist die Tatsache, dass wir unterschiedliche Module für verschiedene Ausprägungen des *gleichen* Problems verwenden – je nach dem Rahmen, in dem es dargestellt wird (vgl. die Anmerkungen zu diesem Kapitel). Eine Eigenschaft eines Moduls ist seine »Verkapselung«: Wir können seine Funktionsweise nicht beeinflussen, da wir uns seiner Verwendung gar nicht bewusst sind. Das bemerkenswerteste Modul verwenden wir bei der Suche nach einem Schummler. Rein logisch (jedoch mit äußerster Klarheit) ausgedrückt wird ein Rätsel nur von 15 Prozent der Menschen gelöst, denen es vorgelegt wird. Formuliert man das gleiche Rätsel aber so, dass eine Schummelei entdeckt werden soll, findet fast jeder die richtige Antwort.

... auch die Neurobiologen melden sich zu Wort

Auch die Neurobiologen steuern ihre eigene Facette zu dieser Geschichte bei. Sie glauben (mehr oder weniger), dass wir drei Gehirne haben: das uralte Reptiliengehirn, das unseren Herzschlag steuert und das wir mit allen Tieren gemein haben, das in allen Säugetieren zu findende limbische Gehirn, in dem die Gefühle sitzen, und die Neokortex – das kognitive Gehirn, das Primaten und Menschen auszeichnet (man beachte, dass selbst institutionelle Investoren eine Neokortex zu besitzen scheinen).

Wenngleich es sehr schwierig festzustellen ist, welcher Teil des Gehirns genau für welche Funktionen zuständig ist, haben Neurobiologen Gehirnregionen teilweise kartografiert. Beispielsweise arbeiten sie mit Patienten, deren Gehirn an einer einzigen Stelle geschädigt wurde (etwa durch einen Tumor oder eine offensichtlich lokal begrenzte Verletzung), und leiten durch Eliminierung diejenigen Funktionen ab, die dieser Teil der Anatomie steuert. Daneben werden auch Methoden wie Brain Imaging oder elektrische Stimulation bestimmter Regionen eingesetzt. Viele Forscher außerhalb der Neurobiologie, etwa der Philosoph und Kognitionswissenschaftler Jerry Foder (der als Erster das Konzept der Modularität entwickelte), stehen dem durch physische Untersuchungen des Gehirns gewonnenen Wissen skeptisch gegenüber, allein schon wegen der komplexen Interaktionen der einzelnen Teile (mit entsprechenden Nichtlinearitäten). Ich werde diese Thesen anhand von zwei gut lesbaren Büchern darstellen, die einen Wendepunkt markieren: *Descartes' Irrtum* von Antonio Damasio und *Das Netz der Gefühle* von Joseph LeDoux.

Descartes' Irrtum stellt eine ganz einfache These auf: Man führt eine chirurgische Ablation an einem Hirnteil eines Menschen durch (etwa Entfernung eines Tumors und des umliegenden Gewebes) mit der ausschließlichen Wirkung, dass diese Person keine Gefühle mehr empfinden kann – sonst nichts (ihr Intelligenzquotient und andere Fähigkeiten verändern sich nicht). In diesem kontrollierten Experiment wird also die Intelligenz von den Emotionen getrennt. Man hat jetzt einen rein rationalen Menschen, völlig unbelastet von Gefühlen und Emotionen. Aufgepasst: Damasio zufolge ist dieser völlig unemotionale Mensch nicht in der Lage, die kleinste Entscheidung zu treffen. Er kann morgens nicht aufstehen und vertrödelt den ganzen Tag mit einem fruchtlosen Abwägen von Entscheidungen. Was für ein Schock! Das widerspricht ja sämtlichen Erwartungen: Ohne Emotionen kann man keine Entscheidungen treffen. Mathematiker geben aber die gleiche Antwort: Würde man eine Optimierungsoperation über eine große Sammlung von Variablen durchführen, würde es selbst bei einem einfacheren Gehirn als dem unseren sehr lange dauern, bis man bei den simpelsten Aufgaben zu einer Entscheidung gelangt. Wir brauchen also eine Abkürzung; Emotionen dienen dazu, uns von solchen Verzögerungstaktiken abzuhalten. Erinnert Sie das an Herbert Simons Thesen? Emotionen erfüllen offenbar diese Aufgabe. Psychologen bezeichnen sie als »Schmiermittel der Vernunft«.

Joseph LeDouxs Theorie zur Rolle der Gefühle im Verhalten ist noch aussagekräftiger: Emotionen beeinflussen unser Denken. Er kommt zu dem Schluss, dass viele Verbindungen vom emotionalen zum kognitiven System stärker sind als ihre umgekehrten Pendants vom kognitiven zum emotionalen System. Das impliziert, dass wir Gefühle empfinden (im limbischen Gehirn) und dann eine Erklärung finden (in der Neokortex). Wie wir bei Claparèdes Beobachtung gesehen haben, könnten viele unserer Meinungen und Einschätzungen zu Risiken einfach das Produkt von Emotionen sein.

Kafka vor Gericht

Der Prozess gegen O.J. Simpson ist ein Beispiel dafür, wie die moderne Gesellschaft von Wahrscheinlichkeiten beherrscht wird (aufgrund der heutigen Informationsfülle), während wichtige Entscheidungen ohne die geringste Beachtung der grundlegenden Wahrscheinlichkeitsregeln getroffen werden. Wir können eine Raumsonde zum Mars schicken, sind aber nicht in der Lage, von den Gesetzen der Wahrscheinlichkeit bestimmte Strafprozesse abzuhalten – und doch ist die Beweisführung ein eindeutig probabilistisches Konzept. Ich erinnere mich, wie ich ein Buch über Wahrscheinlichkeiten in einem Buchladen der Borders-Kette in unmittelbarer Nähe des Gerichtsgebäudes in Los Angeles kaufte, in dem der »Prozess des Jahrhunderts« stattfand – ein weiteres Werk, in dem das ausgeklügelte quantitative Wissen auf diesem Gebiet dargestellt wurde. Wie konnte ein solcher Quantensprung im Wissen den Rechtsanwälten und Geschworenen nur wenige Kilometer entfernt entgehen?

Menschen, die so nahe an der Kriminalität sind, wie uns die Wahrscheinlichkeitsregeln zu folgern erlauben (also mit einer Konfidenz, die über den leisesten Zweifel hinausgeht), laufen frei herum, weil wir die Grundsätze der Wahrscheinlichkeiten missverstehen. Ebenso kann man für ein Verbrechen verurteilt werden, das man niemals begangen hat, weil Wahrscheinlichkeiten wiederum falsch gedeutet werden – denn wir haben immer noch keine Gerichte, in denen die kombinierte Wahrscheinlichkeit von Vorkommnissen (mithin die Wahrscheinlichkeit, dass zwei Ereignisse gleichzeitig stattfinden) richtig berechnet werden kann. Ich hielt mich in einem Trading Room auf, in dem ein Fernseher lief, als ich einen der Rechtsanwälte argumentieren hörte, dass es in Los Angeles mindestens vier Menschen gebe, die O.J. Simpsons DNA-Merkmale besitzen könnten (und somit die Gesamtabfolge der Ereignisse ignorierte, wie wir im nächsten Absatz sehen werden). Daraufhin schaltete ich den Fernseher angewidert ab und verursachte damit unter den Tradern einigen Aufruhr. Bis dahin hatte ich geglaubt, dass es in rechtlichen Auseinandersetzungen dank der hohen Standards der römischen Republik keine Augenwischerei mehr gebe. Schlimmer noch: Ein in Harvard ausgebildeter Rechtsanwalt brachte das fadenscheinige Argument vor, dass nur 10 Prozent der Männer, die ihre Frauen schlagen, sie auch umbringen. Hier handelt es sich aber um eine Wahrscheinlichkeit, die nicht vom Mord abhängt (ob der Herr Advokat seine Erklärung aus einer verzerrten Auffassung juristischer Wortgewandtheit, reiner Boshaftigkeit oder Ignoranz heraus abgab, ist unerheblich). Ist das Recht nicht der Wahrheit geweiht? Bei richtiger Betrachtungsweise müsste man bestimmen, bei wie viel Prozent der Mordfälle Frauen von ihren Ehemännern getötet *und* zuvor von ihnen geschlagen werden (das sind 50 Prozent), denn wir haben es mit *konditionalen* Wahrscheinlichkeiten zu tun (die Wahrscheinlichkeit, dass O.J. seine Frau tötete, *in Abhängigkeit von* der Tatsache, dass sie ermordet wurde, nicht die unabhängige Wahrscheinlichkeit, dass O.J. seine Frau töten könnte). Wie können wir erwarten, dass Laien die

Machenschaften des Zufalls verstehen, wenn selbst ein Harvard-Professor, der die Grundsätze probabilistischer Beweisführung verstehen und lehren sollte, eine derart unrichtige Behauptung aufstellen kann?

Wie wir alle neigen Geschworene (und Rechtsanwälte) besonders bei kombinierten Wahrscheinlichkeiten dazu, Fehler zu machen. Sie erkennen die kumulativen Merkmale von Beweisen nicht. Die Wahrscheinlichkeit, dass bei mir Lungenkrebs diagnostiziert wird und ich im gleichen Jahr von einem pinkfarbenen Cadillac überfahren werde, wird ausgehend von einer Wahrscheinlichkeit der einzelnen Ereignisse von 1 zu 100000 in der Summe 1 zu 10 Milliarden, wenn man diese beiden (offensichtlich nicht voneinander abhängigen) Vorkommnisse multipliziert. Das Argument, dass O.J. Simpson aus der Sicht der Blutuntersuchung mit einer Wahrscheinlichkeit von 1 zu 500 000 der Mörder war (die Rechtsanwälte verwirrten die Geschworenen, indem sie erklärten, dass es in Los Angeles vier Menschen mit diesem Bluttyp gab), in Verbindung mit der Tatsache, dass er der Ehemann des Opfers war und es noch zusätzliche Beweise gab, erhöht (aufgrund der kumulativen Wirkung) die Wahrscheinlichkeit, dass er sie tatsächlich tötete, auf mehrere Billionen.

»Intellektuelle« begehen schlimmere Fehler. Ich kann Leute mit der Aussage überraschen, dass die Wahrscheinlichkeit eines kombinierten Ereignisses geringer ist als die der einzelnen Vorkommnisse. Hier kommt wieder die Verfügbarkeitsheuristik zum Tragen: Im Linda-Problem hielten rational denkende, gebildete Menschen ein spezifischeres Vorkommnis für wahrscheinlicher als ein übergeordnetes Ereignis, das es beinhaltet. Ich bin froh, als Börsenhändler mir die Voreingenommenheiten der Menschen zunutze machen zu können, aber es macht mir Angst, in einer solchen Gesellschaft zu leben.

Eine absurde Welt

Kafkas prophetisches Buch *Der Prozess* über die Not des Joseph K., der aus mysteriösen und nicht näher erläuterten Gründen verhaftet wird, trifft genau ins Schwarze, denn es wurde geschrieben, bevor wir von den Methoden »wissenschaftlicher« totalitärer Regime erfuhren. Es sagte eine Furcht erregende Zukunft voraus, in der die Menschheit von einer absurden, sich selbst ernährenden Bürokratie gegängelt wird, in der spontan entstehende Regeln der internen Logik des bürokratischen Apparates unterworfen werden. Dieses Buch begründete sogar die absurde Literatur, deren These lautet, dass die Welt zu viele Ungereimtheiten für uns enthält. Eine bestimmte Spezies von Rechtsanwälten jagt mir großen Schrecken ein. Nachdem ich ihre Behauptungen im Prozess gegen O.J. Simpson (und ihre Wirkung) mit angehört hatte, fürchtete ich mich buchstäblich vor dem möglichen Resultat, nämlich dass man mich aus einem Grund verhaften könnte, der aus probabilistischer Sicht keinen Sinn ergibt, und dass ich mich gegen einen aalglatten Rechtsanwalt verteidigen müsste – vor Geschworenen, die das Wesen des Zufalls nicht verstehen.

Wir sagten, dass reines Urteilsvermögen in einer primitiven Gesellschaft wohl ausreichen würde. Eine Gesellschaft kann gut und gerne ohne Mathematik auskommen (oder Börsenhändler können auch ohne quantitative Methoden arbeiten), wenn der Raum der möglichen Resultate eindimensional ist. Das bedeutet, dass wir immer nur eine einzelne Variable betrachten, keine Ansammlung von separaten Ereignissen. Der Kurs eines Wertpapiers ist eindimensional, während die Kombination der Kurse mehrerer Wertpapiere mehrdimensional ist und mathematische Modelle erforderlich macht – wir können nicht einfach mit bloßem Auge die Summe der möglichen Resultate eines Portfolios erkennen und sie auch nicht einmal grafisch darstellen, weil unsere physische Welt sich auf visuelle Darstellungen in nur drei Dimensionen beschränkt. An späterer Stelle werden wir sehen, warum wir das Risiko eingehen, mit schlechten Modellen zu arbeiten (was wir zugegebenermaßen auch tatsächlich tun), oder den Fehler begehen, Unwissenheit zu dulden – wir pendeln zwischen der Charybdis des mathematisch unkundigen Rechtsanwalts und der Skylla des Mathematikers, der seine Mathematik nicht richtig gebraucht, weil er nicht das Urteilsvermögen zur Auswahl des richtigen Modells besitzt. Mit anderen Worten: Wir müssen entweder den Fehler begehen, uns den zungenfertigen Nonsens eines Rechtsanwalts anzuhören, der die Wissenschaft ablehnt, oder uns damit abfinden, die fehlerhaften Theorien eines Wirtschaftswissenschaftlers anzuwenden, der seine Wissenschaft übermäßig ernst nimmt. Das Schöne an der Wissenschaft ist die Tatsache, dass sie beide Fehlerarten berücksichtigt. Zum Glück gibt es einen Mittelweg – doch dieser wird leider nur selten gegangen.

Beispiele für Wahrnehmungsverzerrungen bei der Betrachtung von Wahrscheinlichkeiten

In der Literatur zur Verhaltenslehre fand ich mindestens 40 erdrückende Beispiele für solche akuten Verzerrungen unserer Wahrnehmung – systematische Abweichungen vom rationalen Verhalten, weit verbreitet in allen Berufszweigen und Fachgebieten. Nachstehend finden Sie eine Beschreibung eines bekannten, für Mediziner peinlichen Tests. Ärzten wurde dabei folgende Aufgabe gestellt (die ich aus Deborah Bennetts ausgezeichnetem Buch *Randomness* entliehen habe):

Bei einem Test auf eine Erkrankung beträgt die Rate falscher positiver Resultate 5 Prozent. Die Krankheit tritt in der Bevölkerung in einem Verhältnis von 1 zu 1000 auf. Die Patienten werden nach dem Zufallsprinzip getestet, ungeachtet der Tatsache, ob bei ihnen der Verdacht auf diese Erkrankung besteht oder nicht. Das Testergebnis eines Patienten ist positiv. Wie hoch ist die Wahrscheinlichkeit, dass der Patient an dieser Krankheit leidet?

Die meisten Ärzte antworteten 95 Prozent, weil sie einfach davon ausgingen, dass die Genauigkeit dieses Tests bei 95 Prozent lag. Die Antwort lautet jedoch, dass die konditionale Wahrscheinlichkeit, dass der Patient erkrankt ist und der Test dies nachweist, eher in der Größenordnung von zwei Prozent liegt. Weniger als 20 Prozent der befragten Mediziner gaben die richtige Antwort.

Lassen Sie mich die Antwort vereinfachen (mit dem Häufigkeitsansatz). Nehmen wir an, es gibt keine falschen negativen Testergebnisse. Bedenken Sie, dass erwartet wird, dass einer von tausend Patienten, an denen der Test durchgeführt wird, an der Krankheit leidet. Aus der Gruppe der restlichen 999 gesunden Patienten wird der Test bei circa 50 die Krankheit anzeigen (seine Genauigkeit liegt ja bei 95 Prozent). Richtig wäre die Antwort, dass bei rein zufällig ausgewählten Testpersonen die Wahrscheinlichkeit, dass ein Proband mit einem positiven Testergebnis an der Krankheit leidet, folgendem Verhältnis entspricht:

$$\frac{\text{Anzahl der von der Krankheit betroffenen Personen}}{\text{Anzahl der richtigen und falschen positiven Ergebnisse}}$$

In diesem Fall wäre das 1 zu 51.

Denken Sie daran, wie oft Ihnen ein Arzt ein Medikament mit schädlichen Nebenwirkungen für eine Krankheit verschreibt, die bei Ihnen diagnostiziert wurde, obwohl die Wahrscheinlichkeit, dass Sie tatsächlich daran leiden, möglicherweise nur bei zwei Prozent lag!

Wir sind optionsblind

Als Optionshändler fiel mir auf, dass viele Marktteilnehmer Optionen unterbewerten, weil sie meist nicht in der Lage sind, Instrumente mit *ungewissem* Auszahlungsbetrag zu beurteilen, selbst wenn sie die zugehörige Mathematik gut verstehen. Selbst Aufsichtsbehörden verstärken diese Ignoranz, indem sie erklären, Optionen seien *Verfallsinstrumente* oder Kapital verzehrende Anlagen. Optionen, die »aus dem Geld« sind, werden als *verfallen* betrachtet, da zum Fälligkeitstermin ihr Optionspreis verloren geht.

Lassen Sie mich an dieser Stelle anhand eines einfachen (aber ausreichenden) Beispiels erläutern, was eine Option genau genommen ist. Nehmen wir an, eine Aktie wird bei einem Kurs von 100 Dollar gehandelt und jemand gibt mir das Recht (aber nicht die Pflicht), sie von heute ab gerechnet in einem Monat für 110 Dollar zu kaufen. Das wird als *Kaufoption* bezeichnet. Für mich ist es nur sinnvoll, die Option *auszuüben* (also den Verkäufer der Option zu bitten, mir die Aktie zu 110 Dollar zu liefern), wenn sie in einem Monat zu einem höheren Kurs als 110 Dollar gehandelt wird. Wenn der Kurs der Aktie auf 120 Dollar steigt, ist meine Option 10 Dollar wert, denn ich kann die Aktie für 110 Dollar kaufen und sie an der Börse für 120 Dollar verkaufen. Die Differenz ist mein Gewinn. Aber die Wahrscheinlichkeit, dass das geschieht, ist nicht sehr groß. Die Option ist »aus dem Geld«, weil ich keinen Gewinn erziele, wenn ich sie sofort ausübe.

Nehmen wir an, ich kaufe die Option für einen Dollar. Welchen Wert hat die Option meinen Erwartungen zufolge in einem Monat? Die meisten Menschen glauben, der Wert sei null. Das stimmt aber nicht. Die Wahrscheinlichkeit, dass die Option bei Fälligkeit einen Wert von null hat, ist zwar hoch (sagen wir einmal 90 Prozent), aber sie könnte auch mit vielleicht 10-prozentiger Wahrscheinlichkeit im Durchschnitt 10 Dollar wert sein. Daher streicht der Verkäufer keinen kostenlosen Gewinn ein, wenn er mir die Option für einen Dollar verkauft. Wenn der Verkäufer stattdessen die Aktie selbst zu 100 Dollar gekauft und einen Monat gewartet hätte, wäre es ihm möglich gewesen, sie für 120 Dollar zu verkaufen. Das bedeutet, dass der Gewinn von einem Dollar wohl kaum ohne Kosten erzielt wurde. Auch der Kauf einer Option ist kein Kapitalverzehr. Selbst Profis lassen sich täuschen. Der Grund dafür: Sie verwechseln den erwarteten Wert und das wahrscheinlichste Szenario (der erwartete Wert liegt bei einem Dollar und das wahrscheinlichste Szenario ist, dass die Option einen Wert von null hat). Sie geben dem wahrscheinlichsten Zustand, nämlich dass die Börse sich gar nicht bewegt, im Geiste eine übermäßig hohe Gewichtung. Die Option ist einfach der gewichtete Durchschnitt der möglichen Zustände, die das zugrunde liegende Wertpapier annehmen kann.

Der Verkäufer einer Option kann sich noch auf andere Weise ein Gefühl der Befriedigung verschaffen. Es resultiert aus dem stetigen Ertrag und dem Gefühl, kontinuierlich eine Belohnung zu erhalten – was Psychologen als *Flow* bezeichnen. Es ist sehr angenehm, morgens in der Erwartung zur Arbeit zu gehen, eine kleine Wertsteigerung verzeichnen zu können. Man muss schon sehr charakterfest sein, um mit der Erwartung leben zu können, dass man ein bisschen bluten und kontinuierlich ein paar Cent verlieren muss, selbst wenn sich die Strategie längerfristig definitiv auszahlen wird. Mir ist aufgefallen, dass nur wenige Optionshändler eine Position aufrechterhalten können, die ich als »long volatility« bezeichne: Sie werden bei Fälligkeit höchstwahrscheinlich einen kleinen Betrag verlieren, können aber langfristig aufgrund gelegentlicher Schübe mit einem Gewinn rechnen. Wie ich feststellte, ist kaum jemand bereit, an den meisten Fälligkeitsterminen einen Dollar zu verlieren und ab und zu 10 Dollar zu verdienen, selbst wenn das Spiel gerecht wäre (wenn man also in mehr als 10 Prozent aller Fälle 10 Dollar gewinnen würde).

Meiner Ansicht nach kann man Optionshändler in zwei Kategorien unterteilen: *Prämienverkäufer* und *Prämienkäufer*. Erstere (die auch Optionsverkäufer genannt werden) verkaufen Optionen und machen im Allgemeinen regelmäßige Gewinne, wie John, mit dem wir uns in Kapitel 1 und 5 beschäftigten. Prämienkäufer tun das Gegenteil. Börsianer sagen, Optionsverkäufer würden wie Spatzen essen und Haufen wie Elefanten machen. Leider sind die meisten Optionshändler, die mir im Laufe meiner Karriere untergekommen sind, *Prämienverkäufer* – und ihren Blow-up erleben sie zumeist mit dem Geld anderer Leute.

Wie können sich Profis, die angeblich die dahinter stehende (einfache) Mathematik verstehen, sich in eine solche Lage bringen?. Wie an früherer Stelle beschrieben, wird unser Handeln nicht von den rational bestimmten Regionen unseres Gehirns gelenkt. Wir denken mit unseren Gefühlen, daran führt kein Weg vorbei. Daher lassen sich auch ansonsten rationale Wesen von Zigaretten verführen oder wagen Kämpfe, die ihnen keinen unmittelbaren Nutzen bringen. Aus dem gleichen Grund verkaufen Händler Optionen, selbst wenn sie wissen, dass dies für sie nicht vorteilhaft ist. Aber es kann noch schlimmer kommen. Es gibt eine Personengruppe (in der Regel handelt es sich dabei um Finanztheoretiker), die nicht etwa ihr Handeln ihrem Gehirn anpassen, sondern umgekehrt ihr Denken von ihrem Handeln leiten lassen. Sie manipulieren im Nachhinein unwissentlich Statistiken, um ihr Handeln zu begründen. In meinem Beruf belügen sie sich mit statistischen Argumenten, nur um ihre Optionsverkäufe zu rechtfertigen.

Was ist weniger unangenehm: hundert Mal einen Dollar zu verlieren oder einmal 100 Dollar? Eindeutig Letzteres: Unsere Verlustsensibilität nimmt ab. Wenn eine Handelsposition, die lange einen Dollar pro Tag einbringt, anschließend alles verliert, ist das aus hedonischer Sicht eigentlich angenehm, obwohl es wirtschaftlich keinen Sinn ergibt. Also besteht ein Anreiz, eine Geschichte über die Wahrscheinlichkeit der Ereignisse zu erfinden und eine solche Strategie umzusetzen.

Hinzu kommt noch der Faktor Risikoignoranz. Wissenschaftler haben Menschen Tests unterzogen – was ich im Prolog als Risikoübernahme aus Unterschätzung der Risiken anstatt infolge von Mut bezeichnete. Die Probanden wurden gebeten, eine obere und untere Bandbreite für zukünftige Wertpapierkurse zu prognostizieren, innerhalb deren sie das Wertpapier zu 98 Prozent erwarteten. Die Verletzungen der Bandbreite waren natürlich sehr hoch, bis zu 30 Prozent.

Solche Verletzungen ergeben sich aus einem weitaus gravierenderen Problem: Menschen überschätzen ihr Wissen und unterschätzen die Wahrscheinlichkeit ihrer Fehlannahmen.

Ein weiteres Beispiel zur Veranschaulichung der Optionsblindheit: Was ist mehr wert? a) Ein Kontrakt, bei dem man eine Million Dollar erhält, wenn die Aktienkurse an einem beliebigen Tag im nächsten Jahr um zehn Prozent fallen, oder b) ein Kontrakt, bei dem man eine Million Dollar erhält, wenn die Aktienmärkte an einem beliebigen Tag im nächsten Jahr aufgrund eines Terrorangriffs um zehn Prozent fallen. Ich schätze, dass die meisten Menschen auf b) tippen würden.

Wahrscheinlichkeiten und Medien (noch mehr Journalisten)

Ein Journalist wird in seiner Ausdrucksweise geschult, nicht darin, Themen tiefsinnig zu ergründen – der Selektionsprozess begünstigt die kommunikativsten Vertreter dieser Zunft, nicht notwendigerweise die kenntnisreichsten. Meine Freunde, die den Arztberuf gewählt haben, behaupten, dass viele medizinische Journalisten weder Medizin noch Biologie richtig verstehen und häufig ganz grobe Schnitzer machen. Ich kann solche Aussagen nicht bestätigen, da auch ich in der medizinischen Forschung nur ein Laie bin (wenngleich auch bisweilen ein unersättlicher Leser), doch ist mir aufgefallen, dass die Journalisten bei der Vorstellung medizinischer Untersuchungen fast immer Wahrscheinlichkeiten missverstehen. Am häufigsten werden Beweise falsch interpretiert. In den allermeisten Fällen werden *nicht vorhandene Nachweise* mit dem *Nachweis des Nichtvorhandenseins* verwechselt – ein ähnliches Problem, wie wir es in Kapitel 9 erörterten. Wie manifestiert sich diese Verwechselung? Nehmen wir an, ich teste eine Chemotherapie, beispielsweise Fluorouracil gegen Lungenkrebs, und stelle fest, dass sie marginal besser ist als ein Placebo und (neben anderen Modalitäten) die Überlebensrate von 21 auf 24 Prozent erhöht. Angesichts meiner Stichprobengröße bin ich mir nicht unbedingt sicher, dass diese zusätzlichen drei Prozentpunkte wirklich auf dieses Medikament zurückzuführen sind. Es könnte sich einfach nur um ein zufälliges Ergebnis handeln. Ich würde in einem Artikel meine Resultate beschreiben und betonen, dass es (bislang) noch keinen vollständigen Nachweis für eine bessere Überlebensquote dank dieses Medikaments gibt und dass weitere Forschungen nötig sind. Ein Medizinjournalist würde das lesen und daraufhin behaupten, Professor N.N. Taleb habe den Nachweis erbracht, dass Fluorouracil *nicht hilft*, was das genaue Gegenteil dessen ist, was ich mitteilen wollte. Ein naiver Arzt irgendwo in Dingsda, der Wahrscheinlichkeiten noch weniger versteht als der ungebildetste Journalist, würde das lesen und das Medikament unterbewusst ablehnen, selbst wenn andere Forscher eines Tages neue Belege dafür finden, dass diese Therapie zu einem klaren Überlebensvorteil führt.

CNBC zur Mittagszeit

Die Einführung des Finanzfernsehsenders CNBC bot Börsenprofis viele Vorteile, gab aber zugleich auch einer bunten Truppe extrovertierter Spezialisten mit ambitionierten Theorien die Chance, sich in wenigen Minuten Sendezeit über ihre Hypothesen auszulassen. Häufig sieht man respektable Personen, die lächerliche (aber ungemein clever klingende) Behauptungen über Eigenschaften der Finanzmärkte aufstellen. Einige dieser Thesen verstoßen eklatant gegen die Wahrscheinlichkeitsregeln. Eines Sommers, als ich gewissenhaft ins Fitnessstudio ging, hörte ich häufig Aussagen wie diese: »Der reale Markt liegt nur 10 Prozent unter seinen

Höchstständen, während die durchschnittliche Aktie 40 Prozent unter ihrem Hoch schloss.« Dies wurde als Anzeichen für gravierende Störungen oder Anomalien gewertet – ein Vorbote einer Baisse.

Die Tatsache, dass die durchschnittliche Aktie 40 Prozent unter ihrem Hoch liegt, ist keineswegs unvereinbar mit der Aussage, dass der Durchschnitt aller Aktien (also der Markt) 10 Prozent unter seinen Höchstständen liegt. Man muss bedenken, dass die einzelnen Titel nicht alle *gleichzeitig* ihre Höchstkurse erreichten. Da Aktien nicht hundertprozentig miteinander korrelieren, könnte Aktie A ihr Hoch im Januar erreichen und Aktie B im April, aber der Durchschnitt der beiden Aktien A und B irgendwann im Februar. Ferner kann es bei negativ miteinander korrelierenden Aktien vorkommen, dass Aktie A genau zu dem Zeitpunkt ihren Höchststand erreicht, zu dem Aktie B auf ein Rekordtief gefallen ist. Dann könnte der Durchschnitt der beiden Aktien 40 Prozent unter seinem Hoch liegen, während der Aktienmarkt ein Rekordniveau erreicht! Ein Wahrscheinlichkeitsgesetz, das die Verteilung der Höchstwerte von Zufallsvariablen beschreibt, besagt, dass der Höchstwert eines Durchschnitts grundsätzlich weniger starken Schwankungen unterworfen ist als der durchschnittliche Höchstwert.

Sie sind eigentlich bereits tot

Das erinnert mich an eine weitere häufige Verletzung der Wahrscheinlichkeitsregeln durch die Finanzexperten, die ihre Ansichten zur besten Sendezeit zum Besten geben und vermutlich wegen ihres Aussehens, Charismas und Präsentationsgeschicks gewählt wurden, aber sicherlich nicht wegen ihres Scharfsinns. Ein Trugschluss, den ich häufig bei einer prominenten Dame und renommierten Börsenmoderatorin beobachtete, lautete wie folgt: »Der Durchschnittsamerikaner hat eine Lebenserwartung von 73 Jahren. Wenn Sie also 68 Jahre alt sind, können Sie erwarten, noch fünf Jahre zu leben, und sollten entsprechend planen.« Dann gab sie präzise Empfehlungen ab, wie jemand für einen Zeithorizont von fünf Jahren investieren sollte. Was aber, wenn Sie 80 Jahre alt sind?

Beträgt dann Ihre Lebenserwartung *minus* sieben Jahre? Diese Journalisten verwechseln hier die konditionale und unkonditionale Lebenerwartung. Bei Ihrer Geburt kann Ihre unkonditionale Lebenserwartung 73 Jahre betragen. Je älter Sie aber werden, desto mehr erhöht sich auch Ihre Lebenserwartung im Laufe Ihres Lebens. Der Grund: Andere sterben und nahmen so Ihren Platz in der Statistik ein, denn die Erwartung entspricht dem Durchschnitt. Wenn Sie also 73 Jahre alt sind und sich guter Gesundheit erfreuen, könnten Sie immer noch vielleicht neun Jahre *erwarten*. Aber die Erwartung würde sich ändern, und im Alter von 82 Jahren hätten Sie noch weitere fünf Jahre – vorausgesetzt natürlich, Sie sind immer noch am Leben. Selbst ein 100-Jähriger hat noch eine positive konditionale Lebenserwartung. Wenn man darüber nachdenkt, so unterscheidet sich diese Aussage nicht sonderlich von folgender: *Unsere Operation hat eine Sterblichkeitsrate von einem Prozent. Bisher haben wir 99 Patienten mit großem Erfolg operiert. Sie sind unser hundertster Patient. Die Wahrscheinlichkeit, dass Sie auf dem OP-Tisch sterben werden, beträgt also 100 Prozent.*

TV-Börsenmoderatoren mögen einige Menschen verwirren. Das ist einigermaßen harmlos. Weitaus besorgniserregender ist jedoch der Informationsfluss von Laien zu Profis, und daher werden wir uns als Nächstes den Journalisten zuwenden.

Die Bloomberg-Erklärungen

Auf meinem Schreibtisch steht ein Gerät, das als *Bloomberg*™ bezeichnet wird (nach dem legendären Unternehmensgründer Michael Bloomberg). Es erfüllt vielfältige Aufgaben: sicherer E-Mail-Dienst, Nachrichtenticker, Zugang zu historischen Daten, Chartsystem und wertvolles Analyseinstrument. Nicht zuletzt ist es mit einem Monitor ausgestattet, auf dem Kurse von Wertpapieren und Währungen angezeigt werden. Ich bin so süchtig nach meinem Bloomberg, dass ich ohne ihn gar nicht arbeiten kann, da ich mich dann von der Welt abgeschnitten fühlen würde. Ich benutze ihn, um Freunde zu kontaktieren, Termine zu bestätigen und einige der Konflikte zu lösen, die dem Leben seinen besonderen Reiz geben. Irgendwie existieren Händler ohne Bloomberg-Adresse für uns gar nicht (sie müssen auf das plebejischere Internet zurückgreifen). Aber es gibt ein Merkmal meines Bloombergs, auf das ich gut und gerne verzichten könnte: die redaktionellen Kommentare. Der Grund: Sie bieten Erklärungen und führen zu einer gravierenden immer währenden Fortsetzung der Verwechslung der rechten und linken Spalte meiner eingangs vorgestellten Tabelle. Bloomberg ist nicht die einzige Nachrichtenquelle, die dieses Verbrechen begeht, nur habe ich, wie erwähnt, in den letzten zehn Jahren die Wirtschaftsteile der Tagespresse nicht mehr gelesen, da ich die Lektüre echter Prosa vorziehe.

Während ich diese Zeilen schreibe, sehe ich auf dem Bloomberg folgende Schlagzeilen:

- *Dow steigt 1,03 nach Zinssenkung*
- *Dollar fällt 0,12 Yen wegen Japans höherem Überschuss*

So geht das weiter, eine ganze Seite lang. Wenn ich es richtig interpretiere, behauptet der Journalist, eine Erklärung für etwas zu liefern, das in Wahrheit *reine Nebengeräusche* sind. Wenn der Dow bei 11 000 Punkten um 1,03 steigt, entspricht das einer Bewegung von lediglich 0,01 Prozent. So etwas bedarf keiner Erklärung. Kein ehrlicher Mensch könnte dafür eine Erklärung anbieten; es gibt einfach keine Begründungen. Aber wie angehende Professoren in vergleichender Literatur werden Journalisten dafür bezahlt, Erklärungen zu liefern, und tun das auch gerne und bereitwillig. Die einzige Lösung würde darin bestehen, dass Michael Bloomberg seine Journalisten nicht mehr für ihre Kommentare bezahlt.

Signifikanz: Wie stelle ich fest, ob es sich hier tatsächlich um reine Nebengeräusche handelt? Lassen Sie uns das anhand einer einfachen Analogie erklären. Wenn Sie sich mit einem Freund auf dem Mountainbike ein Rennen durch Sibirien liefern und ihn einen Monat später um eine einzige Sekunde schlagen, können Sie eigentlich nicht behaupten, dass Sie schneller sind als er. Ihnen könnte etwas geholfen haben, oder es war nichts als ein purer Zufall. Diese eine Sekunde ist für sich genommen einfach nicht signifikant genug, um daraus Schlussfolgerungen zu ziehen. Ich würde schließlich nicht vor dem Zubettgehen in mein Tagebuch schreiben: *Radfahrer A ist besser als Fahrer B, weil A Spinat isst, wäh-*

rend B sich tofureich ernährt. Ich komme zu diesem Schluss, weil er ihn in einem 3000-Meilen-Rennen um 1,3 Sekunden geschlagen hat. Sollte der Unterschied eine Woche betragen, könnte ich anfangen zu analysieren, ob der viele Tofu dafür verantwortlich ist oder andere Faktoren eine Rolle spielen.

Kausalität: Es gibt noch ein weiteres Problem. Selbst wenn wir statistische Signifikanz annehmen, müssen eine Ursache und eine Wirkung erkennbar sein. Anders ausgedrückt: Es muss möglich sein, ein Ereignis an der Börse mit der genannten Ursache zu verbinden. *Post hoc ergo propter hoc* (es trat später ein, also ist es die Folge). Nehmen wir an, in Krankenhaus A werden 52 Prozent Jungen geboren, während in Klinik B im gleichen Jahr nur 48 Prozent Jungen auf die Welt kommen. Würden Sie sagen, dass Sie einen Sohn bekommen haben, *weil* Ihr Baby in Klinik A zur Welt kam?

Kausalitäten können sehr komplex sein. Es fällt sehr schwer, eine einzige Ursache aus vielen möglichen zu isolieren. Das bezeichnet man als Multivarianten-Analyse. Wenn beispielsweise Aktienkurse vom amerikanischen Zinsniveau, vom Dollar-Yen-Wechselkurs, vom Kurs des Dollars zu europäischen Währungen, von europäischen Aktienmärkten, von der amerikanischen Zahlungsbilanz, von der Inflation in den USA und einem weiteren Dutzend wesentlicher Faktoren beeinflusst werden können, müssen Journalisten sich alle diese Faktoren ansehen, ihre historischen Auswirkungen einzeln und in Kombination betrachten, die Stabilität ihres Einflusses analysieren und anschließend nach Konsultation der Teststatistiken den Faktor isolieren, sofern dies möglich ist. Ferner muss dem Faktor ein angemessenes Konfidenzniveau zugewiesen werden; bei weniger als 90 Prozent würde die Story nicht veröffentlicht. Ich kann verstehen, wieso Hume so besessen von Kausalitäten war und solche Inferenzen niemals akzeptierte.

Ich benutze einen Trick, um zu erkennen, ob irgendwo in der Welt sich etwas *Reales* abspielt. Meinen Bloomberg habe ich so eingestellt, dass er absolute und prozentuale Änderungen aller relevanten Preise und Kurse auf der Welt anzeigt: Währungen, Aktien, Zinsen und Rohstoffe. Da ich seit Jahren den gleichen Bildschirmaufbau vor Augen habe (die Währungen in der oberen linken Ecke; die verschiedenen Aktienmärkte rechts), weiß ich mittlerweise instinktiv, wenn etwas Wichtiges passiert. Mein Trick: Ich sehe mir nur die großen prozentualen Veränderungen an. Wenn sich etwas nicht stärker bewegt als die üblichen täglichen prozentualen Ausschläge, gehört ein Ereignis zu den Nebengeräuschen. Die prozentualen Bewegungen sind so groß wie Schlagzeilen. Darüber hinaus sind sie nicht linear zu interpretieren; eine Bewegung von zwei Prozent ist nicht doppelt so wichtig wie ein Ausschlag um ein Prozent, sondern vier bis zehn Mal so signifikant. Eine Bewegung von sieben Prozent kann mehrere Milliarden Mal relevanter sein als eine Schwankung um ein Prozent! Wenn heute auf meinem Monitor die Schlagzeile erscheint, dass sich der Dow um 1,3 Punkte bewegt hat, ist das weniger als ein Milliardstel so signifikant wie der gravierende Einbruch um sieben Prozent im Oktober 1997. Man könnte mir die Frage stellen, warum ich will, dass alle ein wenig Statistik lernen. Die Antwort: Zu viele Menschen lesen Erklärungen. Nichtlineare Aspekte von Wahrscheinlichkeiten können wir nicht instinktiv verstehen.

Filtermethoden

Ingenieure verwenden Methoden, um die Nebengeräusche aus Daten herauszufiltern, so dass Signale identifiziert werden können.

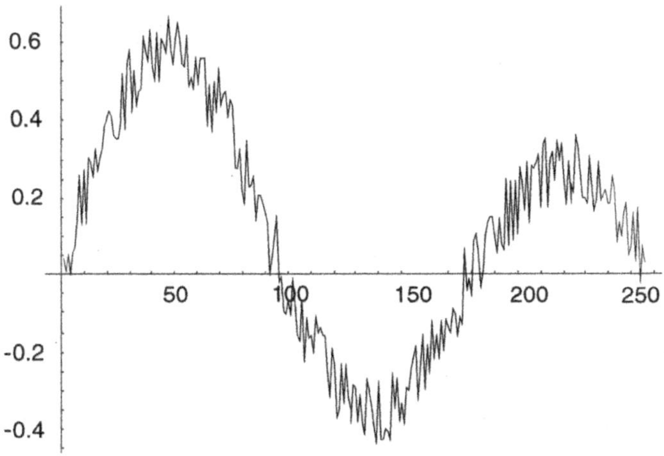

Abbildung 2 Ungefilterte Daten mit Signal und Nebengeräuschen

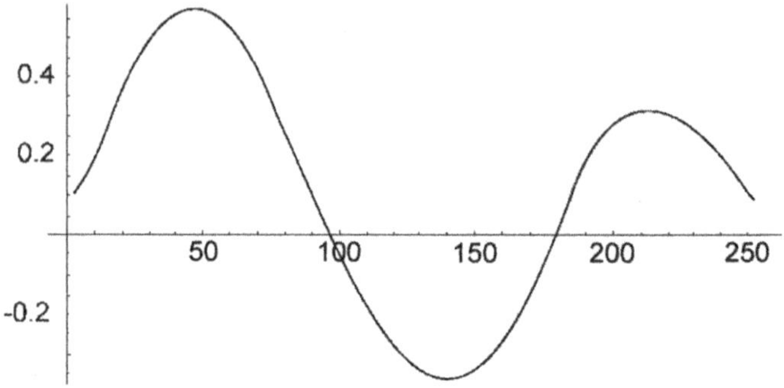

Abbildung 3 Die gleichen Daten nach der Rauschunterdrückung

Haben Sie sich jemals darüber Gedanken gemacht, dass die Statik der Telefonleitung (Rauschen) von der Stimme Ihres Gesprächpartners unterschieden werden könnte, wenn Sie mit Ihrem Cousin in Australien oder am Südpol telefonieren? Bei dieser Methode wird folgendermaßen vorgegangen: Wenn eine Veränderung in der Amplitude klein ist, wird sie eher auf ein Nebengeräusch zurückzuführen sein – und die Wahrscheinlichkeit, dass es sich um ein Signal handelt, steigt exponentiell mit der Vergrößerung der Amplitude. In Abbildung 2 und 3 wurde diese Rauschunterdrückung genannte Methode angewandt. Aber unser Gehör ist nicht in der Lage, diese Funktion selbst zu erfüllen. Ebenso wenig kann unser Gehirn den Unterschied zwischen signifikanten Kursänderungen und reinen Nebensächlichkeiten erkennen, insbesondere wenn es mit ungefiltertem journalistischem Lärm voll gedröhnt wird.

Wir verstehen Konfidenzniveaus nicht

Experten vergessen die folgende Tatsache: Nicht die Schätzung oder Prognose selbst sind wichtig, sondern das Konfidenzniveau einer Meinung. Nehmen wir an, Sie würden an einem Herbstmorgen eine Reise antreten und müssten vor dem Packen Informationen über die Wettervorhersage beschaffen. Wenn Sie eine Temperatur von 15 Grad Celsius plus minus 3 Grad erwarten (zum Beispiel in Arizona), würden Sie wohl weder einen Schneeanzug noch einen tragbaren Ventilator einpacken. Was aber, wenn Sie nach Chicago fahren, wo die Temperatur dem Verlauten nach 15 Grad beträgt, aber dennoch um plus/minus 15 Grad schwanken kann? Sie müssten Winter- und Sommerkleidung einpacken. In diesem Fall spielt die erwartete absolute Temperatur kaum eine Rolle für die Kleiderwahl; viel wichtiger ist die Schwankungsbreite oder Varianz. Sie würden ganz andere Sachen einpacken, wenn man Ihnen mitteilen würde, dass die Schwankungsbreite bei 15 Grad liegt. Lassen Sie uns mit dieser Argumentation noch einen Schritt weiter gehen: Was würden Sie einpacken, wenn Sie einen Planeten bereisen würden, auf dem die erwartete Temperatur ebenfalls bei 15 Grad liegt, aber die Schwankungsbreite bei plus oder minus 250 Grad liegt?

Wie Sie sehen, hängen meine Aktivitäten an der Börse (und in Bezug auf andere Zufallsvariablen) weitaus weniger von der von mir erwarteten Entwicklung des Marktes beziehungsweise der Zufallsvariablen ab, sondern von der Größe des Fehlers, den ich bei einem solchen Konfidenzniveau in Betracht ziehe.

Ein Eingeständnis

Ich beschließe dieses Kapitel mit folgendem Eingeständnis: Auch ich bin meiner Ansicht nach nicht besser dagegen gefeit, mich vom Zufall an der Nase herumführen zu lassen, als jeder andere, den ich kenne – trotz meines Berufs und der Zeit, die ich investiert habe, um Know-how zu diesem Thema aufzubauen. Allerdings mit einer Einschränkung: Ich bin mir bewusst, dass ich in dieser Hinsicht sehr, sehr schwach bin. Meine Menschlichkeit wird versuchen, meine Pläne zu durchkreuzen; daher muss ich immer auf der Hut sein. Ich bin der geborene Narr des Zufalls. Mehr dazu in Teil III.

Teil III
Wachs in meinen Ohren – mit Randomitis leben

Homers Held Odysseus stand in dem Ruf, stärkere Gegner mit List und Tücke zu besiegen. Die eindrucksvollste List setzte er meiner Ansicht nach jedoch gegen keinen geringeren Feind ein als sich selbst.

Im zwölften Buch der *Odyssee* trifft der Held auf einer Insel nicht weit entfernt von Skylla und Charybdis auf die Sirenen. Es ist bekannt, dass ihr Gesang die Seeleute so verzaubert, dass sie dem Wahnsinn anheimfallen, so dass sie der Versuchung nicht widerstehen können, sich vor der Insel der Sirenen ins Meer zu stürzen, wo sie umkommen. Die unbeschreibliche Schönheit des Gesangs der Sirenen steht in krassem Gegensatz zu den verwesenden Leichen der Seefahrer, die überall um sie herum zu finden sind. Odysseus, den Circe vorgewarnt hatte, denkt sich folgende List aus: Er verschließt die Ohren aller seiner Männer mit Wachs, so dass sie nicht den geringsten Laut mehr hören können, und lässt sich selbst an den Mast binden. Die Matrosen erhalten den strengen Befehl, ihn unter keinen Umständen loszubinden. Als sie sich der Insel der Sirenen nähern, liegt das Meer ruhig vor ihnen und übers Wasser erklingt eine so wundervolle Musik, dass Odysseus sich gegen seine Fesseln aufbäumt und ungeheuere Energien darauf verwendet, sich zu befreien. Seine Männer binden ihn noch fester an den Mast, bis sie die gefährlichen Gewässer sicher hinter sich gelassen haben.

Die erste Lehre, die ich aus dieser Geschichte zog, lautete: Ich sollte nicht einmal versuchen, es Odysseus gleichzutun. Er ist eine mythologische Figur; ich bin das nicht. Er kann sich an den Mast binden lassen; ich kann lediglich den Rang eines Matrosen erreichen, der seine Ohren mit Wachs verstopfen lassen muss.

So gescheit bin ich einfach nicht

Den Wendepunkt in meiner Karriere in der Zufallslehre erlebte ich, als ich erkannte, dass ich weder gescheit noch stark genug war, um überhaupt den Versuch wagen zu können, gegen meine Emotionen anzukämpfen. Außerdem glaube ich auch, dass ich meine Gefühle brauche, um meine Gedanken zu formulieren und die Energie für ihre Umsetzung aufzubringen.

Ich bin gerade intelligent genug zu verstehen, dass ich dazu neige, mich vom Zufall an der Nase herumführen zu lassen – und zu akzeptieren, dass ich ein ziemlich emotionaler Mensch bin. Meine Gefühle beherrschen mich, aber als Ästhet bin ich darüber glücklich. Ich bin nicht anders als all die Figuren, über die ich mich in diesem Buch lustig gemacht habe. Mehr noch: Ich bin vielleicht noch schlimmer als sie alle, weil meine Überzeugungen und mein Verhalten möglicherweise negativ miteinander korrelieren (so wie dies bei Popper der Fall war). Der Unterschied zwischen mir und jenen, die ich durch den Kakao ziehe, besteht darin, dass ich versuche, mir meine Schwächen bewusst zu machen. Ich kann Wahrscheinlichkeiten noch so lange studieren und zu ergründen versuchen, meine Gefühle werden auf andere Berechnungen reagieren, die mir meine einfältigen Gene insinuieren. Mein Gehirn mag zwar zwischen Nebengeräuschen und Signalen unterscheiden können, aber mein Herz kann es nicht.

Dieses törichte Verhalten beschränkt sich beileibe nicht auf Wahrscheinlichkeiten und Zufälle. Ich glaube nicht, dass ich vernünftig genug bin, um nicht wütend zu werden, wenn ein rüder Fahrer hinter mir auf die Hupe drückt, weil ich eine Nanosekunde zu spät losfahre, nachdem die Ampel auf Grün umgeschaltet hat. Ich bin mir sehr wohl bewusst, dass diese Wut selbstzerstörerisch ist und nichts nützt und dass ich schon lange im Grab liegen würde, wenn ich mich über jeden Idioten um mich herum ärgern würde, der sich so oder ähnlich verhält. Diese kleinen, alltäglichen Emotionen sind nicht rational. Aber wir brauchen sie, um richtig funktionieren zu können. Wir sind so programmiert, dass wir auf Feindseligkeit feindselig reagieren. Ich habe genug Feinde, um meinem Leben einen Kick zu geben, aber manchmal wünschte ich mir, ich hätte noch ein paar mehr (ich gehe selten ins Kino und brauche ein bisschen Unterhaltung). Das Leben wäre unerträglich fade, wenn wir keine Gegner hätten, an die wir unsere Anstrengungen und unsere Energie verschwenden können.

Die gute Nachricht lautet, dass es Tricks gibt. Einer davon besteht darin, in solchen Situationen im Verkehr Blickkontakt mit der anderen Person (über den Rückspiegel) zu vermeiden. Der Grund: Wenn man jemandem in die Augen schaut, wird durch diesen Blickkontakt ein anderer Teil des Gehirns – der emotionalere – aktiviert und in die Interaktion eingebunden. Ich versuche mir vorzustellen, dass der andere ein Marsmensch ist, kein Erdbewohner. Manchmal funktioniert das – aber es klappt am besten, wenn der andere aussieht, als gehöre er einer anderen Spezies an. Wie gelingt mir das? Ich mache für mein Leben gern Radtouren auf Landstraßen. Als ich neulich zusammen mit anderen Radfahrern so dahinfuhr und in einem ländlichen Gebiet die Autos hinter uns unseretwegen langsamer fahren mussten, öffnete eine Frau in einem riesigen Geländewagen ihr Fenster und warf uns wilde Flüche an den Kopf. Es gelang mir nicht nur, mich nicht zu ärgern – ich unterbrach nicht einmal meinen Gedankenfluss, denn ich hörte ihr gar nicht zu. Wenn ich auf meinem Rad sitze, werden Menschen in Last- und Geländewagen zu einer Art gefährlichem Tier, das mich bedrohen, aber nicht wütend machen kann.

Wie jeder Mensch, der seine Meinung deutlich kundtut, werde ich zur Zielscheibe der Kritik für etliche Finanzprofessoren und Ökonomen, die sich über meine Attacken bezüglich ihres falschen Umgangs mit Wahrscheinlichkeiten ärgern und denen es nicht passt, dass ich sie als Pseudowissenschaftler bezeichne. Wenn ich ihre Kommentare lese, kann ich meine Gefühle nicht im Zaum halten. Am besten lese ich ihre Veröffentlichungen gar nicht. Gleiches gilt auch für Journalisten. Wenn ich ihre Erläuterungen zum Börsengeschehen nicht lese, erspare ich mir viel emotionalen Kraftaufwand. Mit ungebetenen Kommentaren zu diesem Buch werde ich ebenso verfahren. Ich verschließe meine Ohren mit Wachs.

Wittgensteins Lineal

Welcher Mechanismus sollte Autoren dazu bewegen, Kommentare zu ihren Werken nicht zu lesen, sofern sie nicht explizit eine von ihnen intellektuell respektierte Person um Stellungnahme gebeten haben? Es handelt sich um eine probabilistische Methode namens »konditionale Information«: Sofern eine Aussage nicht aus einer äußerst qualifizierten Quelle stammt, gibt sie eher Aufschluss über den Sprecher selbst als über die intendierten Informationen. Dies gilt natürlich für subjektiv zu beurteilende Fragen. Eine – gute oder schlechte – Rezension kann eher ihren Verfasser beschreiben als Informationen über das besprochene Buch liefern. Diesen Mechanismus nenne ich auch Wittgensteins Lineal: *Wenn man der Zuverlässigkeit eines Lineals nicht vertraut, kann man nicht nur einen Tisch mit einem Lineal messen, sondern umgekehrt den Tisch verwenden, um das Lineal zu messen.* Je weniger Vertrauen man in die Verlässlichkeit des Lineals hat (der *Prior* in der Wahrscheinlichkeitslehre), desto mehr Informationen erhält man über das Lineal und desto weniger über den Tisch. Dies gilt für weitaus mehr als Informationen und Wahrscheinlichkeit. Die Konditionalität von Informationen spielt eine zentrale Rolle in der Epistemologie, Wahrscheinlichkeitstheorie und sogar in der Bewusstseinslehre. Erweiterungen werden wir an späterer Stelle im Zusammenhang mit dem »Zehn-Sigma-Problem« kennen lernen.

Daraus ergeben sich praktische Implikationen: Von einem anonymen Leser auf amazon.com eingestellte Informationen geben ausschließlich Auskunft über diese Person, während eine qualifizierte Quelle sich hundertprozentig auf das Buch konzentriert. In der Justiz gilt dies auch. Nehmen wir nochmals den Prozess gegen O.J. Simpson. Mit der Aussage »Da war nicht genug Blut« wollte einer der Geschworenen die statistische Evidenz der angebotenen Beweise beurteilen: Eine solche Äußerung sagt nur sehr wenig über statistische Evidenz aus, sondern eher etwas über die Fähigkeit des Sprechers, eine gültige Schlussfolgerung zu ziehen. Hätte es sich bei dem Geschworenen um einen gerichtsmedizinischen Gutachter gehandelt, hätte sich die Informationswaagschale in die andere Richtung geneigt.

Obwohl eine solche Argumentation in meinem Denken eine zentrale Rolle spielt, weiß das leider nur mein Gehirn, nicht mein Herz: Mein emotionales System versteht Wittgensteins Lineal nicht. Dafür kann ich folgenden Beweis anführen: Ein Kompliment ist immer angenehm, ganz gleich, aus welcher Quelle es stammt – Manipulatoren wissen das recht gut. Ebenso verhält es sich auch mit Buchrezensionen oder Kommentaren zu meiner Risikomanagementstrategie.

Der stumme Befehl des Odysseus

Erinnern Sie sich, wie ich sagte, dass ich besonders stolz darauf bin, dass es mir gelungen ist, mich des Fernsehens und der Nachrichtenmedien zu entwöhnen. Das ist mir sogar so gut gelungen, dass Fernsehen für mich inzwischen anstrengender ist als jede andere Beschäftigung – wie etwa dieses Buch zu schreiben. Aber dazu musste ich mich einiger Tricks bedienen. Ansonsten hätte ich dem Gift des Informationszeitalters nicht entrinnen können. Im Trading Room meines Unternehmens läuft den ganzen Tag der Finanznachrichtensender CNBC, dessen Programme einen Kommentator nach dem anderen und eine endlose Reihe in Leichenstarre verfallener Firmenchefs zeigen. Was ist mein Trick? Ich habe den Ton ganz heruntergedreht. Der Grund: Ohne Ton wirken diese schwafelnden Personen lächerlich – genau der gegenteilige Effekt wie mit Ton. Man sieht einen Menschen, der die Lippen bewegt und seine Gesichtsmuskeln verzieht und sich dabei enorm aufplustert – aber es ist nichts zu hören. Wir werden zwar visuell, aber nicht akustisch eingeschüchtert, was eine Dissonanz hervorruft. Dem Gesicht des Sprechers ist seine Aufregung abzulesen, aber da wir keinen Ton hören, wird exakt der gegenteilige Eindruck vermittelt. Das ist der gleiche Kontrast, den Philosoph Henri Bergson in seiner Abhandlung *Das Lachen* ansprach, als er die berühmte Beschreibung der Kluft zwischen der Ernsthaftigkeit eines Herren, der gleich auf einer Bananenschale ausrutschen wird, und der Komik dieser Situation vorstellte. Börsenmoderatoren im Fernsehen wirken nicht mehr einschüchternd, sondern lächerlich. Sie scheinen sich über etwas furchtbar Unwichtiges zu ereifern. Experten werden plötzlich zu Clowns, was einer der Gründe dafür war, dass sich der Schriftsteller Graham Greene strikt weigerte, im Fernsehen aufzutreten.

Die Idee, Menschen ihrer Sprache zu berauben, kam mir auf einer Reise, als ich (mit einem grausamen Jetlag) eine Rede in Kantonesisch hörte (einer Sprache, die ich nicht verstehe), ohne die Dienste eines Dolmetschers in Anspruch nehmen zu können. Da ich nicht die geringste Ahnung hatte, worüber der lebhafte Referent sprach, ging für mich ein Großteil seiner Würde verloren. Dies brachte mich auf den Gedanken, dass ich vielleicht eine inhärente Wahrnehmungsverzerrung, in diesem Fall ein Vorurteil, nutzen könnte, um eine andere inhärente Voreingenommenheit auszugleichen, nämlich unsere Neigung, Informationen ernst zu nehmen. Es scheint zu funktionieren.

In diesem letzten Teil meines Buches beschäftige ich mich mit dem menschlichen Aspekt des Umgangs mit der Ungewissheit. Mir persönlich ist es nicht gelungen, mich generell gegen den Zufall abzuschotten, aber ich beherrsche zumindest einige Tricks.

Kapitel 12
Spielerticks und Tauben im Kasten

Über Spielerticks, die mein Leben füllen. Warum schlechtes Taxifahrerenglisch einem helfen kann, Geld zu verdienen. Wieso ich der König aller Narren bin, nur mit dem Unterschied, dass ich mir dessen bewusst bin. Der Umgang mit meinen genetischen Schwächen. Keine Pralinenschachtel unter meinem Trading Desk.

Taxifahrerenglisch und Ursache-Wirkung-Beziehungen

Zum Auftakt erst einmal ein Blick zurück in meine Anfangszeit als Börsenhändler in New York. Damals arbeitete ich für die Credit Suisse First Boston (CSFB), deren Büro in der Mitte des Blocks zwischen der 52. und 53. Straße und zwischen Madison Avenue und Park Avenue lag. Trotz ihres Standorts in »Midtown« wurde CSFB den Wall-Street-Firmen zugerechnet – ich pflegte von mir zu sagen, ich würde »an der Wall Street« arbeiten, obwohl ich das Glück hatte, nur zwei Mal tatsächlich einen Fuß in diese Straße zu setzen, die zu den abstoßendsten Gegenden gehört, die ich jemals östlich von Newark im US-Bundesstaat New Jersey zu Gesicht bekommen habe.

Damals war ich ungefähr Mitte 20 und lebte in einer mit Büchern voll gestopften (aber ansonsten recht schlichten) Wohnung in der Upper East Side von Manhattan. Die Kargheit meiner Bleibe war nicht ideologisch begründet; es war mir einfach niemals gelungen, ein Möbelgeschäft zu betreten, da ich jedes Mal auf dem Weg dorthin in einem Buchladen Halt machte und stattdessen bergeweise Bücher nach Hause schleppte. Wie zu erwarten, gab es in meiner Küche weder Lebensmittel noch Küchengeräte, abgesehen von einer kaputten Espressomaschine, da ich erst vor kurzem kochen gelernt habe (selbst für die damaligen Verhältnisse ...).

Ich fuhr jeden Morgen in einem gelben Taxi zur Arbeit, das mich an der Ecke Park Avenue/53. Straße absetzte. Taxifahrer in New York City sind dafür bekannt, dass sie relativ ungebärdig und im Allgemeinen schlecht mit der Geografie der Stadt vertraut sind, aber gelegentlich findet man einen Fahrer, der sich nicht nur schlecht auskennt, sondern auch an der Allgemeingültigkeit von Rechenregeln zweifelt. Eines Tages hatte ich das Pech (oder vielleicht das Glück, wie wir gleich sehen werden), an einen Fahrer zu geraten, der sich offenbar in keiner mir bekannten Sprache verständigen konnte (zu denen auch Taxifahrerenglisch gehört). Ich versuchte, ihn zwischen der 74. und der 53. Straße in südliche Richtung zu dirigieren, aber er fuhr stur einen Block weiter nach Süden und zwang mich auf diese Weise, den Eingang an der 52. Straße zu nehmen. An jenem Tag machte ich aufgrund von starken Währungsturbulenzen mit meinem Tradingportfolio einen beträchtlichen Gewinn; es war der bis dato beste Tag meiner jungen Karriere.

Am nächsten Tag rief ich wie üblich ein Taxi an der Ecke 74. Straße und der Third Avenue. Der Fahrer vom Vortag war spurlos verschwunden; vielleicht hatte man ihn ja in sein Heimatland deportiert. Schade, dachte ich bei mir, denn ich verspürte den unerklärlichen Wunsch, ihm für den Gefallen zu danken, den er mir erwiesen hatte, und ihn mit einem gewaltigen Trinkgeld zu überraschen. Dann erwischte ich mich dabei, wie ich den neuen Taxifahrer anwies, mich zur nordöstlichen Ecke der 52. Straße und der Park Avenue zu fahren – genau zu der Stelle, an der ich am Vortag abgesetzt worden war. Meine eigenen Worte entsetzten mich ... aber es war bereits zu spät.

Als ich mich im Spiegel des Aufzugs betrachtete, dämmerte mir, dass ich genau die gleiche Krawatte trug wie am Vortag – mit den Kaffeeflecken vom gestrigen Tumult (meine einzige Sucht ist der Kaffee). Da war etwas in mir, das offensichtlich an eine starke Ursache-Wirkung-Beziehung zwischen dem von mir benutzten Eingang, der Wahl meiner Krawatte und dem Verhalten des Devisenmarktes am Vortag glaubte. Es bestürzte mich, dass ich mich wie ein Betrüger verhielt, wie ein Schauspieler, der eine Rolle spielte, die ihm gar nicht zustand. Ich kam mir wie ein Hochstapler vor. Einerseits sprach ich wie jemand mit strengen wissenschaftlichen

Standards, ein Probabilist, der sich auf sein Handwerk konzentriert. Auf der anderen Seite war ich nicht minder abergläubisch als die hemdsärmeligen Pit-Trader. Würde ich als Nächstes ein Horoskop kaufen?

Nachdem ich etwas nachgegrübelt hatte, erkannte ich, dass mein Leben bis dahin von leichten Formen des Aberglaubens regiert worden war – obwohl ich Optionsexperte, leidenschaftsloser Wahrscheinlichkeitsberechner und rationaler Börsenhändler bin! Es war nicht das erste Mal, dass ich mich von einem harmlosen, leichten Aberglauben leiten ließ. Meiner Ansicht nach war dies auf meine Wurzeln im östlichen Mittelmeer zurückzuführen: Man nimmt einer anderen Person keinen Salzstreuer aus der Hand, weil man sich sonst mit ihr verkrachen könnte; man klopft auf Holz, wenn einem jemand ein Kompliment macht – um nur einige der vielen levantinischen Aberglauben zu nennen, die über mehrere Dutzend Jahrhunderte überliefert worden sind. Aber wie so viele Dinge, die um den antiken Teich herum blühen und gedeihen, hatte ich diesen Aberglauben abwechselnd mit feierlichem Ernst und Misstrauen betrachtet. Wir sahen sie als Rituale, nicht als wahrhaft wichtige Handlungen, die unerwünschte Schicksalsschläge durch die Göttin Fortuna abwehren sollten. Aberglaube kann dem Alltag eine gewisse Poesie verleihen.

Besorgnis erregend war jedoch die Tatsache, dass ich nun zum ersten Mal in meinem Leben bemerkte, wie sich der Aberglaube in mein Berufsleben einschlich. Meine berufliche Aufgabe besteht darin, eine Versicherungsfunktion zu spielen, rigoros Wahrscheinlichkeiten auf der Basis klar definierter Methoden zu berechnen und anderen Menschen gegenüber einen Vorteil zu erzielen, wenn sie weniger konsequent handeln, sich von »Analysen« blenden lassen oder nach der Überzeugung handeln, dass sie Auserwählte des Schicksals sind. Aber in meinem Beruf spielt der Zufall eine zu große Rolle.

Ich entdeckte, wie sich verstohlen eine ganze Menge der so genannten »Spielerticks« in mein Verhalten einschlichen, auch wenn sie winzig und kaum erkennbar waren. Bis dahin waren mir diese kleinen Marotten nicht aufgefallen. Mein Geist schien pausenlos zu versuchen, eine statistische Verbindung zwischen meiner Mimik und dem Ergebnis von Ereignissen herzustellen. So begann mein Einkommen zu steigen, nachdem ich herausgefunden hatte, dass ich leicht kurzsichtig war und eine Brille zu tragen begonnen hatte. Obwohl die Brille nicht unbedingt nötig war und mir außer bei nächtlichen Autofahrten nicht einmal viel nutzte, trug ich sie auf der Nase, als würde ich an eine Verbindung zwischen meiner Performance und meiner Sehhilfe glauben. Rein verstandesmäßig wusste ich, dass eine solche statistische Assoziation aufgrund der winzigen Stichprobe (hier ein einziger Fall) gar nicht wahr sein konnte, doch mein Wissen in der Überprüfung von Hypothesen schien diesem angeborenen statistischen Instinkt nichts entgegensetzen zu können.

Glücksspieler entwickeln häufig merkwürdige Verhaltensweisen, weil sie eine pathologische Verbindung zwischen dem Ausgang einer Wette und irgendeiner körperlichen Bewegung herstellen. »Spieler« ist wohl die abfälligste Bezeichnung schlechthin für einen Derivatehändler wie mich. Nebenbei bemerkt würde ich das Glücksspiel als eine Tätigkeit beschreiben, die dem Akteur einen Nervenkitzel verschafft, wenn er mit einem zufälligen Ergebnis konfrontiert wird, ganz gleich ob die Gewinnchancen für oder gegen ihn sprechen. Selbst wenn alles eindeutig gegen den Spieler spricht, ignoriert er manchmal die Gewinnchancen im Glauben, dass das Schicksal ihn für etwas ganz Besonderes auserkoren hat. Das ist auch bei sehr kultivierten Menschen zu beobachten, die man in Spielkasinos trifft, wo sie eigentlich nichts verloren haben. Mir sind Wahrscheinlichkeitsexperten von Weltrang über den Weg gelaufen, die nebenbei ihrer Spielleidenschaft frönten und dabei ihr ganzes Fachwissen über Bord warfen. So fuhr etwa ein ehemaliger Kollege von mir, der zu den intelligentesten Menschen gehört, die ich jemals kennen gelernt habe, oft nach Las Vegas und ließ sich dort offenbar so gut ausnehmen, dass ihm das Kasino kostenlose Luxussuiten und Limousinen zur Verfügung stellte. Er konsultierte sogar eine Wahrsagerin, bevor er große Handelstransaktionen einging, und versuchte, sich ihr Honorar von unserem Arbeitgeber zurückerstatten zu lassen.

Skinners Taubenexperiment

Im Alter von 25 Jahren wusste ich rein gar nichts über die Verhaltenslehre. Ich ließ mich von meiner Bildung und Kultur zu dem Glauben hinreißen, dass *meine abergläubische Ader kultureller Natur* sei und daher durch Einsatz der so genannten Vernunft abgelegt werden könne. Auf allgemeinerer Ebene – in der Gesellschaft – würde das moderne Leben Aberglauben durch Wissenschaft und Logik ersetzen. Das glaubte ich zumindest. Obwohl sich meine intellektuelle Bildung im Laufe der Zeit verbesserte, brachen in meinem Fall aber die Schleusen des Zufalls und ich wurde immer abergläubischer.

Der Hang zum Aberglauben musste biologisch begründet sein – ich wuchs aber in einer Zeit auf, in der die herrschende Lehre in der Regel der Erziehung und nur selten der Natur die Schuld gab. Die Brücke, die ich zwischen meiner Brille und zufälligen Börsenbewegungen schlug, war mit Sicherheit nicht kulturell begründet, ebenso wenig wie die Verbindung zwischen dem von mir benutzten Eingang und meiner Performance als Börsenhändler, die ich zu erkennen glaubte. Auch das Tragen der gleichen Krawatte wie am Vortag hatte keinen kulturellen Hintergrund. In unserer Entwicklung ging in den letzten tausend Jahren irgendetwas schief, und ich musste mich mit den Relikten unseres alten Gehirns herumschlagen.

Wenn wir dieser Sache auf den Grund gehen wollen, müssen wir uns die Bildung solcher Ursache-Wirkung-Assoziationen in niederen Lebensformen ansehen. Der renommierte Harvard-Psychologe B.F. Skinner baute einen Kasten für Ratten und Tauben, der mit einem Schalter ausgestattet war, den die Taube mit einem Schnabelhieb betätigen konnte. Darüber hinaus fällt über einen elektrischen Mechanismus Futter in den Kasten. Skinner baute diesen Kasten, um allgemeinere Eigenschaften des Verhaltens verschiedener Tiere zu untersuchen. 1948 hatte er dann die geniale Idee, den Hebel nicht mehr zu berücksichtigen und sich ganz auf die Futterbereitstellung zu konzentrieren. Er programmierte seinen Mechanismus so, dass er den hungrigen Vögeln nach dem Zufallsprinzip Futter gab.

Skinner beobachtete bei den Vögeln ein recht erstaunliches Verhalten: Als Reaktion auf ihre tief verwurzelte statistische Maschinerie entwickelten sie einen hoch komplizierten, an einen Regentanz erinnernden Bewegungsablauf. Ein Vogel schwang seinen Kopf rhythmisch in die Richtung einer bestimmten Ecke des Kastens, andere drehten ihren Kopf gegen den Uhrzeigersinn. Buchstäblich alle Vögel entwickelten ein spezielles Ritual, das sie im Laufe der Zeit immer stärker mit der Fütterung in Beziehung setzten.

Das Problem hat eine Besorgnis erregende Konsequenz. Wir sind nicht dafür geschaffen, Dinge als voneinander unabhängig zu betrachten. Wenn wir Ereignis A und Ereignis B beobachten, fällt es uns schwer, *nicht* anzunehmen, dass A B verursacht oder B A hervorgerufen hat oder beide wechselseitig abhängig sind. Wir neigen dazu, sofort eine kausale Verbindung zwischen zwei Ereignissen herzustellen. Einen angehenden Börsenhändler mag dies höchstens ein paar Cent Taxifahrgeld mehr kosten, aber einen Wissenschaftler kann es zu falschen Schlussfolgerungen verleiten. Sich zu verhalten, als wäre man unwissend, ist nämlich schwieriger, als so zu tun, als wäre man klug; jeder Wissenschaftler weiß, dass es einen emotional härter trifft, eine Hypothese zu verwerfen, als sie zu akzeptieren (was als Fehler vom Typ I und Typ II bezeichnet wird). Das ist einfach eine schwierige Angelegenheit, wo wir doch Sprichwörter wie das folgende haben: *felix qui potuit cognoscere causas* (wer die Ursachen versteht, darf sich glücklich schätzen). Es fällt uns ungemein schwer, einfach den Mund zu halten. Dafür sind wir nicht geschaffen. Allen Ausführungen Poppers zum Trotz nehmen wir alles viel zu ernst.

Wiedersehen mit Philostratos

Bisher bot ich für das Problem der statistischen Inferenz bei niedriger Auflösung keine Lösung an. In Kapitel 3 erörterte ich den technischen Unterschied zwischen Nebengeräuschen und Sinnträgern – nun aber ist es an der Zeit, die Umsetzung zu besprechen. Der griechische Philosoph Pyrrhon von Elis, der ein von Gleichmut und Leidenschaftslosigkeit geprägtes Leben predigte, geriet ins Kreuzfeuer der Kritik, weil er unter dramatischen Umständen die

Beherrschung verlor (er wurde von einem Ochsen gejagt). Seine Antwort lautete, dass es ihm bisweilen schwer falle, sich von seiner Menschlichkeit zu lösen. Wenn Pyrrhon nicht aufhören kann, ein Mensch zu sein, sehe ich nicht ein, wieso wir anderen dem von der Wirtschaftstheorie postulierten rationalen Wesen ähneln sollen, das unter ungewissen Bedingungen optimal handelt. Ich stellte fest, dass viele der durch rationale Methoden erzielten Ergebnisse, die ich mit meinen Berechnungen verschiedener Wahrscheinlichkeiten erhalte, sich nicht stark genug einprägen, um mein eigenes Verhalten zu beeinflussen. Mit anderen Worten: Ich verhielt mich wie der Arzt in Kapitel 11, der wusste, dass die Wahrscheinlichkeit einer Erkrankung bei zwei Prozent lag, aber den Patienten unwillentlich so behandelte, als leide er mit 95-prozentiger Wahrscheinlichkeit an der betreffenden Krankheit. Herz und Verstand sind bei mir nicht im Einklang.

Was bedeutet das im Einzelnen? Wie bereits erläutert, glaube ich als rationaler Börsenhändler (alle Händler brüsten sich mit ihrer Rationalität), dass es einen Unterschied zwischen Nebengeräuschen und Signalen gibt und man Erstere ignorieren, Letztere aber ernst nehmen muss. Ich verwende elementare (aber robuste) Methoden, mit denen ich für jede Schwankung in meiner Tradingperformance die erwarteten Nebengeräuschs- und Signalverhältnisse berechnen kann. Wenn eine bestimmte Strategie beispielsweise zu einem Gewinn von 100 000 Dollar geführt hat, kann ich der Hypothese, dass diese Strategie profitabel ist, eine Wahrscheinlichkeit von zwei Prozent zuweisen und für die Annahme, dass diese Wertentwicklung einfach nur auf reine Nebengeräusche zurückzuführen ist, eine Wahrscheinlichkeit von 98 Prozent ansetzen. Ein Gewinn in Höhe von einer Million Dollar dagegen berechtigt zu der Annahme, dass die Strategie mit einer Wahrscheinlichkeit von 99 Prozent profitabel ist. Ein rationales Wesen würde bei der Auswahl von Strategien entsprechend handeln und seine Emotionen an die Ergebnisse anpassen. Ich dagegen habe Freudensprünge gemacht aufgrund von Resultaten, von denen ich wusste, dass sie ausschließlich auf Nebengeräusche zurückzuführen waren, und war zu Tode betrübt über Ergebnisse, die alles andere als statistisch signifikant waren. Ich kann einfach nicht anders; ich bin emotional und beziehe einen Großteil meiner Energie aus meinen Gefühlen. Die Lösung besteht also nicht darin, mein Herz zu zähmen.

Da mein Herz und mein Verstand offenbar nicht einer Meinung sind, muss ich strenge Maßnahmen ergreifen, um irrationale Handelsentscheidungen zu vermeiden. Dazu muss ich mir den Zugriff auf meinen Performancebericht verweigern, bis er ein bestimmtes Niveau erreicht hat. Das ist nichts anderes als die Trennung zwischen meinem Verstand und meinem Appetit, wenn es um den Konsum von Schokolade geht. Im Allgemeinen sorge ich in diesem letzteren Fall dafür, dass sich unter meinem Trading Desk keine Pralinenschachtel befindet.

Mit am meisten ärgern mich Gespräche mit Menschen, die Vorträge darüber halten, wie ich mich verhalten soll. Die meisten von uns wissen recht gut, wie wir uns verhalten sollten. Das Problem ist die Umsetzung, nicht Unwissenheit. Ich bin der begriffsstutzigen Moralapostel überdrüssig, die mich mit Binsenweisheiten bombardieren, wie zum Beispiel dass ich täglich Zahnseide benutzen, regelmäßig Äpfel essen und nicht nur nach guten Vorsätzen fürs neue Jahr ins Fitnessstudio gehen soll. Auf den Finanzmärkten empfiehlt es sich, den Anteil der Nebengeräusche an der Performance zu ignorieren. Wir brauchen Tricks, um unsere Ziele zu erreichen, aber zuerst müssen wir die Tatsache akzeptieren, dass wir nur Tiere sind, die simplere Tricks brauchen, keine Predigten.

Abschließend möchte ich noch sagen, dass ich mich glücklich schätze, nicht von Zigaretten abhängig zu sein. Denn ein Gespräch mit einem Raucher veranschaulicht am besten, wie wir in unserer Wahrnehmung der Risiken und Wahrscheinlichkeiten einerseits rational und andererseits in unserem Handeln völlig irrational sein können. Nur wenige Zigarettenraucher wissen nicht, dass jeder Dritte von ihnen an Lungenkrebs erkrankt. Wenn Sie davon nicht überzeugt sind, brauchen Sie sich bloß die dicht gedrängte Gruppe der Raucher vor dem Personaleingang des Memorial Sloan Kettering Cancer Centers in der New Yorker Upper East Side anzusehen. Dutzende von Onkologieschwestern (und vielleicht auch der eine oder andere Arzt) stehen dort mit Zigaretten in der Hand vor der Tür, während hoffnungslose Fälle an ihnen vorbei zur Behandlung in die Klinik gerollt werden.

Kapitel 13
Karneades kommt nach Rom: über Wahrscheinlichkeiten und Skeptizismus

Cato der Zensor vertreibt Karneades aus der Stadt. Monsieur de Norpois erinnert sich nicht an seine früheren Ansichten. Warnung vor Wissenschaftlern. Was geschieht, wenn man mit seinen Ideen verheiratet ist. Der bereits erwähnte Robert Merton hilft dem Autor, sein Unternehmen zu gründen. Warum sich die Wissenschaft mit jeder Hypothese weiterentwickelt, die zu Grabe getragen wird.

Wenn Sie Ihren ortsansässigen Mathematiker um eine Definition von Wahrscheinlichkeiten bitten, würde er Ihnen vermutlich zeigen, wie man sie berechnet. Wie wir in Kapitel 3 zum Thema probabilistische Introspektion gesehen haben, geht es bei Wahrscheinlichkeiten nicht um Gewinnchancen, sondern um den Glauben an einen alternativen Ausgang, eine alternative Ursache, ein alternatives Motiv. Denken Sie daran, dass die Mathematik eine Denkweise und keine Rechenmethode ist. Lassen Sie uns auch hier wieder unsere Vorfahren um Rat fragen, denn Wahrscheinlichkeiten wurden von ihnen stets nur als subjektive Glaubensmaßstäbe betrachtet, die ständig im Fluss sind.

Karneades kommt nach Rom

Um 155 vor Christus herum kam der griechische postklassische Philosoph Karneades von Kyrene nach Rom. Er war einer von drei Athener Gesandten, die den Römischen Senat um einen politischen Gefallen bitten sollten. Den Bürgern ihrer Stadt war ein Bußgeld auferlegt worden, und sie wollten Rom davon überzeugen, dass dieses ungerecht war. Karneades vertrat die Akademie, die gleiche streitsüchtige Freiluftinstitution, in der 300 Jahre zuvor Sokrates seine Gesprächspartner dazu getrieben hatte, ihn zu ermorden, nur um seine Argumente nicht mehr anhören zu müssen. Inzwischen hieß sie »Neue Akademie«, war aber noch genauso zänkisch und stand in dem Ruf, eine Brutstätte des Skeptizismus der Antike zu sein.

An dem voller Spannung erwarteten Tag, an dem sein Vortrag angesetzt war, stand Karneades auf und trug eine brillant argumentierte Lobrede über die Gerechtigkeit vor, in der er forderte, dass deren Durchsetzung unsere oberste Priorität sein sollte. Das römische Publikum war fasziniert. Das lag nicht nur an seinem Charisma; die Zuhörer waren auch von der Überzeugungskraft seiner Argumente, der Eloquenz seiner Gedanken, der Reinheit seiner Sprache und der Dynamik seines Vortrags fasziniert. Aber das war nicht der Punkt, auf den er hinauswollte.

Am nächsten Tag kam Karneades zurück, stand auf und stellte die Doktrin der Unsicherheit des Wissens auf die überzeugendste Weise vor, die man sich vorstellen kann. Wie gelang ihm das? Indem er mit nicht weniger bestechenden Argumenten bestritt und widerlegte, was er am Vortag so überzeugend dargelegt hatte. Es gelang ihm, genau das gleiche Publikum am gleichen Ort davon zu überzeugen, dass die Gerechtigkeit weit unten auf der Liste der Beweggründe für menschliche Unterfangen stehen sollte.

Nun die schlechte Nachricht: Im Publikum befand sich Cato der Ältere (genannt Cato Censorius). Er war recht betagt, aber dennoch kein bisschen toleranter als während seiner Amtszeit als Zensor. Erbost überredete er den Senat, die drei Gesandten der Stadt zu verweisen, um zu verhindern, dass ihre Streitgespräche die Jugend der Republik durcheinander brachten und die Militärkultur schwächten. (Während seines Zensorenamtes hatte Cato alle griechischen Rhetoriker daran gehindert, sich in Rom niederzulassen. Er war zu prosaisch, um ihre introspektiven Ausführungen zuzulassen.)

Karneades war nicht der erste Skeptiker der Antike und auch nicht der Erste, der uns den echten Wahrscheinlichkeitsbegriff erläuterte. Aber kein Vorfall hatte eine spektakulärere Wirkung auf Generationen von Rhetorikern und Denkern wie dieser. Karneades war nicht nur Skeptiker, sondern auch Dialektiker und legte sich daher niemals auf die Prämissen fest, aus denen er Argumente ableitete – oder auf die Konklusionen, die er daraus zog. Sein Leben lang kämpfte er gegen dogmatische Arroganz und den Glauben an eine einzige Wahrheit. Nur wenige glaubwürdige Denker können Karneades mit seinem rigorosen Skeptizismus das Wasser reichen (zu dieser Kategorie zählen der arabische Philosoph Al Gazali aus dem Mittelalter, Hume und Kant – aber nur Popper sollte seinen Skeptizismus zu einer allumfassenden wissenschaftlichen Methodologie erheben). Da die zentrale Lehre der Skeptiker lautete, dass man nichts mit Gewissheit akzeptieren könne, konnten Schlussfolgerungen über unterschiedliche Wahrscheinlichkeitsgrade gezogen und als Verhaltensrichtlinien verwendet werden.

Wenn wir weiter zurückblicken und nach der ersten bekannten Anwendung probabilistischen Denkens in der Geschichte suchen, finden wir erste Anklänge im sechsten Jahrhundert vor Christus im griechischen Sizilien. Dort verwendeten die allerersten Rhetoriker das Konzept der Wahrscheinlichkeit als rechtlichen Rahmen. Wenn sie in einem Fall ihr Plädoyer vortrugen, mussten sie die Existenz eines Zweifels bezüglich der Gewissheit einer Anschuldigung beweisen. Der erste Rhetoriker, den wir kennen, war ein Mann aus Syrakus namens Korax, der seinen Schülern beibrachte, wie man auf der Basis von Wahrscheinlichkeiten argumentierte. Im Zentrum seiner Methode stand das Konzept der *wahrscheinlichsten Alternative*. Ohne weitere Informationen und greifbare Beweise sollte beispielsweise das Eigentum an einem Stück Land an die Person übergehen, nach deren Namen es am besten bekannt ist. Einer seiner indirekten Schüler, Gorgias, brachte diese Argumentationsmethode nach Athen, wo sie auf fruchtbaren Boden fiel. Die Einführung der *wahrscheinlichsten Alternative* lehrte uns, mögliche Szenarien als separate, klar unterscheidbare Ereignisse zu sehen, denen jeweils eigene Wahrscheinlichkeiten entsprechen.

Wahrscheinlichkeit, das Kind des Skeptizismus

Bis im Mittelmeerraum der Monotheismus vorherrschte, der zum Glauben an die Einzigartigkeit der Wahrheit führte (und später von kommunistischen Zwischenspielen abgelöst wurde), hatte der Skeptizismus bei vielen führenden Denkern weite Verbreitung gefunden – und sicherlich die Welt durchdrungen. Die Römer hatten keine Religion an sich; sie waren zu tolerant, um eine gegebene Wahrheit zu akzeptieren. Ihre Weltanschauung beruhte auf verschiedenartigstem, flexiblem und synkretischem Aberglauben. Ich möchte nicht zu theologisch werden, doch sei an dieser Stelle gesagt, dass wir in der westlichen Welt ein Dutzend Jahrhunderte warten mussten, bis kritisches Denken wieder an Boden gewinnen konnte. Aus irgendeinem merkwürdigen Grund waren im Mittelalter die Araber die kritischen Denker (über ihre postklassische philosophische Tradition), während das christliche Denken dogmatisch war, bis sich dann nach der Renaissance die Rollen auf mysteriöse Weise ins Gegenteil verkehrten.

Ein Autor aus der Antike, der uns Beweise für eine solche Denkweise liefert, ist der schwatzhafte Cicero. Er zog es vor, sich von Wahrscheinlichkeiten leiten zu lassen, anstatt etwas mit Gewissheit vorzutragen – sehr praktisch, spotteten manche, denn das erlaubte ihm, sich selbst zu widersprechen. Für uns, denen Popper beigebracht hat, dass man stets selbstkritisch bleiben muss, mag das ein Grund sein, ihn umso mehr zu respektieren, denn er hielt nicht halsstarrig an Meinungen fest, nur weil er diese in der Vergangenheit geäußert hatte. Ein Feld-Wald-Wiesen-Literaturprofessor von heute würde ihm wegen seiner Widersprüche und Meinungsänderungen sicherlich Punkte abziehen.

Erst in der Moderne entstand der Wunsch, uns von unseren eigenen Aussagen der Vergangenheit zu befreien. Nirgends wurde dies eloquenter zum Ausdruck gebracht als in dem Graffiti aufrührerischer Studenten in Paris. Die Studentenbewegung, die Frankreich im Jahr 1968 erschütterte, als sich die Jugend offenbar vom Gewicht des jahrelangen Zwangs, intelligent und kohärent klingen zu müssen, erstickt fühlte, stellte neben anderen Perlen folgende Forderung:

Wir verlangen das Recht, uns selbst widersprechen zu dürfen!

Monsieur de Norpois' Ansichten

Die Moderne liefert uns eine deprimierende Geschichte. Sich selbst zu widersprechen wird in unserer Kultur als schändlich erachtet – was in der Wissenschaft katastrophale Folgen nach sich ziehen kann. In Marcel Prousts Roman *Auf der Suche nach der verlorenen Zeit* kommt ein weitgehend aus dem Dienst zurückgezogener Diplomat vor, Marquis de Norpois, der wie alle Diplomaten vor der Erfindung des Faxgerätes ein Mann des öffentlichen Lebens war, der viel Zeit in Salons verbrachte. Der Erzähler des Romans erlebt, wie sich Monsieur de Norpois bei einem Thema offen widerspricht (irgendeine Annäherung zwischen Frankreich und Deutschland vor dem Krieg). Als er auf seine zuvor eingenommene Haltung hingewiesen wird, scheint sich Monsier de Norpois nicht daran erinnern zu können. Proust macht sich über ihn lustig:

> *Monsieur de Norpois log nicht. Er hatte es einfach vergessen. Man vergisst recht schnell, worüber man nicht tiefgründig nachgedacht hat, was einem von der Nachahmung diktiert wurde, von den Leidenschaften um einen herum. Diese ändern sich, und mit ihnen die eigenen Erinnerungen. Mehr noch als Diplomaten erinnern sich Politiker nicht mehr an Meinungen, die sie zu irgendeinem Zeitpunkt ihres Lebens vertraten, und ihre Schwindeleien sind eher auf ein Übermaß an Ehrgeiz als auf ein schlechtes Gedächtnis zurückzuführen.*

Monsieur de Norpois wird das Gefühl gegeben, dass er sich der Tatsache schämen muss, zuvor eine andere Meinung vertreten zu haben. Proust berücksichtigt nicht, dass der Diplomat unter Umständen seine Meinung geändert haben könnte. Es wird von uns erwartet, dass wir getreulich an unseren Meinungen festhalten. Sonst werden wir zu Verrätern.

Meiner Ansicht nach würde Monsieur de Norpois einen guten Börsenhändler abgeben. Einer der besten Händler, die ich in meinem Leben kennen gelernt habe, Nigel Babbage, besitzt die bemerkenswerte Eigenschaft, in seinen Überzeugungen völlig frei von jeglicher Pfadabhängigkeit zu sein. Es ist ihm nicht im Geringsten peinlich, wenn er irgendeine Währung aus einem rein spontanen

Impuls heraus kauft, während er nur wenige Stunden zuvor lautstark seiner Meinung Ausdruck verliehen hatte, dass sie Schwächetendenzen zeigen werde. Wieso hat er seine Meinung geändert? Er fühlt sich nicht verpflichtet, uns das zu erklären.

Die Person des öffentlichen Lebens, in der dieser Charakterzug am deutlichsten zutage tritt, ist George Soros. Eine seiner Stärken besteht daran, dass er seine Meinung recht schnell ändern kann, ohne die geringste Verlegenheit zu empfinden. Die folgende Anekdote veranschaulicht Soros' Fähigkeit, seine Meinung im Handumdrehen zu ändern. Der französische Händler und Playboy Jean-Manuel Rozan beschreibt die folgende Szene in seiner Autobiografie (verbrämt als Roman, um Gerichtskosten zu vermeiden). Der Protagonist (Rozan) pflegt in den Hamptons auf Long Island mit Georgi Saulos Tennis zu spielen, einem »älteren Mann mit einem sonderbaren Akzent«, und beginnt dabei mit Diskussionen über die Börse, wobei er anfangs nicht weiß, wie wichtig und einflussreich Saulos in Wirklichkeit ist. An einem Wochenende äußert sich Saulos sehr pessimistisch, mit einer komplizierten Argumentationskette, die für den Erzähler ein Buch mit sieben Siegeln ist. Offenbar setzt er auf Short-Positionen. Ein paar Tage später bildet sich eine starke Marktrallye heraus, und die Kurse steigen auf Rekordniveaus. Der Protagonist macht sich Sorgen um Saulos und fragt ihn beim nächsten gemeinsamen Tennisspiel, ob er Verluste eingefahren habe. »Wir haben einen Riesengewinn gemacht«, sagt Saulos. »Ich habe meine Meinung geändert. Zur Deckung setzten wir auf klare Long-Positionen.«

Genau dieser Charakterzug wirkte sich einige Jahre später für Rozan negativ aus und kostete ihn beinahe seine Karriere. Soros gab Rozan in den späten achtziger Jahren 20 Millionen Dollar zum Spekulieren (damals eine beträchtliche Summe), was ihm ermöglichte, ein Börsenhandelsunternehmen zu gründen (ich wäre um ein Haar mit hineingezogen worden). Als Soros einige Tage später Paris besuchte, sprachen sie beim Mittagessen über das Börsengeschehen. Rozan merkte, wie Soros sich ganz urplötzlich distanzierte. Kurz darauf zog er sein gesamtes Geld ab, ohne eine Erklärung dafür zu geben. Was wahre Spekulanten wie Soros auszeichnet, ist die Tatsache, dass ihren Aktivitäten jegliche Pfadabhängigkeit fehlt. Sie fühlen sich in keinster Weise an ihre früheren Handlungen gebunden. Jeden Tag fangen sie mit einem völlig leeren Blatt Papier neu an.

Pfadabhängigkeit von Überzeugungen

Es gibt einen einfachen Test, um die Pfadabhängigkeit von Überzeugungen nachzuweisen. Nehmen wir an, Sie besitzen ein Gemälde, das Sie für 20 000 Dollar gekauft haben, und dank der günstigen Entwicklung auf dem Kunstmarkt ist es jetzt 40 000 Dollar wert. Wenn Ihnen dieses Gemälde nicht bereits gehörte, würden Sie es immer noch zu seinem aktuellen Preis kaufen? Falls nicht, sind Sie, wie man so schön sagt, mit Ihrer Position verheiratet. Es gibt keinen rationalen Grund dafür, ein Bild zu behalten, wenn Sie es zum aktuellen Marktpreis nicht kaufen würden – abgesehen von emotionalem Engagement. Viele Menschen sind bis zum Totenbett mit ihren Überzeugungen verheiratet. Wenn eine Sequenz von Thesen von der ersten Idee dominiert wird, nennt man sie pfadabhängig.

Es gibt Grund zu der Annahme, dass wir aus einem evolutionären Zweck heraus so programmiert sind, dass wir beharrlich an Ideen festhalten, in die wir Zeit investiert haben. Stellen Sie sich vor, welche Konsequenzen es hätte, wenn jemand außerhalb des Börsenparketts die Eigenschaften eines guten Händlers an den Tag legen und jeden Morgen um 8 Uhr sich die Frage stellen würde, ob er weiter mit seiner Gattin zusammenleben solle oder ob es nicht besser für ihn oder auch für sie wäre, Gefühle in jemand anderen zu investieren. Oder stellen Sie sich einen Politiker vor, der so rational denkt und handelt, dass er während des Wahlkampfs seine Meinung zu einem bestimmten Thema ändert, weil ihm neue Informationen vorgelegt wurden, und plötzlich auch zu einer anderen Partei überwechselt. Vor diesem Hintergrund wären rationale Anleger, die ihre Transaktionen richtig einschätzen, geradezu eine genetische Kuriosität – vielleicht eine seltene Mutation. Forscher haben festgestellt, dass rein rationales Verhalten bei Menschen auf eine Fehlfunktion des Corpus amygdalideum (der graue »Mandelkern« vor dem Unterhorn des Seitenventrikels des Gehirns) zurückzuführen sein kann, die emotionale Bindungen hemmt, was den Probanden buchstäblich zu einem Psychopathen macht. Könnte Soros einen genetischen Defekt haben, der ihn bei der Entscheidungsfindung rational vorgehen lässt?

Nur wenige Menschen sind tatsächlich nicht mit ihren Ideen verheiratet. Wie bei Kindern unterstützen wir jene, in die wir viel Nahrung und Zeit investiert haben, bis sie in der Lage sind, unsere Gene weiter fortzupflanzen. Ebenso machen wir es mit Ideen. Ein Universitätsprofessor, den eine bestimmte Meinung berühmt gemacht hat, wird nichts von sich geben, was möglicherweise seine eigenen früheren Arbeiten abwertet und seine jahrelangen Investitionen zunichte macht. Menschen, die zu einer anderen Partei überwechseln, gelten als Verräter, Abtrünnige oder gar Apostaten (wer seiner Religion abschwor, wurde früher mit dem Tod bestraft).

Rechnen statt Denken

Neben den Berichten über Karneades und Cicero, die ich oben beschrieben habe, gibt es noch eine weitere Geschichte über die Wahrscheinlichkeitslehre. Wahrscheinlichkeiten kamen über die Spieltheorie in die Mathematik und blieben dort als rein rechnerisches Instrument erhalten. In jüngerer Zeit entstand eine ganze Branche von »Risikomessern«, die sich auf die Anwendung dieser Wahrscheinlichkeitsmethoden in der Bewertung von Risiken in den Sozialwissenschaften spezialisiert haben. Die Gewinnchancen in Spielen, in denen die Regeln klar und explizit definiert sind, lassen sich natürlich berechnen, und folglich sind die Risiken quantifizierbar. Das gilt aber nicht für die Realität. Denn Mutter Natur hat uns keine eindeutigen Spielregeln in die Hand gegeben. Das Spiel beruht nicht auf einem Satz Karten (wir wissen nicht einmal, wie viele Farben es gibt). Aber irgendwie »messen« die Menschen Risiken, insbesondere wenn sie dafür bezahlt werden. Ich habe bereits an früherer Stelle Humes Problem der Induktion und die Existenz von schwarzen Schwänen erörtert. In diesem Abschnitt stelle ich nun die wissenschaftlichen Übeltäter vor.

Wie Sie wissen, führe ich schon seit langem einen Krieg gegen die Scharlatanerie einiger bekannter Finanzökonomen. Ein gewisser Henry Markowitz erhielt eine Auszeichnung, die als Nobelgedächtnispreis in Wirtschaftswissenschaften bekannt ist (und faktisch nicht einmal ein Nobelpreis ist, da er von der schwedischen Zentralbank zu Ehren Alfred Nobels verliehen wird – so etwas stand niemals im Testament des berühmten Mannes). Für welche Leistung ehrte man ihn? Er erfand eine elaborierte Methode zur Berechnung *zukünftiger* Risiken, wenn man die *zukünftige* Ungewissheit kennt – mit anderen Worten: wenn die Welt klar definierte Regeln hätte, wie man sie beispielsweise in der Anleitung zu einem Monopoly-Spiel findet. Einmal erklärte ich diesen Aspekt einem Taxifahrer, der lauthals darüber lachte, dass jemand überhaupt auf die Idee kam, dass es wissenschaftliche Methoden zum Verständnis der Börse und zur Vorhersage ihrer Eigenschaften geben könne. Wenn man sich mit der Finanzökonomie beschäftigt, vergisst man aufgrund der in dieser Disziplin herrschenden Kultur gerne diese grundlegenden Tatsachen (Veröffentlichungsdruck, um den Status gegenüber den Universitätskollegen zu wahren).

Ein unmittelbares Resultat von Dr. Markowitz' Theorie war der Beinahezusammenbruch des Finanzsystems im Sommer 1998 (von dem wir bereits in Kapitel 1 und 5 hörten), den Long Term Capital Management (LTCM) verursachte, ein in Greenwich, Connecticut, angesiedelter Hedgefonds, den zwei Kollegen von Dr. Markowitz verwalteten, die ihrerseits ebenfalls mit dem Nobelpreis ausgezeichnet worden waren. Es handelt sich um Dr. Robert Merton (der in Kapitel 3 Shiller aufs Schärfste kritisierte) und Dr. Myron Scholes. Aus irgendeinem Grund bildeten sie sich ein, sie könnten ihre Risiken wissenschaftlich »messen«. Im Falle von LTCM zogen sie in keinster Weise die Möglichkeit in Betracht, dass sie die Börse nicht verstanden und ihre Methoden falsch sein könnten. Über diese Hypothese dachten sie nicht nach. Ich bin zufällig auf schwarze Schwäne spezialisiert. Plötzlich brachte man mir in Börsenkreisen einen lästigen, kriecherischen Respekt entgegen. Die Herren Merton und Scholes trugen dazu bei, diesen bescheidenen Autor bekannt zu machen, und weckten Interesse an seinen Thesen. Die Tatsache, dass diese »Wissenschaftler« ihre katastrophalen Verluste als »Zehn-Sigma-Ereignis« bezeichneten, weist auf ein Problem nach Art von Wittgensteins Lineal hin: Wenn jemand sagt, dies sei ein Zehn-Sigma-Ereignis, gibt es zwei Möglichkeiten: Entweder weiß der Betreffende mit an Vollkommenheit grenzender

Präzision, wovon er spricht (die Prior-Annahme lautet, dass die Möglichkeit, unqualifiziert zu sein, eins zu mehreren Milliarden Milliarden entspricht), kennt seine Wahrscheinlichkeiten und dieses Ereignis findet nur einmal in einem Zeitraum statt, der dem Mehrfachen der Geschichte des Universums entspricht. Oder der Betreffende weiß bei seinen Ausführungen zur Wahrscheinlichkeit nicht, wovon er spricht (mit einem hohen Maß an Sicherheit) und dieses Ereignis kann mit einer Wahrscheinlichkeit eintreten, die höher ist als einmal in einem Zeitraum, der dem Mehrfachen der Geschichte des Universums entspricht. Ich überlasse es dem Leser, aus diesen beiden sich gegenseitig ausschließenden Interpretationen die plausiblere auszuwählen.

Man beachte, dass die Schlussfolgerungen auch ein bestimmtes Licht auf den Nobelausschuss werfen, der den betreffenden Herren die entsprechenden Weihen zuteil werden ließ: Begingen seine Mitglieder angesichts dieser Ereignisse einen Fehler oder handelte es sich um ungewöhnliche Vorkommnisse? Besteht der Nobelausschuss aus unfehlbaren Preisrichtern? Wo ist Charles Sanders Peirce, um uns über päpstliche Unfehlbarkeit zu informieren? Wo ist Karl Popper, um uns davor zu warnen, Wissenschaft – und wissenschaftliche Institutionen – ernst zu nehmen? Werden wir in einigen Jahrzehnten den Nobel-Wirtschaftsausschuss mit dem gleichen süffisanten Grinsen betrachten wie andere angesehene »wissenschaftliche« Etablissements aus dem Mittelalter, die (entgegen aller beobachteten Beweise) die These propagierten, dass das Herz ein Wärmezentrum sei? Wir haben in der Vergangenheit Dinge missverstanden und lachen über unsere früheren Institutionen; es ist Zeit zu verstehen, dass wir auch unsere heutigen nicht auf ein Podest stellen sollten.

Man sollte meinen, dass Wissenschaftler, wenn sie einen Fehler machen, eine neue These entwickeln, in der sie die Lektionen verarbeiten, die sie aus ihrem Fehlgriff gelernt haben. Wenn Wirtschaftswissenschaftler im Börsenhandel ein Fiasko erleben, sollte man meinen, dass sie diese Information in ihre Theorie einbauen und eine heldenhafte Erklärung abgeben, dass sie sich geirrt hätten, jetzt aber etwas über die Praxis gelernt haben. Falsch gedacht. Stattdessen beklagen sie sich über das Verhalten ihrer Gegenparteien auf den Kapitalmärkten, die wie Geier auf sie niederstießen und so ihren Fall nur noch schlimmer machten. Würden sie akzeptieren, was geschah (was eindeutig von Mut zeugen würde), wären die Ideen zunichte gemacht, die sich während ihrer gesamten akademischen Laufbahn entwickelt hatten. Alle Fondsmanager, die an Diskussionen über die Ereignisse um LTCM teilnahmen, trugen zu dieser Maskerade der Wissenschaft bei, indem sie Ad-hoc-Erklärungen abgaben und die Schuld einem seltenen Ereignis in die Schuhe schoben (was ein Induktionsproblem aufwirft: Wie konnten sie wissen, dass es sich um ein seltenes Ereignis handelte?). Sie verwendeten ihre Energie darauf, sich zu verteidigen, anstatt mit den gelernten Lektionen Geld zu verdienen. Vergleichen Sie diese Menschen wiederum mit Soros, der herumläuft und jedem, der die Geduld aufbringt, ihm zuzuhören, sofort erzählt, dass er fehlbar sei. Von Soros habe ich gelernt, zu Beginn jedes Meetings in meiner kleinen Tradingfirma alle Anwesenden darauf hinzuweisen, dass wir nichts als ein Haufen Dummköpfe sind, die nichts wissen und zu Fehlern neigen, aber zufällig auch das seltene Privileg genießen, uns dessen bewusst zu sein.

Das Verhalten eines Wissenschaftlers angesichts der Widerlegung seiner Thesen wurde im Rahmen der so genannten »Attribution Bias« gründlich untersucht. Man schreibt seine Erfolge den eigenen Fähigkeiten zu, Misserfolge dagegen dem Zufall. Dies erklärt, warum diese Wissenschaftler ihr Scheitern auf das seltene »Zehn-Sigma-Ereignis« zurückführten. Damit implizieren sie, dass sie Recht hatten, aber das Glück sich gegen sie wandte. Der Grund: Eine menschliche Heuristik lässt uns dies glauben, damit wir unser Selbstwertgefühl nicht gänzlich verlieren und auch weiterhin gegen widrige Umstände ankämpfen.

Wir kennen diese Kluft zwischen der Leistung und der eigenen Selbsteinschätzung seit Meehls Studien aus dem Jahr 1954, in denen er die wahrgenommenen und statistischen Fähigkeiten von Experten verglich. Sie zeigt eine beträchtliche Diskrepanz zwischen der objektiven Erfolgsbilanz in Prognoseaufgaben und dem aufrichtigen Glauben der Betreffenden an die Qualität ihrer Leistungen. Der Attribution Bias hat aber noch eine andere Wirkung: Er erweckt in Menschen die Illusion, sie seien besser in dem, was sie tun. Damit lässt sich erklären, warum 80 bis 90 Prozent von uns sich in vielen Dingen für besser als der Durchschnitt (und der Mittelwert) halten.

Von Beerdigung zu Beerdigung

Ich beschließe dieses Kapitel mit einer betrüblichen Bemerkung über die Wissenschaftler, die sich den so genannten »Soft Sciences« verschrieben haben: Wissenschaft und Wissenschaftler werden häufig als ein und dasselbe betrachtet. Wissenschaft ist großartig, aber einzelne Wissenschaftler sind gefährlich. Als menschliche Wesen leiden sie unter typisch menschlichen Voreingenommenheiten. Vielleicht haben sie sogar noch mehr Vorurteile als Otto Normalverbraucher. Denn die allermeisten Wissenschaftler sind dickköpfig; andernfalls brächten sie gar nicht genug Geduld und Energie auf, die herkulischen Aufgaben zu erfüllen, die man ihnen abverlangt – etwa 18 Stunden am Tag an ihren Doktorarbeiten zu feilen.

Ein Wissenschaftler mag sich gezwungen sehen, sich wie ein billiger Winkeladvokat vor Gericht und nicht wie ein reiner Wahrheitssucher zu verhalten. Eine Doktorarbeit muss vom betreffenden Doktoranden »verteidigt« werden; man wird nur selten Studenten sehen, die ihre Meinung ändern, wenn ihnen ein überzeugendes Gegenargument geliefert wird. Aber die Wissenschaft selbst ist besser als die Wissenschaftler. Man sagt, die Wissenschaft entwickle sich mit jeder Hypothese weiter, die zu Grabe getragen wird. Nach dem Zusammenbruch von LTCM werden neue Finanzökonomen auf der Bildfläche erscheinen, die in ihren Thesen die durch diesen Kollaps gewonnenen Erkenntnisse berücksichtigen. Die älteren Wissenschaftler werden sich ihnen widersetzen, aber schließlich sind sie dem Tag ihrer Beerdigung ja auch weitaus näher als ihre jüngeren Kollegen.

Kapitel 14
Bacchus verlässt Antonius

Montherlants Tod. Stoizismus heißt nicht, alles mit Fassung zu tragen, sondern ist die Illusion des Sieges der Menschheit über den Zufall. Heldenhaftigkeit ist ganz leicht. Zufall und persönliche Eleganz.

Als dem klassizistischen französischen Aristokraten und Schriftsteller Henry de Montherlant eröffnet wurde, dass ihm eine degenerative Krankheit sein Augenlicht rauben werde, hielt er es für das Beste, Selbstmord zu begehen. Das war ein passendes Ende für einen Klassizisten. Der Grund: Die Regel eines Stoikers lautet, dass man entscheiden muss, was man tun kann, um sein Schicksal angesichts eines zufälligen Ausgangs zu steuern. Am Ende darf man wählen zwischen dem Tod und dem, was das Schicksal für einen bereithält; wir haben somit immer eine Option gegen die Ungewissheit. Aber diese Einstellung beschränkt sich nicht auf Stoiker; beide wetteifernden Sekten der Antike, der Stoizismus und der Epikureismus, empfahlen, eine solche Kontrolle auszuüben (sie unterscheiden sich nur in kleineren technischen Details – keine der beiden Philosophien bedeutete damals, was die intellektuelle Durchschnittskultur heute darunter versteht).

Heldentum setzt nicht unbedingt eine extreme Tat voraus – wie Tod auf dem Schlachtfeld oder Selbsttötung. Letzteres wird nur in eng begrenzten Umständen empfohlen und gilt ansonsten als feige. Kontrolle über den Zufall kann man in kleinen wie auch großen Taten zum Ausdruck bringen. Denken Sie daran, dass die epischen Helden nicht an ihren Ergebnissen, sondern an ihren Taten gemessen wurden. Ganz gleich, wie ausgeklügelt unsere Alternativen sind und wie gut wir die Chancen verstehen und beherrschen, der Zufall hat stets das letzte Wort. Als einzige Lösung bleibt uns die Würde, definiert als Umsetzung eines Verhaltensprotokolls, das nicht von den unmittelbaren Umständen abhängt. Es mag nicht der optimale Weg sein, ist aber gewiss derjenige, bei dem wir uns am besten fühlen. *Erhabenheit unter schwierigen Umständen* zum Beispiel. Oder die Entscheidung, sich bei niemandem Liebkind zu machen, ganz gleich, welche Belohnung uns winkt. Oder sich zu duellieren, um das Gesicht nicht zu verlieren. Oder einer potenziellen Partnerin, die man umwirbt, zu sagen: »Hör zu, ich bin bis über beide Ohren in dich verliebt, ja sogar besessen von dir, aber ich will nichts tun, was meine Ehre kompromittieren könnte. Wenn du mich also im Geringsten brüskierst, wirst du mich niemals wiedersehen.«

In diesem letzten Kapitel wird der Zufall aus einer ganz neuen Perspektive beleuchtet: philosophisch, aber nicht im Sinne der *harten* wissenschaftlichen und epistemologischen Philosophie, die wir in Teil I im Zusammenhang mit dem Problem des schwarzen Schwans kennen lernten. Es handelt sich um eine archaischere, *weichere* Variante der Philosophie: die Empfehlungen der Antike, wie ein tugendhafter, würdevoller Mensch mit dem Zufall umgehen sollte. Damals gab es keine echte *Religion* (im modernen Sinn). Es sollte erwähnt werden, dass vor der Ausbreitung dessen, was man am treffendsten als mediterranen Monotheismus bezeichnen könnte, die antiken Völker nicht stark genug an ihre Gebete glaubten, um davon auszugehen, dass sie den Gang der Vorsehung beeinflussen konnten. Sie lebten in einer gefährlichen Welt voller Invasionen und Schicksalsschläge. Sie brauchten viele Rezepte zum Umgang mit dem Zufall. Ihre Überzeugungen werden wir als Nächstes skizzieren.

Anmerkungen zur Beerdigung von Jackie O.

Wenn uns ein Stoiker besuchen würde, könnte das nachstehende Gedicht ihn gut beschreiben. Für viele (kultivierte) Freunde der Dichtkunst gehört Konstantinos P. Kavafy zu den größten Poeten aller Zeiten. Kavafy war ein griechischer Beamter aus Alexandria mit türkischem oder arabischem Nachnamen, der vor fast einem Jahrhundert in einer Mischung aus klassischem und modernem Griechisch wohlgesetzte Gedichte schrieb, die nichts mit den letzten fünfzehn Jahrhunderten westlicher Literatur gemein zu haben scheinen. Die Griechen betrachten ihn als eine Art Nationalhelden. Der Schauplatz der meisten seiner Gedichte ist Syrien (anfangs faszinierten mich daher vor allem seine griechisch-syrischen Gedichte), Kleinasien und Alexandria. Viele Menschen meinen, es würde sich lohnen, formelles, halbklassisches Griechisch zu lernen, nur um sich von seinen Gedichten verzaubern lassen zu können. Irgendwie entschädigt uns die feine Ästhetik dieser Stücke, die keinerlei Sentimentalität enthält, für die jahrhundertelange Rührseligkeit in Dichtung und Drama. Kavafy verschaffte uns klassische Erleichterung, die wir dem von der Mittelklasse so hoch geschätzten Melodramen ausgesetzt waren, wie sie Dickens' Romane, romantische Gedichte und Verdis Opern repräsentieren.

Es überraschte mich zu hören, dass Maurice Tempelsman, der letzte Lebensgefährte von Jackie Kennedy Onassis, bei ihrer Beerdigung Kavafys Abschiedsgedicht *Apoleipein o Theos Antonion* (Der Gott verlässt Antonius) vorlas. Das Gedicht richtet sich an Marcus Antonius, der gerade seine Schlacht gegen Octavius verloren hat und von dem Gott Bacchus verlassen wird, der ihn bis dahin geschützt hatte. Es ist eines der erhebendsten Gedichte, die ich jemals gelesen habe, wunderschön, weil es ein Musterbeispiel für würdevollen Ästhetizismus darstellt – und wegen des sanften, aber bewegenden Tons in der Erzählstimme, die einem Mann Ratschläge erteilt, in dessen Schicksal sich das Blatt gerade auf verheerende Weise gewendet hat.

Das Gedicht spricht den mittlerweile besiegten und verratenen Antonius an (der Legende nach lief sogar sein Pferd zu seinem Feind Octavius über). Die Erzählstimme bittet ihn, einfach nur Abschied zu nehmen von ihr, Alexandria, der Stadt, die fortgeht. Sie bittet ihn, sein unglückliches Schicksal nicht zu beklagen, nicht die Augen vor der Wahrheit zu verschließen, nicht zu meinen, dass ihn seine Ohren und Augen täuschen würden. Antonius, erniedrige dich nicht in solch vergeblicher Hoffnung. Antonius,

höre mit Bewegung zu, doch ohne feiges Bitten und Flehen.

Mit Bewegung. Nicht etwa ruhig und gefasst. An Gefühlen ist nichts falsch; sie zeugen nicht von mangelnder Würde – wir sind dafür geschaffen, Emotionen zu empfinden. Falsch ist es, nicht dem heldenhaften oder zumindest dem würdevollen Pfad zu folgen. Das bedeutet *Stoizismus* in Wahrheit. Es ist der Versuch des Menschen, mit der Wahrscheinlichkeit reinen Tisch zu machen. Ich will nicht gehässig sein und den Bann des Gedichtes und seiner Botschaft brechen, kann mich aber einiger zynischer Anmerkungen nicht enthalten. Einige Jahrzehnte später erfüllte Kavafy seine eigenen Forderungen nicht ganz, als er an Kehlkopfkrebs erkrankt war und im Sterben lag. Die Chirurgen hatten ihn seiner Stimme beraubt, und er pflegte unversehens in würdeloses Weinen auszubrechen und sich an seine Besucher zu klammern, um sie am Verlassen seines Sterbezimmers zu hindern.

Was für eine Geschichte! Ich sagte bereits, dass Stoizismus recht wenig mit der Forderung zu tun hat, die Fassung zu bewahren; wir glauben nur, dass es das bedeutet. Die Stoa der Antike wurde als intellektuelle Bewegung von einem Phönizier begründet, Zenon von Kition. Bis zum Zeitalter der Römer hatte es sich zu einer Lebensweise entwickelt, die auf einem System von Tugenden beruhte – im antiken Sinne, als Tugend als *virtu* gesehen wurde, eine Geisteshaltung, bei der die Tugend selbst ihr schönster Lohn ist. Es entstand ein Gesellschaftsmodell für einen Stoiker, so ähnlich wie später für den Gentleman viktorianischer Prägung. Stoische Prinzipien lassen sich so zusammenfassen: Ein Stoiker ist ein Mensch, der die Eigenschaften Weisheit, Redlichkeit und Tapferkeit in sich vereint. Daher ist ein Stoiker immun gegen die Wechselfälle des Lebens, denn er ist den Wunden überlegen, die uns die schmutzigen Tricks des Schicksals zufügen. Man kann jedoch alles übertreiben: Für den gestrengen Cato war es unter seiner Würde, menschliche Gefühle zu zeigen. Eine menschlichere Variante ist nachzulesen in Senecas *Moralischen Briefen*, ein tröstliches und überraschend lesbares Buch, das ich gerne an meine Freunde im Wertpapierhandel verteile (auch Seneca nahm sich das Leben, als ihn das Schicksal in die Enge trieb).

Zufall und persönliche Eleganz

Der Leser kennt meine Meinung über ungebetene Ratschläge und Predigten, wie man sich im Leben verhalten soll. Denken Sie daran, dass wir Ideen nicht wirklich begreifen können, wenn

Gefühle ins Spiel kommen. Außerhalb des Klassenzimmers nutzen wir unser rationales Denken nicht. Selbsthilfebücher (selbst wenn sie nicht von Scharlatanen verfasst wurden) zeigen im Großen und Ganzen keine Wirkung. Gute, aufgeklärte (und »gut gemeinte«) Ratschläge und wortgewandte Predigten bleiben uns höchstens einige Augenblicke lang im Gedächtnis, wenn sie uns gegen den Strich gehen. Das Interessante am Stoizismus ist die Tatsache, dass er sich Würde und persönliche Ästhetik zunutze macht – Eigenschaften, die Bestandteile unseres genetischen Erbes sind. Konzentrieren Sie sich daher auf Ihre persönliche Eleganz, wenn Sie das nächste Mal Pech haben. Beweisen Sie unter allen Umständen *sapere vivere* (»die feine Lebensart«).

Ziehen Sie am Tag Ihrer Hinrichtung Ihre besten Kleider an (rasieren Sie sich sorgfältig); versuchen Sie, einen guten Eindruck beim Exekutionskommando zu hinterlassen, indem Sie sich aufrecht und stolz hinstellen. Versuchen Sie nicht, das Opfer zu spielen, wenn man bei Ihnen Krebs diagnostiziert (verbergen Sie das vor anderen und sprechen Sie nur mit Ihrem Arzt darüber – damit vermeiden Sie die Plattitüden und niemand wird Sie wie ein Opfer behandeln, das Mitleid verdient; zudem lässt eine würdevolle Haltung sowohl eine Niederlage als auch einen Sieg gleichermaßen heroisch erscheinen). Seien Sie zu Ihren Assistenten ausgesucht höflich, wenn Sie Verluste machen (anstatt Ihre Enttäuschung an ihnen auszulassen, wie viele der von mir verachteten Börsenhändler es regelmäßig tun). Versuchen Sie nicht, anderen die Schuld an Ihrem Schicksal zu geben, selbst wenn sie es verdienen. Zeigen Sie keinesfalls Selbstmitleid, auch wenn Ihre Lebensgefährtin mit einem gut aussehenden Skilehrer oder Ihr Partner mit einem jungen ambitionierten Model durchbrennt. Beklagen Sie sich nicht. Wenn Sie unter einer leichten Form der Mürrischkeit leiden, wie mein Freund aus Kindertagen Camille Abousleiman, sollten Sie nicht plötzlich die Freundlichkeit in Person spielen, wenn Ihre Geschäfte schlecht gehen (er schickte eine heldenhafte E-Mail an seine Kollegen, in denen er ihnen mitteilte: »Weniger Geschäft, gleicher Griesgram«). Das Einzige, über das die Göttin Fortuna keine Kontrolle hat, ist Ihr Verhalten. Ich wünsche Ihnen viel Glück.

Epilog: Solon hatte Recht

Hüten Sie sich vor Londoner Verkehrsstaus

Einige Jahre nachdem Nero mit einem Quäntchen Schadenfreude John zusah, wie dieser eine Zigarette rauchte, zahlte sich seine Skepsis endlich aus. Während er die Wahrscheinlichkeit von 28 Prozent schlug und sogar völlige Heilung erreichte, errang er etliche berauschende Siege in seinem Berufs- und Privatleben. Er stieg nicht nur auf die nächste Ebene des Wohlstands auf, sondern wurde genau zu dem Zeitpunkt reich, als andere Wall-Street-Koryphäen ihr Vermögen verloren, so dass er ihre Besitztümer mit einem sehr hohen Preisabschlag kaufen hätte können, wenn er dies gewollt hätte. Aber er kaufte sich sehr wenig und gewiss nicht die Dinge, die Wall-Street-Banker in der Regel so kaufen. Dennoch leistete sich Nero gelegentliche Exzesse.

Am Freitagnachmittag kann der Londoner Verkehr schrecklich sein. Nero begann, mehr Zeit in London zu verbringen. Er war besessen von Verkehrsstaus. Eines Tages brauchte er fünf Stunden, um von seinem Büro in der Londoner City nach Westen zu einem Landhaus in den Cotswolds zu gelangen, wo er meistens das Wochenende verbrachte. Das frustrierte Nero dermaßen, dass er per Crashkurs in Cambridge einen Hubschrauberpilotenschein machte. Ihm war zwar bewusst, dass es wahrscheinlich einfacher gewesen wäre, die Stadt am Wochenende mit dem Zug zu verlassen, aber er verspürte den Wunsch, sich ein extravagantes Hobby zu leisten. Die zweite Schlussfolgerung, die er aus seiner Frustration zog, war nicht minder gefährlich: Er begann, die Strecke von seiner Wohnung in Kensington zu seinem Büro in der City mit dem Fahrrad zurückzulegen.

Das übermäßige Wahrscheinlichkeitsbewusstsein, das Nero in seinem Berufsleben an den Tag legte, schlug sich irgendwie nicht vollständig in seinem Umgang mit Gefahren für Leib und Leben nieder. Denn an einem stürmischen Tag stürzte Neros Hubschrauber bei der Landung in der Nähe des Battersea Parks ab. Er war allein an Bord. Der schwarze Schwan hatte ihn am Ende doch noch erwischt.

Bibliotheksbesuch: Anmerkungen und Lektüreempfehlungen

Ich gestehe, dass ich mich als Zufallspraktiker primär auf meine *eigenen* Denkfehler konzentriere (und diejenigen einiger Menschen, die ich im Laufe der Zeit beobachtet oder verfolgt habe). Auch wollte ich das Buch spielerisch halten, und da ist es nicht förderlich, wenn man bei jeder These auf irgendeine wissenschaftliche Veröffentlichung Bezug nimmt, um ihr einen Anschein von Respektabilität zu verleihen. In diesem Abschnitt nehme ich mir die Freiheit, einige Punkte auszufeilen und selektive Referenzen (nach dem Motto »weiterführende Lektüre«) zu liefern, die jedoch mit meinen unmittelbaren Erfahrungen zu tun haben. Ich möchte nochmals betonen, dass es sich hier um einen persönlichen Essay und nicht um eine Abhandlung handelt.

Nach der Fertigstellung dieser Sammlung entdeckte ich, dass Fragen der menschlichen Natur (meist aus der empirischen Psychologie) im Vergleich zu mathematischen Aspekten dominieren. Ein Zeichen der Zeit: Ich bin überzeugt, dass die nächste Auflage eine Fülle von Referenzen und Anmerkungen zur Neurobiologie und Neuroökonomie enthalten wird.

Vorwort

Rückschaufehler (»hindsight bias«): Auch »Montagmorgen-Quarterback« genannt. Vgl. Fischhoff (1982).

Klinisches Wissen: Das Problem, dass Kliniker nicht wissen, was sie nicht wissen, und das nicht so recht verstehen. Vgl. die bahnbrechende Einführung bei Meehl (1954): »... die dogmatische, selbstgefällige Behauptung, die man bisweilen von Klinikern hört, dass auf einem ›wahren Verständnis‹ beruhende klinische Prognosen ›natürlich‹ überlegen seien, wird von den Fakten bislang einfach nicht bestätigt.« In seinen Tests waren Prognosen mit versicherungsmathematischen Mitteln in nahezu allen Fällen – mit einer einzigen Ausnahme – gleich gut oder besser als klinische Methoden. Schlimmer noch: In einer späteren Veröffentlichung änderte er seine Meinung zu dieser einen Ausnahme. Seit Meehls Arbeiten gibt es eine langjährige Tradition der Überprüfung von Expertenmeinungen, die diese Ergebnisse bestätigen. Dieses Problem gilt für jeden Beruf – insbesondere für Journalisten und Wirtschaftswissenschaftler. In weiteren Anmerkungen werden wir das damit verbundene Problem der Selbsterkenntnis erörtern.

Montaigne vs. Descartes: Ich danke dem Erforscher künstlicher Intelligenz und omnivoren Leser Peter McBurney dafür, dass er mich auf die Thesen in Toulmin (1990) hingewiesen hat. Dazu muss ich leider anmerken, dass Descartes ursprünglich ein Skeptiker war (wie seine Dämonenhypothese beweist), allerdings das »kartesische Denken« jemandem entspricht, der gerne Gewissheit hat. Descartes' These in ihrer ursprünglichen Form lautet, dass es abgesehen von eng definierten deduktiven Ausagen nur wenige Gewissheiten gibt, nicht dass unser gesamtes Denken deduktiv sein muss.

Umkehrschluss:

Dieser logische Trugschluss wird im Allgemeinen wie folgt beschrieben:

Wenn p, dann q

q

daher, p

(Alle Mitglieder der Familie Schmidt sind groß; er ist groß und daher gehört er zur Familie Schmidt.)

»The Millionaire Mind«: Stanley (2000). Er zog auch den (richtigen) Schluss, dass die Reichen »risikofreudig« seien und folgerte daraus (irrtümlich), dass Risikofreude einen reich mache. Hätte er eine Gruppe gescheiterter Unternehmer analysiert, wäre er ebenfalls zu dem (richtigen) Schluss gelangt, dass auch sie »risikofreudig« sind.

Journalisten sind »praxisorientiert«: Den Begriff »praxisorientiert« hörte ich mindestens vier Mal von Journalisten, die ihre Vereinfachungen rechtfertigen wollten. Die Fernsehsendung, die mich um drei Aktienempfehlungen bat, wollte etwas »Praxisorientiertes«, keine Theorien.

Prolog

Mathematik steht im Widerspruch zur Wahrscheinlichkeitslehre: Bei der einen geht es um Gewissheiten, bei der anderen um das genaue Gegenteil. Das erklärt, warum reine Mathematiker der Wahrscheinlichkeitslehre lange Zeit keinen Respekt zollten – und warum die Integration dieser beiden Disziplinen so schwierig ist. Erst vor kurzem wurde die Bezeichnung »Logik der Wissenschaft« geprägt – der Titel des posthum erschienen Jaynes (2003). Interessanterweise bietet dieses Buch auch den vielleicht umfassendsten Überblick über die Mathematik des Sujets – es gelang ihm, Wahrscheinlichkeit als Erweiterung konventioneller Logik zu verwenden.

Der bekannte Mathematiker und Gewinner der Fields-Medaille David Mumford bereut seine frühere Verachtung der Wahrscheinlichkeit. In seinem Artikel »The Dawning of the Age of Stochasticity« (Mumford, 1999) schreibt er: »Seit mehr als zwei Jahrtausenden beherrscht die aristotelische Logik das Denken westlicher Intellektueller. Alle präzisen Theorien, alle wissenschaftlichen Modelle, sogar Modelle des Denkprozesses an sich haben sich grundsätzlich der Zwangsjacke der Logik unterworfen. Nach ihren dubiosen Anfängen als Instrument zur Entwicklung von Spieltheorien und zum Zählen von Leichen im mittelalterlichen London entpuppen sich Wahrscheinlichkeitslehre und statistische Inferenz nun aber als bessere Grundlagen für wissenschaftliche Modelle, besonders des Denkprozesses, und als essenzielle Bestandteile der theoretischen Mathematik, ja sogar als Grundlagen der Mathematik selbst. Wir meinen, dass diese Gezeitenwende in unserer Betrachtungsweise sich im nächsten Jahrhundert praktisch auf die gesamte Mathematik auswirken wird.«

Mut oder Narretei: Eine Untersuchung der Konzepte »Mut« und »Courage« bieten Kahneman & Lovallo (1993). Vgl. auch die Diskussion in Hilton (2003). Ich leitete diese These aus einem Vortrag Daniel Kahnemans in Rom im April 2003 ab (Kahneman, 2003).

Kognitive Prognosefehler: Tversky & Kahneman (1971), Tversky & Kahneman (1982) sowie Lichtenstein, Fischhoff & Phillips (1977).

Utopisch/tragisch: Der Essayist und prominente (wissenschaftliche) Intellektuelle Steven Pinker machte diese (ursprünglich dem Politologen Thomas Sowell zuzuschreibende) Unterscheidung breiteren Kreisen zugänglich. Vgl. Sowell (1987), Pinker (2002). In Wirklichkeit ist diese Unterscheidung nicht ganz so eindeutig. Manche Menschen glauben tatsächlich, dass beispielsweise Milton Friedman ein Utopist sei, weil er Regierungen für alle Missstände verantwortlich macht und deren Beseitigung für das große Allheilmittel hält.

Fehlbarkeit und Unfehlbarkeit: Peirce schreibt (in einem Prospekt für ein niemals veröffentliches Buch): »Nichts kann einer Philosophie, der Frucht eines wissenschaftlichen Lebens, diametraler entgegengesetzt sein als Unfehlbarkeit, ob herausgeputzt in ihren alten kirchlichen Insignien oder in ihrer neueren ›wissenschaftlichen‹ Verbrämung ...« (Brent, 1993). Eine gute und äußerst lesenswerte Einführung in die Werke von Peirce bietet Menand (2001). Der Autor bezieht sich auf die einzige Peirce-Biografie, verfasst von Brent (1993).

Kapitel 1

Relative im Vergleich zur absoluten Position: Vgl. Kahneman, Knetsch & Thaler (1986). Robert Frank ist ein interessanter Forscher, der einen Teil seiner beruflichen Laufbahn damit verbracht hat, über das Problem von Status, Rang und relativem Einkommen nachzudenken: vgl. Frank (1985) und das gut lesbare Werk Frank (1999). Letzteres beinhaltet Ausführungen zu dem interessanten Vorschlag-Reaktionsproblem, bei dem Menschen auf unerwartete Gewinne verzichten, um anderen einen größeren Anteil vorzuenthalten. Eine Person bietet einer anderen beispielsweise einen

Anteil an 100 Dollar an. Die andere kann annehmen oder ablehen. Schlägt sie das Angebot aus, bekommen beide nichts.

Noch heimtückischere Ergebnisse wiesen Forscher nach, die untersuchten, wie viel Menschen *zahlen* würden, um das Einkommen anderer zu reduzieren: vgl. Zizzo & Oswald (2001). Siehe auch Burnham (2003); er führte ein Experiment durch, bei dem er Messungen des Testosteronspiegels bei Wirtschaftstransaktionen vornahm.

Serotonin und Hackordnung: Ausführungen hierzu finden sich bei Frank (1999).

Zur sozialen Rolle des Psychopathen: Vgl. Horrobin (2002). Dieses Buch vertritt hierzu zwar einige extreme Ansichten, bietet aber auch einen Überblick über die Theorien zum Erfolg von Psychopathen. Vgl. auch die Darstellung der Vorteile, die manche Menschen genießen, weil ihnen Einfühlungsvermögen und Mitgefühl fremd sind, bei Carter (1999).

Soziale Emotionen: Damasio (2003): »Einer der vielen Gründe, warum einige Menschen Führer und andere Mitläufer werden, warum so viele Respekt einflößen, hat wenig mit Wissen oder Fähigkeiten zu tun und eine Menge mit bestimmten physischen Zügen und der Art und Weise, wie ein Mensch in anderen bestimmte emotionale Reaktionen hervorruft.«

Literatur zu Emotionen: Einen ausgezeichneten, kompakten Überblick über die aktuellen wissenschaftlichen Thesen bietet Evans (2002). Evans gehört zur neuen Gattung der Philosophen/Essayisten, die wissenschaftlich über große Themen nachdenken. Elster (1998) geht auf die allgemeinen sozialen Implikationen von Gefühlen ein. Goleman (1995) bietet in seinem Bestseller einen überraschend vollständigen Bericht. (Der Verkaufserfolg dieses Buches ist verwunderlich: Wir sind uns unserer Irrationalität bewusst, doch scheint das nicht zu helfen.)

Kapitel 2

Mögliche Welten: Kripke (1980).

Viele Welten: Vgl. Deutsch (1997) – ein exzellent geschriebenes Werk. Auch ein Besuch auf der informativen Website des Autors lohnt sich. Die früheren Primärarbeiten einschließlich des ursprüglichen Artikels von Hugh Everett enthält DeWitt & Graham (1973).

Ökonomie der Unsicherheit und mögliche Naturzustände: Vgl. Debreu (1959). Eine Darstellung verflochtener Zustandsraummethoden in der Finanzmathematik bieten Ingersoll (1987) (gut strukturiert, aber trocken und furchtbar langweilig, wie die Persönlichkeit des Autors selbst) sowie – gespickt mit mehr Fachjargon – Huang & Litzenberger (1988). Eine wirtschaftswissenschaftlich orientierte Darstellung enthält Hirshleifer & Riley (1992).

Zu den Arbeiten Shillers: Vgl. Shiller (2000). Die fachlicheren Arbeiten enhält das (ursprünglich) kontroverse Werk Shiller (1981). Siehe auch Shiller (1990). Eine Sammlung: Shiller (1989). Siehe auch die Diskussion der endogenen Unsicherheit bei Kurz (1997).

Risiko und Emotionen: Vor dem Hintergrund des in letzter Zeit wachsenden Interesses an der Rolle, die Emotionen im menschlichen Verhalten spielen, erschien auch mehr Fachliteratur zur Rolle der Gefühle in der Risikoübernahme und Risikovermeidung: vgl. Loewenstein, Weber, Hsee & Welch (2001) sowie Slovic, Finucane, Peters & MacGregor (2003a) zur »Risiko-als-Gefühl«-Theorie. Einen Überblick liefern Slovic, Finucane, Peters & MacGregor (2003b). Siehe auch Slovic (1987).

Die Affektheuristik erörtern Finucane, Alhakami, Slovic & Johnson (2000).

Emotionen und Kognition: Vgl. LeDoux (2002) zur Wirkung der Gefühle auf die Kognition.

Verfügbarkeitsheuristik (wie leicht uns etwas einfällt): Tversky & Kahneman (1973).

Reales Eintreten von Katastrophen: Eine erkenntnisreiche Diskussion dieses Themas bietet Albouy (2002).

Zu Aussprüchen und Sprichwörtern: Psychologen untersuchen seit langem die Leichtgläubigkeit von Menschen im sozialen Umfeld, wenn sie mit wohlklingenden Sprichwörtern konfrontiert sind. Beispielsweise wurden in den sechziger Jahren des 20. Jahrhunderts Experimente durchgeführt, in denen Probanden gefragt werden, ob sie ein Sprichwort für zutreffend halten, während einer anderen Gruppe eine gegenteilige Bedeutung vorgelegt wurde. Myers (2002) beschreibt die urkomischen Ergebnisse.

Epiphänomene: Vgl. Wegner (2002), ein wunderbares Werk.

Kapitel 3

Keynes: Viele halten Keynes' *Treatise on Probability* (Keynes, 1989, 1920) nach wie vor für das wichtigste Werk zu diesem Thema – insbesondere in Anbetracht von Keynes' jugendlichem Alter, als er diese Abhandlung schrieb (sie wurde erst viele Jahre später veröffentlicht). Darin entwickelt er das entscheidende Konzept der subjektiven Wahrscheinlichkeit.

Les gommes: Robbe-Grillet (1985).

Pseudowissenschaftlicher Historizismus: Als ein Beispiel nenne ich Fukuyama (1992).

In unseren Genen verankerte Ängste: Streng genommen stimmt das nicht – genetische Merkmale müssen kulturell aktiviert werden. Einige Ängste wie die Angst vor Schlangen sind uns angeboren, doch zeigen Affen, die noch nie eine Schlange gesehen haben, sie nicht. Sie bekommen es erst mit der Angst zu tun, wenn sie Anzeichen von Furcht im Gesichtsausdruck eines anderen Affen bemerken (LeDoux, 1998).

Amnesie und Risikovermeidung: Damasio (2000) beschreibt den Fall des Amnesiepatienten David, der jene zu meiden verstand, die ihn misshandelt hatten. Siehe auch Lewis, Amini & Lannon (2000). Ihr Buch enthält eine pädagogische Beschreibung von »getarntem Lernen« in der Form einer impliziten Erinnerung als Gegensatz zur expliziten (in der Neokortex gespeicherten) Erinnerung. Ihr Buch beschreibt das Gedächtnis nicht als eine CD-ähnliche Aufzeichnung, sondern als Korrelation in der neuronalen Konnektivität – was erklärt, warum Menschen ihre Erinnerungen an Ereignisse revidieren.

Warum lernen wir nicht aus unserer Geschichte?: Zwei Schulen in der Fachliteratur: 1) Die Forschungsrichtung »Wir sind uns selbst fremd« (»stranger to ourselves«) in der Psychologie, Wilson, Timothy (2002). 2) Die Literatur zur »Immunvernachlässigung« (»immune neglect«), Wilson, Meyers & Gilbert (2001) und Wilson, Gilbert & Centerbar (2003). Menschen lernen buchstäblich nicht aus ihren früheren Reaktionen auf Gutes und Schlechtes.

Fachliteratur zu Blasen: Sie hat eine lange Tradition. Vgl. Kindleberger (2001), MacKay (2002), Galbraith (1991), Chancellor (1999) und natürlich Shiller (2000). Wenn man sich ein wenig anstrengt, könnte man Shiller vielleicht überzeugen, eine zweite Auflage herauszubringen.

Long-Term Capital Management (LTCM): Vgl. Lowenstein (2000).

Stress und Zufall: Sapolsky (1998) bietet eine populäre, stellenweise urkomische Darstellung. Ein Spezialgebiet des Autors ist die Wirkung der bei Stress freigesetzten Glukokortikoide auf die Atrophie des Hypocampus, wodurch die Bildung neuer Erinnerungen verhindert und die Formbarkeit des Gehirns beeinträchtigt wird. Fachlichere Ausführungen bietet Sapolsky (2003).

Gehirnassymetrien bei Gewinnen/Verlusten: Vgl. Gehring and Willoughby (2002). Vgl. die Arbeiten von Davidson zur anterioren Gehirnassymetrie (eine klare Zusammenfassung und populärwissenschaftliche Darstellung enthält Goleman (2003)). Siehe auch Shizgal (1999).

Der Zahnarzt und die Prospect Theory: Kahneman & Tversky (1979). In dieser bahnbrechenden Erörterung beschreiben sie, dass Probanden sich für Unterschiede interessieren und das Niveau ihres Schmerzes/Vergnügens als »Anker« auf Null zurücksetzen. Im Wesentlichen läuft das darauf hinaus, dass »Reichtum« keine Rolle spielt, sondern fast ausschließlich Reichtumsunterschiede, da dieses Zurücksetzen die Wirkung der Akkumulation aufhebt. Denken Sie an John, der sich auf ein Vermögen von einer Million von unten und oben zubewegte, und die Wirkung auf sein Wohlbefinden. Der Unterschied zwischen dem Nutzen des Reichtums und dem Nutzen von Veränderungen ist nicht belanglos: Er führt zur Abhängigkeit vom Beobachtungszeitraum. Im Extremfall würde dieses Konzept eine völlige Überarbeitung der Wirtschaftstheorie erforderlich machen: Die neoklassische Ökonomie wäre nur noch als mathematische Übung sinnvoll. Auch in der hedonistischen Fachliteratur wurden dazu lebhafte Diskussionen geführt, vgl. Kahneman, Diener & Schwarz (1999).

Kapitel 4

Literarische und wissenschaftliche Intellektuelle: Brockman (1995) liefert eine Darstellung nach dem »Who's who« in der neuen wissenschaftlichen intellektuellen Tradition. Siehe auch seine Website unter www.edge.org. Weinberg (2001) nimmt aus der Sicht eines Physikers zu den Wissenschaftskriegen Stellung. Eine Darstellung eines literarischen Intellektuellen ist bei Posner (2002) zu finden. Man beachte, dass die Florida Atlantic University einen Doktorandenstudiengang für »Public Intellectuals« anbietet – in Literaturwissenschaften, denn Naturwissenschaftler brauchen ein solches Konstrukt nicht.

Eleganter Unsinn: Sokal (1996).

Das egoistische Gen: Dawkins (1989,1976).

Hegel: bei Popper (1994).

Exquisite Cadavers: Nadeau (1970).

Der Generator: www.monash.edu.au.

Sprache und Wahrscheinlichkeit: Es besteht eine sehr enge Verbindung zwischen Sprache und Wahrscheinlichkeit, die Philosophen und Wissenschaftler über die verwandten Methoden der Entropie und Informationstheorie untersucht haben. Man kann die Dimensionalität einer Botschaft verringern, indem man beispielsweise Redundanzen streicht. Was dann übrig bleibt, wird als Informationsgehalt gemessen (man stelle sich eine gezippte Datei vor) und ist mit dem Konzept der *Entropie* verbunden, definiert als verbleibender Grad der Unordnung, das restliche Unvorhersehbare. Entropie ist ein wild wucherndes Konzept, da es sich auf Ästhetik und Thermodynamik bezieht. Vgl. die literarische Darstellung bei Campbell (1982) und die naturwissenschaftliche bei Cover & Thomas (1991), insbesondere die Diskussion zur »Entropie des Englischen«. Eine klassische Erörterung von Entropie und Kunst ist bei Arnheim (1971) zu finden, wenngleich die Verbindung zwischen Entropie und Wahrscheinlichkeit damals noch nicht klar war. Georgescu-Roegen (1971) bietete eine (möglicherweise) bahnbrechende Diskussion der Entropie in der Ökonomie.

Kapitel 5

Der Feuerwachen-Effekt und die Konvergenz der Meinungen: In der psychologischen Fachliteratur wurde diese Konvergenz der Meinungen umfangreich diskutiert, insbesondere im Bereich der

Partnerwahl oder des »Schönheitswettbewerbs«, wie Keynes es nennt, da Menschen gerne wählen, was andere auch wählen, und damit positive Feedback-Schleifen erzeugen.

Eine interessante Manifestation ist der autokinetische Effekt. Wenn Menschen auf ein unbewegliches Licht in einem Raum starren, sehen sie nach einer Weile eine Bewegung und können deren Ausmaß einschätzen, ohne sich bewusst zu sein, dass es sich um eine optische Täuschung handelt. Isoliert befragt nennen die Probanden stark voneinander abweichende Geschwindigkeiten dieser Bewegung; in einer Gruppe gelangen sie zu einer einheitlichen Meinung: vgl. Plotkin (1998). Sornette (2003) berichtet in einem Buch mit leicht mathematischem Einschlag – das aber intuitiv verständlich ist – über interessante Feedback-Schleifen, die aus Herdenverhalten resultieren.

Biologie der Nachahmung: Vgl. Dugatkin (2001).

Evolution und kleine Wahrscheinlichkeiten: Hauptsächlich ein probabilistisches Konzept. Lässt es sich vom Zufall täuschen? Könnten die Schwächsten überleben? Ein vorherrschender Zweig des Darwinismus, der so genannte naive Darwinismus, vertritt die Auffassung, dass jede Spezies beziehungsweise deren Angehörige, die zu einem bestimmten Zeitpunkt dominant ist, von der Evolution ausgewählt wurde, weil sie einen Vorteil gegenüber anderen aufweist. Dies führt zu einem häufigen Missverständnis lokaler und globaler Optima, vermischt mit der Unfähigkeit, sich des Glaubens an das Gesetz der kleinen Zahlungen zu entledigen (Überinferenzen aus kleinen Datensätzen). Angenommen, zwei Personen verbringen ein Wochenende in einem Zufallsumfeld, etwa in einem Spielkasino. Einer der beiden wird erfolgreicher sein. Für einen naiven Beobachter besitzt der Erfolgreichere einen Überlebensvorteil gegenüber dem anderen. Wenn er größer ist oder ein Merkmal aufweist, das ihn vom anderen unterscheidet, wird dieses vom naiven Beobachter als Erklärung für die unterschiedliche Stärke interpretiert. Manche Menschen verfahren bei Börsenhändlern ebenso – sie lassen sie in einem formalen Wettbewerb gegeneinander antreten. Die naive evolutionäre Denkrichtung postuliert auch die »Optimalität« der Auswahl. Der Begründer der Soziobiologie stimmt bezüglich seltener Ereignisse nicht mit einer solchen Optimalität überein. E.O. Wilson (2002) schreibt: »Das menschliche Gehirn entwickelte sich offensichtlich so weiter, dass es sich emotional nur auf einen kleinen geografischen Raum, eine begrenzte Verwandtschaftsgruppe und zwei oder drei Generationen in die Zukunft verpflichtet. Im darwinistischen Sinne ist es elementar, weder zeitlich noch räumlich den Blick zu weit schweifen zu lassen. *Wir neigen von Natur aus dazu, entfernte Möglichkeiten zu ignorieren, die noch keine Analyse erfordern. Man sagt, dies entspräche einfach dem gesunden Menschenverstand.* Warum denken Menschen so kurzsichtig?

Aus einem einfachen Grund: Es ist ein fester Bestandteil unseres paläolithischen Erbes. Seit Hunderten von Jahrtausenden lebten diejenigen, die innerhalb einer kleinen Gruppe von Verwandten und Freunden auf kurzfristige Gewinne hinarbeiten, länger und hinterließen mehr Nachkommen – selbst wenn ihr kollektives Streben zum Zusammenbruch ihrer Stammesfürsten und Reiche führte. Eine langfristige Perspektive, die ihre entfernten Nachkommen gerettet hätte, erforderte einen instinktiv schwer zu mobilisierenden Weitblick und erweiterten Altruismus.«

Siehe auch Miller (2000): »Evolution ist nicht vorausblickend. Ihr fehlt der langfristige Weitblick der Geschäftsleitung von Arzneimittelfirmen. Eine Spezies kann kein Risikokapital zur Bezahlung ihrer Rechnungen beschaffen, während ihr Forschungsteam [...] Jede Spezies muss in jeder Generation biologisch profitabel bleiben, sonst stirbt sie aus. Arten haben immer Liquiditätsprobleme, die spekulative Investitionen in ihre Zukunft verhindern. Genauer gesagt, jedes Gen, das einer potenziellen Neuerung zugrunde liegt, muss eine höhere evolutionäre Ausbeute hervorbringen als konkurrierende Gene, bevor sich die Neuerung überhaupt weiterentwickelt. Damit werden Neuerungen schwer erklärbar.«

Kapitel 6

Genarrt durch negative Schiefe: Erste Erklärungsansätze für die Beliebtheit eines negativ verzerrten Nutzens sind in der frühen Literatur zum Verhalten unter Unsicherheit in Form des »Problems der kleinen Zahl« zu finden. Tversky & Kahneman (1971) schreiben: »Wir behaupten, dass Menschen eine nach dem Zufallsprinzip ausgewählte Stichprobe aus einer Population als höchst repräsentativ betrachten, d. h. in allen wesentlichen Eigenschaften einer Population ähnlich.« Daraus folgt der induktive Trugschluss: übermäßiges Vertrauen in die Fähigkeit, allgemeine Merkmale aus beobachteten Fakten abzuleiten, »ungebührliches Vertrauen in frühe Trends«, die Stabilität der beobachteten Muster und die Ableitung von Schlussfolgerungen mit mehr Konfidenz, als angesichts der Daten gerechtfertigt wäre. Am schlimmsten ist, dass der Proband kausale Erklärungen oder vielleicht distributive Eigenschaften findet, die seine unangemessene Verallgemeinerung bestätigen. Es ist leicht einzusehen, dass die »kleinen Zahlen« von der Schiefe verschlimmert werden, da der beobachtete Mittelwert sich die meiste Zeit über vom wahren Mittelwert unterscheidet und die beobachteten Varianzen niedriger als die tatsächlichen sind. Dabei ist zu berücksichtigen, dass wir im Leben – anders als im Labor oder Spielkasino – die Wahrscheinlichkeitsverteilung, aus der zufällige Variablen gezogen werden, nicht beobachten: Wir sehen lediglich die Realisierungen dieser Zufallsprozesse. So schön dies wäre, faktisch können wir Wahrscheinlichkeiten nicht so messen wie die Temperatur oder die Körpergröße einer Person. Daher treffen wir bei der Berechnung von Wahrscheinlichkeiten aus historischen Daten Annahmen über die Schiefe des Generators der Zufallsreihen – alle Daten hängen von einem Generator ab. Kurzum: Bei schiefen Paketen kommt die Tarnung der Eigenschaften ins Spiel *und* wir neigen dazu zu glauben, was wir sehen.

Philosophen, die gelegentlich Wissenschaftler spielen: Nozik (1993).

Hollywood-Ökonomie: De Vany (2003).

Lucas-Kritik: Lucas (1978).

Kapitel 7

Niederhoffers Buch: Niederhoffer (1997).

Goodmans Induktionsrätsel: Mit dem folgenden Rätsel kann man das Problem der Induktion in ein schwierigeres Gebiet hineinführen. Angenommen, die Aktienkurse würden einen Monat lang täglich steigen. Für viele Menschen mit induktivem Geschmack könnte dies die Theorie bestätigen, dass sie jeden Tag steigen. Dabei ist jedoch zu bedenken, dass dies auch die Theorie bestätigen könnte, dass die Kurse täglich steigen und dann plötzlich einbrechen: Was wir beobachten, ist dann kein steigender Markt, sondern einer, der *erst steigt und dann schlagartig fällt*. Wenn man einen blauen Gegenstand beobachtet, kann man sagen, dass man bis zum Zeitpunkt t etwas Blaues beobachtet, und danach ist es grün – ein solcher Gegenstand ist dann nicht blau, sondern »grün-blau«. Nach dieser Logik könnte auch die Tatsache, dass die Aktienkurse wärend dieses gesamten Zeitraums stiegen, ein Anzeichen dafür sein, dass morgen ein Börsencrash eintritt! Es bestätigt, dass wir einen steigend-fallenden Markt beobachten. Vgl. Goodman (1954).

Soros' Schriften: Soros (1988).

Hayek: Vgl. Hayek (1945) sowie die prophetischen Thesen in Hayek (1994 – Erstveröffentlichung 1945).

Poppers Persönlichkeit: Magee (1997) und Hacohen (2001). Siehe auch den unterhaltsamen Bericht bei Edmonds & Eidinow (2001).

Kapitel 8

The Millionaire Next Door: Stanley (1996)

Aktienprämienrätsel: Über das Rätsel der »Aktienprämie« wird in akademischen Kreisen aktiv diskutiert. Die »Prämie« ist hier definiert als die Outperformance beziehungsweise überdurchschnittliche Wertentwicklung von Aktien im Vergleich zu Anleihen. Mögliche Erklärungen werden gesucht. Kaum in Betracht gezogen wurde dabei die Möglichkeit, dass es sich bei dieser Prämie um eine auf den Survivor Bias zurückzuführende optische Täuschung handeln könnte – oder dass der Prozess schwarze Schwäne beinhalten könnte. Nach dem Verfall der Aktienmärkte im Gefolge der Ereignisse der Jahre 2000 bis 2002 scheint diese Diskussion etwas abgeklungen zu sein.

Kapitel 9

Heiße Hand (»Hot-Hand-Effekt«): Gilovich, Vallone & Tversky (1985).

Selbsttäuschung der Aktienanalysten: Vgl. die Parallelen zwischen Analysten und Wettervorhersagen, die in Tyszka & Zielonka (2002) gezogen werden.

Renditeunterschiede: Vgl. Ambarish & Siegel (1996). Der langweilige Referent verglich tatsächlich »Sharpe Ratios«, also nach ihren Standardabweichungen skalierte Renditen (jeweils annualisiert), benannt nach dem Finanzökonomen William Sharpe. Dieses Konzept wurde allerdings häufig in der Statistik unter der Bezeichnung »Variationskoeffizient« verwendet. (Sharpe führte das Konzept im Kontext der normativen Theorie der Preisbildung für Vermögenswerte zur Berechnung der erwarteten Portfoliorenditen bei gegebenem Risikoprofil ein, nicht als statistisches Instrument.) Nimmt man (sehr großzügig) eine Gauß'sche Normalverteilung an, übersteigen ohne Berücksichtigung des Survivor Bias in einem Zwölfmonatszeitraum die Differenzen der »Sharpe Ratios« zweier nicht korrelierender Manager mit einer Wahrscheinlichkeit von nahe 50 Prozent den Wert von 1,8. Der Redner sprach über Unterschiede in der »Sharpe Ratio« in einer Größenordung von 0,15! Selbst bei einem Beobachtungszeitraum von fünf Jahren – eine Seltenheit bei Hedgefondsmanagern – würde die Sache nicht viel besser.

Wert des »Sitzes«: Dennoch glauben Börsenhändler aufgrund irgendeiner Zuschreibungsverzerrung gerne, ihr Einkommen sei auf ihre Fähigkeiten zurückzuführen, nicht auf den »Sitz« oder das »Franchise« (d.h. den Wert des Orderflusses). Der Sitz hat einen Wert, da für das Spezialistenbuch der New York Stock Exchange eine recht hohe Summe angesetzt werden kann: vgl. Hilton (2003). Siehe auch die Diskussion von Zeit- und Ortsvorteilen in Taleb (1997).

Data Mining: Sullivan, Timmermann & White (1999).

Hunde, die nicht bellen: Ich danke Francesco Corielli aus Bocconi für seine Bemerkung zur Metaanalyse in unserer Korrespondenz.

Kapitel 10

Netzwerke: Arthur (1994). Vgl. Barabasi (2002), Watts (2003).

Nichtlineare Dynamik: Eine Einführung in die nichtlineare Dynamik im Finanzwesen enthalten Brock & DeLima (1995) sowie Brock, Hsieh & LeBaron (1991). Siehe auch die neuere – und sicherlich vollständigste – Darstellung in Sornette (2003). Sornette charakterisiert den Prozess nicht nur als »fettschwänzig«, sondern geht noch einen Schritt weiter: Seiner Meinung nach unterscheidet sich die Wahrscheinlichkeitsverteilung von der, die uns im Einführungskurs Finanzen vorgestellt wurde. Er untersucht die Übergangspunkte: wenn beispielsweise die Verkaufszahlen eines Buches sich einem kritischen Punkt annähern, ab dem sie wirklich in die Höhe schnellen. Von vergangenem Wachstum abhängige Dynamik wird vorhersehbar.

Der Tipping-Point: Gladwell (2000). In dem Artikel, der dem Buch vorausgeht (Gladwell, 1996) schreibt er: »Dies erscheint überraschend, weil Menschen lieber linear denken. [...] Ich kann mich daran erinnern, wie ich als Kind mit den gleichen theoretischen Fragen kämpfte, als ich Ketschup über mein Abendessen zu gießen versuchte. Wie alle Kinder, die mit diesem Problem zum ersten Mal konfrontiert sind, ging ich davon aus, dass die Lösung linear sei: dass bei immer kräftigerem Klopfen auf die Flasche die Ketschupmenge am anderen Ende stetig ansteigen würde. Das sei verkehrt, sagte mein Vater, und zitierte einen Ausspruch, der für mich bis zum heutigen Tag die prägnanteste Beschreibung der fundamentalen Nichtlinearität des Alltags geblieben ist: »Tomato ketchup in a bottle – none will come and then the lot'll' (Tomatenketschup in der Flasche – erst kommt nix , dann alles auf einmal fix).«

Pareto: Bevor die Verwendung der Glockenkurve allgemeine Verbreitung fand, nahmen wir die Thesen Paretos und seiner Verteilung ernster – ihr Kennzeichen ist der Beitrag großer Abweichungen zu allgemeinen Eigenschaften. Dass Ökonomen nie gerne damit arbeiteten, liegt daran, dass sie keine lenkbaren Eigenschaften aufwiesen – Wirtschaftwissenschaftler schreiben gerne Artikel, in denen sie die Lösungsillusionen vorgaukeln, insbesondere in Form von mathematischen Antworten. Eine Pareto-Verteilung erlaubt ihnen einen solchen Luxus nicht. Wirtschaftliche Diskussionen zu den Thesen Paretos bieten Zajdenweber (2000) und Bouvier (1999). Den mathematischen Hintergrund zu Pareto-Levi-Verteilungen beschreiben Voit (2001) und Mandelbrot (1997).

Spitznagels Bemerkung: in Gladwell (2002).

Nehmen Sie »Korrelation« und die Benutzer dieses Wortes nicht ernst: Der nämliche »A«, der ein Feuerzeug nach mir warf, lehrte mich auch etwas über den Trugschluss, der hinter dem Konzept der Korrelation steht. »Sie scheinen mit nichts zu korrelieren« ist der häufigste Vorwurf, den ich bei meiner auf seltene Ereignisse abzielenden Strategie höre. Das folgende Beispiel könnte dies veranschaulichen. Ein nichtlineares Handelsinstrument, zum Beispiel eine Put-Option, korreliert über viele Realisierungspfade positiv mit dem zugrunde liegenden Wertpapier (etwa wenn die Verkaufsoption in einer Baisse wertlos ausläuft, weil der Markt nicht weit genug fällt) – aber natürlich nicht, wenn sie im Geld ist und den Ausübungskurs überschreitet. In diesem Fall dreht sich die Korrelation vollständig um. Der Leser sollte sich den Gefallen tun, den Begriff der Korrelation nicht zu ernst zu nehmen, abgesehen von sehr eng abgegrenzten Situationen, in denen Linearität gerechtfertigt ist.

Kapitel 11

»Wahrscheinlichkeitsblindheit« Diesen Begriff borgte ich mir bei Piattelli-Palmarini (1994) aus.

Diskussion der »Rationalität«: Der Umgang mit diesem Konzept ist nicht einfach. Es wurde zwar in vielen Fachgebieten erforscht, doch haben es Ökonomen am ehesten als bevorzugte normative Theorie entwickelt. Warum interessierten sich die Wirtschaftswissenschaftler so sehr für dieses Konzept? Die wirtschaftliche Analyse beruht auf einem Konzept der menschlichen Natur und der Rationalität, das vom Begriff des *homo oeconomicus* verkörpert wird. Die Eigenschaften und das Verhalten dieses *homo oeconomicus* sind in die Postulate der Konsumentenentscheidung integriert und beinhalten Nichtsättigung (mehr wird weniger *immer* vorgezogen) und Transitivität (global konsistente Entscheidung). So schreibt beispielsweise Arrow (1987):

»Es ist bemerkenswert, dass der in der Alltagssprache verwendete Begriff der ›Rationalität‹ nicht mit der Definition der Wirtschaftswissenschaftler übereinstimmt, die in ihm Transitivität und Vollständigkeit sehen, d.h. eine Maximierung. Gemeinhin wird darunter die vollständige Ausnutzung von Informationen, vernünftige Argumentation und Ähnliches verstanden.«

Für einen Ökonomen ist der beste Ansatz wohl, Rationalität als Maximierung zu verstehen, die zu einer einzigartigen Lösung führt.

Selbst das macht den Begriff nicht leicht verständlich. Wer maximiert was? Zunächst einmal besteht ein Konflikt zwischen der kollektiven und individuellen Rationalität (die »Tragödie des Gemeinschaftsraums«, wie sie Keynes in seiner Parabel über das Stadium nennt, in der die optimale Strategie des Einzelnen darin bestünde aufzustehen, aber kollektiv die optimale Strategie für alle darin besteht, sitzen zu bleiben). Ein weiteres Problem wirft Arrows Wählerunmöglichkeitstheorem auf: Bürger wählen, aber die wahrscheinlichkeitsadjustierten Gewinne aus der Stimmabgabe können geringer sein als der mit dem Besuch im Wahllokal verbundene Aufwand. Vgl. die Diskussion dieser Paradoxe bei Luce & Raiffa (1957).

Die Literatur zur rationalen Entscheidung unter Unsicherheit ist sehr umfangreich und fachübergreifend; die Palette reicht von der evolutionären Spieltheorie bis hin zur Politologie. Wie John Harsanyi jedoch ganz unverblümt sagte: *Sie ist normativ und soll dies auch sein.* Das ist eine heldenhafte Aussage: Sie impliziert, dass die Ökonomie ihre wissenschaftlichen Ambitionen aufgegeben und akzeptiert hat, dass sie nicht beschreibt, was Menschen ***tun***, sondern vielmehr, wie sie handeln ***sollten***. Damit begibt sie sich auf das Gebiet einer anderen Disziplin: der Philosophie (wenngleich noch nicht ganz der Ethik). Somit kann ein Mensch sie vollständig akzeptieren und danach streben, wie der neoklassische Mensch zu handeln. Falls ihm das gelingt.

Ultimat/proximat als Lösung für einige Rationalitätsprobleme: Evolutionstheoretiker unterscheiden zwischen proximaten und ultimaten Ursachen.

Proximate Ursache: Ich esse, *weil* ich hungrig bin.

Ultimate Ursache: Wenn ich keinen Anreiz gehabt hätte zu essen, wäre ich elegant aus dem Genpool ausgeschieden.

Greift man auf ultimate Ursachen zurück, können viele lokal irrational erscheinende Verhaltensweisen (etwa Arrows Wählerparadoxon) als rational interpretiert werden. Das erklärt Altruismus: Warum würde ein Mensch ein kleines Risiko eingehen, um einen Fremden vor dem Ertrinken zu retten? Dieser Antrieb zu helfen hat uns buchstäblich dahin gebracht, wo wir heute stehen.

Weitere Erkenntnisse zu dieser Unterscheidung liefern Dawkins (1989, 1976) und Pinker (2002).

Rationalität und Scientismus: Auf Anregung von Peter McBurney in unserer Korrespondenz entdeckte ich den Roman *Wir* von Jewgenij Samjatin, eine in den zwanziger Jahren des 20. Jahrhunderts geschriebene Satire auf das leninistische Russland. Der Roman spielt in der fernen Zukunft zu einer Zeit, in der es den tayloristischen und rationalistischen Thesen anscheinend gelungen ist, alle Unsicherheit und Irrationalität aus dem Leben zu verbannen.

»Bounded Rationality«: Simon (1956), Simon (1957), Simon (1987a) und Simon (1987b).

Entstehung der Neurobiologie der Rationalität: Berridge (2003) führt eine neurobiologische Dimension in die Rationalität ein, indem er zwei der vier Nutzen von Daniel Kahneman (erlebter, erinnerter, vorhergesagter und entscheidungsbedingter Nutzen) verwendet und Irrationalität so definiert, dass der entscheidungbedingte Nutzen den vorhergesagten übersteigt. Diese Irrationalität schlägt sich im Nervensystem nieder: Dopaminfreisetzung im mesolimbischen Gehirn.

Sammlung der Artikel zu Heuristiken und Wahrnehmungsverzerrungen in vier Bänden: Kahneman, Slovic & Tversky (1982), Kahneman & Tversky (2000), Gilovich, Griffin & Kahneman (2002) und Kahneman, Diener & Schwarz (1999).

Doppelte Logiksysteme: Vgl. Sloman (1996) und Sloman (2002). Siehe auch die Zusammenfassung in Kahneman & Frederick (2002).

Evolutionäre Psychologie/Sozialbiologie: Am angenehmsten zu lesen ist Burnham & Phelan (2000). Den allgemeinen Rahmen für die Ökologie als Optimierung stecken Kreps & Davies (1993) ab. Siehe auch Wilson (E.O., 2000), Winston (2002), die Karikaturen von Evans & Zarate (1999), Pinker (1997) und Burnham (1997).

Modularität: Grundsatzarbeiten verfassten Fodor (1983) in der Philosophie und Kognitionswissenschaft sowie Cosmides und Tooby (1992) in der evolutionären Psychologie. Die Selektionsaufgabe nach Wason (die in nahezu jedem Buch über evolutionäre Psychologie erwähnt wird) funktioniert so:

Man betrachte die folgenden beiden Tests:

Problem 1. Angenommen, ich habe einen Satz Spielkarten, auf denen jeweils auf der einen Seite ein Buchstabe und auf der anderen eine Zahl aufgedruckt ist. Nehmen wir weiter an, dass ich behaupte, die folgende Regel sei wahr: *Wenn eine Karte auf der einen Seite einen Vokal hat, befindet sich auf der anderen Seite eine gerade Zahl.* Stellen Sie sich vor, ich würde Ihnen vier Karten aus dem Satz zeigen: E 6 K 9. Welche Karte oder Karten sollten Sie umdrehen, um zu überprüfen, ob die Regel richtig oder falsch ist?

Problem 2: Sie sind Barkeeper in einer Stadt, in der Alkoholgenuss gesetzlich ab einem Alter von 21 erlaubt ist, und fühlen sich für Verletzungen der Regeln verantwortlich. Sie stehen vor folgender Situation und müssten den Gast bitten, entweder sein Alter nachzuweisen oder sein Getränk zu zeigen. Welche dieser vier Gäste müssten Sie befragen?

1.) Biertrinker; 2.) über 21; 3.) Coca-Cola-Trinker; 4.) unter 21.

Diese beiden Probleme sind zwar identisch (man muss jeweils nur den ersten und letzten der vier Fälle prüfen), doch beantworten die meisten Befragten das erste Problem falsch und das zweite richtig. Evolutionäre Psychologen glauben, dass die Fehler bei der Lösung des ersten Problems und die Leichtigkeit, mit der das zweite gelöst wird, Beweis für ein Schummleridentifizierungsmodul sind. Denken Sie nur daran, dass wir uns an die Durchsetzung kollektiver Aufgaben angepasst haben und Trittbrettfahrer schnell erkennen können.

Modularitätskriterien: Ich nehme Anleihen bei der Darstellung der neun Modularitätskriterien Fodors durch die Linguistin Elisabeth Bates (Bates, 1994) (ironischerweise ist Bates auf diesem Gebiet eine Skeptikerin). Die Informationsverarbeitungskriterien sind: Verkapselung (wir können in die Funktionsweise eines Moduls nicht eingreifen), Unbewusstsein, Schnelligkeit (das ist der Zweck des Moduls), oberflächliche Ergebnisse (wir sind uns der Zwischenschritte nicht bewusst), obligatorisches Aktivieren (ein Modul erzeugt bei vorherbestimmten Eingaben vorherbestimmte Ergebnisse). Die biologischen Kriterien, die sie von erlernten Gewohnheiten unterschieden, sind: ontogenetische Universale (sie laufen in einer charakteristischen Sequenz ab), Lokalisierung (sie verwenden spezielle Nervensysteme), pathologische Universale (Module weisen populationsübergreifend charakteristische Pathologien auf). Schließlich ist die wichtigste Eigenschaft der Modularität, dass sie domänenspezifisch ist.

Bücher zum physischen Gehirn: Die Hierarchie Reptiliengehirn/limbisches Gehirn/Neokortex wird flüchtig beschrieben in Ratey (2001), Ramachandran & Blakeslee (1998), Carter (1999), Carter (2002), Conlan (1999), Lewis, Amini & Lannon (2000) und Goleman (1995).

Emotionales Gehirn: Damasio (1994) und LeDoux (1998).

Verlustsensibilität: Verluste wiegen schwerer als Gewinne, doch wird man schnell desensibilisiert (ein Verlust von 10 000 Dollar ist besser als zehn Verluste à 1 000 Dollar). Gewinne zählen weniger als Verluste, und große Gewinne noch weniger (zehn Gewinne à 1 000 Dollar sind besser als ein Gewinn in Höhe von 10 000 Dollar).

Hedonische Tretmühle: Mein verstorbener Freund Jimmy Powers ließ nichts unversucht, um mir steinreiche Investmentbanker zu zeigen, die sich nach einem schlechten Tag hundeelend fühlten. Wie gut ist dieser ganze Reichtum für sie, wenn sie sich so sehr an ihn anpassen, dass ein einziger schlechter Tag die Wirkung aller früheren Erfolge zunichte macht? Wenn keine positive Akkumulation bemerkt wird, folgt daraus, dass Menschen andere Strategien verfolgen sollten. Dieses »Zurücksetzen auf Null« zeigt die Verbindung zur Prospect Theory.

Debatte: Gigerenzer (1996), Kahneman & Tversky (1996) und Stanovitch & West (2000). Den Evolutionstheoretikern wird eine panglosische Sichtweise nachgesagt: Evolution löst alles. Seltsamerweise ist die Debatte nicht aufgrund großer Meinungsunterschiede, sondern wegen kleiner Nuancen erbittert. »Heuristics that make us smart« (Heuristiken, die uns intelligent machen) lautet der Titel einer Artikelsammlung von Gigerenzer und seinen Kollegen (Gigerenzer, 2000). Siehe auch Gigerenzer, Czerlinski & Martignon (2002).

Medizinisches Beispiel: Bennett (1998). Es wird auch in Gigerenzer, Czerlinski & Martignon (2002) beschrieben. Im Katalog der

Heuristiken und Wahrnehmungsverzerrungen wird es als Basisratentrugschluss geführt. Die Evolutionstheoretiker unterteilen sich in domänenallgemein (unbedingte Wahrscheinlichkeit) und domänenspezifisch (bedingt).

Behavioral Finance: Vgl. die Übersicht bei Schleifer (2000) und Shefrin (2000). Siehe auch Thaler (1994b) und den ursprünglichen Thaler (1994a).

Domänenspezifische Anpassungen: Unsere Lungen sind eine domänenspezifische Anpassung, die Sauerstoff aus der Luft extrahieren und in unserem Blut ablagern soll; sie sind nicht für den Blutkreislauf zuständig. Für evolutionäre Psychologen gilt das Gleiche auch für psychologische Anpassungen.

Intransparenter Prozess: Für Psychologen der Heuristiken- und Bias-Tradition ist System 1 intransparent, d. h. nicht selbstkritisch. Dies ähnelt der an früherer Stelle erörterten Verkapselung und Unbewusstheit von Modulen.

Flow: Siehe Csikszentmihalyi (1993) und Csikszentmihalyi (1998). Ich führe beide Werke an, weiß aber nicht, ob es Unterschiede zwischen ihnen gibt: Der Autor scheint die gleiche übergeordnete These immer wieder anders aufzubereiten.

Unterschätzen möglicher Ergebnisse: Hilton (2003).

Teil 2

Neurobiologie des Blickkontaktes: Ramachandran & Blakeslee (1998) zu den Sehzentren, die auf den Corpus amygdalideum projizieren: »... Wissenschaftler, die Zellreaktionen im Corpus amygdalideum aufzeichneten, stellten fest, dass diese Zellen nicht nur auf Gesichtsausdruck und Gefühle reagierten, sondern auch auf die Blickrichtung. Beispielsweise kann eine Zelle stimuliert werden, wenn eine andere Person einen direkt ansieht, während eine Nachbarzelle nur reagiert, wenn der Blick dieser Person um ein paar Bruchteile eines Zentimeters abgewendet ist. Wieder andere Zellen werden stimuliert, wenn der Blick weit nach links oder rechts gerichtet ist.

Angesichts der wichtigen Rolle der Blickrichtung in der Sozialkommunikation bei Primaten – der abgewandte Blick der Schuld, Scham oder Verlegenheit, der intensive, direkte Blick eines Liebenden oder das drohende Starren eines Feindes – überrascht dieses Phänomen nicht.«

Kapitel 12

Tauben im Kasten: Skinner (1948).

Wissensillusion: Barber & Odean (2001) beschreiben die Literatur zur Neigung, stärkere Inferenzen abzuleiten, als die Daten dies rechtfertigen würden. Sie bezeichnen dies als »Wissensillusion«.

Kapitel 13

Arabische Skeptiker: Al-Ghazali (1989).

Rozans Buch: Rozan (1999).

Geistige Buchführung: Thaler (1980) und Kahneman, Knetch & Thaler (1991).

Portfoliotheorie (leider): Markowitz (1959).

Konventionelles Wahrscheinlichkeitsparadigma: Die meisten der herkömmlichen Diskussionen zum probabilistischen Denken, insbesondere in der philosophischen Literatur, stellen geringfügig abweichende Varianten des gleichen Paradigmas dar. Hier eine historische Abfolge dieser Beiträge: Chevalier de Méré, Pascal, Cardano, De Moivre, Gauss, Bernouilli, Laplace, Bayes, von Mises, Carnap, Kolmogorow, Borel, De Finetti, Ramsey etc. Allerdings beschäftigen sie sich mit Problemen der Wahrscheinlichkeits*rechnung*, bei denen zwar technische Schwierigkeiten auftreten können, die aber haarspalterisch und – um es abfällig auszudrücken – rein *hypothetischer Natur* sind. Dieses Buch geht darauf kaum ein – weil sie trotz meiner Spezialisierung keinerlei praktischen Nutzen bietet. Dazu verweise ich den Leser auf Gillies (2000), Von Plato (1994), Hacking (1990) oder das populärere und sehr gut lesbare Buch *Wider die Götter* (Bernstein, 1996), das seinerseits starke Anleihen bei Florence Nightingale David (David, 1962) nimmt. Ich empfehle Bernsteins *Wider die Götter* als lesenswerten Abriss der Geschichte der Wahrscheinlichkeitstheorie und der angewandten Naturwissenschaften, stimme seiner Botschaft bezüglich der Messbarkeit von Risiken in den Sozialwissenschaften aber überhaupt nicht zu.

Ich möchte nochmals betonen, dass für Philosophen, die im Bereich Wahrscheinlichkeit tätig sind, das Problem ***per se*** in der Berechnung zu liegen scheint. In diesem Buch ist das Problem der Wahrscheinlichkeit weitgehend eine Frage des Wissens, nicht der Berechnung. Meiner Ansicht nach sind diese Berechnungen lediglich eine Fußnote zum Thema. Problematisch sind vielmehr folgende Fragen: Wo leiten wir die Wahrscheinlichkeit ab? Wie ändern wir unsere Überzeugungen? Ich habe an dem Problem gearbeitet, das beim »Spielen mit den falschen Würfeln« entsteht: Es ist weitaus wichtiger herauszufinden, welche Würfel wir beim Spielen benutzen, als ausgeklügelte Ergebnisberechnungen durchzuführen und Gefahr zu laufen, einen Würfel zu erwischen, der beispielsweise lauter Sechser enthält. So verwenden wir etwa in den Wirtschaftswissenschaften sehr umfangreiche Risikoberechnungsmodelle, die auf recht wackeligen Annahmen beruhen (faktisch sind diese Prämissen nicht nur zweifelhaft, sondern einfach falsch). Sie sind voll gepackt mit Mathematik, aber alles andere ist verkehrt. Die richtigen Annahmen können mehr zählen als ein anspruchsvolles Modell.

Ein interessantes Problem ist der so genannte »Value-at-Risk«. Hier bilden sich Menschen ein, sie könnten Risiko mit Hilfe von »komplizierter Mathematik« verstehen und seltene Ereignisse prognostizieren – im Glauben, sie könnten die Wahrscheinlichkeitsverteilung aus historischen Daten beobachten. Der aus Verhaltenssicht interessanteste Aspekt ist die Tatsache, dass die Befürworter dieses Ansatzes die Erfolgsbilanz ihrer früheren Prognosen nicht überprüft haben – ein weiteres Problem à la Meehl.

Denker und Philosophen der Wahrscheinlichkeit: Das wohl scharfsinnigste Buch, das jemals zu diesem Thema geschrieben wurde, ist nach wie vor das großartige *Treatise on Probability* von John Maynard Keynes (Keynes, 1989, 1920). Überraschenderweise ist diese Abhandlung immer noch topaktuell – alles, was wir zu entdecken scheinen, wurde darin offenbar bereits vorweggenommen (wenngleich, wie stets bei Keynes, in gewundenen Formulierungen). In den üblichen Listen zu Wahrscheinlichkeitsphilosophien fehlt unverdientermaßen häufig Shackle, der das Konzept der subjektiven Wahrscheinlichkeit detaillierter herausarbeitete (Shackle, 1973). Die meisten Autoren versäumen es auch, die relevanten Beiträge von Isaac Levi zur subjektiven Wahrscheinlichkeit und ihre Verbindungen zum Glauben (Levi, 1970) zu nennen, die in diesem Bereich zur Pflichtlektüre gehören sollten (das Buch ist schwer verständlich, doch lohnt sich die Mühe). Das ist bedauerlich, denn Isaac Levi ist ein Wahrscheinlichkeits*philosoph* (im Gegensatz zu den Wahrscheinlichkeits*berechnern*). Der Wahrscheinlichkeitsepistemologe Henry Kyburg (Kyburg, 1983) fehlt ebenfalls (seine Lektüre ist zu schwierig).

Im Gegensatz zu Wissenschaftlern scheinen Philosophen häufig auf sehr heterogene und streng abgegrenzte Vorgehensweisen zu setzen: Wahrscheinlichkeit in der Philosophie wird von unterschiedlichen Fachrichtungen abgedeckt: Logik, Epistemologie, rationale Entscheidung, Mathematikphilosophie, Wissenschaftsphilosophie. Überraschenderweise hielt Nicholas Rescher eine sehr scharfsinnige Präsidialansprache bei der American Philosophical Association zum Thema Glück (die später als Buch mit dem Titel *Glück* veröffentlicht wurde, vgl. Rescher, 1995), ohne viele der Probleme zu erörtern, die in der philosophischen und kognitiven Literatur zur Wahrscheinlichkeit behandelt werden.

Problem mit meiner Botschaft: Vielen Lesern in technischen Berufen wie Ingenieurwissenschaften fiel es einigermaßen schwer, die Verbindung zwischen Wahrscheinlichkeit und Glauben und der Bedeutung des Skeptizismus im Risikomanagement zu sehen.

Kapitel 14

Stoizismus: Moderne Diskussionen in Becker (1998) und Banateanu (2001).

Literatur

Albouy, François-Xavier. *Le temps des catastrophes.* Paris: Descartes & Cie, 2002.

Al-Ghazali. *Mikhtarat Min Ahthar Al-Ghazali.* In: Saliba, Jamil. *Tarikh Al Falsafa Al Arabiah.* Beirut: Al Sharikah Al Ahlamiah Lilkitab, 1989.

Ambarish, R. & Siegel, L. »Time is the essence«. *RISK* 9, 8, 1996, S. 41–2.

Arnheim, Rudolf. *Entropy and Art – an Essay on Disorder and Order.* Berkeley: University of California Press, 1971. (Deutsch: *Entropie und Kunst: ein Versuch über Unordnung und Ordnung.* Köln: DuMont, 1979.)

Arrow, Kenneth. »Economic Theory and the Postulate of Rationality«. In: Eatwell, J., Milgate, M. & Newman, P. (Hrsg.) *The New Palgrave: A Dictionary of Economics.* Vol. 2, S. 69–74. London: Macmillan, 1987.

Arthur, Brian W. *Increasing Returns and Path Dependence in the Economy.* Ann Arbor: University of Michigan Press, 1994.

Banateanu, Anne. *La théorie stoïcienne de l'amitié: essai de reconstruction.* Fribourg: Editions Universitaires de Fribourg/Paris: Éditions du cerf, 2002.

Barabási, Albert-László. *Linked: The New Science of Networks.* Boston: Perseus Publishing, 2002.

Barber, B. M. & Odean, T. »The internet and the investor«. *Journal of Economic perspectives,* Winter 2001, Vol. 15, Nr. 1, S. 41–54.

Bates, Elisabeth. »Modularity, Domain Specificity, and the Development of Language«. In: D.C. Gajdusek, G.M. McKhann & C.L. Bolis (Hrsg.). Evolution and neurology of language. *Discussions in Neuroscience,* 10 (1–2) 1994. S. 136–149.

Becker, Lawrence C. *A New Stoicism.* Princeton: Princeton University Press, 1998.

Bennett, Deborah J. *Randomness.* Cambridge: Harvard University Press, 1998.

Bernstein, Peter L. *Against the Gods: The Remarkable Story of Risk.* New York: Wiley, 1996. (Deutsch: *Wider die Götter: die Geschichte von Risiko und Riskmanagement von der Antike bis heute.* München: Gerling Akademischer Verlag, 1997.)

Berridge, Kent C. *Irrational Pursuits: Hyper-Incentives from a Visceral Brain.* In: Brocas & Carillo, 2003.

Bouvier, Alban (Hrsg.). *Pareto aujourd'hui.* Paris: Presses Universitaires de France, 1999.

Brent, Joseph. *Charles Sanders Peirce: A Life.* Bloomington: Indiana University Press, 1993.

Brocas, I. & Carillo J. (Hrsg.). *The Psychology of Economic Decisions: Vol 1: Rationality and Well-Being.* Oxford: Oxford University Press, 2003.

Brock, W. A. & De Lima, P. J. F. »Nonlinear Time Series, Complexity Theory, and Finance«. University of Wisconsin Madison, Arbeitspapier 9523, 1995.

Brock, W. A., Hsieh, D. A. & LeBaron, B. *Nonlinear Dynamics, Chaos, and Instability: Statistical Theory and Economic Evidence.* Cambridge: MIT Press, 1991.

Brockman, John. *The Third Culture: Beyond the Scientific Revolution.* New York: Simon & Schuster, 1995. (Deutsch: *Die dritte Kultur: das Weltbild der modernen Naturwissenschaft.* München: Goldmann, 1996.)

Buchanan, Mark. *Ubiquity: Why Catastrophes Happen.* New York: Three Rivers Press, 2002. (Deutsch: *Das Sandkorn, das die Erde zum Beben bringt: dem Gesetz der Katastrophen auf der Spur oder warum die Welt einfacher ist, als wir denken.* Frankfurt am Main u. a.: Campus-Verlag, 2001.)

Buehler, R., Griffin, D. & Ross, M. »Inside the Planning Fallacy: The Causes and Consequences of Optimistic Time Predictions«. In: Gilovich, Griffin & Kahneman, 2002.

Burnham, Terence C. *Essays on Genetic Evolution and Economics.* New York: Dissertation.com, 1997.

Burnham, T. & Phelan, J. *Mean Genes.* Boston: Perseus Publishing, 2000. (Deutsch: *Unsere Gene.* Berlin: Argon Verlag, 2002.)

Burnham, Terence C. »Caveman economics«. Harvard Business School, 2003.

Campbell, Jeremy. *Grammatical Man: Information, Entropy, Language and Life.* New York: Simon & Schuster, 1982.

Carter, Rita. *Mapping the Mind.* Berkeley: University of California Press, 1999. (Deutsch: *Atlas Gehirn: Entdeckungsreisen durch unser Unterbewußtsein.* München: Schneekluth, 1999.)

Carter, Rita. *Exploring Consciousness.* Berkeley: University of California Press, 2002.

Chancellor, Edward. *Devil Take the Hindmost: A History of Financial Speculation.* New York: Farrar Straus & Giroux, 1999. (Deutsch: *Bullen gegen Bären: die Geschichte der Finanzspekulation.* Frankfurt: Insel, 2003.)

Conlan, Roberta (Hrsg.). *States of Mind: New Discoveries About How Our Brains Make Us Who We Are.* New York: Wiley, 1999.

Cootner, Paul H. *The Random Character of Stock Market Prices.* Cambridge: MIT Press, 1964.

Cosmides, L. & Tooby, J. »Cognitive adaptations for social exchange«. In: Barkow et al. (Hrsg.). *The Adapted Mind.* Oxford: OUP, 1992.

Cover, T. M. & Thomas, J. A. *Elements of Information Theory.* New York: Wiley, 1991.

Csikszentmihalyi, Mihaly. *Flow: The Psychology of Optimal Experience.* New York: Perennial Press, 1993. (Deutsch: *Flow: das Geheimnis des Glücks.* Stuttgart: Klett-Cotta, 1996.)

Csikszentmihalyi, Mihaly. *Finding Flow: The Psychology of Engagement With Everyday Life,* New York: Basic Books, 1998. (Deutsch: *Lebe gut! Wie Sie das Beste aus Ihrem Leben machen.* München: Deutscher Taschenbuch-Verlag, 2001.)

Damasio, Antonio. *Descartes' Error: Emotion, Reason, and the Human Brain.* New York: Avon Books, 1994. (Deutsch: *Descartes' Irrtum: Fühlen, Denken und das menschliche Gehirn.* München: Paul List Verlag, 1995.)

Damasio, Antonio. *The Feeling of What Happens: Body and Emotion in the*

Making of Consciousness. New York: Harvest Books, 2000. (Deutsch: *Ich fühle, also bin ich: die Entschlüsselung des Bewusstseins*. München: List, 2000.)

Damasio, Antonio. *Looking for Spinoza: Joy, Sorrow and the Feeling Brain*, New York: Harcourt, 2003. (Deutsch: *Der Spinoza-Effekt: wie Gefühle unser Leben bestimmen*. München: List, 2003.)

David, Florence Nightingale. *Games, Gods, and Gambling: A History of Probability and Statistical Ideas*. Oxford: Oxford University Press, 1962.

Dawes, R. M., Faust, D. & Meehl, P.E. »Clinical Versus Actuarial Judgment«. *Science* 243, 1989, S. 1668–1674.

Dawkins, Richard. *The Selfish Gene*. 2. Auflage. Oxford: Oxford University Press, 1989 (1976). (Deutsch: *Das egoistische Gen*. Ergänzte und überarbeitete Neuauflage. Heidelberg: Spektrum Akademischer Verlag, 1994.)

De Vany, Arthur. *Hollywood Economics: Chaos in the Movie Industry*. London: Routledge, 2003.

Debreu, Gerard. *Theorie de la valeur*. Dunod, Übers. *Theory of Value*. New York: Wiley, 1959. (Deutsch: *Werttheorie: eine axiomatische Analyse des ökonomischen Gleichgewichts*. Berlin: Springer, 1976.)

Dennett, Daniel C. *Darwin's Dangerous Idea: Evolution and the Meanings of Life*. New York: Simon & Schuster, 1995. (Deutsch: *Darwins gefährliches Erbe: die Evolution und der Sinn des Lebens*. Hamburg: Hoffmann und Campe, 1997.)

Deutsch, David. *The Fabric of Reality*. New York: Penguin USA, 1997. (Deutsch: *Die Physik der Welterkenntnis: auf dem Weg zum universellen Verstehen*. Basel, Boston, Berlin: Birkhäuser, 1996.)

DeWitt, B. S. & Graham, N. (Hrsg.). *The Many-Worlds Interpretation of Quantum Mechanics*. Princeton: Princeton University Press, 1973.

Dugatkin, Lee Alan. *The Imitation Factor: Evolution Beyond the Gene*. New York: Simon & Schuster, 2001.

Easterly, William. *The Elusive Quest For Growth: Economists' Adventures and Misadventures in the Tropics*. Cambridge: MIT Press, 2001.

Edmonds, D. & Eidinow, J. *Wittgenstein's Poker: The Story of a Ten-Minute Argument Between Two Great Philosophers*. New York: Ecco, 2001. (Deutsch: *Wie Ludwig Wittgenstein Karl Popper mit dem Feuerhaken drohte: eine Ermittlung*. Stuttgart, München: Deutsche Verlags-Anstalt, 2001.)

Einstein, A. *Investigations on the Theory of the Brownian Movement*. New York: Dover, 1956 (1926).

Ekman, Paul. *Telling Lies: Clues to Deceit in the Marketplace, Politics and Marriage*. New York: W. W. Norton, 1992. (Deutsch: *Weshalb Lügen kurze Beine haben: über Täuschungen und deren Aufdeckung im privaten und öffentlichen Leben*. Berlin: de Gruyter, 1989.)

Elster, Jon. *Alchemies of the Mind: Rationality and the Emotions*. Cambridge: Cambridge University Press, 1998.

Evans, D. & Zarate, O. *Introducing Evolutionary Psychology*. London: Totem Books, 1999.

Evans, Dylan. *Emotions: The Science of Sentiment*. Oxford: Oxford University Press, 2002.

Finucane, M. L., Alhakami, A., Slovic, P. & Johnson, S. M. »The affect heuristic in judgments of risks and benefits«. *Journal of Behavioral Decision Making* 13, 2000. S. 1–17.

Fischhoff, Baruch. »For Those Condemned to Study the Past: Heuris-

tics and Biases in Hindsight«. In: Kahneman, Slovic & Tversky, 1982.
Fodor, Jerry A. *The Modularity of Mind: An Essay on Faculty Psychology.* Bradford Books, MIT Press, Cambridge, Massachusetts, 1983.
Frank, R. H. & Cook, P. J. *The Winner-Take-All Society: Why the Few at the Top Get So Much More Than the Rest of Us.* New York: Free Press, 1995.
Frank, Robert H. *Choosing the Right Pond: Human Behavior and the Quest for Status.* Oxford: Oxford University Press, 1985.
Frank, Robert H. *Luxury Fever: Why Money Fails to Satisfy in an Era of Excess.* Princeton: Princeton University Press, 1999.
Frederick, S. & Loewenstein, G. *Hedonic Adaptation.* In: Kahneman, Diener & Schwartz, 1999.
Fukuyama, Francis. *The End of History and the Last Man.* New York: Free Press, 1992. (Deutsch: *Das Ende der Geschichte: wo stehen wir?* München: Kindler, 1992.)
Galbraith, John Kenneth. *The Great Crash 1929.* New York: Mariner Books, 1997. (Deutsch: *Der große Krach 1929: die Geschichte einer Illusion, die in den Abgrund führte.* Stuttgart: Seewald Verlag, 1963.)
Gehring, W. J. & Willoughby, A. R. »The Medial Frontal Cortex and the Rapid Processing of Monetary Gains and Losses«. *Science* 295, März 2002.
Georgescu-Roegen, Nicholas. *The Entropy Law and the Economic Process.* Cambridge: Harvard University Press, 1971.
Gigerenzer, Gerd. *The Empire of Chance: How Probability Changed Science and Everyday Life.* Cambridge: Cambridge University Press, 1989. (Deutsch: *Das Reich des Zufalls: Wissen zwischen Wahrscheinlichkeiten, Häufigkeiten und Unschärfen.* Heidelberg, Berlin: Spektrum Akademischer Verlag, 1999.)
Gigerenzer, Gerd. »On Narrow Norms and Vague Heuristics: A Reply to Kahneman and Tversky«. *Psychological Review* 103, 1996, S. 592–596.
Gigerenzer, Gerd. *Calculated Risks: How To Know When Numbers Deceive You,* New York: Simon & Schuster, 2003. (Deutsch: *Das Einmaleins der Skepsis: über den richtigen Umgang mit Zahlen und Risiken.* Berlin: Berlin-Verlag, 2002.)
Gigerenzer, G., Todd, P. M. & ABC Research Group. *Simple Heuristics That Make Us Smart.* Oxford: Oxford University Press, 2000.
Gigerenzer, G., Czerlinski, J. & Martignon, L. »How Good are Fast and Frugal Heuristics?«. In: Gilovich, Griffin & Kahneman, 2002.
Gilbert, D., Pinel, E., Wilson, T. D., Blumberg, S. & Weatley, T. »Durability Bias in Affective Forecasting«. In: Gilovich, Griffin & Kahneman, 2002.
Gillies, Donald. *Philosophical Theories of Probability.* London: Routledge, 2000.
Gilovich, T., Vallone, R. P. & Tversky, A. »The hot hand in basketball: On the misperception of random sequences«. *Cognitive Psychology* 17, 1985, S. 295–314.
Gilovich, T., Griffin, D. & Kahneman, D. (Hrsg.). *Heuristics and Biases: The Psychology of Intuitive Judgment.* Cambridge: Cambridge University Press, 2002.
Gladwell, Malcolm. »The Tipping Point: Why is the city suddenly so much safer — could it be that crime really is an epidemic?«. *The New Yorker,* 3. Juni 1996.
Gladwell, Malcolm. *The Tipping Point: How Little Things Can Make a Big Difference.* New York: Little Brown, 2000. (Deutsch: *Der Tipping-Point:*

wie kleine Dinge Großes bewirken können. Berlin: Berlin-Verlag, 2000.)

Gladwell, Malcolm. »Blowing up: How Nassim Taleb turned the inevitability of disaster into an investment strategy«. *The New Yorker,* 22. & 29. April 2002.

Goleman, Daniel. *Emotional Intelligence: Why It Could Matter More Than IQ,* New York: Bantam Books, 1995. (Deutsch: *Emotionale Intelligenz.* München: Hanser, 1996.)

Goleman, Daniel. *Destructive Emotions, How Can We Overcome Them?: A Scientific Dialogue With the Dalai Lama.* New York: Bantam, 2003.

Goodman, Nelson. *Facts, Fiction and Forecast.* Cambridge: Harvard University Press, 1954. (Deutsch: *Tatsache, Fiktion, Voraussage.* Frankfurt am Main: Suhrkamp, 1975.)

Hacking, Ian. *The Taming of Chance.* Cambridge: Cambridge University Press, 1990.

Hacohen, Malachi Haim. *Karl Popper, The Formative Years, 1902–1945: Politics and Philosophy in Interwar Vienna.* Cambridge: Cambridge University Press, 2001.

Hayek, F. A. »The use of Knowledge in Society«, *American Economic Review,* 35(4), 1945, S. 519–530.

Hayek, F. A. *The Road to Serfdom.* Chicago: University of Chicago Press, 1994. (Deutsch: *Der Weg zur Knechtschaft.* Stuttgart, München: Aktuell, 1991.)

Hilton, Denis. »Psychology and the Financial Markets: Applications to understanding and remedying irrational decision-making«. In: Brocas & Carillo, 2003.

Hirshleifer, J. & Riley, J. G. *The Analytics of Uncertainty and Information.* Cambridge: Cambridge University Press, 1992.

Horrobin, David. *Madness of Adam and Eve: How Schizophrenia Shaped Humanity.* New York: Transworld Publishers Limited, 2002.

Hsieh, David A. »Chaos and Nonlinear Dynamics: Application to Financial Markets«. *The Journal of Finance,* 46(5), 1991, S. 1839–1877.

Huang, C-F. & Litzenberger, R. H. *Foundations for Financial Economics.* New York/Amsterdam/London: North-Holland, 1988.

Hume, David. *An Enquiry Concerning Human Understanding.* Oxford: Oxford University Press, 1998 (1748).

Ingersoll, Jonathan E. jun. *The Theory of Financial Decision Making.* New Jersey: Rowman & Littlefield Publishing, 1987.

Jaynes, E. T. *Probability Theory: The Logic of Science.* Cambridge: Cambridge University Press, 2003.

Kahneman, D. & Tversky, A. »Subjective probability: A judgment of representativeness«. *Cognitive Psychology* 3, 1972, S. 430–454.

Kahneman, D. & Tversky, A. »On the psychology of prediction«. *Psychological Review* 80, 1973, S. 237–51.

Kahneman, D. & Tversky, A. »Prospect Theory: An analysis of decision under risk«. *Econometrica* 47, 1979, S. 263–291.

Kahneman, D., Slovic, P. & Tversky, A. (Hrsg.). *Judgment under Uncertainty: Heuristics and Biases.* Cambridge: Cambridge University Press, 1982.

Kahneman, D. & Tversky, A. »On the study of statistical intuitions«. *Cognition* 11, 1982, S. 123–141.

Kahneman, D. & Tversky, A. »On the reality of cognitive illusions«. *Psychological Review* 103, 1996, S. 582–591.

Kahneman, D. & Tversky, A. (Hrsg.). *Choices, Values, and Frames.* Cambridge: Cambridge University Press, 2000.

Kahneman, D. & Frederick, S. »Representativeness Revisited: Attribute

Substitution in Intuitive Judgment«. In: Gilovich, Griffin & Kahneman, 2002.
Kahneman, D. & Lovallo, D. »Timid choices and bold forecasts: A cognitive perspective on risk-taking«. *Management Science* 39, 1993, S. 17–31.
Kahneman, D., Diener, E. & Schwarz, N. (Hrsg.). *Well-being: The Foundations of Hedonic Psychology*. New York: Russell Sage Foundation, 1999.
Kahneman, D., Knetsch, J. L. & Thaler, R. H. »Rational Choice and the Framing of Decisions«. *Journal of Business*, Vol. 59 (4), 1986, S. 251–78.
Kahneman, D., Knetsch, J. L. & Thaler, R. H. »Anomalies: The endowment effect, loss aversion, and status quo bias«, 1991. In: Kahneman and Tversky (2000).
Kahneman, Daniel. »Why people take risks«. In: *Gestire la vulnerabilità e l'incertezza: un incontro internazionale fra studiosi e capi di impresa*. Italienisches Institut für Risikostudien, Rom, 2003.
Keynes, John Maynard. *Treatise on Probability*. London: Macmillan, 1989 (1920).
Kindleberger, Charles P. *Manias, Panics, and Crashes*. New York: Wiley, 2001. (Deutsch: *Manien – Paniken – Crashs: die Geschichte der Finanzkrisen dieser Welt*. Kulmbach: Börsenmedien, 2001.)
Kreps, J. & Davies, N. B. *An Introduction to Behavioral Ecology*. 3. Auflage. Oxford: Blackwell Scientific Publications, 1993.
Kreps, David M. *Notes on the Theory of Choice*. Boulder: Westview Press, 1988.
Kripke, Saul A. *Naming and Necessity*. Cambridge: Harvard University Press, 1980. (Deutsch: *Name und Notwendigkeit*. Frankfurt am Main: Suhrkamp, 1981).
Kurz, Mordecai. »Endogenous Uncertainty: A Unified View of Market Volatility«. Stanford: Stanford University Working Paper, 1997.
Kyburg, Henry E. jun. *Epistemology and Inference*. Minneapolis: University of Minnesota Press, 1983.
LeDoux, Joseph. *The Emotional Brain: The Mysterious Underpinnings of Emotional Life*. New York: Simon & Schuster, 1998. (Deutsch: *Das Netz der Gefühle. Wie Emotionen entstehen*. München, Wien: Carl Hanser Verlag, 1998.)
LeDoux, Joseph. *Synaptic Self: How Our Brains Become Who We Are*. New York: Viking, 2002. (Deutsch: *Das Netz der Persönlichkeit: Wie unser Selbst entsteht*. Düsseldorf: Walter-Verlag, 2003.)
Levi, Isaac. *Gambling with Truth*. Boston: MIT Press, 1970.
Lewis, T., Amini, F. & Lannon, R. *A General Theory of Love*. New York: Vintage Books, 2000.
Lichtenstein, S., Fischhoff, B. & Phillips, L. *Calibration of Probabilities: The State of the Art*, 1977. In: Kahneman, Slovic & Tversky (1982).
Loewenstein, G. F., Weber, E. U., Hsee, C. K. & Welch, E. S. »Risk as feelings«. *Psychological Bulletin* 127, 2001, S. 267–286.
Lowenstein, Roger. *When Genius Failed: The Rise and Fall of Long-Term Capital Management*. New York: Random House, 2000. (Deutsch: *Der große Irrtum: die spektakuläre Geschichte vom Aufstieg und Untergang des raffiniertesten Investmentfonds aller Zeiten*. Stuttgart/München: Deutsche Verlags-Anstalt, 2001.)
Lucas, Robert E. »Asset Prices in an Exchange Economy«. *Econometrica* 46, 1978, S. 1429–1445.
Luce, R. D. & Raiffa, H. *Games and Decisions: Introduction and Critical Survey*. New York: Dover Publications, 1957.

Machina, M. J. & M. Rothschild. »Risk«. In: Eatwell, J., Milgate, M. & Newman, P. (Hrsg.). *The New Palgrave: A Dictionary of Economics*, London: Macmillan, 1987.

MacKay, Charles. *Extraordinary Popular Delusions and the Madness of Crowds*. New York: Metro Books, 2002.

Magee, Bryan. *Confessions of a Philosopher*. London: Weidenfeld & Nicholson, 1997. (Deutsch: *Bekenntnisse eines Philosophen*. München: Econ-Taschenbuch-Verlag, 2000.)

Mandelbrot, Benoit B. *Fractals and Scaling in Finance*. New York: Springer-Verlag, 1997.

Markowitz, Harry. *Portfolio Selection: Efficient Diversification of Investments*. 2. Auflage. New York: Wiley, 1959.

Meehl, Paul E. *Clinical Versus Statistical Predictions: A Theoretical Analysis And Revision of the Literature*. Minneapolis: Minnesota University Press, 1954.

Menand, Louis. *The Metaphysical Club: A Story of Ideas in America*. New York: Farrar Straus & Giroux, 2001.

Merton, Robert C. *Continuous-Time Finance*. 2. Auflage. Cambridge: Blackwell, 1992.

Miller, Geoffrey F. *The Mating Mind: How Sexual Choice Shaped the Evolution of Human Nature*. New York: Doubleday, 2000. (Deutsch: *Die sexuelle Evolution: Partnerwahl und die Entstehung des Geistes*. Heidelberg: Spektrum Akademischer Verlag, 2001.)

Mumford, David. »The dawning of the age of stochasticity«. www.dam.brown.edu/people/mumford/Papers/Dawning.ps, 1999.

Myers, David G. *Intuition: Its Powers and Perils*. Yale: Yale University Press, 2002.

Nadeau, Maurice. *Histoire du surréalisme*. Paris: Seuil, 1970. (Deutsch: *Geschichte des Surrealismus*. Reinbek bei Hamburg: Rowohlt, 1965.)

Niederhoffer, Victor. *The Education of a Speculator*. New York: Wiley, 1997.

Nozick, Robert. *The Nature of Rationality*. Princeton: Princeton University Press, 1993.

Peirce, Charles S. *Chance, Love and Logic: Philosophical Essays*. Lincoln: University of Nebraska Press, 1998.

Peterson, Ivars. *The Jungles of Randomness: A Mathematical Safari*. New York: Wiley, 1998.

Piattelli-Palmarini, Massimo. *Inevitable Illusions: How Mistakes of Reason Rule our Minds*. New York: Wiley, 1994. (Deutsch: *Die Illusion zu wissen: was hinter unseren Irrtümern steckt*. Reinbek bei Hamburg: Rowohlt, 1997.)

Pinker, Steven. *How the Mind Works*. New York: W.W. Norton, 1997. (Deutsch: *Wie das Denken im Kopf entsteht*. München: Kindler, 1998.)

Pinker, Steven. *The Blank Slate: The Modern Denial of Human Nature*. New York: Viking, 2002. (Deutsch: *Das unbeschriebene Blatt: die moderne Leugnung der menschlichen Natur*. Berlin: Berlin-Verlag, 2003.)

Plotkin, Henry. *Evolution in Mind: An Introduction to Evolutionary Psychology*. Cambridge: Harvard University Press, 1998.

Popper, Karl R. *Open Society and Its Enemies*. 5. Auflage, Princeton: Princeton University Press, 1971. (Deutsch: *Die offene Gesellschaft und ihre Feinde*. Tübingen: Mohr Siebeck, 2002/1992.)

Popper, Karl R. *The Myth of the Framework*. London: Routledge, 1994.

Popper, Karl R. *Conjectures and Refutations: The Growth of Scientific Knowledge*. 5. Auflage. London: Routledge, 1992. (Deutsch: *Vermutungen und Widerlegungen*. Tübingen: Mohr Siebeck, 1997/2000.)

Popper, Karl R. *The Logic of Scientific Discovery*, 15. Auflage. London: Routledge, 2002. (Deutsch: *Logik der Forschung*. Akademie-Verlag, 2004.)

Popper, Karl R. *The Poverty Of Historicism*, London: Routledge, 2002. (Deutsch: *Das Elend des Historizismus*. Tübingen: Mohr Siebeck, 2003.)

Posner, Richard A. *Public Intellectuals: A Study in Decline*, Cambridge: Harvard University Press, 2002.

Rabin, Mathew. »Inference by Believers in the Law of Small Numbers«. Economics Department, University of California, Berkeley, Arbeitspapier E00-282, 2000. http://repositories.cdlib.org/iber/econ/E00-282.

Rabin, M. & Thaler, R. H. »Anomalies: Risk Aversion«. *Journal of Economic Perspectives* 15(1), Winter 2001, S. 219–232.

Ramachandran, V. S. & Blakeslee, S. *Phantoms in the Brain*. New York: Morrow, 1998. (Deutsch: *Die blinde Frau, die sehen kann: rätselhafte Phänomene unseres Bewusstseins*. Reinbek bei Hamburg: Rowohlt-Taschenbuch-Verlag, 2002.)

Ratey, John J. *A User's Guide to the Brain: Perception, Attention and the Four Theatres of the Brain*. New York: Pantheon, 2001. (Deutsch: *Das menschliche Gehirn: eine Gebrauchsanweisung*. München: Piper, 2003.)

Rescher, Nicholas. *Luck: The Brilliant Randomness of Everyday Life*. New York: Farrar, Strauss & Giroux, 1995. (Deutsch: *Glück: Die Chancen des Zufalls*. Berlin: Berlin-Verlag, 1998.)

Robbe-Grillet, Alain. *Les Gommes*. Paris: Editions de Minuit, 1985. (Deutsch: *Die Radiergummis*. Frankfurt am Main: Suhrkamp, 1997.)

Rozan, Jean-Manuel. *Le fric*. Paris: Michel Lafon, 1999.

Sapolsky, Robert, M. *Why Zebras Don't Get Ulcers: An Updated Guide to Stress, Stress-Related Diseases, and Coping*. New York: W H Freeman & Co, 1998. (Deutsch: *Warum Zebras keine Migräne kriegen: wie Streß den Menschen krank macht*. München: Piper, 1996.)

Sapolsky, Robert, M. (& Department of Neurology & Neurological Sciences, Stanford University School of Medicine). »Glucocorticoids and hippocampal atrophy in neuropsychiatric disorders«. Stanford University, 2003.

Savage, Leonard J. *The Foundations of Statistics*. New York: Dover Publications, 1972.

Schleifer, Andrei. *Inefficient Markets: An Introduction to Behavioral Finance*. Oxford: Oxford University Press, 2000.

Searle, John J. *Rationality in Action*. Cambridge: MIT Press, 2001.

Sen, Amartya K. »Rational fools: A critique of the behavioral foundations of economic theory«. *Philosophy and Public Affairs* 6, 1997, S. 317–344.

Sen, Amartya K. *Rationality and Freedom*. Cambridge: Belknap Press/Harvard University Press, 2003.

Shackle, George L. S. *Epistemics and Economics: A Critique of Economic Doctrines*. Cambridge: Cambridge University Press, 1973.

Shefrin, Hersh. *Beyond Fear and Greed: Understanding Behavioral Finance and the Psychology of Investing*. New York: Oxford University Press USA, 2000. (Deutsch: *Börsenerfolg mit Behavioral Finance: Investment-Psychologie für Profis*. Stuttgart: Schäffer-Poeschel Verlag, 2000.)

Shiller, Robert J. »Do stock prices move too much to be justified by subsequent changes in dividends?« *American Economic Review*, Vol. 71(3), 1981, S. 421–436.

Shiller, Robert J. *Market Volatility*. Cambridge: MIT Press, 1989.
Shiller, Robert J. »Market Volatility and Investor Behavior«. *American Economic Review*, Vol. 80 (2), 1990, S. 58–62.
Shiller, Robert J. *Irrational Exuberance*. Princeton: Princeton University Press, 2000. (Deutsch: *Irrationaler Überschwang: warum eine lange Baisse an der Börse unvermeidlich ist*. Frankfurt am Main u. a.: Campus-Verlag, 2000.)
Shizgal, Peter. »On the neural computation of utility: implications from studies of brain simulation rewards«. In: Kahneman, Diener & Schwarz, 1999.
Simon, Herbert A. »A behavioral model of rational choice«. *Quarterly Journal of Economics* 69, 1955, S. 99–118.
Simon, Herbert A. »Rational choice and the structure of the environment«. *Psychological Review* 63, 1956, S. 129–138.
Simon, Herbert A. *Models of Man*. New York: Wiley, 1957.
Simon, Herbert A. *Reason in Human Affairs*. Stanford: Stanford University Press 1983.
Simon, Herbert A. »Bounded rationality«. In: Eatwell, J., Milgate, M. & Newman, P. (Hrsg.). *The New Palgrave: A Dictionary of Economics*. London: Macmillan, 1987.
Simon, Herbert A. »Behavioral economics«. In: Eatwell, J., Milgate, M. & Newman, P. (Hrsg.). *The New Palgrave: A Dictionary of Economics*. London: Macmillan, 1987.
Skinner, B. F. »Superstition in the Pigeon«. *Journal of Experimental Psychology* 38, 1948, S. 168–172.
Sloman, Steven A. »The empirical case for two systems of reasoning«. *Psychological Bulletin* 119, 1996, S. 3–22.
Sloman, Steven A. »Two Systems of Reasoning«. In: Gilovich, Griffin & Kahneman, 2002.
Slovic, Paul. »Perception of Risk«. *Science* 236, 1987, S. 280–285
Slovic, P., Finucane, M., Peters, E. & MacGregor, D. G. »The Affect Heuristic«. In: Gilovich, Griffin & Kahneman, 2002.
Slovic, P., Finucane, M., Peters, E. & MacGregor, D. G. »Rational Actors or Rational Fools? Implications of the Affect Heuristic for Behavioral Economics«. Arbeitspapier, 2003. www.decisionresearch.com.
Slovic, P., Finucane, M., Peters, E. & MacGregor, D. G. »Risk as Analysis, Risk As Feelings: Some Thoughts About Affect, Reason, Risk, and Rationality«. Referat beim Jahrestreffen der Society for Risk Analysis, New Orleans, Louisiana, 10. Dezember 2002.
Slovic, Paul. *The Perception of Risk*. London: Earthscan Publications, 2000.
Sokal, Alan D. »Transgressing the boundaries: toward a transformative hermeneutics of quantum gravity«. *Social Text* 46/47, 1996, S. 217–252.
Sornette, Didier. *Why Stock Markets Crash: Critical Events in Complex Financial Systems*. Princeton: Princeton University Press, 2003.
Soros, George. *The Alchemy of Finance: Reading the Mind of the Market*. New York: Simon & Schuster, 1988. (Deutsch: *Die Alchemie der Finanzen: wie man die Gedanken des Marktes liest*. Kulmbach: Börsenbuch-Verlag Hofmann & För, 1994.)
Sowell, Thomas. *A Conflict of Visions: Ideological Origins of Political Struggles*. New York: William Morrow, 1987.
Stanley, T. J. & Danko, W. D. *The Millionaire Next Door: The Surprising Secrets of America's Wealthy*. Atlanta: Longstreet Press, 1996.
Stanley, T. J. *The Millionaire Mind*. Kansas City: Andrews McMeel Publishing, 2000.

Stanovich, K. & West, R. »Individual Differences in Reasoning: Implications for the Rationality Debate«. *Behavioral and Brain Sciences* 23, 2000, S. 645–665.

Sterelny, Kim. *Dawkins vs Gould: Survival of the Fittest*. Cambridge: Totem Books, 2001.

Stigler, Stephen M. *The History of Statistics: The Measurement of Uncertainty Before 1900*. Cambridge: Belknap/Harvard University Press, 1986.

Stigler, Stephen M. *Statistics on the Table: The History of Statistical Concepts and Methods*. Cambridge: Harvard University Press, 2002.

Sullivan, R., Timmermann, A. & White, H. »Data-snooping, technical trading rule performance and the bootstrap«. *Journal of Finance* 54, Oktober 1999, S. 1647–1692.

Taleb, Nassim Nicholas. *Dynamic Hedging: Managing Vanilla and Exotic Options*. New York: Wiley, 1997.

Tyszka, T. & Zielonka, P. »Expert Judgments: Financial Analysts versus weather forecasters«. *The Journal of Psychology and Financial Markets*, Vol 3(3), 2002, S. 152–160.

Thaler, Richard H. »Towards a positive theory of consumer choice«. *Journal of Economic Behavior and Organization* 1, 1980, S. 39–60.

Thaler, Richard H. *Quasi Rational Economics*. New York: Russell Sage Foundation, 1994.

Thaler, Richard H. *The Winner's Curse: Paradoxes and Anomalies of Economic Life*. Princeton: Princeton University Press, 1994.

Toulmin, Stephen. *Cosmopolis: The Hidden Agenda of Modernity*. New York: Free Press, 1990. (Deutsch: *Kosmopolis: die unerkannten Aufgaben der Moderne*. Frankfurt am Main: Suhrkamp, 1991.)

Tversky, A. & Kahneman, D. »Belief in the Law of Small Numbers«. *Psychology Bulletin* 76(2), August 1971, S. 105–110.

Tversky, A. & Kahneman, D. »Availability: A heuristic for judging frequency and probability«. *Cognitive Psychology* 5, 1973, S. 207–232.

Tversky, A. & Kahneman, D. »Evidential Impact of Base-Rates«. In: Kahneman, Slovic & Tversky, 1982, S. 153–160.

Tversky, A. & Kahneman, D. »Advances in Prospect Theory: Cumulative Representation of Uncertainty«. *Journal of Risk and Uncertainty* 5, 1992, S. 297–323.

Voit, Johannes. *The Statistical Mechanics of Financial Markets*. Heidelberg: Springer, 2001.

Von Mises, Richard. *Probability, Statistics, and Truth*. New York: Dover, 1957 (1928). (Deutsch: *Wahrscheinlichkeit, Statistik und Wahrheit*. Wien, New York: Springer, 1972.)

Von Plato, Jan. *Creating Modern Probability*. Cambridge: Cambridge University Press, 1994.

Watts, Duncan. *Six Degrees: The Science of a Connected Age*. New York: W.W. Norton, 2003.

Wegner, Daniel M. *The Illusion of Conscious Will*. Cambridge: MIT Press, 2002.

Weinberg, Steven. *Facing Up: Science and its Cultural Adversaries*. Cambridge: Harvard University Press, 2001.

Wilson, Timothy D. *Strangers to Ourselves: Discovering the Adaptive Unconscious*. Cambridge: Belknap Press/Harvard University Press, 2002.

Wilson, Edward O. *Sociobiology: The New Synthesis*, Cambridge: Harvard University Press, 2000.

Wilson, Edward O. *The Future of Life*. New York: Knopf, 2002. (Deutsch: *Die Zukunft des Lebens*. München: Goldmann, 2004.)

Wilson, T. D., Gilbert, D. & Centerbar, D. B. »Making Sense: The Causes of Emotional Evanescence«. In: Brocas & Carillo, 2003.

Wilson, T. D., Meyers, J. & Gilbert, D. »Lessons From the Past: Do People Learn From Experience That Emotional Reactions are Short Lived?« *Personality and Social Psychology Bulletin*, 2001.

Winston, Robert. *Human Instinct: How Our Primeval Impulses Shape Our Lives*. London: Bantam Press, 2002.

Zajdenweber, Daniel. *L'économie des extrêmes*. Paris: Flammarion, 2000.

Zizzo, D. J. & Oswald, A. J. »Are people willing to pay to reduce others' incomes?« *Annales d'Economie et de Statistique*, 63/64, Juli/Dezember 2001, S. 39–62.

Danksagung zur 1. Auflage

Zunächst möchte ich den Freunden danken, die mit Fug und Recht als Mitautoren bezeichnet werden können. Ich danke dem New Yorker Intellektuellen und Zufallsexperten Stan Jonas (keine andere Bezeichnung würde ihm meiner Ansicht nach gerecht), weil er ein halbes Leben mit der Lebhaftigkeit und dem Eifer des Neophyten mit mir Gespräche über alle Themen geführt hat, die in irgendeiner Weise mit Wahrscheinlichkeit zu tun hatten. Ich danke meinem probabilistischen Freund Don Geman (dem Ehemann von Helyette Geman, die meine Doktorarbeit betreute) für seine begeisterte Unterstützung meines Buches; er zeigte mir auch, dass man zum Probabilisten geboren sein muss und den Umgang mit Wahrscheinlichkeiten nicht einfach nur erlernen kann – viele Mathematiker können Wahrscheinlichkeiten zwar berechnen, verstehen sie aber nicht (bei Entscheidungen, die auf Wahrscheinlichkeiten beruhen, schneiden sie nicht besser ab als der Durchschnittsbürger). Das eigentliche Buch geht zurück auf ein sich über eine ganze Nacht hinziehendes Gespräch mit meinem gelehrten Freund Jamil Baz im Sommer 1987, als er die Entstehung von »neuem« und »altem« Geld in Familien erörterte. Damals war ich ein angehender Wertpapierhändler, und er verachtete die arroganten Trader von Salomon Brothers in seinem Umfeld (seine Einschätzung erwies sich später als richtig). Er weckte in mir den unersättlichen Wunsch, meine Leistung im Leben selbst kritisch zu durchleuchten, und gab mir faktisch die Idee für dieses Buch. Beide promovierten wir später und schrieben unsere Doktorarbeiten zu fast identischen Themen. Daneben habe ich auch viele Menschen zu (sehr langen) Spaziergängen in New York, London oder Paris überredet, auf denen ich einige Teile dieses Buchs mit ihnen diskutierte, darunter den mittlerweile verstorbenen Jimmy Powers, der mir frühzeitig half, Fähigkeiten im Börsenhandel zu entwickeln, und der immer wieder betonte, dass »jeder kaufen und verkaufen kann«, oder meinen Freund David Pastel, der ein wandelndes Lexikon ist und sich gleichermaßen gut in Literatur, Mathematik und semitischen Sprachen auskennt. Auch meinen scharfsinnigen Kollegen Jonathan Waxman – ein Anhänger Karl Poppers – verwickelte ich in zahlreiche Gespräche über die Umsetzung von Poppers Thesen in unserer Arbeit als Börsenhändler.

Zweitens hatte ich das Glück, Myles Thompson und David Wilson kennen zu lernen, als beide für J. Wiley & Sons arbeiteten. Myles ist ein Visionär – er ist das genaue Gegenteil eines Verlegers, der immer nur Trends hinterher läuft. Er versteht, dass Bücher nicht geschrieben werden müssen, um ein im Voraus definiertes Zielpublikum zu befriedigen, sondern dass ein Buch seine eigene, einzigartige Leserschaft finden wird – und damit traut er dem Leser mehr zu als ein Massenverleger. Was David anbelangt, so glaubte er genug an das Buch, um mich dazu zu drängen, es seinen natürlichen Gang gehen zu lassen, frei von jeglichem Schubladendenken und allen Kategorisierungen. David sah mich so, wie ich mich selbst sehe: als einen Mann, dessen Leidenschaft Wahrscheinlichkeiten und Zufall sind, der von der Literatur besessen, aber zufällig auch ein Wertpapierhändler ist – und nicht etwa ein generischer »Experte«. Er rettete auch meine stylistischen Eigenheiten vor der Gleichmacherei des Redaktionsprozesses (trotz all seiner Makel ist es *mein* persönlicher Stil). Mina Samuels schließlich erwies sich als die beste Lektorin, die man sich vorstellen kann: unglaublich intuitiv, kultiviert, ästhetisch besorgt, ohne dabei zu sehr in mein Werk einzugreifen.

Viele Freunde gaben mir in Gesprächen Anregungen, die ihren Weg in Passagen dieses Buches fanden. Ich kann die üblichen Verdächtigen nennen, die sich allesamt meisterhaft auf gute Gespräche verstehen: Cynthia Shelton Taleb, Helyette Geman, Marie-Christine Riachi, Paul Wilmott, Shaiy Pilpel, David DeRosa, Eric Briys, Sid Kahn, Jim Gatherel, Bernard Oppetit, Cyrus Pirasteh, Martin Mayer, Bruno Dupire, Raphael Douady, Marco Avellanada, Didier Javice, Neil Chriss und Philippe Asseily.

Einige Kapitel wurden im »Odeon-Zirkel« zusammengestellt und erörtert, als meine Freunde und ich uns mit unterschiedlicher Regelmäßigkeit (mittwochs um 22 Uhr nach meinem Courant-

Seminar) an der Bar des Restaurants Odeon in Tribeca trafen. Tarek Khelifi, der *Genius Loci* (»der Geist des Ortes«) und ein herausragender Mitarbeiter des Odeon sorgte gut für uns und zwang uns zur Ausdauer, indem er mir bei Nichterscheinen ein schlechtes Gewissen einredete und auf diese Weise viel zur Ausarbeitung des Buches beitrug. Wir verdanken ihm viel.

Mein Dank gebührt auch den Menschen, die das Manuskript lasen, mir gewissenhaft bei der Korrektur von Fehlern halfen oder durch nützliche Bemerkungen zur Ausgestaltung des Buches beitrugen: Inge Ivchenko, Danny Tosto, Manos Vourkoutiotis, Stan Metelits, Jack Rabinowitz, Silverio Foresi, Achilles Venetoulias und Nicholas Stephanou. Erik Stettler leistete in seiner Rolle als »Schattenlektor« einen unschätzbaren Beitrag. Für alle Fehler trage ich selbst die Verantwortung.

Schließlich wurden viele Versionen dieses Buches ins Internet eingestellt, was zu sporadischen (und zufälligen) Wellen von Briefen mit Ermutigungen, Korrekturen und wertvollen Fragen führte, die mich dazu veranlassten, Antworten in den Text einzuflechten. Viele Kapitel dieses Buches sind Reaktionen auf Leserfragen. Francesco Corielli von der Bocconi-Universität machte mich auf die einseitige Verbreitung wissenschaftlicher Resultate aufmerksam.

Dieses Buch wurde geschrieben und abgeschlossen, nachdem ich Empirica, meine geistige Heimat »Camp Empirica« in den Wäldern hinter Greenwich, Connecticut, gegründet hatte. Diese Mischung aus einem Labor für angewandte Wahrscheinlichkeitsforschung, Sportsommercamp und nicht zuletzt aus einem Unternehmen für die Verwaltung eines von Krisen profitierenden Hedge-Fonds (einige meiner besten beruflichen Jahre erlebte ich, als ich diese Zeilen schrieb) konzipierte ich genau nach meinen Geschmack, so dass es mir wie ein Hobby vorkommt. Mein Dank gilt allen Gleichgesinnten, die zur stimulierenden Atmosphäre von »Camp Empirica« beitragen: Pallop Angsupun, Danny Tosto, Peter Halle, Mark Spitznagel, Yuzhang Zhou und Cyril de Lambilly sowie den Mitgliedern von Paloma Partners, darunter Tom Witz, der Tag für Tag unseren Intellekt herausforderte, oder Donald Sussman, der sein scharfsinniges Urteilsvermögen unter Beweis stellte.

Register

Nassim Nicholas Taleb

Antifragilität

Anleitung für eine Welt, die wir nicht verstehen

688 Seiten, Broschur
btb 74469
Aus dem Englischen von Susanne Held

In seinem Weltbestseller »Der Schwarze Schwan« problematisierte Nassim Nicholas Taleb die zunehmende Unberechenbarkeit der Welt. Jetzt liegt sein wichtigstes Buch vor: In »Antifragilität« liefert Taleb eine wirkmächtige Gebrauchsanweisung, wie wir selbst, unsere Unternehmen und Strukturen, Chaos und unberechenbare Ereignisse nicht nur überstehen, sondern sogar davon profitieren können. Denn alles, was nicht antifragil ist, wird verschwinden.

»Taleb hat meinen Blick auf die Welt verändert.«
Daniel Kahneman, Nobelpreisträger für Ökonomie